단국대학교 교양기초교육연구소 학술총서 1

대학 고전교육, 어떻게 할 것인가

단국대학교 교양기초교육연구소 학술총서 1

대학 고전교육, 어떻게 할 것인가

초판1쇄 인쇄 2022년 6월 1일
초판1쇄 발행 2022년 6월 15일

기획   단국대학교 교양기초교육연구소
지은이   권순구 김광식 김민수 김유미 김주언 김주환 백주진
          서문석 안숙현 윤승준 이유진 이현영 임선숙 정인모
펴낸이   이대현
편집   이태곤 권분옥 문선희 임애정 강윤경
디자인   안혜진 최선주 이경진
마케팅   박태훈 안현진

펴낸곳   도서출판 역락
출판등록 1999년 4월 19일 제303-2002-000014호
주소   서울시 서초구 동광로 46길 6-6 문창빌딩 2층 (우06589)
전화   02-3409-2060
팩스   02-3409-2059
홈페이지 www.youkrackbooks.com
이메일   youkrack@hanmail.net

ISBN 979-11-6742-360-3 94370
     979-11-6742-339-9 94080(세트)

이 책은 2019년 대한민국 교육부와 한국연구재단의 지원을 받아 수행된 연구임.
(NRF-2019S1A5C2A04083354)

단국대학교 교양기초교육연구소
학술총서 1

대학 고전교육,
어떻게 할 것인가

윤승준 외

차분히 만나는 고전교육과의 대면

그 가치 있는 경험으로의 첫 걸음

역락

한스 게오르크 가다머(Hans Georg Gadamer, 1900~2002)는 1999년 5월 19일 독일의 디트리히 본회퍼 김나지움 개교 100주년 기념 강연에서 교육이란 자기 스스로를 교육하는 것이며, 도야란 자기 스스로를 도야하는 것이라고 한 바 있다. 그는 자기 교육이란 본래 자신의 한계를 지각하는 순간, 자신의 힘을 강화하려는 노력에서 시작되는 것으로, 타인과의 대화, 낯선 것과의 만남이 중요한 계기로 작용한다고 하였다.

생각해 보면, 누구나 이와 같은 자기 교육의 과정을 거쳐 자신을 더 나은 존재로 고양시키고 자신의 생을 더 가치 있는 것으로 만들어간다고 할 수 있다. 물론 자기 교육은 생애 전 기간에 걸쳐 이루어지지만, 특히 한 사람의 독립된 주체로 자신의 정체성을 확립하게 되는 젊은 시절에는 자기 교육이 그 어느 때보다 중요하다. 그리고 자기 교육의 상호 작용 측면에서 볼 때, 위대한 고전과의 대면은 그 어떤 것보다 가치 있는 경험을 제공한다고 할 수 있다.

그러나 디지털 기술의 발전에 따라 독서 환경이 새롭게 변화하면서 고전교육은 새로운 도전 앞에 서 있다. 오랜 시간을 투자하여 차분하게 책과 마주하도록 하는 것이 갈수록 어려워지고 있는 오늘날, 과연 젊은 학생들을 고전 앞에 붙들어 둘 수 있을 것인가? 고전교육은 이 문제부터 고민하지 않을 수 없다. 단국대학교는 본원적 축적의 시기에 있는 대학생들에게 인류의 지적·문화적 유산의 정수가 담겨 있는 고전을 직접 읽고 함께 이야기하게 함으로써 자기 교육과 도야의 장을 마련해 주고자 하는 취지에서 고전교육을 시작하였다. 그리고 그 과정에서 교양기초교육연구소가 한국연구재단의 2019년 인문사회연구소 지원 사업에 선정되어 "Liberal Education을 위한 고전교육 방법론 개발 및 확산"을 주제로 한 연구를 수행하게 됨으로써 단국대학교의 고전교육은 탄력을 받을 수 있게 되었다. 본서는 그러한 과정에서 산출된 연구성과의 일부를 모은 것이다.

교양기초교육연구소 학술총서 제1집의 발간을 맞아 고전교육의 중요성을 공감하고 대학 교육과정에 안착될 수 있도록 지원해 주신 학교 당국에 깊이 감사드리며, 실제 교육 현장에서 고전교육이 뿌리내릴 수 있도록 애써 주신 김주언 교수님과 김유미 교수님, 안숙현 교수님을 비롯한 여러 교수님들께 깊은 감사를 드린다. 또한 귀한 원고를 보내주신 부산대학교 정인모 교수님과 동아대학교 김주환 교수님, 서울대학교 김광식 교수님, 동국대학교 권순구 교수님께도 감사를 드리며, 고전교육의 미래를 열어가는 교양기초교육연구소의 이유진 교수님, 김민수 교수님, 백주진 교수님께도 진심으로 감사드린다.

2022년 6월
단국대학교 교양기초교육연구소장
윤승준 삼가 적음

목차

서문   5

제1장 교양교육으로서의 고전교육, 그 의미와 방향

교양교육과 고전교육 • 정인모   13
  Ⅰ. 서론   13
  Ⅱ. 대학 혹은 교양교육의 본질   15
  Ⅲ. 왜 고전인가?   17
  Ⅳ. 고전 읽기 방안   24
  Ⅴ. 고전 읽기 수업의 실제   32
  Ⅵ. 결론   35

자유를 향한 싸움의 실용적 기술로서 고전—사회과학 고전읽기 • 김주환   39
  Ⅰ. 서론   39
  Ⅱ. 숙명적 비극의 세계를 살아가는 무기력한 청년들   43
  Ⅲ. 칸트 배후의 사드: 고전교육 배후의 폭력   54
  Ⅳ. 고전교육의 목표는 힘의 강화이다   57
  Ⅴ. 막스 베버의 『프로테스탄트 윤리와 자본주의 정신』의 경우   59
  Ⅵ. 결론   72

LAC 교과목으로서 「명저읽기」 강좌의 방향 설정을 위한 모색 • 김주언   77
  Ⅰ. 머리말   77
  Ⅱ. 왜 「명저읽기」인가   80
  Ⅲ. 「명저읽기」의 내용과 범위   84
  Ⅳ. 「명저읽기」 교육 방법론을 위한 탐색   87
  Ⅴ. 맺음말을 대신하여: 「세계 지성사의 이해」로 가는 길   99

단국대학교 교양필수 교과목 「명저읽기」 운영 사례 • 윤승준   107
  Ⅰ. 머리말 : 교양교육과 고전교육   107
  Ⅱ. 교양필수 교과목 「명저읽기」 운영의 실제   113
  Ⅲ. 맺음말 : 고전교육을 넘어서   146

서울대학교 「독서세미나─고전에 길을 묻다」 운영 사례 · 김광식　　151

Ⅰ. 들어가며　　151
Ⅱ. 왜 읽는가?　　154
Ⅲ. 어떻게 읽는가?　　155
Ⅳ. 인성교육에 위험할까?　　170
Ⅴ. 사디즘일까?　　172
Ⅵ. 나가며　　175

제2장　고전읽기 교육의 방법과 실제

구성주의 이론을 통한 대학 「명저읽기」 수업 모형 연구
─최인훈의 『광장』을 중심으로 · 임선숙　　183

Ⅰ. 서론　　183
Ⅱ. 읽기 수업 구성의 이론적 고찰　　188
Ⅲ. 읽기 교육과정과 수업 사례　　194
Ⅳ. 결론　　222

「명저읽기」 수업에서의 미시적 읽기 연구─『죄와 벌』을 중심으로 · 이현영　　227

Ⅰ. 서론　　227
Ⅱ. 텍스트 요인에 근거한 미시적 읽기　　232
Ⅲ. 구조적 측면에 대해 미시적 읽기　　240
Ⅳ. 창의적 글쓰기　　245
Ⅴ. 결론　　251

질문 생성을 위한 단계별 읽기 구성 방안
─「명저읽기」 그리스 비극 수업 사례를 중심으로 · 김유미　　255

Ⅰ. 서론　　255
Ⅱ. 그리스 비극, 작품별 읽기 목표의 차별성　　260
Ⅲ. 단계별 읽기 방법　　264
Ⅳ. 질문과 쓰기의 연계　　275
Ⅴ. 결론　　282

외국인 학습자들의 고전교육을 위한 '인물 가상 인터뷰 동영상 만들기'
프로젝트 학습 모형 제안 • 안숙현   287

  Ⅰ. 서론   287
  Ⅱ. 외국인 학습자들을 위한 프로젝트 학습법   293
  Ⅲ. 외국인 학습자를 위한 '인물 가상 인터뷰 동영상 만들기'
     프로젝트 학습 모형   299
  Ⅳ. 결론 및 제언   323

제3장 교양교육을 위한 고전 연구

애덤 스미스의 『국부론』과 교양교육 • 서문석   331

  Ⅰ. 서론   331
  Ⅱ. 연구의 배경   335
  Ⅲ. 『국부론』의 핵심 개념 분석   340
  Ⅳ. 『국부론』에 대한 현대경제학의 재해석   354
  Ⅴ. 결론   360

한나 아렌트의 『전체주의의 기원』 다시 읽기
—교육적 함의와 현재성을 중심으로 • 김민수   367

  Ⅰ. 서론   367
  Ⅱ. 『전체주의의 기원』의 구상과 구성   373
  Ⅲ. 『전체주의의 기원』의 교육적 함의   378
  Ⅳ. 결론을 대신하여: 『전체주의의 기원』의 현재성   391

데카르트 철학에서 실체와 주된 속성의 구별에 대한 고찰 • 백주진   399

  Ⅰ. 서론 : 실체 개념의 수정   399
  Ⅱ. 최종 한정가능자로서의 실체   402
  Ⅲ. 실재적 구별, 양태적 구별, 이성적 구별   411
  Ⅳ. 실체와 주된 속성 사이의 동일성과 의미론적 차이   414
  Ⅴ. 장-마리 베이사드(J.-M. Beyssade)의 해석, 인과적 힘으로서의 실체   418
  Ⅵ. 결론 : 자연학에서 실체 개념   424

『열하일기』와 『담헌연기』의 문답 양상을 통해 본 중세적 앎의 경계와 포용의 의미
—청조 문사와의 교유를 중심으로 • 이유진   429

  Ⅰ. 서론   429
  Ⅱ. 燕行을 통한 앎의 경계성 체감   433
  Ⅲ. 問答을 통한 앎의 확장과 포용 가능성 체험   441
  Ⅳ. 결론   462

제4장　고전교육의 교육적 성과분석

고전교육 성과측정도구 개발 및 타당화 연구 • 권순구   471

  Ⅰ. 서론   471
  Ⅱ. 이론적 배경   474
  Ⅲ. 연구 방법   484
  Ⅳ. 연구결과   489
  Ⅴ. 요인분석   500
  Ⅵ. 결론 및 논의   508

고전교육의 교육적 성과분석 연구
—역량, 효능감, 흥미 변화를 중심으로 • 권순구·윤승준   517

  Ⅰ. 서론   517
  Ⅱ. 이론적 배경   520
  Ⅲ. 연구 방법   526
  Ⅳ. 주요 결과   533
  Ⅴ. 결론 및 논의   543

개인적 흥미 수준에 따른 고전교육의 교육적 성과분석 • 권순구·윤승준   553

  Ⅰ. 서론   553
  Ⅱ. 이론적 배경   556
  Ⅲ. 연구방법   562
  Ⅳ. 연구 결과   567
  Ⅴ. 결론 및 논의   575

저자 소개   587

제1장

교양교육으로서의 고전교육,
그 의미와 방향

교양교육과 고전교육*

정인모

I. 서론

우리나라 대학이 지성의 전당이라는 표현이 아직 유효할까? 혹자
는 대학이 그 효력을 상실한지 오래된다고 말할 것이다. 대학이 고상한
상아탑의 표상이었던 적이 있었느냐 할 정도로 우리의 대학교육은 실
용주의 혹은 업적주의에 맞춰져 있다는 느낌을 갖게 한다. 이는 대학
입학 때부터 자기 적성에 맞는 학과를 선택하기보다, 향후 진로나 현실
적으로 영향력 있는 대상을 우선적으로 고려하고 있음을 부인하기 힘
들기 때문이다.

이러한 경향은 이전부터 있어왔지만 갈수록 더 심화되고 있다. 실
용주의 학문이 대세를 이루고 고도의 정보와 지식을 요구하기 때문에,

---

* 이 글은 다음 논문을 수정, 보완한 것이다. 정인모: 고전 읽기와 교양교육, 『교양기초
교육연구』 1(2), 단국대학교 교양기초교육연구소, 2020.

대학교육 혹은 평생 교양과목이라 일컬어지는 문, 사, 철이 천대받는 것은 어제 오늘 일이 아니다. 그리고 대학에서 가장 중요하게 다루어져야 할 교양교육이 홀대받은 지도 오래다.

그래서 독서도 자기계발서나 커리어 관리, 여행 등에 관한 책에 그나마 시간을 할애할 뿐, 삶을 반추하고 철학적 성찰을 요구하는 책 읽기에 대한 관심은 빈약하다 할 수 있다.

이런 가운데서도 일각에서는 인문학의 중요성이 강조되고, 대학평가에서 억지로라도 교양에 대한 비중을 높이려는 정책이 시행되고 있어 한 가닥의 희망을 갖게 한다. 제 아무리 현실의 트렌드가 실용주의 방향으로 간다 해도 대학은 대학의 본질을 스스로 지켜야 하고 명실상부한 대학교육의 혁신은 지속되어야 하리라고 본다. 그리고 이에 대한 사회적 인식도 증대하여, 기업이나 은행 등 입사시험에서 인문학적 소양을 평가하고 있는 추세도 일정한 역할을 하고 있음을 알 수 있다.

대학의 본질 회복, 교양교육의 실행 방안으로 고전 읽기가 강조되고 있다. 다행히 현재 고전 읽기를 필수 교과목으로 선정 운영하는 대학이 늘고 있는 추세이다.

그런데 왜 고전 읽기가 대학의 본질 회복과 관계가 있을까? 하필 고전 읽기가 강조되는 이유는 무엇일까? 초중등뿐 아니라 대학교육에서 고전 독서가 왜 강조될까? 일반적으로 고전에는 인류가 축적해온 지혜와 슬기가 담겨있기 때문일까? 왜 고전은 인류의 축적된 보고(寶庫)라 할 수 있는가? 그렇다면 위에서 말한 실용적 사고가 대세인 현대에 와서도 고전교육은 강제성을 띠더라도 강조되어야 하는가? 그렇다면 그 이유는 무엇인가? 그리고 지금의 고전교육 형태는 바람직한가?

이런 것들을 생각해 보는 것은 매우 중요하고 의미 있는 일이다.

여기서는 고전의 개념을 다시 한번 되짚어 보고, 고전 읽기가 교양교육에 구체적으로 어떻게 기여할 수 있는지를 살펴본 다음, 제도적으로 이것이 어떻게 대학에 정착할 수 있는지를 알아본다. 교육 내용이 어떠해야 하는가에 대한 고민이 더욱 필요한 시기에 이러한 시도는 대학의 본질뿐 아니라 교양교육의 이정표를 제시해 줄 수 있을 것이다.

II. 대학 혹은 교양교육의 본질

빌헬름 훔볼트(Wilhelm von Humboldt)는 대학 혹은 학문의 본질을 '고독'(Einsamkeit)과 '자유'(Freiheit)로 규정하였다.[1]

대학에는 사람들이 자기 자신을 통해, 자기 자신 안에서 발견할 수 있는 순수 학문에 대한 통찰이 유보되어 있다. 진정한 이해 속의 이러한 자기 행위를 위해 자유는 필수적이고, 고독은 도움을 줄만 하다. 이 두 가지 점으로부터 대학의 전적 외부 편제가 흘러나온다.

Der Universität ist vorbehalten, was nur der Mensch durch und in sich selbst finden kann, die Einsicht in die reine Wissenschaft. Zu diesem Selbstaktus im eigentlichen Verstande ist notwendig Freiheit und hülfreich Einsamkeit, und aus diesen beiden Punkten fließt zugleich die ganze äußere

---

1   Jochen Vogt, *Einladung zur Literaturwissenschaft* (2. Aufl.), UTB, 2001, p. 20.

Organisation der Universitäten.[2]

홈볼트는 대학 혹은 교양의 본질로 '고독'과 '자유'를 말하고 있다. 홈볼트는 여기서 학습자들의 지적 자율성의 핵심 개념으로 이것들을 받아들이고 있는데, 여기서 '고독'은 오늘날 '고독'의 개념과는 다르게 사용된다. 홈볼트가 이 단어를 정의 내리던 19세기까지만 해도 고독이라는 단어는 긍정과 부정 둘 다의 양가 가치를 지니고 있었으며, 홈볼트는 여기에서 '고독'을 긍정적 의미로 사용하고 있다. '고독'의 긍정적 의미란 '내버려진 상태'(Verlassenheit)가 아닌, '통일'(Einheit), '하나됨'(Einsamsein)의 의미이다. 따라서 여기서는 '고독'을 자기 자신의 욕망에서 벗어난 정신적 삶의 은유로 보아야 하며,[3] 이는 신의 뜻과의 합의를 말한다. 다시 말해 자기 자신을 완전히 비운다는 의미, 신이 그 빈자리를 채운다는 의미를 가진다. 이렇듯 초기에는 '통일성'(Einigkeit)을 의미했던 '고독'이 현대에 와서는 '버려짐'으로 바뀐 셈이다. 한편 '자유'는 말 그대로 학문에 있어 어떠한 외부적 요인도 간섭이나 압박을 할 수 없다는 의미를 내포하고 있다. 이것은 학문 선택의 자유뿐 아니라, 학문 연구를 함에 있어 어떠한 구속도 있어서는 안 된다는 것을 말한

---

2   Jochen Vogt, 앞의 책, p. 20.

3   홈볼트가 대학의 본질을 규명한 낭만주의 시기만 해도 '고독'이란 단어는 '하나임'(Einsheit) 혹은 '하나로 존재함'(Einssein)이라는 긍정적 의미도 들어간 양가 가치의 개념을 띠었다. 하지만 이 단어가 니체, 헤겔, 포이어바흐 등을 거치면서 사회와의 관계에서 오는 '소외', '남겨짐'의 의미를 가지게 되고, 20세기에 오면, 특히 실존주의 철학이 팽배했던 시기에 오면 '혼자 있음'(Alleinsein), '버려짐'(Verlassensein) 이라는 부정적 의미를 띠게 된다. Friederike Gösweiner, *Einsamkeit in der jungen deutschsprachigen Literatur der Gegenwart*, StudienVerlag, 2010, p. 35 참조.

다. 이런 의미에서 대학교육의 근간을 이루는 것 중 자유로운 사유를 강화시키는 것이 중요하다고 할 것이다. 또한 '자유'는 어떤 것에도 얽매이지 않는 자유로운 상상력을 동원케 하기 때문에 학문의 기본적 자세로 자리매김해야 한다. 그런데 이러한 자유로운 사유는 그냥 주어지는 것이 아니고 여러 가지 요인에 의해 구비될 수 있을 것이다.

따라서 위에서 언급한 바대로 오늘날 대학의 본질과 역할에 대한 진정한 성찰이 요구되는 바, 대학의 본질을 회복하고 학생들에게 보다 넓은 세계를 제공하기 위해서는 고전 읽기를 통한 교양교육이 그 한 몫을 담당할 수 있을 것이다. 이런 의미에서 고전 교육은 대학의 본질과 직결되어 있다.

그렇다면 왜 고전 읽기가 이러한 기대를 충족시켜 준다고 말할 수 있는가?

III. 왜 고전인가?

1. 고전의 개념

고전(Klassik)이란 라틴어로 classis인데, 원래 어떤 특정한 재산을 가진 시민의 한 그룹을 의미했다. 이후 이 말은 다양한 의미로 사용된다. 우선, 어떤 클래스(class)라 함은 학교 같은 곳에서 동일한 요구를 성취하기 위한 개개의 그룹을 의미한다. 그리고 문학에서 클래식이란 모범이 될 만하고 가장 대표할 만한 것을 말한다. 다시 말해 모범적이고, 시대가 바뀌어도 변하지 않는, 즉 시간 초월의 가치를 지닌 작품을 고전이라 할 수 있다.

따라서 고전 작품은 시대를 초월한 가치를 지니고 있고, 또 어느 시대에서나 해석을 새롭게 할 수 있는, 다시 말해 해석이 열려있는 작품이라 할 수 있다.

이런 의미에서 고전 작품은 세계명작, 혹은 정전(正典) 작품, 즉 카논(Kanon)이라 할 수 있다. 요즘 많이 언급되는 정전은 필독서 혹은 권장도서를 말할 때 사용된다.[4]

정전이란 용어는 원래 성서에 대한 평가 기준의 논의에서 시작된 용어로, 규준(Richtschnur), 척도(Maßstab), 법칙(Vorschrift)을 뜻했다.[5] 문학에서는 어떤 준거가 되는 텍스트 혹은 초시대적 고전으로 간주되는 예술 작품을 뜻하는데, 빌페르트(G. v. Wilpert)에 따르면 "문학에서 일반적 가치를 지니고 있고, 학자에 의해 전범적 작가나 작품으로 선별되는 것을 말하며, 이는 문학 수업이나 독서물, 명작선을 선정하는데 기초가 된

---

4   이 개념들을 보다 면밀히 정의하자면, 고전은 오랫동안 많은 사람에게 널리 읽혀 모범이 될 만하다고 인정된 작품을 말하고, 정전은 국가권력이나 그에 준하는 집단에 의해 그 권위적 가치가 보존 유지되고 있는 작품을 말한다. 따라서 고전화란 어떤 텍스트가 일군의 지식인, 학자, 대중들에 의해 널리 읽힐만한 자치 있는 것으로 인정되는 과정을 말한다면, 정전화는 어떤 텍스트가 국가권력이나 그에 준하는 영향력을 행사하는 집단에 의해 교과과정으로 제도화되어 모범적 텍스트로 공인되는 과정을 의미한다고 할 수 있다. 하지만 여기서는 고전과 정전을 유사개념으로 보고 병행해서 사용하기로 한다.

5   Elisabeth K. Pfaefgen, *Einführung in die Literaturdidaktik*, J. B. Metzler, 1999, p. 54.

다".[6]

정전에 대한 논의는 1990년 이후 재발화되었다. 물론 많은 영역에 변혁을 가져오게 한 68학생운동 이후 70년대부터 독일 중고등학교에서 교육학자들에 의해 정전 문제가 꾸준히 제기되었으며, 대학에서는 80년대 아스만 부부(Aleida & Jan Assmann)의 '정전과 검열'(Kanon und Zensur)이라는 심포지엄을 계기로 정전에 대한 관심이 고조되기도 했지만, 90년대 와서 미국을 중심으로 이것이 본격적으로 거론되게 되었다.

특히 68시기에는 기존 권위를 거부하는 경향이 정전에도 영향을 미치는데, 정전은 역사적으로 인정받아 온 작품들, 이를테면 독일의 경우 괴테(J. v.Goethe), 실러(F. Schiller) 등 고전작가들의 작품이 중심적인 필독서가 되었다면, 68운동 시기에 오면 이에 대한 변화와 수정(Revision)이 요구되고, 소위 '수정 카논', 혹은 '정전 수정'(Kanonrevision)[7]이 거론되기에 이른다.

정전 선정에 대해서는 긍정적 시각과 부정적 시각이 공존한다. 다시 말해 이것은 정전에 대한 무용론과 필요성의 긴장관계와 같다.

카논을 지시나 강행의 개념으로 받아들인다면 '대포'(cannon)가 될 수 있다고 소잉카는 말한다.[8] 다시 말해 정전이 지나치게 과도한 영향력을 행세하려고 할 때 문제가 될 수 있다는 말이다. 특히 정전이 그 시

---

6   Gero von Wilpert, *Sachwörterbuch der Literatur*(der 8. Aufl.), Alfred Kröner Verlag, 2001, p. 396.

7   정인모, 「정전화와 탈정전화」, 『독어교육』 43, 한국독어독문학교육학회, 2008, 279쪽.

8   월레 소잉카, 장경렬 역 「문학의 서쪽을 향한 정전, 동쪽을 향한 정전」, 『경계를 넘어 글쓰기』, 민음사, 2003, 19쪽.

대의 정치적 상황(독재 등) 및 종교적 편향에 갇혀있게 되면 그것은 이데올로기를 주입하는 독이 될 수 있기 때문이다.

특히 현대 포스트모더니즘의 개인주의 시대에, 또 다원화되고 개방된 현대사회에서 정전에 의한 규범적 틀과 군림이 과연 가능한가에 대한 의문은 당연하다고 할 것이다. 그리고 고전의 범위도 상당히 넓어졌고 고급문학과 통속문학의 경계도 엷어지는 상황에서 정전 주장이 과연 타당한가 하는 것에 대한 논의가 있게 된다.

그렇다면 정전이 정말 필요 없는 것은 아닌가? 정전이 오히려 자유로운 독서교육에 방해가 되는 것은 아닌가? 이러한 부정적 견해에도 불구하고, 정전 선정은 독서교육에 꼭 필요한 것으로 인식되기도 한다. 특히 책 읽기 가이드라인이나 길라잡이가 필요하다면 정전 제시가 필요하다는 견해가 우세하다. 독일 비평가 라이히-라니츠키(M. Reich-Ranicki)도 "과연 우리는 정전이 필요한가?"(Brauchen wir einen Kanon?)라는 글에서, 만약 정전이 없다면 '자의, 방종, 혼란, 무대책'(Willkür, Beliebigkeit, Chaos, Ratlosigkeit)을 초래한다고 말한다.[9] 다만 정전 선정은 어떤 강제성을 띠는 것보다 책을 읽히기 위한 가이드라인 제시와 권면의 역할을 해야 하고, 이러한 정전 제정이 완결된 절대 가치의 독점이 아니라 언제든지 시대에 따라 변화 가능한 유연성을 가져야 한다는 것이다.

그래서 틸레(Thiele)도 고전 작품의 의미를 발견하고, 또 고전작가들의 날카로운 시선과 뜨거운 심장을 얻기 위한 초대가 되어야 한다고 말

---

9   Marcel Reich-Ranicki, *Der Kanon. 20 Romane und ihre Autoren*, Insel Verlag, 2002, p. 13.

한다.[10] 이런 의미에서 강압적 정전 제시보다 독자적이고 자유로운 정전 추천이 이루어져야 한다. 라니츠키가 '우리의 정전'(bei unserem Kanon), '우리의 정전 목록'(bei unserem Kanon-Bibliothek)이라는 표현을 사용하고, '그 정전'(Der Kanon)이 아니라 '하나의 정전'(ein Kanon)을 말하는 것도 이러한 맥락에서 이해 가능하다.[11]

결국 정전 설정은 문학 수업이나 독서물, 명작선을 제시하는 데 기초가 된다고 볼 수 있다. 비록 정전이 국가나 시대의 이데올로기에 이용되기도 했고,[12] 때로는 엘리트적이며 독선적이고 강압적인 것으로 비판되고 폄하되기도 하지만, 그럼에도 정전의 존재와 논의는, 빌페르트의 말대로, 문학적 대화를 활성화하고 역사와 기억이 실종되는 혼란을 막아주는 역할을 기대할 수 있는 것이다.[13]

2. 고전의 가치와 교양

그렇다면 고전은 어떤 유익과 가치를 내포하고 있는가? 여기서는 고전의 가치와 더불어 고전과 교양과의 관계를 살펴본다.

---

10   Johannes Thiele, *Die großen deutschen Dichter und Schriftsteller*, marix Verlag, 2006, p. 12.

11   Marcel Reich-Ranicki, "Brauchen wir einen neuen Kanon?", http://www. derkanon.de/essays, 검색일 : 2020.05.25.

12   가장 대표적인 예가 나치 Nazi 때의 금서를 들 수 있을 것이다. 또 금서에 관한 것으로, Nicholas J. Karolides, Margaret Bald & Dawn B. Sova, *100 Banned Books*, Facts On File Inc., p. 1999를 참고할 수 있다.

13   Gero von Wilpert, *Sachwörterbuch der Literatur* (der 8. Aufl.), Alfred Kröner Verlag, 2001, p. 396.

우선, 고전은 선인들의 지혜와 혜안을 얻을 수 있는, 축적된 보고(寶庫)라 할 수 있다. 아무리 끄집어내어도 마르지 않는 원천이 고전작품에 있으며, 앞서 말한 대로 이것의 읽기와 해석이 시대와 개인에 따라 새롭게 와 닿을 수 있다. 그리고 오늘날 시대에 필요한 비판적, 통합적 인간상을 갖게 해 줄 수 있다.

그 다음, 고전 읽기를 통해 상상력을 가질 수 있고, 정서적 심미적 쾌감을 느낄 수 있다. 그래서 단순한 지식 획득의 의미보다 작품을 읽어나가는 과정이 중요하고, 그런 독서 과정 속에서 우리의 사유를 강화하고, 세상을 바라보는 인식을 확충할 수 있을 것이다.

또한 고전 읽기를 통해 다양한 사고와 삶의 형태를 간접적으로 체험할 수 있고 타인에 대한 이해의 폭을 넓힐 수 있을 것이다. 이러한 다양한 시각 확보와 통합적 시각 배양을 통해 전인적 존재로 교육할 수 있을 것이다. 즉 고전 읽기를 통해 교양의 토대를 갖출 수 있고, 더 나아가 대학의 본질을 견지할 수 있는 힘을 가질 수 있다. 그래서 현대사회가 요구하는 이상적 인재양성에 이바지할 수 있다.

그리고 고전 읽기를 통해 의사소통 능력을 향상시킬 수 있을 것이다. 현재 여러 가지 요인으로(특히 미디어의 변화) 고전을 읽고 이해하기란 쉽지 않으며, 독서량 또한 부족하다 할 수 있다. 그래서 다양한 의사소통 능력 함양을 위해서는 다양한 글 읽기, 특히 고전 읽기를 통해 서로 간의 대화 능력을 향상시키는 것이 중요하다. 작품을 통한 독자의 저자와의 대화,[14] 그리고 실제 수업에서 고전을 읽고 서로 토론함으로

---

14 이를 수용미학에서는 '문학적 소통'(die literarische Kommunikation)이라고 한다.

써 새로운 의미를 재생할 수 있다. 다시 말해 고전 읽기를 통한 토론 방식의 의사소통은 독자(학생)들의 보다 다채로운 의식을 담아낼 수 있을 것이다.

마지막으로 고전은 다원화되고 세계화된 시대에 타문화를 읽어낼 수 있는 통로가 될 수 있다. 왜냐하면 타문화에 대한 이해를 위해서는 고전만큼 그 문화와 정신을 알려주는 것이 없기 때문이다.

이처럼 고전 읽기는 시대와 사회의 다양한 시각을 담은 모범적 지식으로써 학생들의 인격 및 통합적 사고를 배양하고 사유의 힘을 기르게 하는 데 결정적 역할을 한다. 종합적 시각을 학생들에게 갖추게 하여 편향된 세계관을 바로 잡아줄 수 있는 기회를 제공한다. 그리고 인간과 세상에 대한 다층적 이해와 다양한 시각을 갖게 한다.

이와 같은 고전 읽기의 필요성은 교양교육과 밀접한 관계가 있다. 왜냐하면 고전 읽기의 유용한 가치가 교양교육 이념과 대체로 일치하기 때문이다.

이를테면 P 대학의 교양교육의 기본 방향은, 기초사유 강화, 통합적 시각 배양, 인성교육, 사회변화에 대처하는 능력 함양, 심화 학습을 위한 기초지식 제공으로 설정되어 있는데[15]—다른 학교의 교양교육의 이념도 이와 비슷하리라 본다—이는 앞에서 언급한 고전 읽기의 중요성과 그 의미가 일치한다. 이런 의미에서 고전 읽기는 교양교육의 가장 근본이 되는 실행 방안이 될 수 있을 것이다.

---

15   정인모, 「바람직한 교양교육 기관의 요건과 유형」, 『교양교육연구』 10(3), 한국교양교육학회, 2016, 217쪽.

Ⅳ. 고전 읽기 방안

1. 어떤 고전을 읽힐 것인가?

어떤 고전을 읽힐 것인가의 문제는 정전 선정 문제와 관계있다.

정전 선정의 대전제는 우선 선정의 기준이 보다 구체적이어야 한다는 것이다. 다시 말해 카논 선정은 독자의 연령에 따라, 학교 및 학년에 따라 달라져야 하고, 읽는 목적, 대상에 따라 달라질 수 있다. 소위 '문학의 사회화'(Literarische Sozlialisation)[16]에 맞추어 유아기의 그림책으로부터 노년을 위한 큰 활자체의 고전 작품까지 여러 단계로 나눠질 수 있는 것이다. 다시 말해 각 연령에 맞는 정전이 부여될 수 있을 것이다.

이런 의미에서 라니츠키는 문학 장르에 따라 정전이 달리 제정되어야 한다고 주장한다. 문학 장르는 일반적으로 시, 소설, 드라마로 나뉘는데—괴테는 이것을 '문학의 자연스런 형식'(Naturformen)이라 하였다[17]—, 라니츠키는 이를 좀 더 세분화하여 장편소설, 단편소설, 시, 드라마, 수필의 5가지 장르의 정전을 각각 선정하였다.

정전 선정은 또한 정전화가 시대에 따라 달라질 수 있기 때문에, 오히려 역사성과 맥락성이 고려되어야 한다.

그러면 이제 정전 선정 시 유의해야 할 점을 살펴보자.

16　Hartmund Eggert & Christine Garbe, *Literarische Sozialisation* (2. Aufl.), J. B. Metzler, 2003 참조.

17　Sabina Becker·Christine Hummel·Gabriele Sander, *Literaturwissenschaft*, Reclam, 2018, p.62.

우선 정전은 인기 있는(유행하는) 작품인가, 아니면 문학성이 있는 작품인가를 두고 고민할 수가 있다. 당연히 전통적인 개념에 따라 문학성이 있는 작품이 정전 선정의 기준이 될 터이지만, 앞서 말한 대로 고급문학과 통속문학의 경계가 애매해진 현대에 와서, 또 흥미에 따른 선호도가 높아져가는 경향에 따라 이런 통속성을 어느 범위까지 수용하는가가 중요하기 때문이다.

흥미에 중점을 둘 것인지, 아니면 교육에 중점을 둘 것인지, 즉 이두 개의 균형을 어떻게 잡을 것인지에 대한 논의는 오래전부터 있어왔다. 이것은 크게 볼 때 문학교수법의 영역에 속하는데, 문학교육에 대한 최초의 작업은 히케(Robert Hiecke), 바커나겔(Philipp Wackernagel), 레만(Rudolf Lehmann)에 의해 행해졌다. 히케는 텍스트의 '이해'와 '해석 학습'에 중점을 두었고, 바커나겔은 감성을 강조하는 문학수업을 지향했다. 이 두 사람의 지성-감성 논쟁은 문학교수법의 태동 시기부터 현재에 이르기까지의 문학 교수법의 논쟁이 되어왔고, 레만은 이 두 사람의 입장을 조율, 중재하려고 했다.[18] 이러한 것이 현대에 오면—특히 1970년대의 수용미학의 영향이 컸는데—'행위 및 생산지향 문학 교수법'[19]으로 발전하게 된다.

특히 현대의 포스트모더니즘의 시대에 오면 수요자 중심의 흥미

---

18   Elisabeth K. Paefgen, *Einführung in die Literaturdidaktik*, J. B. Metzler, 1999, p.6.

19   '행위 및 생산지향 문학수업'은 수업에서의 학생 독자성을 존중하여 그들에게 동기부여를 강화하려는 노력으로 볼 수 있다. 권오현, 「전후 독일의 '행위지향' 문학 교육」, in: 조창섭(외), 『독일현대문학의 이해』, 서울대학교출판부, 2006, 38쪽, 52쪽 참조.

위주의 선호도가 높아져서 정전 선정에도 영향을 주고 있다. 예를 들면 조엔 K 롤링의 『해리포터』는 수십개국 언어로 번역되어 전 세계적으로 3억 권이 넘는 전례 없는 판매수치를 기록했는데, 이것이 과연 문학성에 있어 카논에 포함시킬 수 있을 것인가는 계속적인 논란이 되어 왔다.[20] 결국 이 작품의 경우, 출판사 등의 거대 기업의 역할에 의한 홍행결과라는 부정적 입장도 적지 않기 때문에, 이전에 아동을 위한 카논이었던 루이스 캐롤의 『이상한 나라의 엘리스』나 로버트 루이스 스티븐슨의 『보물섬』과 비교해 볼 때 과연 정전으로 손색없이 자리 잡을 수 있는가에는 많은 이론의 여지가 남는다.

그리고 정전은 정전을 형성하는 기구나 제도, 시장의 영향을 받기 때문에, 이것에서 어느 정도 독립하여 정전을 제정하는가가 중요하다. 정전 제정은 앞서 살펴본 대로 국가권력 중심적이라는 속성을 안고 있으며, 현대에 와서는 시장성의 위력도 무시할 수가 없다. 정전을 만드는 기구로는 국가 외에 학교, 출판사, 매스미디어, 문화산업 등이 있으며, 출판시장, 출판사 규모, 유통 홍보 여건, 저자의 인지도, 베스트셀러 순위, 광고, 사재기 자본, 문학상 수상, 저자의 정치적 성향 및 권력 유착관계 등이 정전 제정에 영향을 주는 요인이라 할 수 있다.

그다음 정전은 항상 시대가 지남에 따라 수량적 한계 때문에 바뀔 수 있다는 것을 염두에 두어야 한다. 다시 말해 시대가 지나면서 현대 작품을 수용해야 하는 경우 이전 작품은 탈락되어야 하는 운명에 처해

20　손향숙, 「해리포터는 아동 문학의 고전으로 남을 것인가」, 『창작과 비평』 2005년 겨울호, 창비, 2005, 318쪽.

지는 것이다. 예를 들어 독일에서 1852년 가장 먼저 카논 목록을 제시한 라우머(Rudolf von Raumer)가 15개의 정전 작품을 제시했을 때만 해도 주로 괴테와 실러에 집중되었고, 에센(Erika Essen)은 1956년에 13개의 정전 중 괴테, 실러 외에 토마스 만이나 브레히트까지 범위를 확대한 것을 알 수 있다.[21] 그리고 2000년 복달(Klaus-Michael Bogdal)과 캄러(Clemens Kammler)가 선정한 정전과 라니츠키가 2002년 선정한 정전에는 프리쉬, 되블린 등 많은 작가들에까지 확대되고 있음을 알 수 있다.[22] 이처럼 정전은 생성과 소멸의 운명 속에 놓이게 된다.

2. 어떻게 고전을 읽힐 것인가?

그렇다면 이제 고전을 어떻게 읽힐 것인가가 중요한 과제로 남는다.

70년대에 본격적으로 논의된, 수용미학(Rezeptionsästhetik)에서는 기존의 '작품'(Werk) 개념이 달라지게 된다. 이전의 '작품'이 뮤즈 신이 작가의 손을 빌어 탄생시킨 것을 의미했다면, 수용미학 이후로는 이것이 텍스트(Text)의 개념으로 바뀐다. 이 텍스트라는 개념은 각 개인, 혹은 시대에 따라 새로운 해석이 가능하다는 열린 개념이다. 그래서 현대에 와서는 작품이라는 절대적 가치는 텍스트라는 상대적 가치로 옮아간다. 그래서 고전의 가치가 절대적인 것이 아니라 사회적 환경, 정치적 환경 속에서 시대적으로 재해석 될 수 있는 계기가 마련된다.

---

21   정인모, 「카논과 독서교육」, 『독어교육』 36, 한국독어독문학교육학회, 2006, 50-51
      쪽 참조.
22   정인모, 앞의 책, 52-53쪽.

우리가 문학 작품을 읽을 때, 작가가 의도한 작품의 의미나 시간적, 공간적 배경과의 관계에서 작품을 파악하는 것이 중요하다. 그러나 이 것만큼이나 중요한 것이 이것을 오늘날의 시점에서 재해석하는 것이다. 고전이란 오랫동안 많은 사람에게 널리 읽히고 모범이 될 만한 문학이나 예술작품이란 사전적 의미를 통해서도 추론될 수 있듯이 고전은 재해석을 전제하기 때문이다. 소위 문학적 지식만을 획득하는 것이 강조되면 곤란하고, 이 작품을 현재 우리의 삶, 혹은 사회적 현실에 어떻게 적용할 수 있는가를 찾아내는 것이 중요하다. 또한 고전은 과거에서 현재를 밝히고 미래를 예견하게 하는 힘을 가지고 있기 때문에 현재적 가치를 발견하고 미래에 대한 전망을 찾게 하는 것이 고전 읽기의 목표라 할 수 있다.

이를 위해 사전에 합의되어야 할 점이 중요하다. 그리고 어떻게 고전을 읽힐 것인가, 즉 어떤 방법으로 고전으로 접근할 것인가의 문제를 고민해야 한다. 왜 그런가 하면, 이것이 고전 읽기의 목적과 연계되어 있기 때문이다. 이를 교과목으로 한정하여 설명하면, 보통 교수자들이 한 학기에 선정하는 고전이 대략 4권 정도라고 할 때, 무엇을, 왜 고전으로 선정했는지에 대한 상호이해가 전제되어 있지 않다면 고전읽기의 목표를 상실할 우려가 있다. 나아가 학생과 교수 간 상호이해는 교수자 간 상호이해로 나아가야 한다.

고전 선정에 대한 상호합의가 끝났다면 어떻게 고전을 읽힐 것인가에 대한 방법론으로 나아가야 한다. 보통 고전강의에서 사용되는 교수법은 일방향적 전달방식[23]을 선택한다. 물론 이 방식은 어려운 고전에 대한 이해도를 증진시킨다는 면에서는 효용성이 있으나 고전의 원래 가치인, 고전이 시대 문제에 대한 고민을 던진다는 본래의 취지와는 거리가 있는 것도 사실이다. 특히 고전이 최근에 주목받는 것도 오늘날의 복잡한 시대문제와 맞닿아 있다는 것을 생각하면 더욱 더 상호소통적 교수방법이 요구된다.

그러므로 높아진 고전에 대한 열기를 올바로 대응하기 위해서는 그에 맞는 교수방식이 필연적으로 요구된다. 이는 곧 시대마다 다른 창의적 사고가 요구된다고 것과 같은 맥락이다. 예를 들어 1980년대나 1990년대의 기업이나 공무원 조직에서 요구되는 인재상을 뽑기 위한 시험과 오늘날 기업이나 공무원 조직, 특히 고위 공무원 시험에서 요구는 인재상과 시험을 비교해보면 쉽게 알 수 있다. 또한 고전 교육은 정전과 연관되어 있기 때문에 필연적으로 비판적 사고력이 위축될 수밖에 없다. 그러므로 고전 교육은 반드시 비판적 사고를 함양하는 방향으로 나아가야 한다.

창의성은 생각 펼치기의 발산적 사고와 생각 모으기의 수렴적 사고[24]가 있다. 발산적 사고는 문제를 해결하는 과정에서 여러 가지 정보

23　이 교수법은 고전교육에 있어 선행되어야 할 방법이나 이것이 전부일 수는 없다. 필자는 일방향적 전달방식 => 통합적 전달을 교수자의 몫으로 보고, 다음 절차는 반드시 토론으로 나아가야 한다고 보고 있다. 그 이유는 앞에서도 말했듯이 고전교육이 갖는 폐쇄성과 경직성이 창의적 사고를 위축시킬 수 있기 때문이다.

24　비판적 읽기 모델을 위해 김영정 교수의 비판적 사고 모델을 주목할 필요가 있다. 그는 김광수 교수와 함께 비판적 사고에 관한 대표적 학자이며, 특히 김영정 교수는 비판적 사고 연구에 한 획을 그었다는 평가를 받고 있다(최훈, 「김영정 교수의 비판적 사고

를 탐색하고 상상력을 동원하여 해결책을 동원해보는 과정을 뜻한다. 반면 수렴적 사고는 학교 수업이나 시험을 치는 상황에서 요구되는 사고력으로 대안 검토, 우선순위 검토, 선택 등을 말한다. 달리 말하면 수렴적 사고에는 정교성, 논리성, 비판성, 분석성, 종합성이 요구되는 반면 발산적 사고에는 유창성, 융통성, 민감성, 독창성, 유추성이 요구된다.

그러므로 만약 고전을 일방향적 전달방식의 강의방식을 선택하면 수렴적 사고에는 도움이 되나 발산적 사고에는 도움이 되지 않을 것이다.[25] 고전읽기의 목적이 단순한 고전에 대한 지식의 탐구가 아니라 개인적이든, 시대적이든 문제에 대한 해결을 전제한 것이라면 더욱더 달리 접근할 필요가 있다. 이를 위해서는 다양한 방법이 존재할 것이나 가장 좋은 방법은 토론이라고 볼 수 있다.

그런데 고전읽기와 토론에서 토론의 의제 설정 등은 좀 더 깊은 논

론」, 『논리연구』 13(2), 한국논리학회, 2010 참조).

⇐ 수리성방향	비판적 사고					⇨ 예술성방향
기호적 사고	분석적 사고	추론적 사고	종합적 사고	대안적 사고	발산적 사고	상징적 사고
		연역, 귀납	변증적사고		유창/융통/독창/정교성	
수렴적 창의성					발산적 창의성	

수렴성(비판성)

발산성(생산성)

25 일방향적 전달 방식의 강의라 할 지라도 한 고전에서 사용되는 개념이 다른 영역에서는 어떻게 사용되고 비판되는지에 대한 통섭적 접근은 현대인에게 요구되는 통섭적 인간에게 더욱 접근될 수 있는 교수법이라 생각한다. 가령 생물학에서 유전자가 유전된다면 인문학에서는 유전되는 개념은 없을까? 또는 인문학에서 데카르트적 존재와 인식에 이원론적 인식이 현대의 자연과학에서는 어떤 문제점이 있는가? 등이다.

의가 필요하다고 본다. 왜냐하면 한 고전에 대한 정확한 이해가 선행되어야 생산성 있는 토론이 가능한데 자칫 고전과 무관한 토론이 이뤄질 가능성도 배제할 수 없기 때문이다. 나아가 한학기 고전분량, 토론 방법, 시간 배분 등의 문제들이 끊임없이 반성과 토론으로 더 나은 해결책으로 나아가야 한다고 본다.

그런데 여기서 한걸음 나아가서 교수방법과 성과의 공유가 더욱 중요하다. 가령 A학교의 B라는 학생이 어떤 고전의 개념으로 학생 개인의 문제이든, 시대의 문제를 해결하는 아이디어를 내었다면, 그것에 대해 다른 학생들의 반응이 어떠하며, 교수자는 어떻게 대응했는가에 대한 풍부한 사례의 공유가 더욱 요구된다고 본다. 왜냐하면 문제는 개인마다 다양하나, 다양한 문제를 자기 문제로 재해석하면서 타인의 해결책을 참고하는 것 또한 고전교육이라 보기 때문이다.

나아가 제언을 하나 하자면 정전에 대한 재 항목화 작업과 주체의 다양성 문제이다. 국내에서 일반적으로 사용되는 정전의 항목화는 서양 고전, 동양 고전 등이나 이러한 항목화가 오늘날 재해석될 필요가 있다고 본다. 나아가 정전에 대한 기준을 교과부, 대학, 출판사에서 나아가 또 다른 주체들이 담론화한다면 오늘날의 문제와 해결에 대한 이러한 논의는 더욱 풍성해질 것이다.

종합하면, 고전은 과거의 흔적을 우리의 눈앞으로 다시 끌어오는 것을 말한다. 그렇기에 고전은 우리와 무관하게 존재할 수 없으며, 우리와의 대결 속에 고전은 참된 빛을 발한다. 달리 말하면 고전은 지금, 여기의 문제와 관련된다고 볼 수 있다. 그렇기에 고전은 우리에게 문제를 던지기도 하고, 우리의 문제를 해결하는 실마리의 역할도 한다. 그러므로 고전은 자유로운 해석적 실천을 전제하고 그렇게 해야만 고전의 가치가 있다. 이러한 자유로운 실천을 위한 하나의 방법이 토론이 될 것이나 그것이 전부일 수는 없을 것이다.

V. 고전 읽기 수업의 실제

P 대학에서는 2013년부터 '고전읽기와 토론' 과목을 교양 필수 과목으로 신설하여 운영하고 있다. 개설 동기는 다양한 지식과 선진들의 혜안이 담긴 텍스트이자 지식과 사고력의 원천이라 할 수 있는 고전을 읽게 하는 것이, 기초사유를 강화하고 통합적 시각을 배양하는 등의 교양교육 목표와 상응하기 때문이었다. 당초 계획은 기존 교양 필수 과목이었던 '열린 생각과 말하기', '창의적 사고와 글쓰기' 과목들을 폐지하고, '고전읽기와 토론'을 그것의 대체 과목으로 삼는 것이었다. 즉 고전을 읽게 하고(읽기), 그것을 토대로 토론(말하기)하는 것을 구상했으나, 기존의 '말하기', '글쓰기' 과목은 여러 가지 이유로 폐지하지 못하고, '고전읽기와 토론'이란 과목만을 추가로 개설하게 되었다.

이 과목이 개설된 이유는, 앞에서 말한 바대로, 단순히 '고전 읽기'의 중요성에만 있는 것이 아니다. 기존의 의사소통 교육이 변화하는 사회 현실에 능동적으로 대처하기 위한 시도일 뿐, 비판적이고 창조적인 지식인으로서의 대학생의 정체성 확보를 위한 방안이 되지 못했다고 생각했던 바, '고전 읽기'를 통해서 이러한 문제점을 개선할 수 있다는 입장이 컸기 때문이다.

이 과목이 개설된 또 다른 이유는, 학생들의 고전 독서량이 부족한 면이 있고, 기존의 말하기, 글쓰기 교육이 '고전 읽기'와는 동떨어진 면이 있었기 때문이다. 그래서 이 과목은 고전을 읽게 하고, 그것을 가지고 토론에 임하게 하여, 사고력과 표현력을 배양하는 것이 목표였다. 다시 말해 교양을 통해 인문학적 소양을 갖추게 함으로써 현재 자신의 삶을 성찰하게 하고 더 나아가 사회를 균형적으로 보는 감각을 일깨운다는 것이다.

P 대학에서 개설된 '고전 읽기와 토론' 과목은 2013년 1학기에 개설된 필수 과목으로서 2학점이며 1주당 2시간(100분) 수업으로 이루어진다. 학기당 50-60개의 분반이 개설되며, 1분반은 30명 내외 기준이다. 주 교재는 처음에는 『고전의 힘』 내용 안에서 영역이 다른 3권을 의무적으로 읽히도록 했다. 하지만 지금은 다소 바뀌어 영역에 관계없이 선택하고, 고전 읽기 교재도 『고전의 힘』 외에, PNU 고전 50선, 그 외 유명 고전에서 자유롭게 택하도록 하였다. 가르치는 교수자는 처음에는 다양한 영역의 우수한 강의자로 공개 선발하였는데, 이후에는 여러 가지 현실적인 문제로 인해 전임 교원도 맡을 수 있도록 권장하였다.

이 교과목은 당시 신설된 것이라, 공통적 메뉴얼과 수업의 통일성을 위해 교수자들의 사전 워크숍과 토론 등이 매우 중요했다. 그래서 이 교과목 개설을 위해 거의 1년 동안 수많은 사전 워크숍과 토론을 진행했고 수업의 균질에 대비했다. 여기서는 우선 어떤 작품을 읽혀야 하며, 또 어떻게 가르치느냐에 초점을 맞추었다. 그리고 각 분반별로 수업의 운영 단계가 통일되고 있는가도 중요했다. 각 단계별로는 강독, 토론, 서평의 역할로 나뉘었는데, 강독은 읽기를 독려하여 활용하고,

'토론'은 문제 해결에 중점을 두었다. 토론은 쟁점을 확인하고 이것을 텍스트에 적용하며 논의하도록 하였다. 발표는 조별로 하는 것을 권장하여 논의된 내용을 다시 정리하도록 하였다.

한편 '서평'은 고전에 대한 자신의 관점을 정리하는 것이기 때문에 학생들 개개인에게 서평을 작성하게 하였다. 서평 작성은, 내용을 분석 비판하고 문제를 해결하며 글로 조직화하는 것이다. 서평은 퀴즈, 강독, 발표, 토론에서 발견되고 제기된 문제와 그 해결 과정을 자신의 것으로 체계화하는 과정을 말한다. 서평에서 유의할 점은, 감상문과 서평의 형식을 구분하며, 서평의 주제, 분량을 구체적으로 제시하는 것인데, 토론 후 수업 시간에 해당 과제를 작성하도록 지도하며 우수한 서평은 발표 후 추가 토론의 주제로 활용가능하다.

퀴즈 및 강독은 발표, 토론에서 학생들이 자기 주도적으로 고전을 읽어나가기 위한 이해의 과정으로 볼 수 있다. 특히 '토론과 발표'는 소통과정에서 수단일 뿐이며, 유연한 사고로의 접근을 위해서는 다양한 읽기가 목적이 되어야 하기 때문에, 고전 읽기를 중심에 둔 말하기, 글쓰기 모형이 중요한 것이다.

학생들의 읽기를 유도하기 위해 퀴즈도 유용하다. 이는 선행읽기를 확인하는 과정뿐 아니라 Q&A 등을 가지게 하며 학생들의 관점에서 수용공간을 넓히도록 하기 때문이다.

평가는 시험 위주이며, 이 시험은 고전의 종합적 이해 및 사유의 노력을 평가하는 문제로 정리하게 한다. 유형은 서술형과 각 텍스트의 주요 내용을 확인하는 것 등이 있다. 평가의 방향은, 고전에 담긴 혜안을 통해 통찰한 시대적 과제에 창의적 해결책을 찾으려 한다.

결국 이 수업은 고전을 통해 인문학적 소양과 종합적 사고력을 겸비한 통섭적 인재를 양성하고, 학생들이 이 수업을 통해 고전에 대한 바람직한 이해와 수용을 겸비하려는데 목표를 두었다.[26]

VI. 결론

이상과 같이 본고에서는 고전 읽기와 교양교육의 관계를 살펴보았다. 우선은 고전(카논)의 개념과 대학교육에서의 고전 읽기의 중요성과 필요성을 언급하였다. 그리고 또한 어떤 고전을 읽힐 것인가, 즉 카논 선정의 문제점과 선정 시 유의할 점을 살펴보았다. 정전 선정은 오늘날 정책뿐 아니라 시장, 오락 및 유희 경향 등과 맞물려 있어, 어떠한 기준점을 고려해야 하는가를 알아보았다. 이 문제에 있어 겔페르트는 소위 '좋은 책'을 결정하는 미학적 가치 기준으로 13가지를 제시하고 있다.[27]

그다음으로는 어떻게 고전을 읽을 것인가, 즉 고전 읽기 방법이 강조되어야 하는데, 결론적으로 말해 비판적 글 읽기가 강조되어야 함을

---

26 수업모형에 대해서는, 정인모·허남영, 「고전읽기를 활용한 수업모형」, 『교양교육연구』 7(1), 2013 참고 바람.

27 즉 그것은 완결성(Vollkommenheit), 분위기(Stimmigkeit), 표현력(Expressivität), 현실성(Welthaltigkeit), 보편성(Allgemeingültigkeit), 흥미(Interessantheit), 독창성(Orginalität), 복잡성(Komplexität), 애매모호함(Ambiguität), 신빙성(Authentizität), 저항성(Widerständigkeit), 경계 넘음(Grenzüberschreitung), 확실한 어떤 것(Das gewisse Etwas)이다. Gelfert·Hans-Dieter, *Was ist gute Literatur?*, C. H. Beck, 2004, pp. 53-77 참조.

기술하였다. 특히 능동적이며 통합적 인간상이 요구되는 오늘날 올바른 비판적 글 읽기가 요구되는데, 단순히 글을 읽을 때 비판적으로 읽는다는 차원을 넘어, 텍스트가 가진 무궁한 의미를 재해석하고 의미를 창출하는 차원으로까지 나아가야 한다는 것이다. 정전을 통해 고전의 의미가 새롭게 해석될 수도 있지만 고전의 의미가 경직될 수도 있기 때문에 이런 점을 어떻게 극복할 것인가가 관건이라 할 수 있는데, 그 대안으로 통합적 읽기와 토론이 제시될 수 있을 것이다.

메스미디어와 전자 기기가 대세를 이루는 지금, 그래도 책 읽기는 계속되며 여전히 학습의 중요한 부분을 차지하고 있다. 특히 고전은 앞서 살펴본 대로 대학에서의 교양교육의 핵심을 이루고 있는바, 고전 읽기 교육에 대한 인식이 더욱 깊어져야 할 것이고 이에 대한 다양한 실행 방안도 강구되어야 할 것이다.

그리하여 미래의 바람직한 인간상, 즉 적극적, 주도적, 통합적 인간상은 고전 읽기를 통해 이루어질 수 있기 때문이다.

참고문헌

1. 저서

교수신문(엮음), 『최고의 고전번역을 찾아서(1, 2)』, 생각의나무, 2007.

부산대학교 교양교육센터, 『고전의 힘』, 꿈결, 2013.

서강대학교 교양인성교육위원회, 『아무도 읽지 않는 책』, 서강대학교출판부, 2007.

월레 소잉카, 장경렬 역, 「문학의 서쪽을 향한 정전, 동쪽을 향한 정전」, 『경계를 넘어 글쓰기』, 민음사, 2003.

손향숙, 「해리포터는 아동 문학의 고전으로 남을 것인가」, 『창작과 비평』 2005년 겨울호, 창비, 2005.

조창섭 외, 『독일현대문학의 이해』, 서울대학교출판부, 2006.

Becker, S., Hummel, C., & Sander, G., *Literaturwissenschaft*, Reclam, 2018.

Bloom, H., *The Western Canon*, Riverhead Books, 1994.

Edmundson, M., Why *read?*, Bloomsbury, 2004.

Eggert, H., & Garbe, C., *Literarische Sozialisation* (2. Aufl.), J. B. Metzler, 2003.

Gelfert, Hans-Dieter, *Was ist gute Literatur?*, C. H. Beck, 2004.

Gosweiner, F., *Einsamkeit in der jungen deutschsprachigen Literatur der Gegenwart*, StudienVerlag, 2010.

Karolides, Nicholas J., Bald, M., & Sova, Dawn B., 100 *Banned Books*, Facts On File Inc., 1999.

Kermode, F., *Pleasure and Change*, Oxford University Press Inc., 2004.

K. Pfaefgen, E., *Einführung in die Literaturdidaktik*, J. B. Metzler, 1999.

Lange, H., *Weltliteratur für Eilige*, Droemer, 2009.

Maier, K., Die *berühmtesten Dichter und Schriftsteller Europas*, Marix Verlag, 2007.

Reich-Ranicki, M., *Der Kanon, 20 Romane und ihre Autoren*, Insel Verlag, 2002.

Thiele, J., *Die großen deutschen Dichter und Schriftsteller*, Marix Verlag, 2006.

Vogt, J., *Einladung zur Literaturwissenschaft* (2. Aufl.), UTB, 2001.

Wilpert, G, von., *Sachworterbuch der Literatur* (der 8. Aufl.), Alfred Kroner Verlag, 2001.

2. 논문

정인모, 「카논과 독서교육」, 『독어교육』 36집, 한국독어독문학교육학회, 2006.

_____, 「교양교육과 고전 읽기」, 『독어교육』 39집, 한국독어독문학교육학회, 2007.

_____, 「정전화와 탈정전화」, 『독어교육』 43집, 한국독어독문학교육학회, 2008.

_____, 「바람직한 교양교육 기관의 요건과 유형」, 『교양교육연구』 10(3), 한국교양
　　　교육학회, 2016.

_____ · 허남영, 「고전읽기를 활용한 수업모형」, 『교양교육연구』 7(1), 한국교양교육
　　　학회, 2013.

_____, 「〈고전읽기와 토론〉 강좌에서의 읽기모형 개선방안」, 『교양교육연구』 8(6),
　　　한국교양교육학회, 2014.

최훈, 「김영정 교수의 비판적 사고론」, 『논리연구』 13(2), 한국논리학회, 2010.

3. 인터넷 자료

http://www.derkanon.de/essays(Marcel Reich-Ranicki, "Brauchen wir einen neuen Kanon?")

자유를 향한 싸움의 실용적 기술로서 고전*
―사회과학 고전읽기

김주환

I. 서론

이 글의 제목에 "자유를 향한 싸움의 실용적 기술로서 고전'이라는 문구를 넣었다. 보기에 따라서는 뜨거웠던 80년대나 90년대 초의 분위기가 떠올라 무슨 시대착오적인 말을 하려나 하고 느낄지도 모르겠다. 또는 그 자체로 신성한 고전의 지혜를 고작 세속적인 실용적 기술 정도로 간주하는 듯한 표현에 거부감을 느낄지 모르겠다. 하지만 여전히 인문과학 고전이든, 사회과학 고전이든, 자연과학 고전이든, 고전 교육이 놓여 있어야 할 자리는 힘과 힘이 충돌하는 역동적인 싸움터여야 하며, 고전은 그 전투에서 우리가 자신을 보호할 수 있기 위한, 나아가 이길

---

* 이 글은 다음 논문을 수정, 보완한 것이다. 김주환: 숙명적 비극의 시대, 자유를 향한 싸움의 실용적 기술로서 고전 활용―막스 베버의 『프로테스탄트 윤리와 자본주의 정신』을 사례로, 『교양기초교육연구』 2(2), 단국대학교 교양기초교육연구소, 2021.

수 있기 위한 실용적 싸움의 기술서여야 하고 전술, 전략서가 되어야 한다. 물론 이 싸움터는 우리의 자유의 영역을 제한하고 왜곡하는 외적인 힘과 자유의 영역을 확장하려는 우리의 힘이 충돌하는 삶의 세계이다. 우리는 우리 삶의 주인이 될 수 있어야 하는데, 이를 위해서는 그것을 방해하는 힘들과의 싸움이 불가피하다.

우리의 자유 영역을 제한하고 왜곡하는 그 외적인 힘으로 전통적으로 이야기되어 온 것이 크게 볼 때 외적인 자연세계, 타인과의 사회적 관계 영역으로서 사회세계, 그리고 내 안의 충동으로서 내적 자연세계를 들 수 있다. 인간의 문명적 삶이란 자연의 폭력, 사회의 폭력, 내적 충동의 맹목적 폭력과의 싸움 속에서 형태 지워진다. 지식(혜)이나 덕(아레테, 비르투)이란 이러한 싸움을 위해 필수적으로 요구되는 무기와 힘의 다른 이름이라고 할 수 있다. 지식나 덕의 자리는 철학자의 관조적 사변이나 실험실 같은 현실의 힘의 지형과의 연관에서 자유로운 평화로운 이상세계가 아니다. 지식과 덕의 자리는 삶의 고통이 우리를 때리고 삶을 위협하는 각종 폭력과 그것에 저항하는 비명들이 들려오는 삶의 전쟁터이다.

고대 그리스인들이 인간 삶을 설명하기 위해 사용했던 상투적인 어법인 '항해사의 비유'는 변화무쌍한 파도와 바람, 예상치 못했던 폭풍우의 폭력에 맞서 자신의 배를 적절히 조정하며 항해하기 위해 선장으로서 우리 각자가 능숙한 항해술을 익히고, 바다, 바람, 기상에 대한 지식을 쌓아야 하며, 그 지식과 기술을 적재적소에 사용하는 카이로스와 중용의 감각을 육체와 삶에 육화시킬 수 있어야 함을 말하는 것이었다. 지식, 기술, 카이로스의 감각은 자유를 위한 싸움터로서 인간의 삶에 필수적인 덕목들이었고 지금도 여전히 그러하다. 자유를 향한 이 싸움에서 활용할 무기를 제공해주는 유용한 지식, 그래서 자신의 존재론적 힘이 강화 또는 고양되는 듯한 느낌을 주는 지식을 고전문헌학자 니체는 '즐거운 학문(지식)'이라고 불렀다.[1] 우리는 고전 교육을 통해 학생들에게 비판적 안목을 길러주고자 하는데, 비판(critique)이란 위기(crisis)와 어원 및 의미가 같은 말이었다. 비판이란 본래 육체의 위기 즉 질병에 의해 육체적 힘이 약화되고 있음에 대한 명확한 위기 인식을 바탕으로 적절한 치료법으로 육체의 질병을 치료하고 그럼으로써 힘을 다시 강화시키는 의사의 치료 행위를 뜻했다.[2]

그렇다면 최근 불고 있는 이른바 '인문학 열풍', '고전 읽기 열풍' 등은 우리의 자유를 확장해 줄 수 있는 힘과 싸움의 기술을 제공해주는 '즐거운' 현상일까? 국가가 추진하는 대학 정책으로서 각종 인문학 및 고전 교육 강화 사업들, 기업들이 관심을 두고 지원하는 인문, 고전 리더십 또는 창의력 프로그램들, 대중매체들에서 컨텐츠 산업으로 팔고 있는 각종 힐링 내지 처세를 위한 악세사리 프로그램들 등은 고전 읽기의 불온성을 삭제한 채 순응과 처세의 노예 도덕을 가르치는 경향을 보인다는 점에서 고전 교육의 본령을 망각하고 있는 듯하다. 국가든, 기업이든, 대중매체든 이 조직들의 관심은 우리의 자유를 확장하는데 있는 것은 아닐테니 어쩌면 자연스러운 현상이다.

---

1   프리드리히 니체, 안성찬·홍사현 역, 『즐거운 학문 메시나에서의 전원시 유고』, 책세상, 2005.

2   Koselleck, Reinhart. *Critique and Crisis: Enlightenment and the Pathogenesis of Modern Society, Cambridge,* MIT Press, 1988.

하지만 어떤 형태로든 인문학이나 고전 교육의 중요성을 말하는 다양한 프로그램들이 최근 확장되고 있는 현상은 어떤 심층의 더욱 본질적인 것이 드러나는 하나의 징후라고 할 수 있다. 말하자면 인문학이든 고전 교육이든 이것들에 대한 대중의 욕구가 잠재된 상태로 커져가고 있는 것인데, 그 욕구란 효능감의 욕구라고 할 수 있을 것이다. 짐멜은 현대적 삶의 근본 문제들은 자신의 독립과 개성을 자기 외부의 압도적인 힘으로부터 지켜내려는 욕구에서 유래한다고 말한다.[3] 날로 나 바깥의 다양한 외적 강제력들에 의해 떠밀리는 삶의 양태들이 강화되고 있는 오늘날의 상황, 우리가 세상을 형성하는 것이 아니라 우리가 반대로 세상에 의해 일방적으로 휘둘리며 결정되고 있는 듯 느껴지는 상황, 그렇기에 내 삶이지만 내가 주인이 아니고 내가 통제할 수도 없다는 삶과 세계의 감각이 커져가고 있다. 이는 이 세상이 마치 주어진 유사 자연세계처럼 물화되어가고 있음을 방증한다.

그러니 자유상실과 의미상실의 현대적 삶에 맞서 빼앗겼던 자유와 의미있는 삶을 되찾고자 하는 열망들이 축적되고 있다. 푸코 식으로 말하자면 "더 이상 (내가 결정하지 않은 외적인 힘의 압박에 의해 일방적으로 내 삶이 결정되는—인용자) 이런 식으로는 통치되지 않겠다"라는 자유 추구로서 비판적 삶의 열망들이 커져가는 셈이다.[4] 고전 교육은 자기 삶의 자유로운 주인이 되어 의미있는 삶을 살고자 열망하는 사람들에게, 그럴 수 있기 위한 유용한 기술적 방법들을 제공해 줄 수 있을 때 비로

---

3   게오르그 짐멜, 김덕영 역, 『짐멜의 모더니티 읽기』, 새물결, 2005.

4   미셸 푸코, 정일준 역, 『자유를 향한 참을 수 없는 열망』, 새물결, 1999, 123-162쪽.

소 존재 가치를 정당화할 수 있다. 이 글은 자유 추구와 비판적 삶의 태도에 대한 열망들이 국가, 기업, 문화산업 등에 의해 탈취되고 있는 오늘날 고전 교육의 의미에 대해 성찰해보려고 한다. 특히 이 글은 대학에서 고전 교육의 당사자들인 대학생들(청년들)이 처한 상황, 그들이 체험하는 삶과 세계의 감각에 대한 고려에 기반하여 고전 교육이 어떠한 역할을 해야 하는지 살펴보고자 한다. 그리고 이를 유명한 고전인 막스 베버의 『프로테스탄트 윤리와 자본주의 정신』을 하나의 사례로 하여, 교전 교육이 어디에 주안점을 둬야 할지 고민해볼 것이다. 이 글은 『프로테스탄트 윤리와 자본주의 정신』의 내용을 치밀하게 분석하는 것을 목적으로 하지 않는다. 이 글이 수행하는 『프로테스탄트 윤리와 자본주의 정신』에 대한 분석은 자유를 향한 싸움의 유용한 기술을 전달하고자 하는 고전 교육이 어떤 형태를 취할 수 있을지에 대한 단지 하나의 사례일 뿐이다.

II. 숙명적 비극의 세계를 살아가는 무기력한 청년들

1. 숙명적 비극처럼 체험되는 삶

나는 최근 수행한 일련의 연구들을 통해 서울지역 대학생들의 삶과 의미 세계를 살펴봤다.[5] 2019년 초부터 2020년 초까지 약 1년 동안

5   김주환, 「숙명적 비극의 시대, 청년들의 절대적 고통 감정과 희생자—신 되기의 탈정

서울 소재 한 대학의 학생들 12명을 연구참여자로 하여 이들과 여러 차례 심층인터뷰를 수행했다. 연구참여자들은 청년으로서 자신들이 느끼는 불만과 분노를 보다 적극적으로 표명하는 사람들이었다. 이들은 청년층에서 매우 뜨거운 주제인 세대 문제와 젠더 문제와 관련하여 비교적 뚜렷한 자기 입장과 목소리를 내는 사람들이었다. 이 연구들을 통해 청년들의 삶의 정서의 중요한 특징들을 발견할 수 있었는데, 나는 그 중요한 특징을 '숙명적 비극의 시대'라는 말로 표현했다. 간단히 말하자면 오늘날 많은 청년들은 하이데거가 말하는 '세계-내-존재'로서 자신들의 삶의 양식(존재 양식)을 '비극처럼 조직되고 작동하는 숙명적 세계'를 살아가는 '패배할 수밖에 없는 운명에 처해진 무기력한 존재'로 느끼며 살아간다.

그들이 체험하기에 이 세계는 자신들의 힘으로 조직하거나 바꾸거나 작동시킬 수 있는 집합적인 인위적 발명품이 아니다. 이 세계는 마치 자연법칙처럼 주어진 세계이다. 이 세계는 인간들의 인위적이고 집합적인 실천의 결과물이 아니라, 나나 우리의 실천적 관여와는 절연된 채, 내가 어찌해볼 수 없는 압도적인 외적인 힘들에 의해 조직되고 작동하는 물화된 어떤 것이다. 가령 이 세계는 유사 자연법칙으로서 자본주의 시장 논리에 의해, 부조리한 남성 패권의 압도적 폭력에 의해, 어떤 부모 밑에서 태어났느냐라는 운명 등등, 내가 결정하거나 개입하여

치」, 『사회와 이론』 36, 2020a, 49-92쪽; 김주환, 「숙명적 비극의 시대, 청년들의 모험의 운명」, 『사회이론』 57, 2020b, 151-192쪽; 김주환, 「의미상실과 자유상실의 시대, 청년들의 시간감각과 세계감각 속에서 가치의 전도」 『문화와 사회』 28(3), 2020c, 315-363쪽.

바꿀 수 없는 힘에 의해 조직되어 작동하는 세계이다.

코젤렉은 현대성의 중요한 시간 구조의 특징을 경험공간과 기대지평의 분리로 포착하면서 '현재'는 과거의 경험공간과 미래의 기대지평사이에 벌어진 틈새의 순간이 된다고 말한다.[6] 이는 신학적 질서를 특징으로 하는 전근대 사회의 시간 구조와는 뚜렷하게 구분된다. 전근대사회는 경험공간과 기대지평이 분리되지 않았다. 말하자면 현재와 미래는 이미 과거의 경험공간의 연장일 뿐으로서, 현재와 미래는 과거에이미 결정되어 과거에 결박되어 있었다. 이러한 삶-시간의 감각에서 세계와 자기의 삶은 인간의 실천적 관여를 통해 바뀔 수 있는 것이 아니게 된다. 앞으로 어떻게 될지 알고 싶으면 고개를 돌려 과거를 돌아보는 것으로 충분했다.

오늘날 청년들이 느끼는 삶-시간의 감각이 이와 유사하다. 금수저니, 은수저니, 흙수저니 하는 수저계급론이 이야기되고 이른바 '노오력'이라는 비아냥 섞인 말이 이들의 삶의 정서를 대변한다. '해도 안된다.' 그렇기에 청년들은 '하면 된다'라는 진취적인 태도로 살아가는 것이 아니라 '되면 한다'라는 리스크 관리의 태도로 삶을 살아가야 한다고 느낀다. 될 것 같은 확실성이 충분히 확보되어야 움직인다. 그래야 삶의 리스크를 최소화할 수 있기 때문이다. "확실하지 않은 가능성 그리고 숙명과 우연에 모든 것을 걸고, 퇴로를 끊어버리며, 마치 어떠한 상황에서도 길이 나타나 우리를 인도하기라도 할 듯이 안개 속으로 들어가"는 모험적 삶의 영웅적이고 진취적 태도는 가장 미련한 짓이라고

---

6   라인하르트 코젤렉, 한철 역, 『지나간 미래』, 문학동네, 1998.

여긴다.[7]

　이는 탁월한 역량을 지니고 있지만 막강한 숙명의 힘 앞에서는 패배할 수밖에 없는 운명에 처해진 비극 속의 주인공의 처지와 비슷하다. 오늘날 청년들의 삶의 감각은 자신들이 저지른 도덕적 잘못이 아님에도 불구하고 단지 여성이라는 이유로 죽임당하고, 단지 남성이라는 이유로 잠재적 범죄자나 나쁜 놈 취급당하며, 단지 가난한 부모 밑에서 태어났다는 이유로 세계를 조직하는 다양한 폭력들의 막강함에 의해 할큄을 당한다고 여긴다. 그 힘은 너무나 막강하여 마치 자연법칙처럼 변할 수 없는 것이라고 여긴다. 말하자면 청년들에게 이 세계 안에서의 삶이란 비극의 경우처럼 막강한 숙명의 힘에 의해 이리 치이고 저리 치이며 패배할 수밖에 없는 비극 주인공의 삶이다.

　물론 고대 그리스인들은 사소한 비도덕적 실책(하마르티아)에 의해 숙명에 패배하는 영웅의 비장미 어린 운명 속에서 공포와 연민을 느끼고 그것을 통해 겸손(휘브리스의 경계)과 중용의 도덕을 배우거나 유한한 인간으로서 어떻게 살아가야 할지에 대한 대안적 삶의 집합적 지혜를 도출할 수 있었다. 하지만 그것은 폴리스라는 집합적이고 공적인 삶의 세계를 만들어야 한다는 믿음이 굳건하기에 가능했다. 페리클레스가 연속된 전란으로 황폐화된 아테네의 공동체 의식과 민주정을 복원하기 위해 디오니소스제의 마지막 날 비극을 상연토록 하고 이를 통해 모두가 하나라는 집합적 흥분의 도취를 경험토록 했던 것도 이런 이유에서였다. 비극은 모두가 유한하기에 언제든 숙명의 희생양이 될 수 있

7　게오르그 짐멜, 앞의 책.

다는 사실을 일깨움으로써 결국 이 부조리와 고통을 넘어서기 위해서는 혼자서는 안되고 내 옆의 동료들끼리 하나가 되는 공동체를 만들어야만 한다는 사실을 깨우쳐줬다. 그렇기에 비극이 위대한 장르인 것이다.

하지만 오늘날 청년들은 숙명에 할큄을 당하며 패배하게 되어 있는 운명에 처해진 비극의 주인공과 같은 처지라고 느끼지만, 이들의 삶의 세계는 개별화되어 파편화된 세계이다. 말하자면 집합적이고 공적인 노력으로 같이 대안적 삶을 만들어나가야 한다는 의식이 매우 희박하다. 그러니 고대 그리스 시대의 비극이 고통스러운 삶을 더 의미있게 살아야 할 이유를 제공해 줄 수 있었던 것과는 달리, 청년들의 비극적인 삶의 무대에서는 자신들이 부당하게 탄핵당하고 있다는 고통의 감각과 세계에 대한 분노의 감각만 남는다. 개별화되어 파편화된 청년들에게 자신을 둘러싼 세계 전체는 자신에게 고통을 가하는 부정의한 것으로 체험된다. 개인의 힘과 숙명적 세계의 힘 사이의 싸움! 이 싸움의 결과는 이미 결정되어있다. 개인은 제도적 물질성을 가지고 폭력처럼 작동하는 이 세계가 가하는 숙명의 힘과 싸워 이길 재간이 없다. 그런 점에서 우리 시대는 확실히 개인주의의 시대가 아니다. 개인이 이처럼 무기력화된 시대, 개인의 힘이 그 어느 때보다 취약해진 시대를 개인주의 시대라고 부를 수 없다. 개인주의의 시대가 아니라 집합적인 공적 사회에 대한 상상이 어려워진 개별화의 시대일 뿐이다.

2. 숙명적 비극의 시대 청년들이 찾은 돌파구

노력한다고 되는 것이 아니고, 세상을 바꿀 수도 없고, 자신은 불의한 세계가 가하는 숙명 같은 막강한 힘에 의해 패배할 수밖에 없는 운명이라고 삶을 체험하게 될 때, 남는 돌파구는 무엇일까? 이를 몇 가지로 유형화해볼 수 있을 것이다.

1) 숙명의 불의에 순종하고 적응하기

이 세계에 대한 불만을 가지고 있지만 어차피 이 세계가 자신들에게 가하는 힘에 맞서 이길 수 없다면 세상을 탓해봐야 무슨 소용이 있을까? 김수영은 동료들이 국가폭력에 의해 끌려가고 고문받는 속에서 비겁하게 "옆으로 비켜서" 기껏 "오십 원짜리 갈비가 기름덩어리만 나왔다고 분개하(는)" 자신을 바라보면서 "왜 나는 조그마한 일에만 분개하는가"라고 묻는다. 아무리 불의하다고 할지라도 대적해야 할 힘이 너무 거대하면 그 힘에 대한 분노도 대적할 마음도 안 생기는 법이다.[8] 어차피 안 바뀔 세상을 탓해봐야 아무런 소용이 없다. 그러면 그 분노는 자신에게로 향해 자책의 형태로 바뀐다.

> 저희는 실패가 일상이거든요. 세상 탓하고 싶은데, 지금 같아서는요. 그런데 나중에 가서는 결국은 제 탓 하게 될 것 같아요.[9]

---

8   김수영, 『사랑의 변주곡』, 창작과비평사, 1999.
9   청년1; 김주환, 2020c 347쪽에서 재인용.

세상이 미워요. 그런데 생각해보면 제가 관심 있어 하는 것은 사실 다 돈 안 되는 것들이었어요. 제 전공도 그렇고, 좋아하는 공부나 수업도 그렇고. 그래서 졸업반 되니까 '여태껏 뭐했는지 모르겠다. 뭔가 열심히 한 것 같은데 지금 와서 보니까, 뭐 해놓은 게 없다. 뭐 해먹고 살아야 되지?' 이런 생각이 들고, 어떨 때는 그런 저 자신이 미워요.[10]

위 인용은 내가 인터뷰했던 청년들의 진술이다. 두 청년의 구술은 '세상 탓'과 '세상이 미워요'로 시작해서 '제 탓'과 '저 자신이 미워요'로 마무리된다.

어차피 안 바뀔 세상이라면, 내가 바꿀 수 없는 세상이라면 자기가 바뀌어야 한다. '모난 돌이 정 맞는다'고 하지 않던가. 그렇다면 내가 이 세계가 가하는 숙명의 힘에 철저히 순응하여 그것에 적응하는 수밖에 별 도리가 없다. 이럴 때 이 세계에 대한 규범적 비판은 소음이 되며, 계란으로 바위를 치려는 바보 같은 행위가 된다. 이 세계가 숙명처럼 가하는 힘이 설령 부정의할지라도 그것은 비판적 가치 판단의 대상이 될 수 없다고 느낀다. 그것은 가치판단의 대상이 아니라 원래 그러한 것이기에 받아들여야 할 유사 자연법칙이다. 이러한 삶과 세계 감각 속에서 고대 그리스인들이 비극을 통해 깨달은 휘브리스 경계의 지혜는 오늘날의 청년들에게 순응과 복종 속에서의 적응이라는 비겁한 삶의 윤리로 바뀐다. 오늘날 많은 청년들이 바로 이러한 삶을 살아간다.

10   청년2: 김주환, 앞의 논문 같은 쪽에서 재인용.

이는 주어진 환경을 생존을 위해 적응해야 할 것으로만 여기는 동물들의 물화된 삶의 태도이고 빈곤한 세계 인식이다.

2) 소확행, 협소한 내적 개별 영역으로의 도피

하지만 순응하고 복종하며 세계에 적응하는 것도 피말리는 피곤한 일이다. 이 세계를 움직이는 자연법칙은 경쟁과 생존의 법칙이기 때문이다. 이 답답함에서 벗어나기 위해 청년들은 자신을 고통스럽게 하는 외부의 힘이 건드리지 않는 안전한 영역을 찾아 은신한다. 인생의 커다란 목표 같은 것은 이미 내 의지와 무관하게 결정되어있으니 살아가면서 소소한 행복, 순간순간의 긴장을 찾아 기쁨을 누리거나, 타인과 엮이는 것을 최소화하여 혼자 밥 먹고, 혼자 술 마시며, 혼자 영화를 보는 개별화된 삶의 영역에서 만족을 찾는다. 이 협소하고 소소한 영역들만이 나의 힘이 작동할 수 있는 자유의 관할 영역이 될 수 있기 때문이다.

개별화된 협소한 삶의 영역에서 행복을 찾는 이러한 유형의 삶의 방식은 언제나 개인들이 무기력화되는 시대 풍조가 발생할 때마다 생겨났다. 예를 들어 고대 그리스의 아고라 민주정이 사라진 것은 물론이고, 공화정의 틀이 흔들리며 황제정으로 들어가고, 제국 경제 하에서 중산층이 몰락해가면서 돈의 논리가 세상을 움직이는 원리라는 감각이 강해지던 기원전 1-2세기의 고대 로마시대부터 오로지 개인성의 영역으로 침잠하는 온갖 철학과 사상 사조들이 나타났다. 이런 조건에서 에피쿠로스학파, 견유학파, 스토아학파 등 헬레니즘 시대의 철학자들은 개인의 내면이나 유사 종교공동체의 협소한 학파(학술공동체) 안에서

삶의 의미와 행복을 찾았다.[11]

아리스토텔레스는 최고선으로서 행복은 외적으로 강제되는 힘을 고려하면서도 그것을 적절히 해쳐나갈 수 있는 탁월함의 덕 활동을 통해 확보될 수 있다고 봤고, 그러한 능동적 인간 활동의 본령은 공적인 정치에 있다고 말했다. 하지만 나나 우리가 관여하여 세상을 만들어 바꿔갈 수 있는 여지가 크게 축소된 채, 어차피 세상을 작동시키는 힘은 중앙집중화된 권력으로서 황제의 자의성이거나 돈과 같은 비인격적 원리 같은 외적인 힘이라고 한다면 어떻게 될까? 아리스토텔레스는 인간은 우리 자신의 노력으로 이루어질 수 없는 것들에 대해서는 숙고하지 않으며, 오로지 자신의 노력으로 할 수 있는 일에 관하여만 숙고하기 마련이라고 했다.[12] 이런 상황에서는 인간의 사회적 삶의 매우 많은 부분들이 숙고의 대상이 되지 못한다. 숙고하여 행동한다고 해서 바뀔 일이 아니게 되기 때문이다. 그렇다면 행복은 집합적이고 공적인 정치적 숙고와 활동으로 이 세계를 구성하는 것에서 나올 수 없다. 행복의 자리는 공적 정치 바깥의 개인적 삶의 영역이나 국지적 공동체의 삶 안으로 축소된다.

오늘날 많은 청년들에게 숙고해볼만한 관심사는 어떻게 소소한 행복의 영역을 만들 수 있을 것인지, 어떻게 하면 타인과 엮이지 않으면서 자신을 보존할 수 있을 것인지 하는 것이다. 정치나 경제 구조의 공

---

11 요한네스 힐쉬베르거, 강성위 역, 『서양철학사(상권)』, 이문출판사, 1999, 312쪽. 추정완, 「에프쿠로스의 죽음관에 대한 비판적 고찰」, 『도덕윤리과교육』 58, 2018, 3-4쪽.

12 Aristotle, *Aristotle's Nicomachean Ethics*, Hippocrates George Apostle trans. Peripatetic Press, 1984, pp. 88-90.

적 개입과 개혁 등에 청년들은 무관심할 수밖에 없다. 정치나 연대의 실천 등은 숙고의 대상이 될 수 없는 것이다. 기성세대는 청년들이 정치에 관심이 없다고 청년들을 비난하는데, 청년들의 입장에서 정치는 관심을 가져봐야 개입하여 효과를 낼 수 있는 효능감의 영역으로 파악되지 않기 때문에 청년들의 정치적 무관심은 자연스러운 현상이다.

3. 주관적 고통의 절대화: 신적 폭력의 파괴적 정념

순응하여 복종하는 것도 피곤하고, 소확행 같은 것을 하며 협소한 개인의 자유 영역으로 은거해 잠시의 행복을 느끼는 것도 한계가 있다. 삶의 고통과 분노는 해소되지 않고 쌓인다. 그럴 때 나타나는 것이 자신을 고통스럽게 하는 이 세계에 의분을 표출하는 것이다. 삶의 고통이 부정의한 세계의 폭력에 의한 것이라면, 그 부정의한 세계에 분노를 표현하는 것은 의로운 분노이다. 하지만 이성이나 말과 달리 감정은 액체 같은 것이어서 유동하며 흐르고 어떤 그릇에 담기느냐에 따라 형태가 달라진다. 최고의 사랑이 최악의 증오로 바뀌는 것이 순식간이듯, 의분이 혐오의 파괴적 정념으로 바뀌는 것 역시 순식간이다.

부정의한 이 세계가 가하는 숙명 같은 막강한 힘에 의해 청년들은 부당하게 패배하고 고통받는다고 여긴다. 그렇다면 돌파구는 이 세계를 깨뜨리는 것이다. 하지만 자신들은 무기력하다. 이 세상이 가하는 숙명의 힘보다 더욱 강력한 힘이 필요하다. 벤야민과 벤야민에 영향을 받은 오늘날의 많은 서구의 정치철학자들이 말하는 이른바 '신적 폭력'의 힘이 필요하다.[13] 청년들은 자신들이 느끼는 고통의 주관적 정념에 최고 권위를 부여한다. 합리적 논리나 생각이 다른 사람들과의 소통적 정당성, 규범적 정당성 같은 것들은 중요하지 않다. 오히려 그런 것들이 자신들을 고통스럽게 한다고 여긴다. 자신이 느끼는 주관적 고통이야말로 이 세계의 부당함을 증명해주는 가장 강력한 증거이다. 주관적 고통의 감정은 이 사회가 요구하는 합리성이나 규범적 정당성을 뛰어넘는 더욱 강력한 권위이다. 청년들은 단지 여성이라는 이유로, 단지 남성이라는 이유로, 단지 청년이라는 이유로 이 세계가 자신들을 부당하게 공격하고 못살게 하고 있다고 여기기에 이 세계는 그 자체로 부당하며, 부당한 세계에 의해 희생당하고 고통받는 자신들의 저항 행위는 그 자체로 정당하다고 여긴다.

이런 식의 신적 폭력의 도덕정치, 정념의 현전 정치가 청년들의 젠더 투쟁과 기성세대에 대한 혐오의 방식으로 표출되고 있다. 각자의 주관적 고통을 절대화하여 신적 권위를 부여한 후 다른 집단에 대해 혐오의 공격성을 표출할 때 자신들이 부당한 폭력에 대해 맞서는 영웅적 실천을 하고 있다고 느끼며 참으로 존재론적으로 의미있고 제대로 살고 있다고 느낀다. 그러니 이들에게 자신들이 가하는 혐오의 폭력은 결코 혐오나 폭력으로 감지되지 않는다.

13　신적 폭력론에 대한 비판으로는 서관모, 「적대들과 차이들」, 『마르크스주의 연구』 12(3), 2015, 12-44쪽; 진태원, 「좌파 메시아주의라는 이름의 욕망」, 『황해문화』 82, 2014, 172-196쪽.

Ⅲ. 칸트 배후의 사드: 고전교육 배후의 폭력

교육자들은 학생들에게 고전이 담고 있는 풍부한 지혜, 삶과 인간에 대한 통찰, 비판적 자아성찰과 사회인식, 인격 도야의 중요성 등에 대해 말하고 싶어한다. 물론 그래야 한다. 하지만 우리는 오늘날 청년들의 처지에서 이러한 주제들이야말로 폭력으로 체험될 수 있다는 점을 놓쳐서는 안된다.

이른바 인문학 정신, 고전 교육의 중요성, 비판적 성찰의 중요성, 다른 식으로 생각하기의 힘, 미학적 상상력, 타인에 대한 공감과 배려 등 모두 훌륭한 것들이고 옳은 말들이다. 하지만 아무리 훌륭하고 옳은 것들일지라도 그것을 실행하여 현실화시킬 수 있는 조건이 안 되어 있는 상황에서 그 훌륭하고 옳은 것들을 하라고 요구하는 상황은 의도치 않게 당사자들에게는 폭력으로 체험될 수밖에 없다. 옳은 것을 실행하여 현실화하려면 힘이 필요한데 당사자들이 그것을 실행에 옮길 수 없는 조건에 있기에 마음에서 실행의 동기가 우러나지 않는 상황에서 옳은 것을 현실화하려면 당사자 외부에서 강제력이 작동해야 하기 때문이다.

학생들도 이미 배워서 그런 것들이 옳다는 것을 머리로는 알고 있다. 하지만 그것들을 행동에 옮길 마음이 생기지 않고, 또 당장 스펙 쌓아 취직해서 생존해야 하는 일로 골몰하고 있어서 그러한 옳은 것들이 긴급한 것처럼 여겨지지는 않으며, 더구나 그런 것들을 실천에 옮길 사회적, 제도적 조건도 충분치 않은 상황인데, 고전이 담고 있는 지혜를 느껴보라고 하고, 비판적 사고를 해보라고 하며, 창의적인 상상력,

타인에 대한 배려와 공감해보라고 한다. 이렇게 될 때 고전 교육, 광의의 의미에서 인문학 교육은 학생 당사자들의 삶의 세계와의 연관이 끊어진 채, 외부에서 강제로 부과되는 물화된 가르침으로 체험된다. 그러니 그 옳은 가르침들이 폭력으로 체험되는 것이다. 폭력의 고통을 회피하기 위해 학생들은 귀를 닫는다. 그러면 교육자들이 말하는 인문학 정신과 교양의 가르침은 소음이 된다. 교육자의 가르침은 냉소의 대상이 된다.

청년들에게 사회를 비판하며 다른 삶의 방식을 찾자는 논지의 글들[14]을 읽힌 후 학생들이 과제로 써서 제출했던 글들의 일부를 잠시 살펴보자. 서울 소재의 한 대학에서 나의 수업에 참여했던 학생들의 글이다.

하지만 솔직한 심정으로, 청년의 한 사람으로서 나를 비롯한 청년들을 연구의 대상으로 삼아 이리저리 재단하고 이전 세대와 비교하고 평가하여 멋대로 단정짓는 일련의 과정들이 썩 유쾌하지만은 않게 느껴진다. 그리고 그러한 연구의 결과가 우리 삶에 미치는 영향력이 너무 미미하지 않은가. […] 당장 생존경쟁에 내몰린 청년 세대에게 해결책을 제시 해주지도 않는다. 사실 강 건너 불구경하는 기분이 들어서 역시 썩 유쾌하지 않다. 누구는 당장 먹고 살 걱정에 골몰하는데, 어떤 이는 먹고 살 걱정에 골몰 중인 이들을 분석한다니 너무나

---

14   수업에서 읽힌 글은 김홍중의 「서바이벌, 생존주의, 그리고 청년 세대: 마음의 사회학의 관점에서」, 『한국사회학』 49(1), 2015와 최종렬의 「'복학왕'의 사회학: 지방대생의 이야기에 대한 서사분석」, 『한국사회학』 52(1), 2017이었다. 학생들은 수업 전 두 글을 읽고 과제로 비판적 에세이를 작성하여 제출했다.

이질적이게 느껴지지 않는가. […] 저자는 청년들이 속절없이 생존주의에 함몰되어 버릴지, 아니면 새로운 가치를 창출해낼지 질문을 던지며 글을 마무리하고 있다. 보다 고도의, 이상적인 가치를 만들어내면 물론 좋을 것이다. 하지만 지쳐있는 사람에게 더 무얼 해보라고 부추기는 것만큼 못된 짓이 또 있을까. 싸워서 이겨내든, 무너져 내리든 혹은 제3의 방법을 찾든 시간이 흐르면 알 수 있을 것이다. 다만 관망하며, 무언가 새로운 일을 해주길 내심 기대하는 이런 태도가 청년들의 어깨를 더 무겁게 한다는 것을 왜 모르는 걸까?[15]

두 사람(수업 읽기자료로 쓰인 글의 두 저자) 모두 SKY 나와서 유학도 하고 교수까지 된 사람들이고, 인생에서 실패는 안해 봤을 사람들인데, 실패가 일상인 우리들에 대해서 얼마나 잘 이해할 수 있을까? […] 학벌주의의 수혜자인 교수가 학벌주의를 비판할 수 있는 자격도 얻는다. 너무 이상하지 않은가? […] 절대 지방대생들에 대해 공감할 수 없는 사람이 마치 공감하는 '척' 하는 것이고, 단지 '정치적으로' 올바른 '척' 하는 것에 불과하다고 느껴진다. […] 그러니 전혀 공감이 안 되는 위로가 되는 것이다.[16]

청년들을 위해, 청년들에게 더 이상 이렇게 살면 안 되며 더욱 의미있고 자유롭게 살아야 한다는 말을 하는 글을 쓴 저자들이 냉소되고 있다. 청년들의 삶을 변화시킬 당장의 구체적인 효용도 주지 못하면서 청년들에게 비판정신을 가지고 새로운 삶의 가치를 창출하라는 요구

---

15   청년3; 김주환, 2020a 56쪽에서 재인용.
16   청년4; 김주환, 위의 논문 같은 쪽에서 재인용.

는 편안한 '교수'의 위치에서 "지쳐있는 사람(들)"을 "관망하며" 그들의 "어깨를 더 무겁게" 만드는 일로 체험된다. 또한 교수가 청년들을 위해 "학벌주의(를) 비판"하는 것은 정작 "학벌주의의 수혜자인 교수"가 하는 말이라는 점에서 "단지 '정치적으로' 올바른 '척'하는 것에 불과하다"고 냉소된다.

고전을 통해 인간 삶의 의미과 자유의 가치에 대해 가르침을 주고자 하는 우리 교육자들을 바라보는 청년들의 솔직한 심정이 이러하다. 옳은 말을 함에도 불구하고 그런 식으로밖에 생각하지 못하고 냉소적으로 반응하는 청년들을 탓해야 하는가? 아니면 옳은 말이 청년 당사자에게 폭력으로 체험될 수밖에 없게 만드는 사회적 맥락을 따져봐야 하는가?

IV. 고전교육의 목표는 힘의 강화이다

고전 교육은 결코 무엇이 옳은 것인지를 제시해주거나 이러저러하게 생각해보라고 말한 후 안전한 교수라는 자리로 후퇴하는데 멈춰서는 안된다. 사실 많은 교육자들이 질문을 던지고, 새로운 상상력을 자극하는 정도의 교육에서 멈춘다. 개인적으로 경험한 많은 교육자들은 '우리는 답을 줄 수 없고 학생들에게 다르게 생각할 기회를 주는 것에 만족해야 한다'거나, '인문학적 상상력을 제공해주는데 만족해야 한다'는 말로 자신의 소임의 한계를 설정하고 정당화한다. 그리고 안락한 교수의 자리로 후퇴한다. 하지만 학생들은 보호해줄 옷도 없이 생존해야 하는 가혹한 세계의 숙명 질서를 살아가는 '벌거벗은 생명'의 처지에 놓여 있다. 그러니 청년들이 교육자들을 '성 안'에서 자신들과 같은 '성 밖 사람들'을 "안쓰러운 얼굴로 동물원에 갇힌 동물들의 처지를 관망하듯이 바라보다가 그냥 가는" 사람들로 바라보는 것이다.[17] 왜 교육자는 불온해서는 안되고, 스스로를 대학의 안전한 제도적 공간 안으로 한계지어야 하는가?

모든 교육이 그렇지만 특히 고전 교육의 목표는 당사자들이 문제 상황을 돌파할 수 있는 힘을 강화시켜주는 것이다. 고전은 청년들에게 자유를 위한 싸움의 실용적 무기이자 싸움의 기술이 될 수 있어야 한다. 그리고 이때 무기는 단지 인지적으로 생각하는 능력을 키워주는 것에 머무를 수 없다. 삶의 위기는 단순히 인지적 수준에서의 문제 상황이 아니라 실천적 수준에서 살에 느껴지는 폭력과 고통의 상황이다. 즉 문제 상황으로서 삶의 위기는 자유롭고 의미있는 삶을 살고자 하는 우리의 존재론적 힘과 특정한 방식으로 살 것을 강요하는 외부 세계의 힘이 충돌하면서 벌어지는 힘과 힘의 전투 속에서 나타나는 삶의 곤경이다. 마르크스가 말하듯 "비판의 무기가 흉기의 비판을 대신할 수 없"는 법이기에, "물질적 힘은 또 다른 물질적 힘에 의해 격파되어야 한다."[18]

고전은 청년들이 자신들이 처한 고통의 상황을 극복할 수 있는 무기를 발견할 수 있는 무기고이고 연장통이다. 고전 교육은 마땅히 학생들이 그러한 무기를 발견할 수 있도록 안내할 수 있어야 한다. 국가, 기

---

17   청년 3; 김주환, 앞의 논문 58쪽에서 재인용.

18   칼 마르크스, 홍영두 역, 『헤겔 법철학 비판』, 아침, 1988.

업, 대중매체는 바로 고전이 그러한 잠재력이 있음을 알아챘고 그 잠재력을 통치의 논리, 경영과 리더십의 논리, 처세의 논리로 작동하도록 배치해 포획했다. 문제는 이 배치를 뒤흔들어 국가, 기업, 대중매체 등에 의해 빼앗긴 잠재력을 청년 당사자들이 자유를 위한 싸움의 무기로 활용할 수 있도록 방향을 전환하는 것이다. 그럴 때 고전 교육은 사드의 학문이기를 멈추고 존재론적 힘이 강화되는 유용성에 의해 확보되는 감정으로서 니체가 말하는 '즐거운 학문'이 될 수 있을 것이다.

만약 이것이 이루어지지 못할 경우 우리는 청년들에게는 '즐거움'은 커녕 폭력으로 체험될 수밖에 없는 고통스러운 고전 교육을 지속하거나, 국가나 기업, 문화산업이 요구하는 영혼 없는 고전 교육을 해야 하는 상황으로 내몰릴 수밖에 없다. 그 어느 쪽이든 교육자들이 생각한 고전 교육의 방향은 아니게 될 것이다.

V. 막스 베버의 『프로테스탄트 윤리와 자본주의 정신』의 경우

지금까지 자유를 향한 싸움의 실용적 무기로서 고전 교육, 결국 같은 말이지만 '즐거운 학문'으로서 고전 교육이 되어야 할 필요성을 말했다. 이 장에서는 막스 베버의 『프로테스탄트 윤리와 자본주의 정신』을 하나의 사례로 하여 고전 교육이 초점을 두어야 할 지점에는 어떤 것들이 있을지 살펴보기로 한다. 여기서는 『프로테스탄트 윤리와 자본주의 정신』의 활용술이 초점이지, 결코 텍스트에 대한 아카데믹한 내적 분석이 초점은 아니다.

베버의『프로테스탄트 윤리와 자본주의 정신』은 대표적인 사회과학 분야의 고전으로 뽑힌다. 보통 이 책은 서구의 근대 자본주의 정신의 형성을 독창적으로 해명한 책으로 읽힌다. 그리고 마르크스의 자본주의 분석과 비교 및 대조하는 방식으로 읽히기도 한다. 사실 이 책을 하나의 객관적 사실을 과학적으로 분석하는 책으로 읽고자 한다면, 이 책의 한계와 문제점은 너무 많다. 가령 과연 서구에서 근대자본주의가 칼뱅파가 많았던 지역들에서 처음으로 등장했는지에 대해서는 많은 반론들이 있다. 평생 낭비하지 않고 축적만 하는데 어떻게 자본의 증식, 확장될 수 있겠느냐는 반론도 있을 수 있다. 베버가 해석하는 각종 종파들의 교리 해석 역시 몰이해의 혐의가 뒤따른다. '왜 비서구가 아닌 서구에서 먼저 근대자본주의 정신이 등장했느냐'라는 베버의 질문 방식 자체가 가진 서구중심주의 역시 비판 대상이 될 수 있다.

하지만 그 많은 한계들에도 불구하고 베버가 전개한 기발한 발상이나 근대 자본주의에 대한 비판의 문제의식은 그 책을 100여년이 지난 오늘에도 여전히 살아 있게 만드는 생명력의 원천이다. 많은 미덕을 가지고 있음에도 불구하고 여기서는 이 글의 문제의식에 따라 베버가 근대사회에서 인간의 삶을 힘의 문제로 바라보면서 근대적 삶의 위기를 어떻게 비판적으로 고찰했는지에 집중하여 간단히 살펴보기로 한다. 특히 다음과 같은 측면에 주목할 것이다. 베버는 근대적 합리화의 특징을 어째서 인지의 영역이 아니라 구체적인 삶이 이루어지는 인간 행동의 실천 영역에서 파악하려고 했는가? 베버는 행동을 추동할 힘의 문제에 주목하는데 힘의 길항이라는 관점에서 이른바 근대사회에서 이 힘들의 배치는 어떤 모습으로 배치되며 이로인해 인간 삶은 어떤 형상으로 조직되고 있다고 파악하고 있는가? 근대적 삶의 특징으로서 의미상실과 자유상실의 삶을 극복하기 위해 베버가 힘의 문제와 관련하여 던지는 질문은 무엇인가? 이러한 베버의 일련의 질문들이 오늘날 청년들의 삶과 무슨 연관이 있으며 그 삶의 고통을 해결해나가는데 어떤 의미를 가질 수 있을까?

1. 힘으로서 합리화: 왜 인지적 합리화가 아니라 실천적 삶의 합리화에 주목했나

베버의 대표적인 용어들 중 하나가 '합리성'이다. 근대로의 사회변동은 합리화 과정이라고 할 수 있다. 베버는 합리성을 다양하게 유형화하고 있지만, 『프로테스탄트 윤리와 자본주의 정신』에서 베버는 근대 자본주의 정신의 등장 과정을 통해 파악되는 근대의 합리화 과정을 인지적 수준을 넘어 인간 삶의 구체적인 실천 영역 수준에서 추적한다. 사실 '근대의 합리성'이라는 말을 듣고 즉각 떠올릴 수 있는 것은 과학적 사고의 체계화나 생산 기술 등의 발전 역사이다. 과학과 달리 종교는 비합리성이나 전근대성의 대표적인 주제로 이해되곤 한다. 하지만 베버는 그와 같은 과학적 지식의 발전으로 대표되는 인지적 영역에서의 합리화를 통해 근대의 합리화 과정을 추적하는 것이 아니라, 통상 비합리적인 것으로 생각되는 '종교' 현상을 통해 근대 합리성의 출현을 읽어낸다. 즉 종교개혁 이후 등장한 개신교 교리의 체계화 과정에서 합리성의 뿌리를 찾는다.

그렇다면 왜 과학적 사고방식의 합리화과 아니라 종교 교리의 체계화 과정에서 근대적 합리성의 뿌리를 찾는 것일까? 그것은 다름 아니라 베버가 인간 삶의 인지적 수준이 아니라 인간 삶의 실천적 수준에서 이루어지는 사회적 합리화를 주목하고자 했기 때문이다. 가령 1+1=2라거나 물이 수소와 산소로 이루어져 있다거나 하는 수학/과학적 사고방식이 발전한다고 해서 그것이 곧 인간의 구체적인 실천을 추동하는 것은 아니다. '물이 수소와 산소로 이루어져 있다'는 과학적 명제를 두고, 우리는 '그래서 뭐 어쩌라는 말인가?'라고 반문할 수 있다. 하지만 가령 '내가 죽어서 천국에 갈지 지옥에 갈지는 이미 신이 결정해놨다'라는 교리가 다양한 논변을 통해 체계화되면, 이제 우리는 더 이상 '그래서 뭐 어쩌란 말인가?'라고 말할 수 없게 된다. 왜냐하면 그것은 나와 무관하다고 여겨지는 나 바깥의 세계가 작동하는 객관적 법칙이 아니라, 나의 삶의 방식, 행위방식, 사고방식, 운명 등을 좌우하는 실존적 문제인 동시에 규범적 삶의 지침으로 곧장 나의 삶에 직접적 영향을 미치기 때문이다.

이는 근대에 인간들의 삶과 행위의 방식이 합리화되었다면 그 뿌리는 실천적 규범의 영역으로서 종교가 가하는 힘의 압박에서 찾아야 한다는 것을 뜻한다. 나는 이 지점에서 다른 것보다 베버가 '힘'이라는 주제를 가지고 인간의 삶과 행위의 근대적 합리화를 포착하고자 하고 있다는 점을 주목해볼 필요가 있다고 본다. 말하자면 근대 이후 인간의 삶과 행위가 특정한 방식으로 조직된다면, 예를 들어 합리적인 방식으로 조직된다면 그것을 조직하는 힘의 원천은 무엇인가? 라는 질문이 베버의 문제의식 배후에 놓여 있는 것이다. 문제를 이렇게 볼 때 '평생'

철의 금욕적 노동윤리로 무장한 채 살아가는 근대적 인간 주체의 등장을 설명할 수 있는 힘은 종교에서 찾을 수밖에 없음을 알 수 있다. 왜냐하면 우리는 잠시는 금욕적으로 살아갈 수 있다. 가령 해외여행을 가기 위해 학생들은 한 학기 동안 아르바이트를 하며 소비를 최소화하여 돈을 저축할 수 있다. 하지만 소비나 낭비가 주는 쾌락을 평생 포기할 수 있으려면 엄청나게 강한 힘의 압박이 가해져야 한다. 그 힘의 압박은 알다시피 '죽어서 천국갈래 지옥갈래?'의 형태로 가해지는 종교적 구원의 협박이다. 내세에서의 영원한 삶의 시간을 천국에서 살고자 한다면, 내세에서의 삶에 비하면 잠시에 불과한 현세에서의 삶(하지만 그것은 한 인간의 평생이다)은 기꺼이 포기할 수 있게 된다.

이렇듯 베버는 우리의 삶이 특정한 방식으로 일관성있게 반복가능하게 조직될 수 있으려면(즉 행위의 근대적 합리화가 가능하려면), 그 행위를 반복하게 만드는 힘이 가해져야 한다는 논점을 전달하고 있다. 그렇다면 규범적인 것과 분리될 수 없는 인간의 실천적 행위 영역에서 작동하는 합리성이란 모종의 힘이 지속적으로 작동하고 있는 상태를 일컫는다. 그런 점에서 근대 자본주의 정신, 근대 자본주의적 주체들을 낳은 것은 종교가 지닌 힘이라고 말할 수 있다. 바꾸어 말하면 최소한 근대 초까지만 해도 서구에서 종교의 힘은 자본주의의 힘보다 강했고 따라서 자본주의를 통제할 힘을 가지고 있었다. 종교적 규범에 의해 통제되던 이 시기의 자본주의를 베버는 합리적 자본주의 또는 도덕적 자본주의라고 표현했다.

이런 관점에서 오늘날의 청년들을 돌아보자. 청년들은 고통스럽지만 끊임없이 경쟁에서 살아남기 위해 분투하고, 자기계발에 몰두하는 바쁜 삶을 살아간다. 누가 시킨 것도 아닌데 스스로 이 끔찍한 금욕주의적 삶을 살아간다. 그러한 삶은 지속적으로 반복된다. 김홍중은 이러한 삶의 방식을 '생존주의'라고 표현했는데, 도대체 어떤 힘이 생존주의적 삶을 반복하도록 압박하고 있는 것일까?[19] 종교가 죽어서 '천국갈래, 지옥갈래?'라는 협박의 힘으로 초기 근대인들을 압박했듯이, 오늘날 자본주의 시장은 '죽을래, 살래?'라는 다른 형태의 협박을 가한다. 두 형태 모두 선택지는 이미 정해져 있다. 결코 지옥을 택할 수 없고, 죽음을 택할 수 없다. 선택의 여지가 없다. 생존주의의 삶 이외에는. 만약 이 삶을 바꾸고 싶다면 '죽을래, 살래?'의 협박을 이겨낼만한 더욱 강한 힘의 압박이 작동해야 한다. 하지만 죽음의 협박의 힘에 필적할만한 다른 힘의 압박을 찾기는 쉽지 않다.

2. 힘의 역전:
자기목적화된 자본주의 작동 논리와 관료제적 행정 권력의 논리 그리고 최후의 인간

그런데 문제는 근대적 합리화 과정에서 종교의 힘은 축소될 수밖에 없는 운명이라는 점이다. 니체의 표현을 빌면 근대는 '신이 죽은 시대'인 것이다. 신이 퇴거하면서 그 동안 자본주의를 통제하고 있던 종교가 지녔던 힘이 약화된다. 그와 동시에 자본주의는 자신을 낳은 모태

---

19   김홍중, 「서바이벌, 생존주의, 그리고 청년 세대: 마음의 사회학의 관점에서」, 『한국사회학』 49(1), 2015, 179-212쪽.

였던 종교적 힘의 통제에서 벗어나 두 발로 서게 되며 급기야 날개를 달고 날아올라 종교적 힘으로부터 자립화된다. 이러한 상황은 돈을 버는 이유가 종교적 구원을 위해서라는 규범적 이유가 아니라 단지 벌기 위해서가 되는 상황으로서, 말하자면 벌기 위해서 버는, 벌기의 자기목적화가 발생한다. 자본주의는 이제 수행과 그 수행의 목적이 하나가 되어버린 자기작동하는 기계 메커니즘으로 바뀐다. 베버는 이러한 상태에 돌입한 자본주의를 초기 근대의 자본주의와 대비하여 '천민자본주의'라고 칭한다. 종교의 도덕규범적 통제력에서 벗어난 자본주의가 천민자본주의이다. 하지만 천민자본주의는 나름의 형식 논리를 따라 일관되게 반복하여 작동하는 것이기에 여전히 합리성을 가지고 있다.

이와 유사한 현상은 정치 영역에서도 벌어진다. 수평적 우애에 바탕해 이루어지던 공적 자기 결정 영역으로서 근대 민주주의는 관료제의 정치 기계로 바뀐다. 근대의 민주시민들은 민주주의의 합리성을 관료제라는 도구적 형태로 제도화해놨는데 이 도구로서의 관료제 제도에 응축되어 있는 합리성(형식합리성, 도구합리성) 이 구체적인 인간들의 정치적 구성이라는 민주주의 맥락으로부터 자립화되어 스스로 작동하는 기계 메커니즘으로 변형되는 것이다. 인간들의 공적 자기결정으로서의 민주주의의 통제로부터 벗어나기는 했지만 관료제는 여전히 나름의 형식 논리를 따라 일관되게 반복하여 작동하는 이상 합리성을 가지고 있다.

베버는 이와 같은 근대의 역설을 집어낸다. 경제 영역이든 정치 영역이든 그것의 합리성을 낳은 것은 종교적 힘이나 민주주의의 힘이었고 초기에는 그것들의 통제력 하에 있었으나 점차 힘 관계의 역전이 발생하면서 경제나 정치 영역에서의 합리성이 자동적 자기작동 메커니즘이 되어 그 발생 모태로부터 자립해버리는 상황이 바로 근대의 특징임을 베버는 지적한다. 이것이 경제와 정치라는 사회적 영역에서의 합리화가 낳은 자유상실의 역설이며 삶이 익명적 사물 논리에 의해 주조됨으로써 나타나는 의미상실의 역설이다. 여기서 나는 베버가 문제를 힘 관계의 경합이나 길항의 구도에서 자유상실과 의미상실의 문제를 위치시키고 있다는 점에 주목하고자 한다. 시장의 작동 논리나 관료제의 작동 논리의 힘이 커지고 그것이 우리의 현대적 삶의 양상을 주조하고 강제함으로써 외적인 경제와 관료제의 힘에 의해 떠밀리듯 살고 있는 우리의 삶의 처지는 힘들의 싸움이라는 관점에서 살펴볼 필요가 있는 것이다.

　　종교나 민주주의를 모태로 하여 출현했으나 근대의 사회변동 과정에서 점차 자립화하여 그것들의 통제력으로부터 벗어나 자립화된 기계 메커니즘으로서 오늘날의 경제와 관료제는 단지 자립화되는 것을 넘어 그 모태들로 파고들어 식민화하는 방식으로 우리의 삶을 재조직하고 있다. 도덕규범의 영역마저도 경제논리를 따라야 하고, 민주주의도 관료제 기계의 비인격적 기계 메커니즘에 따라 이루어져야 한다고 요구한다. 그렇다면 다시 경제와 관료제 기계를 통제할 힘의 원천을 찾아야 할 것이다. '그 힘의 원천을 어디서 찾을 수 있을까?' 베버는 이러한 문제를 제기한 후 그 답을 찾고자 했다. 하지만 베버는 그 답을 찾지 못하고 비관주의에 빠진다. 베버는 이제 실질적으로 자본주의와 관료제의 자기작동논리를 통제할 힘은 없다는 비관 속에서 앞으로의 인류의 운명을 우울하게 예견한다.

베버는 『프로테스탄트 윤리와 자본주의 정신』의 맨 마지막 부분에서, 이러한 상황에서 나타나게 될 최후의 인간은 두 부류가 될 것이라고 의미심장하게 예견한다. 그 한 유형은 '영혼없는 전문가', 다른 유형은 '가슴 없는 향락가'이다. 베버의 비관주의는 우리 시대의 우울한 풍경을 매우 정확하게 예상했다. 특히 고전 교육의 당사자인 청년 대학생들의 처지가 정확히 이러하다. 한편으로는 청년들은 외부에서 가해지는 이 세계의 숙명적 힘에 떠밀려 그 힘의 작동 논리를 정확히 포착하는 전문가가 되어 생존해야 한다는 압박에 시달리며 살아간다. 이 세계가 가하는 숙명의 힘이 너무나 막강하기에 그 힘의 논리에 따라 살아가는 것이 과연 옳은 것인지 규범적 가치 판단을 할 생각을 못한 채 영혼 없는 전문가처럼 세상을 살아간다. 이들은 살기 위해 산다. 자유나 의미는 뒤로 밀어둔 채 생존하기 위해 생존한다. 생존하기 위해 살아야 한다는, 생존의 자기 목적화가 바로 이들의 삶의 형태다.

다른 한편 이러한 삶이 고통스럽기에 즐거움을 찾아야 하는데, 대부분의 삶의 중요 영역들은 자신의 의지대로 움직이지 않으니 소박한 즐거움을 찾아 단편적이며 무의미한 쾌락 자체를 추구하는 가슴없는 향락가로서 살아간다. 가슴없는 향락가들은 실존의 힘이 강화되는 존재론적 의미로 충만한 즐거움을 위해서가 아니라, 고통을 잊고 순간의 즐거움에 탐닉하기 위해 즐거움을 추구한다. 즐거움 자체가 자기 목적화된다. 가령 디오니소스적 열정 속에서 존재의 변환과 개별성을 넘어선 거대 공동체의 구성을 통한 힘의 강화를 위해 술을 마시는 것이 아니라 술을 마시기 위해 마신다.

3. 베버가 비관에 빠져 절망한 자리가 우리의 출발점이다.

자유와 의미를 추구하는 실존적 삶을 살 수 있게 해줄 힘이 부재한 상황에서 이 세계가 우리에게 가하는 힘은 강력하다. 특히 청년들의 경우 영혼없는 전문가와 가슴없는 향락가의 삶이 강제되고 있다. 이 비참한 삶을 어떻게 대응해나갈 수 있을까? 다시 베버의 질문으로 돌아갈 필요가 있다. 베버는 비인격적 사물의 논리로 작동하기 시작한 경제의 시장 논리와 정치의 관료제 논리가 인간들이 집합적, 인위적으로 구성한 모종의 사회적 논리에 의해 통제되지 못하고 오히려 그것을 압도해버리는 상황이 이와 같은 비참이 발생하는 맥락이라고 봤다. '그렇다면 그 익명적 사물들의 논리가 지닌 힘을 어떻게 통제할 수 있을까?' 이것이 베버의 질문이었다. 그것들의 힘을 통제할 유일한 힘인 종교의 힘을 대체해 그 역할을 해 줄 대안을 발견하지 못함으로서 베버는 스스로 제기한 질문에 대한 답을 찾지 못했고 결국 비관주의로 빠졌다.

베버는 찾지 못해서 중도에서 멈췄지만, 바로 이 자리가 우리가 다시 사유를 전개할 바로 그 출발점이다. 이에 답하는 것은 쉽지 않다. 성급히 답할 성질의 것도 아니다. 하지만 그 답을 찾기 위해서는 청년들이 처한 힘의 배치에 대한 냉정한 분석이 선행되어야 할 것이다. 그 힘의 배치는 내가 숙명적 비극의 구조라고 말한 형태를 취하고 있다. 외부의 숙명이 가하는 막강한 힘에 비해 개별화된 청년들이 그 힘에 맞설 힘은 매우 축소되어 있다. 맞서기는커녕 자신을 보호할 옷도 벗겨진 채 '벌거벗은 생명'의 삶을 살아야 하는 처지이다. 이러한 상황에서 청년들이 찾은 힘들을 살펴보면 다음과 같다.

첫째는 생존의 동물적 힘이다. 그 실천 양상은 순응이다. 이 세상 작동의 게임 규칙에 대해 도덕적 가치 평가를 내리고 저항하는 대신 그것을 하나의 고정된 사실적 사태로 간주하고 그 게임 규칙에 대한 가장 충실한 수행자가 되는 삶의 길이다. 누가 더 이 세상의 게임 규칙을 더 잘 포착하고 잘 익혀 생존 게임에서 살아남을 것인가에 골몰하는 삶으로서 여기서 살아남을 수 있는 지식과 삶의 기술들을 통해 자신의 생존 역량을 강화하고자 하는 삶의 방식이다. 여기서는 능력과 성과에 따라 승자와 패자 또는 1등부터 꼴등까지 분명한 위계가 설정되며 이 위계에 따른 보상도 차별적으로 주어진다. 이는 주어진 생존의 게임 규칙에 따른 삶의 결과이므로 그 자체로 공정한 것으로 여긴다. 문제는 이러한 생존 게임에서 대부분은 패배하게 된다는 점, 그리고 차별이 공정한 것으로 둔갑한다는 점이다. 이는 동물의 세계의 생존 규칙이다. 따라서 이러한 삶에서는 의미도 진정한 의미에서의 자유도 있을 수 없다. 어떻게 살아가는지가 아니라 결과적으로 생존했다는 사실적 사태가 삶의 의미이고 자유상태라고 착각되는 동물과 노예의 비참한 삶이다. 따라서 이는 우리의 선택지가 될 수 없다.

둘째는 사물화된 익명적 경제적 시장의 논리와 정치의 권력 논리가 지닌 힘보다 자신의 힘이 더 크게 작용할 수 있어 효용감을 느낄 수 있는 사적 생활의 소소한 일상의 영역에 머물러 소소한 행복을 찾는 방안이다. 이른바 '소확행'을 실천할 수 있는 영역이나 개인 내면의 주관적 행복 영역에서 활로를 찾는 방안이다. 이때 그들이 작동시키는 힘은 주관적 내면의 개인적 취향 추구의 힘이다. 이는 사물화된 시장 논리와 정치 논리에 맞서기보다는 회피하면서 그것이 침범하기 힘든 자신만의 자유의 공간을 찾으려는 시도이다. 하지만 그 자유의 영역은 개인의 주관적 내면이나 일상의 소소한 영역들로 한정된 협소한 영역이다. 더구나 소비자본주의 시대, 미시권력의 시대에 그러한 영역들도 이제는 더 이상 자유로운 영역은 아니다. 또한 그러한 시도들에서는 개별화된 개인들의 사이를 연결시킬 수 있는 연대나 협력의 실천 가능성을 더욱 어렵게 할 수 있다. 그것은 여전히 개별화의 논리인 것이다. 그런 점에서 그것은 진정으로 우리를 불행하게 만드는 사물화의 힘을 압도할 역량이 부족하다.

세 번째는 신적 폭력의 힘에 대한 상상력이다. 이는 내재의 세계를 조직하는 사물의 힘 너머의 초월적 힘을 통해 내재의 세계를 깨뜨리겠다는 혁명적 파국의 급진주의적 태도이다. 여기서는 자신들을 고통스럽게 하는 자신을 둘러싼 일체의 세계를 부당한 가해자로 설정하고 자신들을 그 가해자들에게 부당하게 희생되는 집단으로 사고한다. 이러한 사고 속에서 자신들을 부정의한 악의 세계에 저항하는 정의로운 선한 자에 위치시킨다. 전형적인 선과 악의 도덕정치를 작동시키는 것이다. 신적 폭력에 대한 상상력 그 자체가 문제는 아닐 수 있다. 왜냐하면 그것은 어떠한 싸움의 무기도 가질 수 없는 자들이 의지할 수 있는 최후의 무기이기 때문이다. 이를테면 그것은 폭력적 혁명의 태도이다. 하지만 아무 때나 혁명을 할 수는 없는 법이다. 적절한 상황과 조건에 대한 냉정한 판단이 없이 이루어질 때 그것은 오히려 역공격의 빌미만 제공할 뿐이다. 문제는 사태를 선과 악의 구도로 보게 되면 이 세계에서 억압과 고통이 체계적으로 발생하는 정치적, 경제적, 사회적, 문화적 맥락들에 대한 과학적 인식이 들어설 틈이 제거된다는 것이다. 주관적인 의분의 감정이 체계적인 사회적 조건에 대한 분석을 대체해버린다. 그러니 신적 폭력의 상상력이 지닌 힘을 적절히 사용할 가능성이 줄어든다. 그리고 그것은 보통 자유민주주의의 게임 룰을 파괴한다. 그렇기에 이 방안도 자유와 의미를 위한 싸움의 적절한 정치적 기술이 될 수 없다.

베버는 해법을 찾지 못했지만 우리는 베버를 너머 그 해법을 사회적 지평 내에서 찾아야 한다. 오늘날 청년들이 취하는 위 세 개의 반응들의 공통점이 무엇인지 곰곰이 살펴볼 필요가 있다. 첫 번째 방안이 차가운 현실주의적 해법이라면, 세 번째는 뜨거운 근본주의적 혁명적 해법이다. 두 번째는 뜨겁지도 차갑지도 않은 현실 도피적인 소박한 해법이다. 전혀 다른 유형의 해법들 같지만 이 세 방안은 개별화의 원리를 공통 특징으로 한다는 점에서 동일하다. 첫 번째 방안은 개별자들의 경쟁 논리에 기초하고 있다. 두 번째 방안 역시 개별자들의 주관적 내면과 취미 영역에 머문다. 세 번째 역시 오로지 개인이나 유사한 처지에 있는 집단들만이 공유할 수 있는 고통과 분노의 주관적 정념에 기초하고 있다는 점에서 개별화의 원리를 따른다. 우리는 여기서 이 세 방안들이 사물화된 사회에 저항하는 방안이기는커녕 개별화의 원리로 작동하는 자본주의 시장과 권력의 작동을 통한 사회조직화의 거울 반영임을 눈치챌 수 있다. 즉 이들 역시 사물화된 사회의 효과에 불과한 것이다.

그렇다면 해법은 개별화를 넘어서는 상상력에서 나와야 한다. 차이를 지닌 존재들이 서로를 존중하면서도 경쟁하는 수평적 연대와 경쟁의 아고니즘을 통해 인간과 인간 사이의 사회적 관계가 조정 및 조직되어야 하는 것이다. 이는 상품이나 화폐, 권력 논리 등과 같은 사물의 논리로 인간과 인간 사이의 사회적 관계를 조직하는 사회 물화를 극복할 수 있는 방안을 마련하기 위해 우리의 상상력이 위치해야 할 지평이다. 이 세계의 작동 메커니즘을 우리가 스스로 만들고 우리가 만든 게임 규칙에 의해 우리의 사회적 삶이 결정될 수 있도록 할 때 집합적 수준에서 민주와 자유가 실현될 수 있다. 말하자면 우리의 삶에 영향을 주는 것이 있다면 그것은 다름 아닌 우리의 힘에 의해 구성되고 통제될 수 있어야 한다. 바로 이 원리를 통해 우리는 사회를 조직하는 비인격적인 사물의 논리가 지닌 힘에 맞서 힘의 싸움을 벌일 수 있어야 한다. 우리의 고민이 정교화되어야 할 지점은 바로 이를 이룰 수 있는 유용한 싸움 기술의 마련이다. 고전 교육은 이와 같은 싸움의 실효적 기술을 고안하기 위한 상상력을 같이 고민해볼 수 있는 과정이 되어야 한다.

VI. 결론

자기가 결정하지 못한 외적인 힘에 의해 자신의 사회적 삶이 일방적으로 결정되는 부당한 폭력으로 체험되는 삶을 살아가는 청년들에게 고전 교육은 무슨 의미가 있을까? 그리고 고전 교육은 어떠한 모습을 취해야 할까? 고전이 현실의 문제들을 해결할 수 있는 직접적인 답을 제시해주지는 못할 것이다. 하지만 우리가 고전에서 배우는 것은 당장의 답이 아니라 질문하는 힘이다. 고전이 당대의 문제를 어떤 질문을 통해 어떻게 포착했고, 문제 상황을 풀어나가기 위해 어떤 질문을 제기했는지를 배움으로써 우리는 길을 찾을 수 있는 상상력의 지평을 열 수 있다. 오늘날에도 여전히 생명력을 가지고 있고 또 시대를 관통하며 그 생명력을 증명해왔던 글들을 고전이라고 할 수 있다면 그 생명력은 바로 질문하기의 힘이 지닌 상상력이다. 질문을 어떻게 제기하느냐에 따라 우리가 처한 문제를 극복할 수 있는 적절하고 유용한 대응 방안이 도출될 수 있다. 그리고 고전은 바로 그 유용한 대응 방안을 고심하며 찾아가는 지적 여행이라고 할 수 있다.

따라서 고전을 우리 삶의 구체적인 어려움들, 고통들, 문제들이 발생하는 현장에 위치시켜야 한다. 그 말은 우리의 삶을 왜곡시키고 있는 외적인 힘들에 맞서 해법을 찾을 수 있는 역량을 고전의 상상력이 제공해줄 수 있어야 하고, 현실적인 문제들에 대응해 길을 찾을 수 있는 유용한 싸움의 기술을 전해줄 수 있어야 한다는 말이기도 하다. 오늘날 별다른 싸움의 무기는커녕 자신을 보호해줄 옷도 없이 벌거벗은 생명으로서 살아가고 있는 이들에게, 다른 방식으로 생각해보라거나, 창의적인 사고를 하라거나, 보다 의미있는 삶을 살아가라거나 하는 교훈에 만족하는 고전 교육은 의도하지 않게 한가한 이야기가 되고, 소음이 되며, 폭력이 될 수 있다. 벌거벗은 생명에게는 우선 옷이 필요하다. 의미를 추구하고 자유를 추구하며 살아가도 생존할 수 있도록 옷부터 마련해줘야 한다. 그리고 그 옷을 자꾸 벗기려는 시장 경쟁의 힘과 국가의 힘에 맞서 더욱 튼튼한 옷을 마련하고, 나아가 그 두 힘들을 통제할 수 있는 힘의 원천을 찾고 그 힘을 활용해 싸울 수 있는 무기를 마련해 능수능란하게 그 무기를 활용할 수 있는 전략과 전술적 사고 능력을 고전 교육이 담당해야 하지 않겠는가? 앞서 인용했듯이 마르크스는 비판은 해부용 칼이 아니라 무기라고 했고, 물질적 힘은 물질적 힘에 의해 격파되어야 한다고 했다. 오늘날 대학생들은 온갖 물질적 힘에 의해 치이고 할큄당하며 '죽을래 살래?'의 협박을 당하고 있다. 이들이 직면하는 현실은 결코 책 속의 현실이 아니라 실재적인 현실이다. 그렇다면 고전은 그 현실의 실재적 고통을 야기하는 힘들과 싸울 수 있는 무기가 될 수 있어야 하고, 고전 교육은 그 무기를 개발하는 과정이 되어야 한다.

고전 교육이 문화적 교양층으로서 이른바 지식인과 교수들의 자기만족에 머물고 청년 당사자에게는 도저히 할 수 없는 일을 강요하는 폭력으로 작동하는 어처구니 없는 상황을 벗어나려면 고전 교육자는 마키아벨리스트가 될 필요가 있다. 당대의 조건에서 마키아벨리는 군주에게 '무장한 예언자'가 될 수 있어야 한다는 가르침을 전하고자 했다. 우리의 조건에서 고전 교육자들은 학생들에게 '무장한 예언자'가 될 수 있어야 한다고 가르칠 수 있어야 한다.[20] 우리 고전 교육자들은 혹시 자신이 자신도 모르게 칸트처럼 사드의 폭력을 배후로 옳음이나 좋음의 가치를 학생들에게 강제하는 방식으로 학생들을 대하고 있는 것은 아닌지 진지하게 고민해야 한다. 고전 교육의 당사자는 대학생 청년이기 이전에 교육자 자신이 되어야 한다.

---

20   마키아벨리, 황문수 역, 『군주론/정략론』, 동서문화사, 2016.

참고문헌

1. 저서

김수영, 『사랑의 변주곡』, 창작과비평사, 1999.

게오르그 짐멜, 김덕영 역, 『짐멜의 모더니티 읽기』, 새물결, 2005.

라인하르트 코젤렉, 한철 역, 『지나간 미래』, 문학동네, 1998.

마키아벨리, 황문수 역, 『군주론/정략론』, 동서문화사, 2016.

막스 베버, 김덕영 역, 『프로테스탄트 윤리와 자본주의 정신』, 길, 2010.

＿＿＿＿＿, 전성우 역, 『직업으로서의 학문』, 나남, 2017.

미셸 푸코, 정일준 역, 『자유를 향한 참을 수 없는 열망』, 새물결, 1999, 123-162쪽.

요한네스 힐쉬베르거, 강성위 역, 『서양철학사(상권)』, 이문출판사, 1999.

칼 마르크스, 홍영두 역, 『헤겔 법철학 비판』, 아침, 1988.

프리드리히 니체, 안성찬·홍사현 역, 『즐거운 학문 메시나에서의 전원시 유고』, 책
　　　세상, 2005.

Koselleck, Reinhart. *Critique and Crisis: Enlightenment and the Pathogenesis of Modern
　　　Society Cambridge*, MIT Press, 1988.

2. 논문

김주환, 「숙명적 비극의 시대, 청년들의 절대적 고통 감정과 희생자—신 되기의 탈
　　　정치」, 『사회와 이론』 36, 2020a, 49-92쪽.

＿＿＿, 「숙명적 비극의 시대, 청년들의 모험의 운명」, 『사회이론』 57, 2020b, 151-
　　　192쪽.

＿＿＿, 「의미상실과 자유상실의 시대, 청년들의 시간감각과 세계감각 속에서 가
　　　치의 전도」, 『문화와 사회』 28(3), 2020c, 315-363쪽.

김홍중, 「서바이벌, 생존주의, 그리고 청년 세대: 마음의 사회학의 관점에서」, 『한국
　　　사회학』 49(1), 2015, 179-212쪽.

서관모, 「적대들과 차이들」, 『마르크스주의 연구』 12(3), 2015, 12-44½.

진태원, 「좌파 메시아주의라는 이름의 욕망」, 『황해문화』 82, 2014, 172-196쪽.

최종렬, 「'복학왕'의 사회학: 지방대생의 이야기에 대한 서사분석」, 『한국사회학』 52(1), 2017, 243-293쪽.

추정완, 「에프쿠로스의 죽음관에 대한 비판적 고찰」, 『도덕윤리과교육』 58, 2018, 1-26쪽.

LAC 교과목으로서 「명저읽기」 강좌의 방향 설정을 위한 모색*

김주언

I. 머리말

교양교육은 전공교육에 비해 주변화되어 있고, 혹은 심지어 식민화되어 있다고 하더라도 적어도 대학교육의 한 축임은 누구도 부인할 수 없다. 대학교육이 교양교육과 전공교육의 두 바퀴로 굴러간다거나, 두 날개로 비상한다는 식의 이분법적 주장을 하는 것이 아니다. 다만 '한 축'이라고 했다. 대학기관 평가인증에서 교양 이수 학점의 인증 기준으로 삼고 있는 비율이 30% 정도이다. 적어도 제대로 학사운영 체계를 갖추고 있는 대학은 학생들의 졸업 요구 학점의 30% 정도를 교양학점으로 채워야 한다는 얘기다. 그런데 이런 최소한의 요건에 비추어 보더라도 교양교육은 그에 걸맞은 위상을 확보하지 못하고 있는 게 현실

---

* 이 글은 다음 논문을 수정, 보완한 것이다. 김주언: LAC 교과목으로서 「명저읽기」 강좌의 방향 설정을 위한 모색, 『교양교육연구』 13(4), 한국교양교육학회, 2019.

이다. 대학의 학사조직에서 교양교육을 전담하는 기관이 단과대학으로 편제되어 있지 못하는 학교가 허다하고, 교양 전담 단과대학이 있다고 하더라도 교양교육 비전문가가 기관장을 다른 요직과 겸직하기도 한다. 이러한 우리 시대 대학 현실에서 리버럴 아츠 칼리지(Liberal Arts College, 이하 'LAC'로 약칭함)는 교양 담당 단과대학이 교양교육의 내적 논리에 따라 가장 진화한 형태라고 할 수 있다. 단국대학교의 교양교육대학은 2020년도부터 LAC로 전환된다.[1]

LAC는 무엇인가? LAC는 서구에만 실재하는 고유명사가 아니라 일정한 공통본질과 정체성을 공유하는 보통명사이다. LAC는 소규모 단설 대학 형태의 LAC와 종합대학 내 학부대학(University College) 형태의 LAC가 있다. 어느 경우에나 직업교육보다는 인문학·사회과학·자연과학 등 순수 기초 학문 등을 리버럴 에듀케이션(Liberal Education)의 교육과정으로 제공함으로써 폭넓은 교육을 목표로 한다. 한국교양기초교육원에서는 교양교육을 크게 '기초교육'과 '교양교육'으로 대별한다. '기초교육'은 그 자체로는 학문적 자족성이 있기보다는 다른 기타 학문, 전공 학문의 도구적 역할에 머무른다. 반면 '교양교육'은 전공교육이 하지 못하는 상보적 역할을 담당할 수 있다. 우리 시대 LAC는 '교양교육'의 정상화를 겨냥하는 개혁의 산물이다. 많은 사람들이 우려하고 있는 바와 같이 작금의 대학은 폭넓은 교양인 양성은 뒷전으로 한 채 직업 전문인 양성 기관으로 전락한 지 오래다. 학문의 분과화와 세분화는 전

---

1   윤승준, 「D-LAC 설립 및 Liberal Education 운영 계획안」, 『단국대학교 미래교육혁신추진위원회 정책보고연구서』, 단국대학교, 2019, 1-176쪽.

공 칸막이 속에서 길러지는 전문성을 목표로 하지만 이 목표는 전체적인 연관 속에서 사물을 보거나 다룰 수 있는 문제해결능력 없이도 가능한 것은 아닐 것이다. 따라서 LAC가 추구하는 '폭넓은' 교육이란 단지 잡학의 다양성이 아니라 전공교육이 추구하는 '깊이'로는 도달할 수 없는 깊이의 다른 이름인 것이다.

예일-NUS는 예일대학의 저명한 교수들이 나서서 교육과정 설계를 주도한 단설 리버럴 아츠 칼리지인데, 학과가 이종교배, 즉 학제 간 학습과 공동 작업을 억제하는 칸막이 벽이라 여기며 학과를 구분하지 않는다. 그래서 '리버럴 아츠 앤 사이언스 에듀케이션(liberal arts & science education)'의 핵심 교과과정은 학생들에게 다양한 사고법을 알려주는 데 목적이 있다.[2] 윌리엄 데레저위츠(William Deresiewicz)라는 문학평론가는 『공부의 배신: 왜 하버드생은 바보가 되었나』에서 학생들이 지적으로나 정신적으로 호기심이 없고, 삶의 의미와 관련된 원대한 의문을 탐구하는 데도 무관심하고, 지적 모험을 감행할 만큼 배짱도 없다고 대학교육의 문제점을 진단한다. 이러한 대학교육의 현실이 비단 외국의 경우에 국한될 리 없다. 단국대학교 LAC는 오늘날 이런 대학의 현실을 문제적으로 인식하고, 나름대로의 대안적 극복을 위한 실천이다. 따라서 단국대 LAC는 '기초교양교육' 과정에서 '기초'교육을 튼튼히 함은 물론 '교양'교육에 사실상의 LAC의 도전의지를 담아 새로운 교과목을 LAC가 출범하는 2020년부터 개설한다. LAC 교과목으로 기획된 교

---

2   Zakaria, F., 강주헌 역, 『하버드 학생들은 더 이상 인문학을 공부하지 않는다』, 사회 평론, 2015, 78-82쪽.

과목의 이름은 「명저읽기」와 「세계 지성사의 이해」이다. 「명저읽기」는 2020년도부터 시행하고, 이 교과목의 운영 성과를 바탕으로 2023년도 부터는 「세계 지성사의 이해」를 「명저읽기」와 같이 전교생 필수로 이수하게 할 예정이다. 당장 「명저읽기」 강좌를 개발하는 것이 당면 과제이다. 이 연구의 목표는 이 당면 과제를 해결하고, 나아가 「세계 지성사의 이해」라는 강좌의 방향까지도 모색해 보는 것이다. 인문학, 사회과학, 자연과학의 세계를 두루 포괄하고 있는 '명저'[3]의 세계는 특정 전공교육 이전과 이후의 세계이다.

II. 왜 「명저읽기」인가

이미 많은 대학들이 교과목 명칭은 다르더라도 「명저읽기」와 유사

---

3   여기서 '명저'라 함은 우리가 흔히 '고전'이라고 지칭하는 책이기도 하다. "고전이란 본시 옛 책이나 옛 경전 혹은 옛 의식을 가리키는 말이었다. 그것이 특정 분야의 권위서나 명저 또는 걸출한 문학작품을 가리키게 된 것은 서구어 클레식classic의 역어적 성격을 띠게 되면서부터일 것이다. 최고 계급을 뜻하는 라틴말을 어원으로 하는 '클래식'이 저쪽에서 숭상으로 말미암아 반열에 오른 옛 저자를 가리켰다가 저작도 의미하게 된 것이다."(유종호, 『과거라는 이름의 외국』, 현대문학, 2011, 253쪽.) 한편, '고전'이나 '명저' 혹은 '명작'을 좀더 개방적으로 열려 있는 개념으로 접근하면서 '정전(正典: canon)'이라는 개념도 재조명되고 있다. 정전은 본래 종교적 텍스트에 한정된 개념이었으나 문학비평에 응용되어 문학의 기성 체제에서 느슨한 합의를 통해 '위대하다'고 간주되는 작품을 작가를 지칭하게 되었다. 이 정전이 확립되는 과정에는 여러 요인이 개입되는데, 일반 공동체에서의 저자나 작품의 유행, 전문가들의 반복적인 참조 그리고 대학 교과과정에서의 저자나 작품 채택 등이 포함된다(Childers, J., 황종연 역, 『현대문학·문화비평 용어사전』, 문학동네, 2000, 100쪽.)

한 교과목을 운영하고 있다. 경희대와 동국대의 경우는 이 방면에서 비교적 잘 알려진 사례로 꼽힌다. 이영준 교수가 2014년 한국교양교육학회 춘계전국학술대회에서 발표한 논문을 보면, 경희대 재학생들은 배분이수교과 7개 영역 중 5개 영역을 필수로 선택해 15학점 이상을 이수해야 하는데, 이 15학점을 고전읽기 5과목으로 대체해도 무방한 것으로 되어 있다.[4] 그런데 2019년 현재 시점에서 보면 눈에 띄는 조정이 관찰된다. 배분이수교과는 역시 7개 영역인데, 필수로 영역 구분 없이 12학점을 이수하게 되어 있고, 7개 영역 가운데 2014년에는 없던 '인문사회토대영역'이 신설되었고, 고전읽기 강좌는 바로 이 인문사회토대영역에 해당된다. 배분이수필수학점도 축소되었고, 아예 배분이수교과를 대체할 수 있다던 고전 읽기는 배분이수교과목이 되었다. 이 변화의 의미는 무엇인가. 고전 읽기가 배분이수교과로 편입된 데는 독자적 활로를 찾을 수 없었기 때문인 것으로 보인다. 아마도 학생 수요자의 기피가 이런 변화의 주된 요인이 되었을 것으로 판단된다.

동국대의 경우는 국내 어느 대학보다도 의욕적으로 명저, 혹은 고전을 읽히는 대학으로 알려져 있다. 동국대의 「세계명작 세미나」라는 강좌는 '지혜와 자비', '존재와 역사', '경제와 사회', '자연과 기술', '문화와 예술' 등 총 5개 영역으로 구성되어 있는데, 학생들은 이 영역들 가운데 4개 영역에서 12학점(한 영역 과목당 3학점)을 취득해야 하는 교양필수과목이다. 한 영역에서 다루고 있는 고전 텍스트는 5권이고, 그 5

---

4   이영준, 「고전의 바다에 풍덩 뛰어들기—경희대학교 후마니타스 칼리지 고전읽기 프로그램」, 『2014년 춘계전국학술대회 자료집』, 한국교양교육학회, 2014, 551-570쪽.

권의 각 텍스트마다 보조 텍스트가 4권 지정되어 있다. 고전 텍스트의 수는 2019년부터 5권에서 4권으로 조정되었다지만, 누가 봐도 동국대학생들은 엄청난 숫자의 고전을 읽는 것으로 보인다. 그런데 과연 그럴까. 동국대가 국내 대학 중 가장 많은 고전을 읽히는 것으로 알려진 것은 일종의 '와전'이라고 한다. 한 학기 학생들이 읽어야 할 필독서를 2권 정도로 줄이기를 제안하는 손윤락 교수에 의하면, 정작 학생들은 고전을 대학생활의 고통 정도로 인식한다는 것이다.[5]

   대학생들에게 책 읽기는 광범위하게 기피되고 있는 게 현실이다. 특히 '고전'이나 '명저', '명작'들은 더욱 그렇다고 봐야 한다. 당장 실감할 수 있는 실용적 가치와도 거리가 있고, 무슨 즐거움을 준다는 보장도 없기 때문일 것이다. 우선 책을 읽는다는 것은 한시도 스마트폰에서 손을 떼지 못하는 학생들에게 300 페이지 이상을 넘기는 고독을 감수해야 한다는 사실을 의미한다. 이 고독은 정신적인 것이고 동시에 물리적인 것이기도 하다. 오늘날의 대학생 세대는 감당하기 어려운 고독 대신에 정보화시대의 총아답게 모든 것을 하이퍼텍스트(hypertext)의 이미지로 소비하고 마는 데 익숙해져 있다. 그러므로 책을 읽는다는 것은 이러한 시대의 결에 어긋나는 일종의 반동적 행위라고 할 수도 있다. 자신의 자아를 인류의 자아로까지 확대시키고자 했던 파우스트는 "우리는 모르는 것을 반드시 필요로 하는 것이며, 알고 있는 것은 별로 소용이 없는 것이다"[6]라고 했지만, 이러한 지식 욕구를 가진 청년 파우스

5   손윤락, 「세계명작세미나」—공통교양 고전읽기 교육의 확대와 그 명암」, 『2019년 춘계전국학술대회 자료집』, 한국교양교육학회, 2019, 298-304쪽.

6   Goethe, J. W. V., 정경석 역, 『파우스트』, 문예출판사, 1983, 70쪽.

트들이 오늘날 있다고 하더라도 그 욕구는 대부분 '정보'로 대리 충족되고 만다. 진정한 지식을 대신하는 정보는 우리 주변에 너무나 간편한 방식으로 일상화되어 널려 있다. 그런데 정보는 정보 이상의 가치를 생산하는 데 지극히 제한적이다. 벤야민에 의하면, "정보의 가치는 그것이 뉴스거리였던 순간을 넘어서 존재하지 못한다. 그것은 그 순간만을 살 뿐이다. 그것은 그 순간에게 완전히 투항해야 하며, 어떠한 시간 낭비도 없이 그 순간에게 스스로를 해명해야만 한다".[7] 그러므로 정보에 대한 확신을 넘어 데이터와 정보 그 이상의 것이 필요하다.

질 들뢰즈의 강력한 말이 있습니다. "타락한 정보가 있는 게 아니라 정보 자체가 타락한 것이다"라는. 하이데거도 '정보'란 '명령'이라는 의미라고 말합니다. 그렇습니다. 다들 명령을 듣지 못하는 게 아닐까 하는 공포에 사로잡혀 있습니다. 정보를 모은다는 것은 명령을 모으는 일입니다. 언제나 긴장한 채 명령에 귀를 기울이고 있는 것입니다. 구체적인 누군가의 부하에게, 또는 미디어의 익명성 아래에 감추어진 그 누구도 아닌 누군가의 부하로서 희희낙락하며 영락해가는 것입니다.[8]

대학생이 왜 책을 읽어야 하는가, 그 당위에 대한 새삼스러운 설명은 췌언일 것이다. 정보를 비판하는 위의 하이데거와 들뢰즈는 한물간 시대역행적 인물이 아니다. 이 점에 관한 한 그들은 오히려 시대 초월

---

7   Benjamin, *Illuminations*, Harry Zohn, Shocken Books, 1969, p. 90.
8   佐佐木中, 송태욱 역, 『잘라라 기도하는 그 손을』, 자음과모음, 2015, 23쪽.

적 인물이라고 할 수 있다. 청년들이 '본원적 축적'의 시기에 명저를 접한다는 것은 인류 사회의 가장 우수한 지적 문화유산을 상속받는 일이며, 지금까지 인류가 쌓아올린 문화 이상을 체득하는 일이다. LAC를 준비하는 입장에서 말하자면 명저에는 전공지식의 도구적 쓰임새로 쓸모가 가다듬어진 도구적 지식 이전의 지식과, 그 한정적 쓰임새의 지식 이후의 지식이 있다. 필수 교양이란 시장 논리에 따라 학생들의 수요와 요구를 좇아가는 교과목이 아니다. 그렇다고 한다면 교양교과목은 '쉽고 재밌게'의 저질 경쟁으로 악화가 양화를 구축한다. 필수 교양은 학생들의 수요를 좇아가는 것이 아니라 학생들 수준에서 생각하지도 못했던 새로운 수요를 창출하는 것이다. 명저에는 전공 칸막이로 보호되지 않았던 지식의 야성과 바다가 있다.

III. 「명저읽기」의 내용과 범위

'고전', '명저' 혹은 '명작' 등은 오늘날 사실상 비슷한 개념으로 혼용되고 있는데, 명칭이야 어찌 되었든 이 저작들은 안이하고 즐거운 현실 도피의 도취를 제공하지 않는다는 것만은 분명해 보인다. 문학 작품은 이러한 도취를 제공하지 않느냐고 생각할 수도 있겠으나, 다음 두 인용 사례를 보면 그런 저작물은 경계해야 할 허튼 환상에 가깝다고 할 수 있다.

(가) 나쁜 작품이 주는 쾌락이 일시적인 것은 나쁜 습관이 주는

쾌락이 그러한 것과 마찬가지이다. 그것은 읽는 자를 일시적으로 그것이 제시한 조건 속에 끌여들여 그것에 살게 하지만, 독자들은 결국 그것이 그의 삶과는 관계가 없는 것을 깨닫게 된다. 무협소설과 싸구려 에로소설 그리고 연애 편지에 흔히 인용되는 과장된 서정시들이 그렇다. 그러나 좋은 작품은 계속해서 독자들에게 고문을 가한다. 독자들이 좋은 작품을 통해 결국 자신의 삶에 대한 태도의 어느 한 부분을 혹은 전부를 교정하지 않으면 안 되도록 그것은 심한 고문을 가한다. 우선적으로 감정을 세척시키는 문학을 조심할 필요가 있는 것은 그것이 고문하지 않기 때문이다. 고문하는 문학은 보다 높은 의미에서 감정을 규제하고 억압하며 정신이 비판 능력을 잃어버리는 것을 막는다. 그것은 삶의 이유와 세계를 이해하는 방법에 대한 끈질긴 탐구를 가능케 함으로써 개인적인 감정을 규제하고 억압하여 타인과 그를 관련맺게 한다.[9]

(나) 우리는 다만 우리를 깨물고 찌르는 책들을 읽어야 할 게야. 만일 우리가 읽는 책이 주먹질로 두개골을 깨우지 않는다면, 그렇다면 무엇 때문에 책을 읽는단 말인가? 자네가 쓰는 식으로, 책이 우리를 행복하게 해주라고? 맙소사, 만약 책이라고는 전혀 없다면, 그 또한 우리는 정히 행복할 게야. 그렇지만 우리가 필요로 하는 것은 우리에게 매우 고통을 주는 재앙 같은, 우리가 우리 자신보다 더 사랑했던 누군가의 죽음 같은, 모든 사람들로부터 멀리 숲속으로 추방된 것 같은, 자살 같은 느낌을 주는 그런 책들이지. 책이란 우리 내면에 존재

---

9   김현, 『문학이란 무엇인가』, 문학과지성사, 1976, 24-25쪽.

하는 얼어붙은 바다를 깨는 도끼여야 해. 나는 그렇게 생각해.[10]

(가)김현과 (나)카프카에게는 세상 모든 책과 구별되는 '어떤 책'이 있다. 김현은 '나쁜 작품'을 거명하며, 그 상대적인 자리에 '고문하는 문학'을 놓는다. 고문하지 않는 문학은 조심할 필요가 있다는 것이다. 카프카는 '고문' 정도가 아니다. 우리를 '행복'하게 해준다는 책 따위를 거절하는 카프카에게 책은 "우리 내면에 존재하는 얼어붙은 바다를 깨는 도끼"여야만 하는 것이다. 카프카의 두개골을 깨우는 주먹질이나, 내면의 바다를 깨는 도끼질이 과격하다고 한다면 새로운 세계를 위해서는 알을 깨고 나와야만 한다는 저 헤르만 헤세를 생각해 봐도 좋을 것 같다. 요컨대 새로운 세계에 입사하려고 하는 자는 이렇게 고통스러운 입사 제의를 치르게 되어 있는 것이다. 단국대학교는 '교양 101선'이라는 교양도서 목록을 정비해 이런 새로운 세계로의 도전을 도와주고 있다. 이 목록의 책들이 앞의 인용 글 (가)와 (나)에서 말하는 '쾌락'이나 '행복'을 보장해 주는 책은 물론 아니다. 「명저읽기」는 이미 마련돼 있는 이 '단국 교양 101선'을 기저로 한다. '교양 101선'이라고 하는 고전 텍스트의 범위와 수준 자체가 다른 대학들과 크게 다르지는 않을 것이다.

「명저읽기」 강좌는 이러한 '101선'의 텍스트를 다 읽게 할 수는 없다. 그렇다고 부분 발췌로 한 권의 교재를 만들어 그 교재만을 대상으로 강의하는 방식도 적절하지 않다. 그런 강의는 과거 「대학국어」 시절의 관행이었다. 어떻게 하면 풀텍스트를 완독하게 하는 강좌에서 하나

---

10   Kafka, F., 서용좌 역, 『행복한 불행한 이에게』, 솔, 2017, 67쪽.

의 텍스트, 또는 몇몇 권의 텍스트만을 읽게 하지 않고, 가능한 한 다양한 많은 텍스트들을 읽게 할 수 있을까. 공통교양 3학점짜리 1과목이라는 주어진 여건 속에서 어떻게 그것이 가능할 수 있을까. 하나의 텍스트를 만든다거나 혹은 몇몇 텍스트를 선정해 놓고, 그 단일 강좌의 분반을 여럿 설강하는 방식은 가장 쉬운 방식이기도 하다. 그러나 가장 쉽기 때문에 기피해야 할 방식이기도 하다. 최선은 하나이면서도 여럿인 강좌를 개발해야 한다는 것, 그래야 다양한 명저들의 세계에 접근시킨다는 LAC 교과목 취지에 부합한다는 것이다. 「명저읽기」 교과목명의 메인 타이틀에 복수의 서브 타이틀을 갖게 하고, 과목명의 풀네임을 각기 다르게 한다면 사실상 독립적인 단일 교과목을 만들 수도 있다. 즉, 「명저읽기: 백석」, 「명저읽기: 박경리」, 「명저읽기: 프로이트」, 「명저읽기: 니체」, 「명저읽기: 마르크스」 같은 식으로 교과목을 30개 이상 만들고, 이 교과목들의 과목코드를 다르게 하는 것이다. 이렇게 하면 「명저읽기」라는 공통교양의 과목은 선택의 여지가 없는 부득이한 필수가 아니라 너무 많은 선택지가 있는 선택적 필수이며, 어떤 「명저읽기」의 한 강좌를 수강한 학생은 다른 「명저읽기」를 또 얼마든지 선택적으로 추가해서 들을 수 있는 길이 열리게 된다.

Ⅳ. 「명저읽기」 교육 방법론을 위한 탐색

이런 강좌를 운영하는 대부분의 대학은 수업 진행을 교강사 재량에 맡기고 있다. 이례적으로 연세대가 학부대학에서 'Great Books &

Debate 교과목(군) 운영방안'을 제시하고 있기는 하다. 그런데 이 방안은 수업 목표와 교과목 정체성, 평가 방식 등을 포함한 운영 지침 다섯 항목만을 간단히 사무적으로 제시하고 있을 뿐이다. 'SKKU Classics 100'(성균 고전 100선)을 선정해 고전 읽기를 독려하고 있는 성균관대는 'SKKU Reading Guide'를 제시한다. 그러나 이 가이드 라인 역시 책 자체에 대한 것이 아니라 독서의 기술, 습관, 방법 등에 대한 안내이다. 사실 「명저읽기」 같은 교과목은 명저(고전) 텍스트가 주교재로 분명한 만큼, 교강사 개인 몫으로 주어지는 교재 연구 이외의 교재 개발이라는 것이 있을 수 없다고 생각한다. 그러나 여기서 멈추지 말고 조금 더 나아가 보자.

1. '대화의 정신'이라는 교육철학

「명저읽기」 교과목 개발을 목표로 하는 이 연구는 순수하게 이론적으로 학문적 가능성만을 타진하는 연구일 수 없다. 이 연구는 교과과정의 내용 연구, 교과과정의 실제 운영, 교수-학습 방법의 개발 그리고 학습 성과 진단까지의 일련의 프로세스를 염두에 두어야 하고, 궁극적으로는 「세계 지성사의 이해」라고 하는 교과목 개발을 염두에 두어야 한다. 이 모든 프로세스와 목표를 일이관지(一以貫之)하는 핵심이 있는데, 그것은 '대화의 정신'이라는 교육철학이다. 교육목표, 교육방법, 교육과정 일체가 이 교육철학으로부터 나온다. 그렇다면 대체 '대화의 정신'이란 무엇이고, 그것은 왜 문제가 되고 어떤 함의를 갖는 것인가. 이 물음에 대한 답을 크게 다음 두 가지로 정리해 제시해 볼 수 있다.

1) 자기교육과 대화의 세계

모든 책 읽기는 결국 혼자만의 개별적인 행위이다. 따라서 책 읽기 학습 프로그램 개발 역시 이 궁극적인 형태의 책 읽기를 전제하지 않을 수 없다. 제임스 설터(James Salter)라는 미국의 소설가가 있다. 예일대에서 제정한 문학상의 수상자이기도 한 인물인데 그의 소설 한 대목을 먼저 인용해 보겠다.

그리고 비리는 아이들에게 책을 읽어준다. 매일 밤 물을 주듯, 발밑에 흙을 골라주듯(as if turning the earth at their feet) 책을 읽어준다. 한 번도 들어보지 못한 이야기도 있었고 어릴 때 들었던 이야기도 있었다. 모두를 위해 존재하는 디딤돌이었다. 이 이야기들, 심지어 이제 상상할 수조차 없는 이 상상물들, 왕자, 나무꾼, 오두막에 사는 정직한 어부의 진짜 의미는 무엇일까, 그는 생각한다. 그는 아이들이 과거의 삶과 새로운 삶을 모두 가지기를 원했다. 과거의 모든 삶으로부터 나뉠 수 없는 삶, 과거로부터 성장하고 과거를 초월하는 삶, 그리고 또 하나의 삶, 독창적이고 순순하고 자유로운 삶, 우리를 보호하는 편견과 삶의 형태를 주는 습관을 넘어서는 삶. [⋯] 그는 아이들이 항상 기억할 한 문장을 생각해 내고 싶었다. 모든 것을 아우르고, 갈 길을 알려주는 그런 하나의 경구, 하지만 그는 그 문장을 찾아내지도, 생각해내지도 못했다. 그들이 소유한 어떤 것보다 더 소중한 것이 될 텐데 그에겐 그게 없다. 대신 차분하고 감각적인 목소리로 유럽과 눈 오는 러시아, 아시아의 작은 신화들을 아이들에게 들려준다. <u>최고의 교육은 오직 한 권의 책을 아는 데서 온다고, 그는 네드라에게 말한다. 순도 높고 균형 잡힌 교육이 거기서 온다고.</u> 그리고 그 책을 항상 가까이하는 데서 위안이 온다고.

"어떤 책?" 그녀가 물었다.

"많지."

"비리." 그녀가 말했다. "그거 정말 멋진 생각이야."[11]

(인용 본문 가운데 괄호 속 영어는 이해를 돕기 위해 원서의 해당 대목을 여기에 옮긴이가 번역문 옆에 병기한 것이고, 밑줄 그은 곳 역시 여기에 옮긴이가 강조를 위해 그은 것이다.)

"최고의 교육"을 가능하게 한다는 오직 한 권의 그 책, "어떤 책?"이라고 묻자, "많지"라고 다시 그 숫자가 조정되는 그 책, "순도 높고 균형 잡힌 교육"이 거기서 온다고 하는 그 책은, 물론 교육용 교과서 같은 것이 아니다. 그 책은 일정 시기에만 유효한 학습용 도구로서의 책이 아니다. 평생 반려로서, 누가 무엇으로 누구를 가르치지 않아도 책 읽는 주체가 스스로를 '자기 교육(self-education)'하게 하는 책이다. 책 읽기는 한 인간의 생애사에서 가장 최초의 자기 교육의 체험이고, 가장 궁극적인 자기 교육의 형태이기도 하다. 왜 책을 읽어야 하는가? 이 물음에 대한 궁극적 답변이 바로 이 '자기 교육'의 개념 속에 있다. '자기 교육'이란 개념은 교수-학습자 관계에서 교수자를 교육 주체로 고정시키는 전통적인 교육학의 관점에서 보자면 성립하기 어려운 개념이다. 그러나 인간 마음의 여러 면과 충동들을 단순화해서 어떤 원칙을 만들

---

11   Salter, J., *Light years*, Vintage International(Originally published in hardcover by Random House in 1975), 1995, p. 90.

고, 어떤 질서를 갖추려고 하는 노력이 인간 이성을 만든다고 할 때, 자기 교육은 누구에게나 교육의 가장 궁극적인 형식이 아닐 수 없다. 그래서 교육학계 일각에서는 개인의 의지와 결단, 노력과 실천 등의 내적 동기와 힘에 이끌리는 인간 형성의 과정으로서의 교육을 '자기 교육'으로 개념화한다[12]

한스 게오르그 가다머는 누구보다도 교육의 핵심이 자기 교육, 자기 도야에 있음을 힘주어 강조한 사상가다. 인간은 본질적으로 유한하고, 항상 뭔가 부족한 존재이고, 신과 동물의 중간자적 위치에서 항상 동물의 위치로 추락할 수 있는 존재인데, 가다머에 의하면 성공적인 자기 교육, 자기 도야의 방법은 다름 아닌 '대화'를 통해 가능하다. 대화 속에서 자신을 완성하기 때문에 언어가 중요하다는 관점은 가다머 철학 세계의 결정적 관점이다[13] 책 읽기는 본질적으로 '대화'의 활동이 아닐 수 없다. 우선 글쓴이와 읽는 이의 '대화'라는 것이 자명한 이치일 터이고, 이뿐만이 아니라 책 읽기는 그 책을 읽기 전의 자신과 지금 책을 읽고 있는 자신과의 대화이고, 같은 책을 읽고 있는 다중 혹은 집단지성과의 대화이며, 그 책의 세계와 그 세계 바깥세상과의 대화이기도 한 것이다. 따라서 궁극적으로 자기 교육으로서의 책 읽기를 도모하는 책 읽기는 이러한 대화의 정신을 읽기 활동의 전면에 내세워 유력한 읽기 전략으로 방법론화할 필요가 있는 것이다.

---

12   조화태, 「자기교육의 개념화」, 『평생학습사회』 8(3), 한국방송통신대학교 원격교육연구소, 1-33쪽.

13   Gadamer, Hans-Georg., 손승남 역, 『교육은 자기 교육이다』, 동문선, 2004, 29쪽.

2) 문답법의 교육방법론

문답법은 일찍이 소크라데스의 교육 방법론으로 알려져 있다. 이 문답법은 '산파술'이라고도 한다. 묻고 대답하는 행위를 통해 미처 생각하지 못했고, 의식하지 못했던 새로운 지혜를 낳을 수도 있음을 비유적으로 일컫는 말이다. 소크라데스나 플라톤 같은 그리스 철학자들에게는 참의 지식, 참된 지식을 의미하는 에피스테메(episteme)와 한낱 억측된 견해에 불과한 독사(doxa)의 구별이 있었다. 여기서 '에피스테메'는 푸코가 주로 『지식의 고고학』에서 사용해 우리에게 권력-지식이 작동하는 특정 시기의 저류를 형성하는 담론 체계와 특정한 시대를 지배하는 인식의 무의식적 체계를 의미하는 개념으로 알려진 그 에피스테메가 아니다. 그리스 철학에 등장하는 에피스테메 개념은 검증되지 않은 한갓 주관적·감각적 억견(臆見)인 'doxa'에 상대되는 말로서 참된 지식 혹은 참의 지식을 의미한다. 희랍 철학 식으로 말하자면, 독사에서 에피스테메로 나아가는 가장 유력한 방법이 다름 아닌 '대화'에 있는 것이다.

독사의 가장 대표적인 경우가 '허위의식'이란 뜻을 내포하고 있는 이데올로기다. 세상의 모든 명저란 일단 이러한 독사, 이데올로기에 대한 일종의 도전장이라고 할 수 있다. 단국대학교 교양 101선에 포함되어 있는 최인훈의 『광장』 서문은 이렇게 시작한다. "'메시아'가 왔다는 이천 년래의 풍문이 있습니다. […] 제가 전하는 것은 풍문에 만족하지 못하고 현장에 있으려고 한 우리 친구의 얘깁니다".[14] 좋은 책을 읽는다

---

14   최인훈, 『광장』, 문학과지성사, 1976, 17쪽.

는 것은 세상의 모든 풍문에 속지 않고 에피스테메에 접근하는 행위이다. 이런 행위가 없다면 우리는 신화와 헛것에 들려 미몽 상태를 벗어나지 못할 것이다.

그런데 풍문과 미몽은 극복하려고 했다고 해서 쉽게 극복되는 것이 아니다. 알려고 한다고 해서 꼭 알아지는 것은 아니다. 알았다고 생각하는 것이 참으로 안 것이 아닐 수도 있다. 오인과 착각 그리고 환상을 주요 내용으로 하는 오독은 모든 독서의 일정 부분 불가피한 운명이기도 하다. 책을 읽었다고 해서 참으로 아는가는 오직 검증을 거쳐야 하는 또 다른 문제일 수 있다. 앎의 내용을 충분히 상대화할 줄 모르고, 객관화할 줄 모르는 처지에서는 얼마든지 본말전도, 침소봉대, 지록위마의 억견에 사로잡힐 수 있는 것이다. 공자는 이런 어록을 남긴 분이기도 하다. "知之爲知之, 不知爲不知, 是知也(어떤 것을 알면 안다고 하고 알지 못하면 알지 못한다고 하는 것, 이것이 진정으로 아는 것이다)".[15] 여기서 주목할 부분은 아는 것을 안다고 하는 것이 아니다. 그야 물론이다. 문제는 모르는 것을 모른다고 하는 경우 자체가 매우 드물다는 것, 그것도 특히 대학 사회의 현실에서 그렇다는 것이다. 지적 정직성이라는 도덕성이 부족하기 때문이기도 하겠지만, 실은 자신이 무엇을 아는지 모르는지조차 잘 모르면서 얼버무리며 처세하는 경우가 다반사다. 이런 경우를 바로잡지 않는다면, 대학생이 명저라는 것을 읽어도 자신의 구제불능의 억견만을 넓히며, 고도의 사기꾼이 되어갈 공산이 크다. '대화'의 검증이 반드시 필수적으로 요청되어야 할 까닭이 여기에 있다. 따라

---

15   孔子, 김원중 역, 『논어』, 휴머니스트, 2017, 69쪽.

서 좋은 책을 '잘' 읽는다는 것은 독사에서 에피스테메로 가기 위한 대화를 방법론적으로 활성화해 낸다는 것을 의미한다고 할 수 있다.

2. 부교재 수준의 교수 — 학습 방법론 가이드라인 북 개발

1) 문답식 해제

LAC 교과목 「명저읽기」와 「세계 지성사의 이해」 개발을 위해 '단국 교양 101선'을 해제한다. 단지 해제가 아니라 '문답식 해제'를 한다는 데 이 작업의 독자성이 있다. '교양선집' 해제 작업 자체는 서울대학교 사례에서 그 선구적 업적을 확인할 수 있다. 서울대의 "해제집은 해당 도서에 관련된 지식을 요약, 전달하는 데 그 주된 목적이 있지 않다. 좁게는 해제를 써주신 교수님들과 책을 읽어야 할 학생들 사이의 대화를, 나아가서는 세대들 사이의 대화 그리고 여러 학문 분야들 사이의 대화의 마당을 열고자 하는 것"[16]이라고, 발간 취지를 「발간사」에서 밝히고 있다. 인간 사고의 깊은 심연에서 끊임없이 움직이는 '내적 언어'가 생성되고, 그 언어가 다른 언어에 말을 거는 상호작용의 차원이 고려되지 않는다면, '대화'란 자칫 '소통'이란 말이 그렇듯이 흔해 빠진 아름다운 레토릭이 될 뿐이다. 발간사의 수사로서 나무랄 데 없는 이 '대화'가 실제 교양선집 저작물의 해제에 구현되고 있는지는 의문이다. 서울대는 '서울대 학생을 위한 권장도서 100선'이라는 제목의 웹 사이트를 운영하고 있지만, 2010년 이후 여기에 '대화'의 흔적을 남기는 교

---

16   서울대학교, 『권장도서 해제집』 7, 서울대출판부, 2005.

수나 학생은 거의 전무하다시피 하다.

　이 연구에서 제시하는 가이드라인 북에서는 앞서 말한 '대화 정신'을 구현해 실제 교육현장에서 교육방법론으로까지 활용할 수 있는 '문답식 해제'를 추구하고자 한다. 형식 자체가 어느 정도 내용을 규정하는 방식을 통해 내용의 수월성을 확보하고자 하는 것이다. 이러한 방법론적 접근을 통해서 고전을 오늘날의 살아 있는 문제의식으로 소환하고 부활시킬 수도 있다고 판단한다. 문답식 해제는 해제 작성자 1인이 자문자답하는 것이 아니라 가령 인문학자 아무개가 묻고 자연과학자 아무개가 답변하는 식으로 문답을 구성한다. 사실 같은 학과의 교수들 간에도 전공 칸막이 속에서 각자의 영역을 존중하며 학담의 교류가 거의 없는 게 오늘날 대학의 현실이라고 한다면, 이런 시도는 성공 여부를 차치하더라도 충분히 의미 있는 파격의 기획일 수 있다고 생각한다. 학문의 현실은 구체적이기 때문에 이 문제를 구체적으로 논급해 보겠다.

　'단국 교양 101선'에서는 자연과학 분야에 『부분과 전체』(하이젠베르크), 『코스모스』(칼 세이건), 『우연과 필연』(자크 모노), 『시간의 역사』(스티븐 호킹) 같은 고전이 포함되어 있다. 『부분과 전체』는 이론물리학자의 글과 대화의 기록이라고 믿기 어려울 정도의 철학적 사유로 무장되어 있는 책이고, 『코스모스』에는 "[…] 그 공간은 참으로 괴이하고 외로운 곳이라서 그곳에 있는 행성과 별과 은하들이 가슴 시리도록 귀하고 아름다워 보인다."[17]라는 대목이 있고, 당대 지성사의 최전선에서 희망을 탐색하고 있는 분자생물학자 자크 모노의 『우연과 필연』에는 "지식

17　Sagan, C., 홍승수 역, 『코스모스』, 사이언스북스, 2006, 38-40쪽.

의 윤리가 보는 인간이라는 존재는 생명계와 사상들의 왕국이라는 두 개의 세계에 동시에 속해 있는 존재이며, 가슴을 찢어놓는 이러한 이원론에 의해 고통받는 동시에 풍요로워지는 존재, 이러한 고통스러운 이원론을 예술이나 시, 그리고 사랑을 통해 표현하는 존재다."[18]라는 대목이 있다. 어찌하여 이렇게 자연과학자들의 책에는 '가슴'이 등장하는가? 설마 이들이 끝내는 시를 쓰려고 했던 것인가. 스티븐 호킹의 『시간의 역사』는 '결론' 부분에 이런 물음들을 계속 등장시킨다:"우주의 본질은 과연 무엇인가? 그 속에서 우리의 자리는 어디이며, 우주와 우리는 어디에서 왔는가? 우주가 지금의 모습을 하고 있는 까닭은 무엇인가?"[19] 나아가 이런 질문들은 급기야 "우주가 굳이 존재해야 할 이유는 무엇인가?"[20]라는 궁극적 물음과 마주한다. 그런데 이 물음은 바로 "왜 있는 것은 도대체 있고 차라리 아무것도 아니지 않는가?"[21]라는 철학자 하이데거의 질문과 놀랍도록 유사하다. 바로 이 지점, 자연과학이 '가슴'을 말할 수밖에 없고, 어쩌면 그것이 어떤 시보다도 시적일 수 있고, 또 자연과학의 물음이 끝내는 철학의 물음이 되고야 마는 이 지점, 이 궁극적인 지점(주변적이거나 부분적인 지점이 아니고)은 본질적으로 학제적 대화 속에 있다. 궁극에는 이렇게 분과학문을 가로지르는 대화가 생성된다.

칼 세이건과 자크 모노의 '가슴'에, 그리고 호킹의 궁극적인 물음에

18 Monod, J., 조현수 역, 『우연과 필연』, 궁리출판, 2010, 253-254쪽.
19 Hawking, S. W., 김동광 역, 『시간의 역사』, 까치, 1998, 228쪽.
20 Hawking, S. W., 김동광 역, 『시간의 역사』, 까치, 1998, 228쪽.
21 Heidegger, M., 박휘근 역, 『형이상학 입문』, 문예출판사, 1994, 23쪽.

어디까지가 문학이고 어디까지가 철학이며, 어디까지가 자연과학일 뿐이라고 말할 수 있겠는가. 지식의 분화에 따른 편의적 경계가 무색해질 때 진정한 또 하나의 다른 학문의 가능성이 싹틀 수도 있다.

이러한 해제의 분량은 원고지 40매 내외로 하고, 간단한 퀴즈식 질문은 금지할 계획이다. 물음을 던지는 쪽에서 보자면 한없이 쉽지만, 문제를 맞히는 쪽에서 보자면 쓸데없이 까다롭고 비생산적인 고유명사(고유명사는 크게 사람 이름과 지역명이 있다) 묻기 같은 물음도 여기에는 포함되지 않는다.

2) 개념어 사전(어휘 사전—문학 작품의 경우)

언어는 세계다. 새로운 언어는 새로운 세계다. 언어 없이 우리는 사유할 수 없고, 사유한다는 것은 언어를 운동시키는 행위이다. "언어는 이 세계에 존재하는 인간의 소유물 중 하나가 아니다. 인간이 세계를 소유한다는 사실 자체가 전적으로 언어에 달려 있다."[22]는 가다머의 주장은 지나친 말이 아닐 것이다. 세상의 모든 책에는 대체로 그 책에 고유한 새로운 언어가 있다. 혹은 새롭게 인식해야 할 언어가 있다. 이 언어들을 클로즈 리딩을 통해 가나다순으로 집대성해 내는 것이, 부교재 수준의 교수 자료를 개발하는 데 또 하나의 중요한 작업 내용이 될 것이다. 단, 이런 작업이 이미 완료된 저작물은 작업 대상에서 제외한다. 예컨대 백석의 시집이나 『토지』, 『정신분석학의 근본 개념』, 『차이와 반복』 같은 저서는 제외한다. 어휘 풀이 수준도 관건인데, 새로운 문장

---

22   Waxler, R., 김민영 외 역, 『위험한 책읽기』, 문학사상, 2018, 16-17쪽.

으로 새로운 개념 정의를 시도한다는 것은 그것이 단 하나의 문장이라도 쉬운 일이 아니다. 그래서 우리는 개념(어휘) 정의를 전혀 새롭게 시도한다기보다는, 그 개념(어휘)들이 놓인 맥락의 이해를 돕기 위해 이미 정평이 나 있거나 신뢰할 만하다고 여겨지는 견해들을 균형 잡힌 시각으로 소개하는 데 일차적 목표를 두고자 한다.

3) 핵심 문장(Key sentence) 찾기

한 권의 책이란 형식적으로 보면 역시 많은 양의 문장 덩어리들이다. 이 문장 덩어들 가운데는 다른 문장과 동등하고 또는 균질적으로 중요한 것이 아니라 특별히 더 중요하고 다른 문장의 의미까지도 포괄하고 있다고 여겨지는 중요 문장이 있기 마련이다. 책의 장(章)이나 절(節)의 분절 단위로 이 핵심 문장들을 찾는 작업을 가이드라인 북의 핵심 내용 가운데 하나로 포함할 수 있다.

이 작업은 텍스트의 언어에 대한 메타언어 작업이 아니기 때문에 어떤 독서 초보자라도 할 수 있는 작업이다. 실제로 단국대학교 글쓰기 강좌는 매 학기 수강생들에게 공통과제로 양서를 읽히고, 그 책에 등장하는 핵심 문장 찾기를 과제로 수행하고 있다. 이 작업은 '완성형'이 아니라 '개방형'으로 함으로써 '대화 정신'의 구현을 꾀한다. 핵심 문장의 일부만 제시하고 실제 수업 시간의 수강생들이 나머지의 공란을 채워나가는 방식을 취한다. 나아가 하나의 핵심 문장을 하나의 단락으로 확대시키기 같은 글쓰기 수업 활동을 책 읽기 수업과 연동시킬 수 있는 근거를 확보한다.

4) 동영상 촬영: 내가 읽은 『○○○』

'단국 교양 101선'을 읽은 유명 인사를 찾아 동영상을 제작한다. 그러나 반드시 인터뷰이가 '유명'인사일 필요는 없다. 졸업생이어도 되고, 교내 구성원 교직원이어도 좋다. 더 화제가 될 수 있고, 비근한 사례를 제시함으로써 흥미와 접근 가능성을 높일 수 있다. 인터뷰이를 물색하는 과정에서 이 프로그램은 재능 기부자의 기부 캠페인을 전개해 책읽기를 대중화시키는 데 기여할 수도 있다. 이 자료는 경비를 최소화하기 위해 자발적 인터뷰이를 모집하고, 인터뷰의 콘티 역시 '질문은행'을 만들어 전문 인력의 인력 소모를 최소화할 예정이다. 가령, ☞왜 이 책을 읽게 되었는가, ☞가장 인상 깊었던 대목은 무엇인가, ☞누구에게 이 책을 권하고 싶은가, ☞이 책을 읽기 이전과 이후 자신의 세계관이나 인생관의 변화가 있다면 그것을 어떻게 말해 볼 수 있겠는가 등등의 질문이 포함된 질문은행을 비축하고 이 프로그램을 운영한다면, 동영상을 제작한다고 해서 많은 비용이 들 까닭도 없다.

V. 맺음말을 대신하여:
　　「세계 지성사의 이해」로 가는 길

이제 지금까지의 논의를 요약하는 대신에 결론 삼아 2020년 설강 예정 교양 필수 교과목 「명저읽기」 다음 교과목인 2023년 중핵 교과목 「세계 지성사의 이해」로 가는 길을 모색해 보고자 한다. 「세계 지성사의 이해」는 「명저읽기」의 운영 성과를 바탕으로 하고, '명저'들의 내적 논리에 따라 개발해야 할 교과목이다.

'단국 교양 101선'에 포함된 『차이와 반복』은 질 들뢰즈의 가장 난해한 책 가운데 하나다. "철학 책은 한편으로는 매우 특이한 종류의 추리소설이 되어야 하고, 다른 한편으로는 일종의 공상과학소설이 되어야 한다"[23]면서 출발하는 들뢰즈의 『차이와 반복』은, 문학과 철학뿐 아니라 수학 이론, 언어학, 정신분석학, 예술 등등의 지식 전반이 다루어진다. 이 문제의 저작으로 현대 지성사를 뒤흔든 들뢰즈가 사용하는 개념으로 '리좀(rhizome)'이란 게 있다. 리좀이란 '근경(根莖)', '뿌리줄기'등으로 번역되는데, 줄기가 마치 뿌리처럼 땅속으로 파고들어 난맥(亂脈)을 이룬 것으로, 뿌리와 줄기의 구별이 사실상 모호해진 상태를 의미한다. 수목형과 대비되는 개념이다. 수목이 계통화하고 위계화하는 방식임에 비하여 리좀은 욕망의 흐름들이 지닌 통일되거나 위계화되지 않은 복수성과 이질성 그리고 새로운 접속과 창조의 무한한 가능성을 보여주는 개념이다. 언어의 경우를 예로 들자면 우리는 근원적인 구조나 문법이 있다는 생각을 포기한다면, 있는 그대로의 발화체계와 스타일을 긍정할 수 있다.

명저에서 지성사로 가는 길이 한없이 어렵고 방대한 체계를 세우는 일이라고 생각한다면, 실현 불가능한 일일 수도 있다. 그러나 리좀의 텍스트들을 생각한다면 새로운 접속의 가능성들을 어렵지 않게 상상해낼 수도 있다. 들뢰즈는 '위대한 책'에 반해 리좀을 내세운다. 그것은 단순히 가지들이 증식하여 이뤄진 그물망이 아니라 혼돈된 뿌리 구

---

23   Deleuze, G., 김상환 역, 『차이와 반복』, 민음사, 2004, 20쪽.

조로서, 모든 지점이 다른 모든 지점과 접속하고 모든 방향으로 움직이며 분기하여 새로운 방향들을 창조해 낸다. 전통적인 책은 그것이 재현하거나 표현하는 하나의 의미와 하나의 주체를 가진다. 반면 리좀 텍스트는 단 하나의 의미를 갖지 않는다. 그것은 그 자체로 하나의 저작, 사건 혹은 생산이다.

그러나 들뢰즈가 특유의 스타일로 글을 쓰는 시도를 했을 때는 이미 철학에 대한 매우 신중한 도제 기간을 거친 뒤였다고 한다.[24] 그는 흄, 니체, 칸트, 베르그송, 스피노자에 관한 책들을 쓰고 난 후에야 백과사전적 저서인 『차이와 반복』을 내놓았다. 우리는 '단국 교양 101선'에 대한 충분한 해독 과정과 해제 작업 과정을 거쳐 지성사 강좌 개발에 접근하고자 한다. 명저, 위대한 책, 고전들이 새로운 접속으로 돌올한 사유의 무늬를 만들 때, 그 상호텍스트성(Intertextuality)의 무늬들을 전경화시켜 우리의 언어로 해독하면 '지성사'가 될 것이다. 관념적으로만 느껴질 수 있으므로 예를 하나 제시해 보겠다.

여기 '오이디푸스'가 있다. 소포클레스의 『오이디푸스 왕』에 등장인물, 주인공이다. 그는 비극 영웅이다. 아리스토텔레스의 오이디푸스도 있다. 『시학』에 등장해 아리스토텔레스의 플롯론에 모범적인 실례를 제공하는 인물이다. 소포클레스의 『오이디푸스 왕』뿐만 아니라 셰익스피어의 『햄릿』, 토스토예프스키의 『까라마조프 씨네 형제들』을 읽은 프로이트에게 오이디푸스는 '오이디푸스 콤플렉스'라는 이름으로 인류 보편의 운명이다. 물론 『안티 오이디푸스』의 저자 들뢰즈/가타리

---

24   Colebrook, C., 한정헌 역, 『들뢰즈 이해하기』, 그린비, 2007, 177쪽.

는 오이디푸스를 인류 보편의 운명으로 받아들이기를 거부한다. 자, 이렇게 비극 작품에 등장하는 오이디푸스와 문학 이론에 등장하는 오이디푸스, 정신분석에 등장하는 오이디푸스, 철학에 등장하는 오이디푸스가 있다. 그런데 여기에서 과연 어느 오이디푸스가 '진정한' 오이디푸스인가, 같은 질문이 의미가 있을까. 분과 학문의 전공 칸막이 속에서만 생존하는 오이디푸스가 있다면, 그것은 적어도 초라한 오이디푸스일 수밖에 없다. 오이디푸스 이야기는 '단국 교양 101선'에 포함된 『참을 수 없는 존재의 가벼움』에도 등장한다. 오이디푸스들이 만나는 오이디푸스의 바다에서 새로운 접속 가능성과 생산 가능성에 주목한다면 오이디푸스는 새로운 가능성으로 태어날 수도 있다. 예컨대, '오이디푸스학'이라는 게 있을 수도 있는 일이다. 문제는 이런 새로운 학(學)이 가질 수 있는 현실 설명력의 수준일 뿐이다.

실제로 '오이디푸스' 혹은 '오이디푸스들'이 가질 수 있는 하나의 가능성을 만나볼 수도 있다. 카트린느 클레망이 쓴 『악마의 창녀』는 타이틀이 자극적인데, 부제는 '20세기 지식인들은 무엇을 했나'이다. 카트린느 클레망은 국내에도 잘 알려진 철학소설 『테오의 여행』의 저자이기도 하다. 『악마의 창녀』라는 책은 실존주의, 구조주의, 신철학 등 3세대에 걸친 프랑스 지식인들의 지적 풍경을 그리고 있는 지성사 저작물이라고 할 수 있다. 그런데 이 책의 한 챕터는 「우리 이야기는 오이디푸스로 시작한다」로 되어 있다.[25] 이 연구는 지성사가 물론 코기토

---

25 Clement, C., 채계병 역, 『악마의 창녀—20세기 지식인들은 무엇을 했나』, 새물결, 2000, 131-171쪽.

(Cogito)의 문제 같은 것에서 시작할 수도 있다고 본다. 그리고 이렇게 오이디푸스로부터 시작할 수도 있다고 본다.

「세계 지성사의 이해」라는 교양 교과목은 국내에는 없는 것으로 관찰된다. 「세계 지성사의 이해」는 학생 수요자 입장에서 보자면 심원한 지적 내공과 저력을 쌓을 수 있는 유용한 교과목일 터인데, 지금까지 세계 어느 대학에서도 유사 사례를 찾아보기 힘들다. 예일대에 '지성사' 강의가 있지만 전교생을 대상으로 한 것도 아니고, 대상 시기도 17세기에 19세기까지로 한정되어 있다. 지성사 강의가 개발되지 않은 것은 학생들은 일단 보이지 않는 결핍을 상상해 내기가 힘들고, 교수자에게도 환영받지 못하기 때문일 것이다. 특화된 세부 전공으로 박사학위를 취득한 교수들 가운데서 희랍 시대에서 오늘날에 이르기까지 지성사의 흐름과 맥락을 강의할 수 있는 사람은 거의 없다고 봐야 한다. 그런 역량이 본래 있었다고 하더라도 교수사회에서의 생존에 그다지 도움을 주지 못하는 역량은 퇴화되었을 공산이 크다. 근래 유명세를 치른 『사피엔스』의 저자 유발 하라리의 '빅 히스토리'만 해도 매우 희귀한 작업의 사례이다. 그래서 이런 강좌 개발은 불가능한 것인가. 불가능한 것이 아니라 심원한 도전을 부른다고 이 연구는 판단한다. 앞으로 난제가 한둘이 아니겠지만, 이렇게 시작하면서 맥락을 잡아가고 난마를 풀어갈 수 있다고 본다.

참고문헌

1. 저서

김현, 『문학이란 무엇인가』, 문학과지성사, 1976.

서울대학교, 『권장도서 해제집』, 서울대출판부, 2005.

유종호, 『과거라는 이름의 외국』, 현대문학, 2011.

최인훈, 『광장』, 문학과지성사, 1976.

孔子, 김원중 역, 『논어』, 휴머니스트, 2017.

佐佐木中, 송태욱 역, 『잘라라 기도하는 그 손을』, 자음과모음, 2015.

Benjamin, *Illuminations*, Harry Zohn, Shocken Books, 1969.

Childers, J.,황종연 역, 『현대 문학·문화 비평 용어사전』, 문학동네, 2000.

Clement, C., 채계병 역, 『악마의 창녀—20세기 지식인들은 무엇을 했나』, 새물결, 2000.

Colebrook, C., 한정헌 역, 『들뢰즈 이해하기』, 그린비, 2007.

Deleuze, G,. 김상환 역, 『차이와 반복』, 민음사, 2004.

Gadamer, Hans-Georg., 손승남 역, 『교육은 자기 교육이다』, 동문선, 2004.

Goethe, J. W. V., 정경석 역, 『파우스트』, 문예출판사, 1983.

Hawking, S. W., 김동광 역, 『시간의 역사』, 까치, 1998.

Heidegger, M., 박휘근 역, 『형이상학 입문』, 문예출판사, 1994.

Kafka, F., 서용좌 역, 『행복한 불행한 이에게』, 솔, 2017.

Monod, J., 조현수 역, 『우연과 필연』, 궁리출판, 2010.

Sagan, C., 홍승수 역, 『코스모스』, 사이언스북스, 2006.

Salter, J., *Light years*, Vintage International(Originally published in hardcover by Random Housein 1975), 1995.

_____., 『가벼운 나날』, 마음산책, 2013.

Waxler, R., 김민영 외 역, 『위험한 책읽기』, 문학사상, 2018.

Zakaria, F., 강주헌 역, 『하버드 학생들은 더 이상 인문학을 공부하지 않는다』, 사회
  평론, 2015.

2. 논문

손윤락, 「'세계명작세미나'—공통교양 고전읽기 교육의 확대와 그 명암」, 『2019년
  춘계전국학술대회 자료집』, 한국교양교육학회, 2019, 298-304쪽.

윤승준, 「D-LAC 설립 및 Liberal Education 운영 계획안」, 『단국대학교 미래교육 혁
  신추진위원회 정책보고연구서』, 단국대학교, 2019, 1-176쪽.

이영준, 「고전의 바다에 풍덩 뛰어들기—경희대학교 후마니타스 칼리지 고전읽기
  프로그램」, 『2014년 춘계전국학술대회 자료집』, 한국교양교육학회, 2014,
  551-570쪽.

조화태, 「자기교육의 개념화」, 『평생학습사회』 8(3), 한국방송통신대학교 원격교육
  연구소, 1-33쪽.

단국대학교 교양필수 교과목 「명저읽기」 운영 사례*

윤승준

Ⅰ. 머리말 : 교양교육과 고전교육

1929년 30세의 나이에 시카고대학 총장이 된 허친스(Robert Maynard Hutchins, 1899-1977)는 아들러(Mortimer J. Adler, 1902-2001)의 도움을 받아 '위대한 저서 읽기 프로그램'(The Great Books Program)을 실시하였다. 배워야 할 지식의 양이 방대한 데 비해 재학 연한과 정력은 제한되어 있기 때문에 교육 내용을 엄선해야 한다고 생각했던 그는 자유학예(liberal arts) 교육과 위대한 저서(Great Books) 읽기를 강조하였다.[1] 특히 그는 지적 탁

---

* 이 글은 다음 논문을 수정, 보완한 것이다. 윤승준: 고전교육, 교양필수 교과목 운영 사례: 단국대학교 「명저읽기」를 중심으로, 『교양학연구』 16, 중앙대학교 다빈치미래 교양연구소, 2021.

1 사회적 요구에 부응하는 교육은 체제 순응적 인간을 양산하는 방향으로 기울 수밖에 없고, 그에 따라 개인의 자유는 제약을 받게 된다는 점에서 허친스는 이성적이고 합리적인 인간의 육성을 위한 방법으로 자유학예교육과 위대한 저서 읽기를 강조하였

월성과 도덕적 탁월성을 갖게 해 준다는 점에서 위대한 저서의 교육적 기능과 가치를 확신하였다.

그는 고전 읽기의 의의에 대해 다음과 같이 이야기하였다.

고전은 우리에게 도전과 보상 둘 다를 준다. 그 책들은 우리에게 어렵고도 기본적인 질문들, 즉 우리들은 무엇을 할 수 있는가, 우리들은 어떻게 행동해야만 하는가, 그리고 우리는 무엇이 되기를 희망할 것인가에 대해 생각하도록 하기 때문에 도전적이다. 이것들은 우리가 연구하는 모든 것, 우리가 행하는 모든 것, 우리들이 인생에 기대하는 모든 것의 기초가 되는 질문들이다. 고전은 우리들이 고전이 주는 대답을 더 잘 이해하면 할수록 우리 자신과 우리 주변의 세계를 더 잘 이해할 수 있게 해줌으로써 보상해주고 있는 것이다.[2]

고전은 인간의 즉시적 요구를 넘어선 보편적 삶의 원리와 인류의 정신과 문화를 고스란히 간직하고 있는 보고(寶庫)라는 점에서 우리가 고민해야 할 가장 근본적인 질문들과 마주하게 한다. 우리는 도대체 누구인가? 과연 무엇이 추구할 가치가 있는 것인가? 무엇이 훌륭한 삶이고, 어떻게 하면 우리는 그러한 삶을 살 수 있는가? 이러한 질문들은 쉽게 답할 수 있는 것이 아닐 뿐 아니라 정해진 답을 가지고 있는 것도 아니다. 고전은 그러한 질문들에 대한 대화와 토론의 물꼬를 트기 위한 소재이자 문제 제기를 하기 위한 기초자료로서,[3] 읽고 대화하는 과정을

다. 신득렬, 『위대한 대화—Robert M. Hutchins 연구—』, 계명대학교출판부, 2003, 170-173쪽; 손승남, 『인문교양교육의 원형과 변용』, 교육과학사, 2011, 249-260쪽.

2　신득렬, 『위대한 대화—Robert M. Hutchins 연구—』, 계명대학교출판부, 2003, 180쪽.

3　손승남, 『인문교양교육의 원형과 변용』, 교육과학사, 2011, 257-258쪽.

통해서 우리 자신과 세계에 대한 이해를 심화시키고 삶을 고양시킬 수 있게 한다.

대학은 응당 학생들이 이 같은 근본적이고 항구적인 질문들에 직면하게 함으로써 지적으로 성숙하고, 선하고 진실한 것을 추구할 수 있도록 해야 한다. 그러나 현실은 그렇지 않다. 지성의 탐험, 세상과 우리 자신에 대한 이해의 확장과 심화를 추동하면서 새로운 가치와 진실에 눈뜰 수 있게 해주어야 할 대학은 보다 빠르고 손쉽게 더 좋은 직장을 가질 수 있도록 해주는 곳으로 간주되고 있다.[4] 대학에 대한 사회의 이러한 인식은 대학에 몸담고 있는 이들 사이에도 팽배하여 학생들을 소비자로 간주하면서 그들의 지성과 영혼을 가꾸려고 애쓰지 않는다. 학생들 또한 그러한 분위기 속에서 이 근본적이고 항구적인 질문에 직면하려고 하지 않는다.

앨런 블룸(Alan Bloom, 1930-1992)은 이와 같은 대학의 현실을 날카롭게 비판하였다. 그는 교육이란 본질적으로 학생의 특성이나 요구는 물론 특정 사회의 요구나 변덕스러운 시장의 요구에도 좌우되어서는 안 된다고 하면서, 교육자의 임무는 학생들의 가능성을 넘어 인간의 본성을 완성할 수 있도록 도와주는 데 있다고 하였다.[5] 앤드류 해커(Andrew Hacker)와 클로디아 드라이퍼스(Claudia Dreifus)는 대학 교육은 학생들이 한 번도 경험해 보지 못한 방식으로, 현실과 정신세계를 자극하는 문제

---

4   윌리엄 J. 베넷·데이비드 와일졸, 이순영 역, 『대학은 가치가 있는가』, 문예출판사, 2014, 143-148쪽.

5   앨런 블룸, 이원희 역, 『미국 정신의 종말』, 범양사출판부, 2013, 20-21쪽. Michael S. Roth, *Beyond the University: Why Liberal Education Matters*, Yale University Press, 2015, 140-141쪽.

들에 대해 치열하게 사고하면서 지성을 사용할 수 있도록 해야 하며, 성적이나 교수와의 관계에 대한 우려 없이 상상력과 지적 호기심을 발휘하여 모험을 감행할 수 있도록 해야 한다고 하였다. 이를 통해 대학은 학생을 '더 흥미로운 인간'으로 만들어야 한다는 것이다.[6] 윌리엄 데레제위츠(William Deresiewicz)는 대학이 학생들을 '더 흥미로운 인간'으로 만들기 위해서는 무엇보다 독서와 사색, 느리게 살기, 장시간의 대화, 그리고 자신의 내면세계를 창조하려는 노력에 힘쓰게 해야 한다고 하였다.[7]

고전은 우리가 누구이며 우리가 어디에서 왔는지를 이해할 수 있게 도와주는 책이다.[8] 고전은 인간의 자기형성적 삶의 도정에 필수적인 세계관, 인생관, 가치관 형성에 결정적 기여를 할 내용을 담고 있어 본래적 의미에서의 교양교육이 지향하는 방향을 제시해주는 방향타이자 그 내용을 제공해주는 영양원이 될 수 있다.[9] 그런 점에서 고전을 읽고 대화를 나누면서 문제에 대한 좀 더 깊이 있고 폭넓은 이해, 좀 더 비판적이고 깊이 있는 사고에 이르게 하는 고전교육은 우리의 정신을 자유롭게 하고자 하는 자유교육(liberal education)의 이상을 실현하기 위한 것이기도 하다.[10] 고전교육은 교양교육의 본령이자 핵심이라고 할 수 있

6   앤드류 해커·클로디아 드라이퍼스, 김은하·박수련 역, 『비싼 대학』, 지식의날개, 2013, 13-14쪽.

7   윌리엄 데레제위츠, 김선희 역, 『공부의 배신: 왜 하버드생은 바보가 되었나』, 도서출판 다른, 2015, 131-133쪽 참조.

8   이탈로 칼비노, 이소연 역, 『왜 고전을 읽는가』, 민음사, 2008, 19쪽.

9   손동현, 『대학교양교육론』, 철학과 현실사, 2019, 180쪽.

10   정인모, 「교양교육과 고전 읽기」, 『독어교육』 39, 한국독어독문학교육학회, 2007,

는 것이다.

콜롬비아대학이나 시카고대학을 비롯한 몇몇 대학에서 그 오랜 명맥을 유지해 오고 있기는 하나, 고전읽기 교육은 미국에서조차 1960-1970년대에 실패로 끝나고 말았다. 위대한 저서 프로그램에서 대상으로 하는 고전이 대부분 유럽 백인 남성 작가들의 작품을 중심으로 하고 있을 뿐 아니라 강의를 의무적으로 듣게 하는 것에 대한 비판이 제기되었기 때문이다. 그러나 이보다 더 근본적인 이유는 대학이 전문가로서의 삶을 시작하기 위한, 전문화를 위한 준비과정으로 인식되었기 때문이다. 대학의 교육과정이 세분화되고 전문화되면서 교수들은 대학에서의 교육을 보편적인 측면에서 생각하는 데 익숙하지 않고, 그러한 것은 자신들의 전공분야가 아니라는 이유로 교육하려고 하지 않게 된 것이다.[11]

한국 대학에서 고전읽기 교육이 본격적으로 시행된 것은 2000년대 이후라고 할 수 있다. 동덕여자대학교의 〈독서와 토론〉이나 숙명여자대학교의 〈인문학 독서토론〉 등이 고전읽기와 토론 교육의 중요성과 의의를 일깨운 선도적인 사례였다.[12] 이밖에도 덕성여자대학교, 중앙

331-333쪽; 손승남, 「'위대한 저서(The Great Books)' 프로그램을 토대로 본 우리나라 대학 인문고전교육의 방향 탐색」, 『교양교육연구』 7(4), 한국교양교육학회, 2013, 455-456쪽.

11 윌리엄 데레제위츠, 김선희 역, 『공부의 배신: 왜 하버드생은 바보가 되었나』, 도서출판 다른, 2015, 97-100쪽 참조.

12 동덕여자대학교는 2000학년도에 기존의 「대학국어」를 「독서와 토론」으로 변경하면서 전담교수를 별도로 임용하여 25명 규모의 소규모 분반으로 운영해 왔으며, 숙명여자대학교는 2011학년도부터 인문적 소양을 배양하기 위하여 '고전' 강독 및 토론을 중심으로 하는 「인문학 독서토론」을 개설, 운영하였다. 이재현, 「'독서와 토론' 교

대학교, 부산대학교, 동국대학교, 경희대학교, 서울대학교, 연세대학교, 이화여자대학교, 한양대학교, 계명대학교, 영남대학교, 대구대학교, 경남대학교, 단국대학교 등 전국의 각 대학에서 고전읽기 관련 교과목을 교양 필수 혹은 선택 과목으로 편성 운영하고 있다. 한국 대학에서 고전교육이 다시 강조되고 있는 것은 글쓰기 교육 중심의 기초교육이 가지고 있는 한계를 극복하기 위한 것이기도 하지만, 다른 한편으로는 대학 교육이 나아가야 할 방향에 대한 자각과 함께 교양교육의 본령을 회복하기 위한 시도에서 비롯된 것으로 이해된다.[13] 이 글에서는 2020학년도부터 교양필수 교과목으로 「명저읽기」를 신설하여 고전교육을 실시하고 있는 단국대학교 사례를 소개하면서 그 성과와 한계를 살펴보고 앞으로의 개선 과제를 제시함으로써 대학 고전교육의 방향을 함께 모색할 수 있도록 하고자 한다.

육 10년의 역사와 전망」, 『사고와 표현』 2⑵, 한국사고와표현학회, 2009, 94-104쪽; 이황직, 「고전읽기를 통한 교양교육의 혁신 —숙명여대의 '인문학 독서토론' 강좌를 중심으로—」, 『독서연구』 26, 한국독서학회, 2011, 534-540쪽 참조.

13   인천대학교 조동성 총장은 '대학 4.0 시대' 대학 모델의 핵심에 고전 교육이 놓임을 강조한 바 있으며, 세인트존스칼리지 파나이오티스 카넬로스(Panayiotis Kanelos) 총장은 고전교육이 가지고 있는 힘을 'liberal arts paradox'라는 이름으로 설명한 바 있다. 조동성, 「소득 10만 달러를 달성하기 위한 국가전략과 대학의 미래」, 『대학교육』 198, 한국대학교육협의회, 2017, 6-13쪽; Panayiotis Kanelos, "An Ancient Approach to Education for the Post-Modern World", 『다시 기초로, 동서양 자유학예교육의 새로운 르네상스』, 2018년 한국교양교육학회 국제학술대회 자료집, 2018, 56-61쪽.

Ⅱ. 교양필수 교과목「명저읽기」운영의 실제

1. 교과목의 기본 성격과 개설 현황

2020년 3월에 새롭게 출범한 단국대학교 자유교양대학은 폭넓은 교육, 깊이 있는 교육, 견실한 교육을 지향한다.[14] 자유교양대학이 추구하는 '폭넓은' 교육이란 인문학, 사회과학, 자연과학 분야에 대한 균형 잡힌 교육, 다양한 교육이라는 단순한 차원의 폭넓은 교육을 넘어 전공교육이 추구하는 '깊이'로는 도달할 수 없는 '깊이'의 또 다른 이름이기도 하다.[15] 그러나 대학의 교육과정 이수체계는 학칙으로 규정하고 있기 때문에 학생들이 다양한 학문 영역을 두루 섭렵할 수 있는 기회는 매우 제한적일 수밖에 없다. 뿐만 아니라 폭넓은 교육을 위한 제도를 갖추었다고 해서 각 영역에 대한 깊이 있는 교육을 담보할 수 있는 것도 아니다. 때문에 폭넓은 교육을 깊이 있게 실시하기 위해서는 이를 담보할 수 있는 구체적인 방안이 필요하다. 단국대학교에서는 고전 통권 읽기를 기본으로 하는「명저읽기」교과목을 통해 '폭넓은' 교육, '깊이' 있는 교육을 실험하고 있다.

고전 혹은 명저에는 전공지식의 도구적 쓰임새로 쓸모가 가다듬어

---

14 윤승준, 「Liberal Education, 그 오래된 미래를 향하여—교양교육 혁신을 위한 단국대학교의 도전—」, 『교양기초교육연구』 1(1), 단국대학교 교양기초교육연구소, 2020, 73-81쪽.

15 김주언, 「LAC 교과목으로서「명저읽기」강좌의 방향 설정을 위한 모색」, 『교양교육연구』 13(4), 한국교양교육학회, 2019, 235-237쪽.

진 도구적 지식 이전의 지식과 그 한정적 쓰임새의 지식 이후의 지식이 모두 담겨 있다. 전공의 칸막이로 보호되지 않았던 지식의 야성과 바다가 고전 혹은 명저에는 살아 숨 쉬고 있는 것이다.[16] 「명저읽기」 교과목에서 고전 혹은 명저의 통권 읽기를 기본으로 하는 것은 학생들로 하여금 이 야성의 바다를 있는 그대로 호흡하게 하려는 목적 때문이다.

단국대학교는 2020학년도 교양교육과정 개편에 따라 신설된 「명저읽기」 교과목의 운영 방안을 개발하기 위하여 2019년 7월부터 6개월간 정책 연구를 수행하였다. 이 연구를 통해 제시된 「명저읽기」 교과목의 성격은 다음과 같다.

> 「명저읽기」는 책을 읽고, 읽은 것을 바탕으로 토론한다. 따라서 이 강좌는 독해 능력, 글쓰기 능력, 토론 능력 등의 기초능력을 함양시킬 것이다. 책을 읽고 쓰면서 다름 아닌 자기 자신을 발견한다면 자기성찰능력도 생길 것이고, 이러한 자기성찰능력은 역지사지하는 의사소통능력의 개발로 이어질 것이다. 자기성찰능력이나 의사소통능력 이외에도 새로운 가치나 의미를 상상할 줄 아는 심화 능력이 길러질 것으로 판단한다. 결국 이 모든 능력은 단지 기술적인 능력이 아니라, 한 인격의 보다 우수한 인간관, 가치관, 그리고 세계관을 형성하는 데 기여하리라고 본다.[17]

---

16   같은 논문, 238-239쪽.
17   김주언 외, 『대학혁신지원사업 교과목[교육과정] 개발 정책연구결과 보고서 「명저읽기」』, 단국대학교 교양교육대학, 2020, 3-4쪽.

또한 「명저읽기」 교과목 운영 방안과 관련해서는 다음과 같은 방안을 마련하여 적용할 수 있도록 하였다.

1. 「명저읽기」 교과목은 크게 「명저읽기: 인문」, 「명저읽기: 사회」, 「명저읽기: 자연」으로 삼분하고, 이 3분화된 영역 안에 다시 세부 하위 교과목군을 두는 방식으로 구성한다. 인문, 사회, 자연 세 영역은 교과목 코드를 달리함으로써, 가령 「명저읽기: 인문」을 수강한 학생이 「명저읽기: 사회」나 「명저읽기: 자연」도 추가 선택으로 수강할 수 있는 길을 열어 둔다.

2. 「명저읽기」의 명저 텍스트는 〈단국교양 101선〉을 기준으로 하며, 세부 교과목명이 허용하는 범위 내에서 교수자 재량으로 텍스트를 추가할 수 있다.

3. 「명저읽기」 교과목은 텍스트를 읽은 교수자가 텍스트를 읽지 않은 학습자에게 텍스트의 의미를 일방적으로 강의하는 강좌가 아니다. 「명저읽기」 강좌는 읽고, 쓰고, 토론하는 학습활동이 주요 학습 활동이 되어야 하며, 일차적으로 이러한 학습 활동을 통해 종합 리터러시 능력을 함양시키는 데 교육 목표를 두어야 한다.

4. 나아가 「명저읽기」 강좌는 고정관념에서 벗어나 다양한 관점에서 문제를 파악할 줄 아는 공감능력을 키우고 새로운 의미나 가치를 상상할 줄 아는 탐구능력을 개발시키는 데 역점을 둔다.

5. 성적평가 방식을 통하여 강의 진행 및 교수법이 일정 수준에서 균질성을 갖도록 한다. 읽기(40%)+쓰기(30%)+토론(30%)

6. 교수자는 읽기, 쓰기, 토론에 대해 지속적인 피드백을 수행해야

한다.[18]

2020학년도 1학기 「명저읽기: 인문」(분반 14)의 강의계획서에 제시
된 교과목 설명을 통해 이와 같은 교과목의 기본 성격과 운영 방안이
실제로 어떻게 반영되었는지를 보이면 다음과 같다.

[표 1] 2020학년도 1학기 「명저읽기: 인문」(분반 14) 강의계획서(일부)

교과목 개요	이 강좌는 독일의 대문호 요한 볼프강 폰 괴테의 작품을 함께 읽고 그에 대하여 이야기하면서 괴테의 작품 속에서 오늘날 우리가 건져 올릴 지혜가 무엇인지를 찾아보고 논의하는 것을 목표로 한다. 이를 위하여 이 강좌에서는 『젊은 베르테르의 슬픔』과 『빌헬름 마이스터의 수업시대』, 『파우스트』 등 괴테의 주요 작품을 통독한다. 그리고 각자 읽으면서 공유하고 싶은 대목을 찾아 소개하고, 더 생각해 볼 문제들을 찾아내 자유롭게 토론하며, 그와 관련한 자신의 생각을 글로 정리하는 작업을 수행한다. 이 모든 과정을 통하여 우리 자신의 인간적 성숙을 도모하고 세상을 바라보는 안목을 넓히는 것, 나아가 자신의 인생에서 부딪힐지도 모르는 온갖 어려움과 영욕의 순간에도 흔들리지 않고 자신의 삶을 지탱하고 생의 의미와 가치를 찾을 수 있는 내공을 축적하도록 하는 것이 이 강좌의 궁극적 목적이다.
학습목표	1. 책을 처음부터 끝까지 차분하게 읽으며 맥락 속에서 의미를 찾아 이해할 수 있다. 2. 책을 읽고 저자 또는 책 속에 등장하는 인물이 처한 상황을 이해하고 그/그녀의 생각이나 행동에 공감할 수 있다. 3. 책을 읽고 오늘의 현실이나 인간 본질에 관한 문제에 대하여 다시 생각할 수 있다. 4. 책을 읽고 다른 사람과 이야기하거나 토론할 수 있다. 5. 읽은 내용을 바탕으로 특정 문제에 대한 자신의 생각을 글로 써낼 수 있다.

---

18   같은 책, 10쪽.

「명저읽기」는 2020학년도 1학기부터 공통교양 영역의 3학점 교양 필수 교과목으로 개설되었다. 「명저읽기: 인문」, 「명저읽기: 사회」, 「명 저읽기: 자연」 3개 교과목로 나누어 개설하였으며, 학생들은 이 가운데 하나만 이수하면 되도록 하였다. 물론 본인의 선택에 따라 3개 교과목 을 모두 이수할 수 있는 길을 열어 놓았다. 또한 「명저읽기」는 1학년 학 생들을 주 수강대상으로 하였으며, 수강제한인원은 40명으로 하였다. 2020학년도 1, 2학기에 죽전캠퍼스와 천안캠퍼스의 「명저읽기」 교과목 운영 현황은 다음과 같다.

[표 2] 2020학년도 「명저읽기」 교과목 개설 및 수강 현황

구분		죽전캠퍼스				천안캠퍼스			
		인문	사회	자연	계	인문	사회	자연	계
1학기	분반수(개)	22	8	3	33	16	7	3	26
	수강생수(명)	749	329	124	1,202	550	280	120	950
2학기	분반수(개)	20	9	4	33	21	7	3	31
	수강생수(명)	693	308	112	1,113	738	271	112	1,121
계	분반수(개)	42	17	7	66	37	14	6	57
	수강생수(명)	1,442	637	236	2,315	1,288	551	232	2,071

죽전캠퍼스에서는 2020학년도 1학기와 2학기에 각각 33개 분반씩 개설되어 총 2,315명이 수강하였으며, 천안캠퍼스에서는 2020학년도 1 학기에 26개 분반, 2학기에 31개 분반이 개설되어 총 2,071명이 수강하

였다. 양 캠퍼스에서 모두 123개 강좌가 개설되어 4,386명이 수강한 것이다. 캠퍼스에 따라 약간의 차이가 있기는 하지만, 「명저읽기: 인문」이 가장 많이 개설되고 「명저읽기: 자연」이 가장 적게 개설되었다. 인문, 사회, 자연 분반의 구체적인 개설 비율을 보면, 64.2 : 25.2 : 10.6이었다(죽전캠퍼스 63.6 : 25.8 : 10.6, 천안캠퍼스 64.9 : 24.6 : 10.5).

한편 「명저읽기」 교과목을 담당하는 교원의 구성 현황은 다음과 같다.

[표 3] 2020학년도 「명저읽기」 교과목 담당 교원 현황

구분	죽전캠퍼스				천안캠퍼스			
	전임교원		비전임교원		전임교원		비전임교원	
	정년트랙	비정년트랙	초빙교원	강사	정년트랙	비정년트랙	초빙교원	강사
1학기	8	9	1	15	6	2	3	15
2학기	9	5	1	18	6	5	4	16
계	17	14	2	33	12	7	7	31

「명저읽기」를 전담하는 교원을 별도로 충원하지 않았음에도 불구하고 「명저읽기」를 담당하는 교원 가운데 전임교원의 비율이 40.65%에 이르고 있다. 이는 수도권 대규모 대학으로서 기초 학문분야 전공학과들이 폭넓게 설치되어 있고, 전임교원도 두텁게 포진되어 있는 단국대학교의 강점을 살린 덕분이라고 할 수 있다. 캠퍼스에 따라 약간의 차이가 있기는 하나, 강의의 균질성 확보를 위해 PD 제도를 운영하고 있으며, 강사 의존율이 52.03%에 그치고 있어 어느 정도 교과목 운영

의 안정성을 확보하고 있다고 할 수 있다.

「명저읽기」는 계열에 따라서만이 아니라 동일 계열 내에서도 분반에 따라 실제 수업에서 함께 읽고 토론하는 대상 서목이 다르다. 2020년도 1, 2학기 「명저읽기」 수업에서 다루었던 서목을 계열별로 제시하면 다음과 같다.

[표 4] 2020학년도 「명저읽기」 대상 서목

구분		도서명
죽전 캠퍼스	「명저읽기: 인문」	아이스퀼로스 비극 전집, 소포클레스 비극 전집, 에우리피데스 비극 전집, 안티고네, 젊은 베르테르의 슬픔, 빌헬름 마이스터의 수업시대, 파우스트, 위대한 유산, 크리스마스 캐롤, 죄와 벌, 실존주의는 휴머니즘이다, 시지프 신화, 참을 수 없는 존재의 가벼움, 꿈의 해석, 정신분석강의, 김약국의 딸들, 파시, 광장, 태백산맥, 남한산성, 흑산, 마음, 설국, 논어
	「명저읽기: 사회」	군주론, 자유론, 국부론, 정의론, 정의란 무엇인가, 공산당 선언, 자본론, 프로테스탄트 윤리와 자본주의 정신, 물질문명과 자본주의, 문명화 과정, 아메리카의 민주주의
	「명저읽기: 자연」	짧고 쉽게 쓴 시간의 역사, 인류사를 바꾼 위대한 과학, 코스모스
천안 캠퍼스	「명저읽기: 인문」	일리아스, 오이디푸스 왕, 안티고네, 위대한 유산, 죄와 벌, 실천이성비판, 역사란 무엇인가, 월든, 학문의 권장, 국화와 칼, 광장, 토지, 논어, 맹자, 도덕경, 사기열전
	「명저읽기: 사회」	군주론, 자유론, 인간불평등기원론, 정의란 무엇인가, 자유로부터의 도피, 오리엔탈리즘, 열린사회와 그 적들, 미디어의 이해, 총·균·쇠, 목민심서
	「명저읽기: 자연」	과학혁명의 구조, 현대물리학과 동양사상, 침묵의 봄, 엔트로피

2. 수업 방법 : 읽기, 토론, 쓰기

「명저읽기」 교과목의 수업 방법은 Ⅱ.1.에서 제시한 교과목 운영 방안에 따라 읽기와 쓰기, 토론 활동을 모든 분반에 적용하도록 하고 있다. 단국대학교에서는 안정적이면서도 균질적인 교과목 운영을 위하여 「명저읽기」를 담당하는 교강사를 대상으로 한 워크숍을 개최해 오고 있다.

제1차 「명저읽기」 교강사 워크숍은 2020년 1월 3일에 열렸다. 본래 죽전캠퍼스와 천안캠퍼스 전임교원들을 대상으로 교과목 운영 방향을 공유하고자 한 것이었으나, 사전 공지가 충분히 이루어지지 못한 탓에 죽전캠퍼스 교원들만을 대상으로 진행되었다. 천안캠퍼스 교원들에게는 워크숍 자료를 공유하여 수업 준비에 참고할 수 있도록 하였다.

「명저읽기」 교강사 워크숍은 이후에도 거듭 개최되었다. 신규 강사들을 대상으로 한 교강사 워크숍이 2월에 개최되었으며, 6월에는 한 학기 동안의 교과목 운영 경험을 나누고 교육성과를 점검하는 워크숍이 죽전캠퍼스에서 열렸다. 9월에는 Zoom을 이용해 천안캠퍼스 교강사를 대상으로 한 워크숍을 개최하여 1학기에 진행했던 「명저읽기」 교과목의 교육성과 진단 결과를 소개하고, 정책연구를 통해 마련된 교과목 운영 방안을 자세하게 안내함으로써 캠퍼스 간 교과목 운영의 균질성을 확보하고자 하였다. 11월에는 죽전캠퍼스에서 「명저읽기」 교과목을 담당하고 있는 전임교원과 강사의 강좌 운영 사례를 소개하고 효율적인 교수학습방법을 모색하는 워크숍을 갖기도 하였다.

[표 5] 2020학년도 「명저읽기」 교강사 워크숍 개최 현황

회차	일시	장소	주제
1	2020.01.03.	죽전 범정관 314	윤승준, 대학 4.0 시대의 교양교육: 고전교육 방법에 대한 고민 김주언, LAC 교과목으로서 「명저읽기」 강좌의 방향 설정을 위한 모색 신미삼, 「명저읽기: 인문」 강좌 운영 모델
2	2020.02.18.	죽전 인문관 401	김주언, 「명저읽기」 강좌를 어떻게 운영할 것인가?
3	2020.06.18.	죽전 범정관 505	권순구, 고전교육 성과측정도구 개발연구 주요 결과 박재휘, 「명저읽기: 인문」 『논어』 읽기 김주환, 「명저읽기: 사회」 교과목 수업 경험을 돌아보며
4	2020.09.14.	Zoom (천안)	권순구, 2020-1학기 「명저읽기」 교과목 운영의 교육적 성과 김영건, 2020-1학기 「명저읽기」 자연계열 이권희, 「명저읽기」 고전교육 방법론 모색을 위하여 윤승준, 고전읽기 교양필수 교과목 운영 사례
5	2020.11.25.	Zoom (죽전)	이현경, 「명저읽기: 인문」 『꿈의 해석』 강의 사례 발표 정연수, 「명저읽기: 인문」 『태백산맥』 운영

　　「명저읽기」 교과목은 앞에서 거론한 운영 방안에서 밝힌 것처럼 교수자의 일방적 강의를 지양하고, 고전 혹은 명저에 대한 읽기와 토론, 쓰기 활동을 주요 학습활동으로 하며, 성적 평가에도 읽기와 쓰기, 토론 활동 결과를 반영한다. 계열이나 분반에 따라 다소 차이가 있을 수 있으나, 기본적으로는 읽기 활동과 토론 활동, 쓰기 활동을 「명저읽기」의 주된 수업 방법으로 삼는다.

　　한 학기 동안 『군주론』과 『자유론』을 함께 읽는 「명저읽기: 사회」

(2020-2학기, 분반 3)의 경우를 사례로 15주차 수업이 어떻게 이루어지는지 간략히 보이기로 한다. 1주차와 2주차에는 교수자가 교과목 개설 취지와 운영 방식을 간략히 설명하고, 16세기 이탈리아 르네상스기의 생각과 19세기 중엽 영국적 생각을 읽는 입장을 설명하면서 이 두 권의 저작이 현재와 미래의 나와 관련하여 어떤 의의를 가지며 또 어떤 연관성을 가질 수 있을지 생각하면서 학습할 수 있도록 안내한다. 3주차부터는 거의 동일한 방식의 수업방법을 적용하는데, 매주 읽을 분량을 정해서 순차적으로 읽어나가면서 학습한 내용에 대한 발표와 토론을 진행한다. 이를 위해 우선 매주 해당 분량을 읽어왔는지를 점검하는 퀴즈를 실시한다. 퀴즈 후에는 주차별 학습 내용을 요약해서 발표하고 그에 대해 토론하는 활동을 실시한다. 이 과정에서는 텍스트의 해당 부분을 함께 읽기도 한다. 그리고 텍스트의 구절이나 문장, 문맥의 이해와 관련하여 학생 상호간, 또는 학생과 교수간 질의응답 활동을 한다. 이러한 과정을 통해 학습자의 비판적 주장이 형성되도록 유도하고, 이를 짧은 분량의 글로 작성하여 제출하도록 한다. 중간고사 전까지 5주차에 걸쳐 『군주론』을 함께 읽고, 중간고사 이후에는 동일한 방식으로 기말고사 전까지 『자유론』을 읽는다. 학생들은 이처럼 『군주론』과 『자유론』을 읽어가면서 매주 퀴즈와 발표토론, 질의응답과 글쓰기를 통해 두 권의 책을 소화하고 자신의 생각을 정립해 나가게 된다. 중간고사와 기말고사는 쓰기 수행평가 형식을 취한다는 점에서 통상적인 암기 위주의 지필고사와는 차별성을 갖는다고 할 수 있다.

「명저읽기」 강좌에서는 학생들의 읽기 활동을 유도하기 위하여 퀴즈 외에도 다양한 방식을 활용한다. 학생들과 『논어』를 함께 읽는 「명

저읽기: 인문」 분반의 경우, 담당 교강사는 매주 학생들에게 읽을 분량을 제시하고, 읽은 부분 가운데에서 인상 깊은 구절과 생각해 볼 문제가 있는 구절을 두 구절씩 뽑아 오도록 하여 수업 시간에 발표하도록 한다. 다음은 학생들이 뽑아 온 구절 가운데 하나이다.

> [헌문(憲問) 편]
> 　인상 깊은 구절 : "공자님께서 말씀하셨다. 덕이 있는 사람은 바른 말을 하지만, 바른 말을 하는 사람이라고 반드시 덕이 있는 것은 아니다. 인(仁)한 사람은 반드시 용기를 가지고 있지만 용기 있는 사람이라고 반드시 인한 것은 아니다. [子曰 有德者必有言 有言者不必有德 仁者必有勇 勇者不必有仁.]"
> 　이유 : "이 장을 읽고 나도 누군가에게 그저 입바른 소리로 바른 말, 덕담을 하며 어설프게 덕이 있는 사람 흉내를 낸 적은 없는지 생각해 보았다. 생각해 보니, 친구들이 가벼운 고민을 털어놓거나 조언을 구하는 때에는 이야기가 끝난 뒤 '잘 될 거야'라거나 '너무 걱정하지 마'라는 이야기를 마무리 인사처럼 사용했다는 것을 알았다. 어쩌면 그것이 제일 마음에서 나와야 하는 말이 아닌가 생각한다. 앞으로는 한마디 한마디를 좀 더 무겁게 여기고 말해야겠다'라고 생각했다."

　자로(子路) 편에 보면, 섭공(葉公)이 양을 훔친 아버지를 증언한 '정직한 아들'의 이야기를 하자, 공자가 정직한 사람은 그와 달리 아버지가 아들을 숨겨주고 아들이 아버지를 숨겨주니, 정직함은 그 가운데 있는 것이라고 말했다는 대목이 나온다. 이와 관련해서 한 학생이 생각해 볼 문제라고 하면서 제기한 문제는 다음과 같다. "아들이 아버지를 숨긴 것이 정직함이라면 이는 아버지를 잘 섬기고 싶은 아들의 효의 마음이겠지만, 누군가는 이 거짓말의 피해를 받게 될 수밖에 없다. 자신에게 행해지기를 원하지 않는 것을 나도 남에게 행하지 말아야 한다는 것이 '서(恕)'라고 한다면, 이는 곧 '서'의 정신에 어긋나는 것이 아닌가?" 물론 논란의 소지가 있는 문제 제기이지만, 이와 같은 문제 제기의 타당성이나 이를 둘러싼 토론의 방향성에 대해서는 교수자의 개입을 최소화하는 것이 「명저읽기」 교과목의 운영 지침이다.

괴테의 작품을 읽는 「명저읽기: 인문」 강좌에서는 독서노트를 작성하게 한다. 2020학년도 2학기 수업에서 『파우스트』를 읽은 한 학생의 독서노트 일부를 소개하면 다음과 같다.

> "그가 지상에 살고 있는 동안에는 네가 무슨 유혹을 하든 말리지 않겠다. 인간은 노력하는 한 방황하는 법이니까."(24쪽)
> -신이 메피스토텔레스에게 한 말이다. 노력하는 한 방황한다는 말이 이전에 읽었던 빌헬름의 수업시대를 떠오르게 했다. 파우스트가 더 이후에 나왔으니 '방황'이라는 주제를 빌헬름의 수업시대에서보다 괴테가 무언가 더 공을 들이고 성숙하게 다루지 않았을까 하는 생각이 들며 과연 주인공은 어떤 방황과 어떤 결말을 맞을 것인지 매우 궁금하게 만들었다. 또한 신이 파우스트가 악마에게 넘어가지 않을 것이라 확신하는 모습에서는 신이 그를 믿는 이유는 무엇인지, 그가 얼마나 대단한 인물인지 궁금했고, 현명한 '신'이 이런 말을 내뱉는 데에는 그 방법이 순탄하든 아니든 이미 내기의 승자가 정해진 것 아닌가 하는 생각이 들었다.
> …(중략)…
> "전 가서는 안돼요. 제겐 아무 희망도 없는걸요. 도망간들 무슨 소용이 있겠어요? …… 불쌍한 아기를 구해주세요 …… 저 바위 위에 어머니가 앉아 섬뜩하게 제 머리를 낚아채시는군요! …… 하느님, 심판해주소서. 당신의 손에 맡기나이다!"(246-248쪽)

-그레트헨은 미쳐버렸고 극심한 공포에 사로잡혔다. 그러나 끝까지 파우스트와 함께 탈출하지 않고 죗값을 받겠노라고 하느님께 기도한다. 신이 자신을 버렸다고 생각할 법도 하고 가족과 파우스트를 원망할 만도 한데 그녀는 혼자 그 고통을 치르려고 한다. 처음에는 왜 파우스트를 따라 가지 않는 것인지 답답할 뿐이었으나 만약 내가 그녀였다고 생각해 본대도 모두 그녀의 탓이라고는 절대 할 수 없으나 가족들에 대한 죄책감과 아이에 대한 미안함 때문에 그저 고통을 받아들여서라도 갚고자 했을 것 같다는 생각이 든다.

'김○영, 「파우스트 독서노트」 2020-2학기 과제물

이 밖에도 1차 '통독하기' - 2차 '장면 선택을 위한 자세히 읽기' - 3차 '질문 생성을 위한 자세히 읽기' - 4차 '심화 읽기'의 단계적 읽기를 수행하는 경우도 있다.[19]

이처럼 읽기 과정에서 제기되는 문제들은 함께 책을 읽은 동료 학생들과의 토론 혹은 토의 과정을 거치게 된다. 토론이나 토의는 분반에 따라 개별 활동으로 진행하기도 하고, 조별 활동으로 진행되기도 한다. 괴테의 작품을 읽는 「명저읽기: 인문」의 경우에는 조별 토론을 진행하는데, 2020학년도 1학기와 2학기에 진행된 조별 토론의 주제를 일부 제시하면 다음과 같다.

---

19 이와 관련해서는 이미 보고된 바 있기에 여기에서는 생략하도록 한다. 김유미, 「명저 읽기」에서 질문생성을 위한 수업방법—그리스 비극 수업 사례를 중심으로」, 『인문 고전교육, 어떻게 할 것인가』, 단국대학교 교양기초교육연구소 제1회 학술대회 자료집, 2020, 42-47쪽.

[표 6] 「명저읽기: 인문」 조별 토론 주제

학기	작품명	조별 토론 주제(예시)
1학기	젊은 베르테르의 슬픔	• 우울은 비판 받아야 하는 악덕인가? • 베르테르에게 '사랑'은 어떤 의미였을까? • 조건이 앞서는 사랑과 베르테르의 순수한 사랑, 어떤 것을 지향하는 것이 옳을까? • 한 사람의 행동은 동기와 상관없이 결과로만 판단되어야 하나? • 한 사람의 사랑이 도덕과 사회적 윤리에 어긋날 때 그 사랑을 지키는 것은 올바른가? • 타인의 감정에 나의 행복을 의지하는 것은 옳은 일인가?
	빌헬름 마이스터의 수업시대	• '미뇽'과 같은 사회적 약자의 문제를 해결할 수 있는 방법은 없을까? • 뛰어난 재능이 없는 사람이 그 일을 계속하는 것은 과연 효율적인 일인가? • 중세, 출생과 신분의 장벽, 그것을 넘어선 사랑과 결혼을 어떻게 평가해야 하는가? • 교양이란 무엇인가, 교양은 우리에게 어떤 의미가 있는가? • 현대사회에서 예술이 가지는 가치는 무엇인가? • 돈은 모든 것의 가치를 평가하는 척도로 사용할 수 있는 것인가? 믿을만한 것인가?
	파우스트	• 인간은 노력하는 한 방황하는가? • From 괴테 To 현대인 : '파우스트'를 통해 배우는 삶의 태도 • 사랑을 좇아 어머니와 아이를 죽이고 결국 오빠마저 죽이게 한 그레트헨의 구원, 어떻게 이해해야 하는가? • 파우스트의 구원은 정당하다고 볼 수 있는가? • 개인의 욕망은 반드시 실현되어야 하는가? • 『파우스트』 속 구원의 모습과 메피스토펠레스의 존재 의의

2학기	젊은 베르테르의 슬픔	• 낭만주의와 일방적 사랑 • 베르테르 효과와 자살 • 베르테르의 죽음에 관하여 • 로테는 베르테르를 사랑하였는가?
	빌헬름 마이스터의 수업시대	• 빌헬름과 극단 • 빌헬름과 베르너의 차이점 : 꿈/현실 • 예술과 돈은 독립적인가? • 무대와 세상의 교차, 그리고 예술성
	파우스트	• 파우스트를 통해 살펴 본 끝없는 진보의 위험성 • 악한 행위를 하면서까지 진리를 추구해야 하는가? • 선과 악은 공존할 수밖에 없다 • 시인과 학자 파우스트, 그리고 괴테

2020학년도 2학기 수업에서 제기되었던 조별 토론 활동 가운데 하나를 간략히 소개한다. 『파우스트』「비극 제2부」 제5막의 '드넓은 유원지, 드넓은 운하' 가운데 나오는 대목인 "이런 말을 하는 게 부끄럽네만, 저 언덕 위의 노인네들을 몰아내고 보리수가 서 있는 곳을 내 자리로 삼고 싶다. 나의 소유가 아닌 저 몇 그루 나무들이 세계를 차지한 나의 만족감을 망치고 있으니 말이다."라는 파우스트의 말, 그리고 「비극 제1부」의 '거리'에 나오는 대목인 "친애하는 도덕군자 양반, 법률 같은 걸로 날 괴롭히지 말게! 딱 잘라 말하겠네만, 저 달콤한 여자애를 오늘 밤 안으로 내 품에 안기지 않는다면 우리는 자정을 기해서 결별이네.", "내게 일곱 시간만 있다면, 저 따위 계집을 유혹할 수 있네. 악마의 도움 따위는 필요도 없어."라고 하는 파우스트의 말 등을 보면, 파우스트가 악행을 저지른 것을 부정할 수 없지 않느냐고 하면서 그럼에도 불구하고 그가 구원받도록 하는 것이 타당한지 문제를 제기하였다. 여성

에 대한 당대의 인식 자체도 문제이지만, 특히 노부부 필레몬과 바우치스의 오두막을 빼앗고 선량한 그들을 죽음으로 몰고 간 대목은 논란이 많은 대목이다. 그런 점에서 학생들의 문제 제기는 타당한 것으로 보인다. 학생들은 조별 토론을 통해 그러한 파우스트를 '어두운 충동'에 사로잡혀 있는 '선한 인간'들의 이야기로 이해하고자 하였다. 학생들은 『파우스트』가 한 인간 안에 욕망과 어두운 충동이 함께 있을 수 있음을, 악마조차도 우리 마음의 일부임을 보여준 이야기, 그래서 삶의 커다란 추진력이기도 한 욕망이 어떻게 한순간에 악으로 반전될 수 있는지를 보여주는 이야기로 이해하였다. 나아가 학생들은 괴테에 대해 그 어두운 충동에 사로잡힌 사람들 속에 남아 있는 '선함'도 끝까지 눈여겨 본 작가라고 결론을 내렸다(고○·김○찬·김○욱, 「선과 악은 공존할 수밖에 없다」, 2020-2학기 조별토론 발표 자료). '선과 악은 공존할 수밖에 없다'는 주제로 이루어진 『파우스트』에 대한 이와 같은 발표와 토론은 인간의 가장 근원적이고 영원한 질문들과 마주하도록 함을 목표로 하는 고전 교육의 본령에 근접한 것이라고 할 수 있다.[20]

---

20 조별 토론을 진행하면서 발견하게 된 흥미로운 사실 가운데 하나는 『젊은 베르테르의 슬픔』에 대한 학생들의 수용 태도이다. 베르테르의 순수한 사랑을 그려낸 작품으로 알려져 있는 이 작품은 뜻밖에도 학생들에게 원치 않는 집착이나 데이트 폭력의 문제를 다룬 작품으로, 그래서 베르테르의 자살은 일말의 미련도 둘 필요가 없는 당연한 것으로 받아들여진다. 물론 이 작품의 시대적 배경이 가지고 있는 한계를 부정할 수 없지만, 그렇게 읽고 있는 학생들의 내면이 지나치게 메말라 있지는 않은지, 지나치게 현실적이고 지나치게 이분법적인 사고에 길들여져 있는 것은 아닌지, 과연 인간을 그렇게 단순화해서 논단해도 되는 것인지 되묻지 않을 수 없다. 약혼자가 있음을 알면서도 로테에 대한 사랑을 단념하지 못하는 베르테르에 대한 학생들의 단호한 태도는 불가능한 것은 아예 꿈도 꾸어서는 안 된다는 요지부동의 확고한 철칙처럼 보인다. 불륜을 조장하는 듯한 인상을 줄 수 있다는 점에서, 또한 교수자의 개입을 최소

학생들은 토론 및 토의 과정을 통해 자신이 미처 생각하지 못했던 문제의식을 발견하게 되기도 하고, 다른 학생들의 의견을 들으면서 자신의 사고의 폭을 넓히고 깊게 하는 경험을 하게 되기도 한다. 한 단계 성장하는 계기를 맞이하게 되는 것이다. 한 학기 수업을 마친 뒤에 이루어지는 강의평가에서 가장 많이 볼 수 있는 학생들의 의견은 함께 책을 읽은 다른 친구들의 의견을 들을 수 있어서 좋았다는 것이다.[21]

이처럼 책을 읽고 함께 토론하는 과정을 통해서 내용에 대한 이해를 좀 더 선명하게 하고 문제를 바라보는 시각이나 사고의 폭을 넓힌 결과를 글로 작성하는 것이 「명저읽기」 교과목에서 행하는 또 하나의 주요한 학습활동이다. 물론 학생들은 독서노트를 작성한다거나 책의 내용을 요약하는 과정에서, 또 인상 깊은 구절을 발표하기 위해서 책의 내용을 옮겨 적고 그 이유에 대해 나름대로 자신의 생각을 적어보거나, 조별 토론을 위해 발표문을 작성하는 과정에서 여러 가지 쓰기 활동을 하지만, 무엇보다도 「명저읽기」 수업에서 이루어지는 쓰기 활동의 백

화해야 한다는 운영 지침에 따라 그에 대한 논평을 아끼기는 하였으나, 이 작품이 젊은 학생들에게 이렇게 읽혀야 한다는 사실에 이해의 지평을 어디까지 넓혀야 하는지 고민하지 않을 수 없다.

21 "각자의 과제 글을 발표하며, 서로 질문을 하여 발표한 학생들의 생각을 들을 수 있어 좋았다. 또 발표를 함으로써 책의 내용과 흐름을 간접적으로 알 수 있게 되고 비교할 수 있어서 좋았다.", "토론과 조별 발표를 통해 서로가 이해한 내용을 나누는 게 정말 좋았다. 그 덕분에 다른 학우들의 의견을 들으며 내 생각을 한층 더 성숙하게 만들 수 있었다. 이런 「명저읽기」 강의가 앞으로 점차 확대되었으면 하는 바람이다.", "학우들과 실시간으로 의견을 나눈 점이 좋았다.", "책을 읽어서 자신의 의견을 다른 사람들과 공유하고 그것에 대해 이야기 해보는 것이 좋았습니다.", "책을 읽고 토론하는 것이 좋았다.", "토론을 하면서 다양한 의견을 나눌 수 있었다.", "팀원들과 생각 공유를 할 수 있어 좋았다."는 등의 학생들 의견은 발표와 토론이 갖는 중요성을 말해준다.

미는 비평문 내지 독후 에세이의 작성일 것이다. 비평문이나 독후 에세이는 책을 읽고 토론하는 과정을 통해서 생각했던 문제나 주목해 보았던 부분, 또는 새롭게 알게 된 사실을 발전시켜 해당 책에 대한 자신의 생각을 최종적으로 정리하는 과정이다. 그것은 인간 본질에 대한 문제일 수도 있고, 사회 현실에 대한 문제일 수도 있으며, 사랑이나 예술에 대한 문제, 자유와 평등, 법과 정의, 개인과 공동체, 과학과 기술, 선과 악, 종교와 윤리에 대한 문제일 수도 있다. 학생들은 고전 명저를 읽고 이와 같은 근원적이고 영원한 질문에 대한 자신의 생각을 글로 옮겨보는 진지한 경험을 하게 되는 것이다.[22]

> 이번 토론 시간에서는 '파우스트는 왜 구원되었는가'라는 주제가 인상 깊었다.
> 파우스트가 구원된 이유를 책에서는 '인간은 노력하는 한 방황한다'라며 노력에 그 근거를 부여하고 있고 대부분의 사람들이 이에 긍정했다. 물론 그레트헨의 사랑에 의한 타자적인 구원이었다는 주장도 있으나 이는 그 자체로 완전한 이유가 되기보다는 파우스트의 '노력'에 더해지는 플러스 요소라고 생각된다. 그리고 내가 이 글에서 풀어볼 문제는 바로 파우스트가 어떤 목적의 어떤 노력을 했는지에 관한 것이다.
> 나는 책을 읽고 독서 토론을 할 당시, 파우스트의 노력이란 세계의 진리를 찾고자 하는 노력이라고 생각했다. 그가 신이 되고자 하였다는 점이 그 근거가 되었고 악마와의 거래 역시 학문적인 궁구만으로는 진리의 통달에 한계를 느끼고, 그렇다면 자신이 느껴보지 못했던 감정, 쾌락의 영역에서

---

22 경우에 따라서는 열린 결말을 가진 작품에 대하여, 결말 이후를 상상하여 쓰는 '속편 쓰기' 과제를 부여하기도 한다. 이현영, 「명저읽기」 수업에서의 미시적 읽기 연구—『죄와 벌』을 중심으로—」, 『교양교육연구』 14(4), 한국교양교육학회, 2020, 183-186쪽.

그 열쇠를 찾을 수 있을지도 모른다는 기대감에서 이루어진 것이라고 생각했다. 하지만 가장 먼저 배웠던 책〈젊은 베르테르의 슬픔〉조별 발표에서 다뤘던 낭만주의라는 시대적 배경을 고려해볼 필요를 느끼고 전 작품에 낭만주의적인 요소들이 빠지지 않았다는 점과 관련하여 괴테가 이 책에도 또 어떤 메시지나 의도를 남기지 않았을까 하여 자료를 찾아보았다.

낭만주의란 지성과 규범을 절대시한 고전주의에 반발하여 공상의 세계를 동경하고 감상적인 정서를 중요시하는 문예사조이다. 발푸르기스의 밤에서부터 펼쳐지는 공상의 세계, 헬레네와 같은 고전적 인물의 등장, 또한 무생물, 동물들의 의인화 등 책 속 요소들은 파우스트 역시 낭만주의의 영향권에 있었다는 사실을 더욱 명백하게 드러내기도 한다. 이러한 낭만주의의 관점에서 본다면 우선 밤낮 학문적인 연구에 몰두하는, 즉 이성 그 자체인 파우스트는 비판의 대상이 된다. 이러한 맥락에서 그가 젊음을 되찾고 감정, 쾌락적 경험을 하게 되는 것은 진리를 찾는 목적을 달성하기 위한 과정 중 일부라기보다는 해결책 그 자체로 파악할 수 있다. 그렇다면 여기서 궁금해질 것이다. 그가 노력하여 이루고자 하는 목적이란 무엇인가? 만약 목적을 맨 앞 부분에서 가정한대로 세계적인 진리의 통달이라고 했을 때는 감정적인 요소가 해결책이 된다는 말이 이해가 되지 않을 것이다. 하지만 파우스트의 목표를 낭만주의자들의 궁극적인 목표로 여겨지는 '자기실현의 노력'을 궁극적 목표에 적용한다면 말이 된다. 파우스트는 학문을 탐구하며 모든 날을 보내고 허망함과 비탄에 빠지고 바로 그 순간 자신의 안에서 새로운 자극을 궁구하는 내면의 소리를 들은 것이다. 어쩌면 자기실현적 목표는 이 순간부터 설정된 것이라고 볼 수 있겠다. 학문이 전부였던 그에게 메피스토펠레스와의 계약은 철학적 고뇌라는 평생의 틀에서 그를 벗어나게 하며, 자기실현의 매개체가 되어주었다. 그리고 그 결과, 그레트헨과의 사랑의 시련, 왕을 도와 전쟁에 참여하고 헬레나를 찾아 떠나는 적극적이고 주체적인 행위, 가족을 잃은 비극적인 상황에 둘러싸였음에도 안전하고 이상적인 영역을 만들겠다는 의지를 가지고 추진하기까지 다양한 경험과 진정으로 원하는 것을 알고 실현하며 인간적인 성장을 가능

하게 했던 것이다. 특히 작품 초반에 파우스트는 〈신약성서〉의 '요한복음'
을 번역하는 과정에서 '말', '뜻'을 거쳐 '태초의 행위가 있었으니라'라고 해
석하며 실행과 적극성을 은연중에 강조하는 듯한 모습을 보였던 것이 파
우스트의 변화과정을 압축하는 하는 것 같아 인상 깊었다.

　결론지으면, 나는 어떤 시기에 찾아온 전환점과 계약이라는 기회를 통
해 이렇게 역동적이고 입체적인 삶을 살며 자기실현을 일군 파우스트의
변화된 모습과 그가 구원되었다는 결말은 낭만주의적인 관점에서 이해될
수 있다고 생각한다.

-김○영, 「파우스트는 왜 구원되었는가에 대하여」
2020-2학기 과제물

　위의 과제물에서 보듯 학생들은 책을 읽고 그 책의 핵심적인 문제
와 관련하여 자신이 이해한 결과를 논리적으로 표현하기 위해 노력한
다. 비평문 또는 독후 에세이에 담기는 내용은 고전 명저에 대한 충분
한 이해와 함께 읽기와 토론 과정에서 자신들의 뇌를 붙들고 떠나지 않
았던 문제에 대해 그들 스스로 논리적으로 납득할 수 있는 결론을 담아
내고자 한다. 그런 점에서 쓰기 활동은 학생들의 지적 성장을 추동하고,
학생 스스로 그것을 경험하고 확인하게 하는 과정이 된다고 할 수 있다.

　2020학년도 2학기 「명저읽기: 인문」(분반 3)에서는 기말고사를 대
체하는 과제로 이번 학기에 함께 읽고 토론한 괴테의 『젊은 베르테르
의 슬픔』, 『빌헬름 마이스터의 수업시대』, 『파우스트』 세 작품을 통해
서 종합적으로 이해할 수 있는 괴테의 문학세계, 또는 괴테라는 작가에
대한 자신의 견해를 작성하여 제출하도록 하였다. 결코 쉽지 않은 과제

였음에도 불구하고 학생들은 기대 이상의 글을 작성해 냈다. 그 가운데 한 편, 「북극성 그리고 왕국」이라는 뜻밖의 제목으로 제출한 글을 통해서 고전교육, 「명저읽기」 강좌가 폭넓은 교육, 깊이 있는 교육으로 나아갈 수 있다는 가능성을 확인하게 된 것은 행운이었다.

모든 게 다 예기치 않았다. 이 수업을 통해 나의 진정한 북극성을 찾을 줄은 몰랐다. 그저 괴테의 주요 문학 작품을 접할 수 있는, 좋은 기회 정도로만 생각하고 있었다. 이는 마치 기스Kis의 아들 사울과 비슷한 상황이다. 하지만 다른 게 있다면 나는 그 왕국의 가치를 잘 안다는 것이다. 이번 학기 수업을 통해 괴테의 작품을 접하고 살펴보면서 나는 '자기계발의 구루 (佝僂)'라고 부르고 싶은 사람들이 생겼다. 그들은 독서를 함으로써 자기를 성장시킬 수 있다는 것에는 동의하나, 그들이 말하는 독서에 문학은 없다. 나는 그들의 말을 곧이곧대로 믿어왔다. 마치 남의 등불을 자기의 북극성으로 알고 따라가는 꼴이었다. 하지만 이번 학기 수업을 통해 나는 나의 진정한 북극성을 찾을 수 있게 되었다. 그들 구루는 별들이 바다에서 너무 멀리 있다는 이유로 바라보지 않아 밀물과 썰물의 원인을 찾지 못하는 자들과 비슷하다. 그들은 우리가 한층 더 성장하고 성숙해질 수 있는 이유를 문학에서 찾지 않는다. 문학이 우리의 자기계발과 동떨어져 있다고 느껴 그것을 바라보지 않는다. 하지만 문학 작품에 대한 깊은 이해는 그러한 편견을 깨버린다. 그리고 그러한 편견을 파괴함으로써 나의 〈왕국〉이 세워진다.

『젊은 베르테르의 슬픔』이 우리에게 던지는 질문은 다음과 같다. 이 세상이 내가 원하는 바의 삶을 허용하지 않을 때, 당신은 어떻게 할 것인가? 젊은 베르테르는 자살로써 그 물음에 답한다. 세상을 등진 것이다. 이 책을 처음 가볍게 읽었을 그 당시나 그 전이나 나 역시도 아마 베르테르와 비슷한 답을 했을 것이다. 젊음의 끓어오르는 피를 안고 이 세계에 저항했을 것이다. 하지만 『빌헬름 마이스터의 수업시대』를 읽고 나면서 괴테가 그러했듯이 나의 세계관도 점차 변화되었다. 주인공 빌헬름은 이리저리 치이며 죽을 만큼 고생한다. 하지만 베르테르와 달리 끝끝내 죽지 않고 살아남는다. 베르테르와 달리 세계에 대해 자신의 견해를 일방적으로 주장-어쩌면 강요-하지 않는다. 그는 이 세계와 타협한다. 이 세계와 합일한다. 야르노가 말한다. "자기 자신을 잃어버리는 것을 배우고 다른 사람들을 위해 사는 것을 익히며 의무에 따라 활동하는 가운데에서 자기 자신을 망각할 줄 아는 것이 유리합니다. 그때에야 비로소 그는 자신을 알게 되지요." 이처럼 사회와의 관계 속에서 나의 존재가 성립된다는 것이 『빌헬름 마이스터의 수업시대』가 우리에게 던져주는 주요 메시지다. 이러한 메시지를 받으면서, 이 책을 읽기 이전에 나라는 존재가 얼마나 어른스럽지 못했는지 새삼 깨닫게 되었다. "자기밖에 생각하지 않는 사람은 큰일을 할 수 없다."라는 명언이 지금의 나에게 조금 색다르게 울린다.

한편, 파우스트는 우리에게 어떤 메시지를 던지는가? 사실 고전이란 역사학자 사릴 파킨슨이 말했듯이 "저자와 독자의 협력으로 만들어지는 것"이기 때문에 괴테의 여러 고전 문학 작품들, 특히 그 정수라고 할 수 있는 『파우스트』에 대한 해석은 너무도 다양하다. 하지만 한 가지 확실하게 말할 수 있는 게 있다. 『파우스트』 희곡의 주인공 파우스트는 괴테 자신의 인생을 대변하면서도 나아가 우리 인류 전체의 삶을 대변한다는 것이다. 실제로 괴테는 여러 여인과 사랑을 나누고 헤어지기를 반복한다. 그 속에서 이별의 아픔을 자주 겪는다. 하지만 좌절하지만은 않는다. 역경을 딛고 일어선다. 그리고 평생에 걸쳐 여러 가지 일에 몰두하며 스스로의 발전을 꾀한다. 소설과 희곡, 시를 쓸 뿐만 아니라 변호사, 바이마르 공국 재상, 철학자로도 활동한다. 또한, 생물학, 식물학, 물리학 같은 과학 분야에도 커다란 발자취를 남긴다. 이와 비슷하게 파우스트도 진리에 대한 회의, 그레트헨과 헬레나와의 비극적인 사랑, 아들을 잃는 슬픔 등의 여러 실패와 절망을 겪는다. 방황한다. 그러나 그것을 딛고 일어서며 끝없이 노력하고 발전을 지향한다. 이러한 그의 모습은 익숙하다. 우리 인류도 늘 그리하기 때문이다. 우리는 모두 그런 의미에서 파우스트적 인간이라 할 수 있다. 악마 메피스토와 계약을 맺을 때 "나 자신의 자아를 온 인류의 자아로까지 확대시키려네."라는 파우스트의 말은 어쩌면 이를 예감한 거일지도 모르겠다.

괴테는 이렇게 말한다. "누구나 자기가 최고라고 생각한다. 그래서 많은 사람들이 이미 경험한 선배의 지혜를 빌지 않고 실패하며 눈이 떠질 때까지 헤매곤 한다. 이 무슨 어리석은 짓인가. 뒤에 가는 사람은 먼저 간 사람의 경험을 이용하여, 같은 실패와 시간 낭비를 되풀이하지 않고 그것을 넘어서 한 걸음 더 나아가야 한다. 선배들의 경험을 활용하자. 그것을 잘 활용하는 사람이 지혜로운 사람인 것이다." 그의 이 말은 현재를 살아가는 우리에게도 시사하는 바가 크다. 이번 학기 「명저읽기」 수업은 이러한 '괴테 선배'의 경험을 잘 활용할 수 있게 만드는 새로운 계기였다고 할 수 있다. 또한, 최종적으로 이번 수업 마지막 과제를 통해 나는 다시 한번 나의 또렷이 빛나는 북극성을 바라볼 수 있었다. 그리고 나의 〈왕국〉을 또다시 굳건하게 만들 수 있었다.

-이○희, 「북극성 그리고 왕국」 2020-2학기 과제물

읽기와 토론, 쓰기를 주요한 학습활동으로 하는 「명저읽기」 교과목이 학생들에게 조금 더 가까이 다가갈 수 있도록 하기 위한 방법을 모색하기 위해 단국대학교에서는 교양기초교육연구소 주관의 고전교육 전문가 초청 콜로키움과 고전교육을 주제로 한 학술대회를 개최하고 있기도 하다. 뿐만 아니라 고전 명저에 대한 학생들의 접근성과 실질적인 활용도를 높이기 위해 〈단국권장도서 101〉을 재선정하였으며,[23] '문답식해제' 『청춘, 고전에 길을 묻다』를 발간함으로써 「명저읽기」 교과목의 부교재로 활용할 수 있도록 하기도 하였다.

---

23   단국대학교 교양기초교육연구소, http://cms.dankook.ac.kr/web/rclass

3. 교육성과 분석

「명저읽기」 교과목은 2020학년도 1학기에 신설된 교과목이라는 점에서 그 교육성과를 논하기에는 다소 이른 감이 없지 않다. 그럼에도 불구하고 고전교육의 교육적 성과를 객관적으로 진단하고 확인함으로써 개선 방안을 모색해 나갈 필요가 있음을 부정할 수는 없다. 이에 단국대학교에서는 고전교육의 교육적 성과를 진단하기 위한 진단도구를 교양기초교육연구소 주관 아래 독자적으로 개발하였다.[24]

교양기초교육연구소에서는 2019년 12월 고전교육의 교육적 성과 진단도구를 개발하기 위한 과제 공모를 통해 학내 미래교육혁신원 교육성과평가센터 소속 교수에게 연구를 발주하였다. 연구를 맡은 교육성과평가센터에서는 선행 연구에 대한 고찰을 통해 고전교육 성과 측정에 부합하는 5개 역량 범주를 구성하고 이에 기반한 23개의 예비문항을 개발한 뒤, 척도 개발 경험을 가지고 있는 교육학 전공자 4명과 교양교육 전문가 2명으로 구성된 전문가 집단을 대상으로 1차 타당도 검증을 진행했으며, 1차 전문가 설문을 통해 제기된 문제를 보완한 뒤에는 교양기초교육연구소 연구원을 대상으로 한 2차 설문을 시행하여 재검증하는 과정을 거쳐 예비설문문항을 확정하였다. 그리고 기술통계분석과 탐색적 요인 분석, 확인적 요인 분석, 신뢰도 및 상관분석을 거쳐 최종적으로 고전교육성과 측정을 위한 척도를 개발하였다. 이로써

---

24   권순구, 『고전교육 성과측정 도구를 활용한 학생역량 분석』, 단국대학교 교양기초교육연구소, 2021, 189-204쪽.

단국대학교는 고전교육을 위한 교양필수 교과목 「명저읽기」를 교육과
정에 편성함과 동시에 그 교육성과를 객관적으로 진단하고 분석함으
로써 교과목 운영의 질적 관리를 위한 토대를 구축할 수 있게 되었다.
이렇게 개발된 고전교육 성과 측정을 위한 최종 척도는 다음과 같다.

[표 7] 고전교육성과 측정을 위한 최종 척도[25]

구분	하위영역	번호	문항내용
독해 역량 (8)	사실적 독해 (5)	1	나는 책을 읽으며 중요한 내용과 중요하지 않은 내용을 구분할 수 있다.
		2	나는 책을 읽다가 모르는 내용이 나오면 관련 자료를 찾아가며 읽을 수 있다.
		3	나는 책을 읽으며 글의 전개방식과 구조를 파악할 수 있다.
		4	나는 책을 읽고 객관적 정보(주장, 근거, 인물, 사건, 배경 등)를 찾을 수 있다.
		5	나는 책을 읽고 주제를 파악할 수 있다.
	비판적 독해 (3)	6	나는 책이 쓰인 시대적 상황이나 배경을 고려하여 글의 의미를 파악할 수 있다.
		7	나는 내가 읽은 책이 오늘의 관점에서 갖는 의미(또는 의의)를 파악할 수 있다.
		8	나는 책을 읽으며 글의 전후 맥락을 추론하며 읽을 수 있다.

---

25 권순구, 앞의 책, 202쪽.

		1	나는 책을 읽고 내 생각을 근거를 들어 말할 수 있다.
의사 소통 역량 (6)	말하기 (3)	2	나는 책을 읽고 내용과 관련한 문제에 대해 묻고 답할 수 있다.
		3	나는 책을 읽고 책 내용에 대해 요약해 말할 수 있다.
	쓰기 (3)	4	나는 책을 읽고 주요 내용을 요약해 쓸 수 있다.
		5	나는 책을 읽고 내 생각(의견)을 글로 표현할 수 있다.
		6	나는 책을 읽고 주제에서 파생된 논점을 잡고 글을 쓸 수 있다.
창의역량 (4)		1	나는 책을 읽고 다른 결말을 생각해 볼 수 있다.
		2	나는 책을 읽고 고정관념을 깰 수 있는 새로운 아이디어를 생각해 낼 수 있다.
		3	나는 책을 읽고 배운 내용을 다른 글(또는 상황)에 적용할 수 있다.
		4	나는 책을 읽고 논의되지 않은 새로운 문제를 제기할 수 있다.
문제 해결 효능감 (4)	과제해결	1	나는 책을 읽고 관련된 문제(과제)를 해결할 자신이 있다.
	자료검색	2	나는 책을 읽고 관련된 문제(과제)를 해결하기 위해 필요한 자료를 찾을 자신이 있다.
	자료정리	3	나는 책을 읽고 관련된 문제(과제)와 관련된 정보들을 체계적으로 정리할 자신이 있다.
	원인분석	4	나는 책을 읽고 관련된 문제(과제)의 발생 원인을 파악할 자신이 있다.

　　단국대학교에서는 이렇게 개발한 고전교육성과 측정을 위한 척도를 활용하여 2020학년도 1학기부터 매학기 「명저읽기」 교과목에 대한 교육성과 진단을 실시하고 있다. 사전조사와 사후조사를 통해 「명저읽

기」 수강 이전과 이후 학생의 역량과 효능감, 학업적 흥미에 어떠한 변화가 있었는가를 분석함으로써 교과목 운영을 개선하는 데 활용하고 있다. 2020학년도 1학기 「명저읽기」 교육성과 분석을 위한 사전 설문은 2020년 4월 24일부터 5월 13일까지 실시하였고, 사후 설문은 2020년 6월 12일부터 7월 11일까지 실시하였다. 사전 설문에는 1,097명의 학생이 응답을 하였고, 사후 설문에는 906명의 학생이 응답하였는데, 이 중 사전 설문과 사후 설문에 모두 응답한 학생은 617명이었다. 그 가운데 개인정보 활용에 동의하지 않은 17명을 제외한 600명의 응답을 분석한 결과는 다음과 같다.

[표 8] 2020학년도 1학기 「명저읽기」 교육성과 분석 결과[26]

영역	설문시기	사례수	평균	표준편차	t 통계값	유의확률
독해역량	사전	600	5.03	0.98	-13.312	.000***
	사후		5.46	0.95		
의사소통 역량	사전	600	5.14	1.06	-11.418	.000***
	사후		5.54	0.99		
창의역량	사전	600	4.97	1.06	-6.059	.000***
	사후		5.21	1.11		
문제해결 효능감	사전	600	4.76	1.08	-15.522	.000***
	사후		5.38	1.09		

---

26   권순구·윤승준, 「고전교육의 교육적 성과분석 연구—역량, 효능감, 흥미 변화를 중심으로」, 『교양교육연구』 14(5), 한국교양교육학회, 2020, 169쪽.

상황적 흥미	사전	600	4.99	1.05	-3.505	.000***
	사후		5.17	1.47		
개인적 흥미	사전	600	4.73	1.44	-6.828	.000***
	사후		5.03	1.43		

***p<.001

2020학년도 2학기 「명저읽기」 교육성과 분석을 위한 사전 설문은 2020년 9월 11일부터 10월 2일까지 실시하였고, 사후 설문은 2020년 11월 23일부터 12월 15일까지 실시하였다. 사전 설문에는 699명의 학생이 응답을 하였고, 사후 설문에는 654명의 학생이 응답하였는데, 이 중 사전 설문과 사후 설문에 모두 응답한 학생은 296명이었다. 2학기 교육성과 분석에서는 질적 연구를 위하여 사전-사후 설문에 모두 참여한 학생 가운데 8명을 선정하여 후속 인터뷰를 진행하였다. 주요 분석 결과는 다음과 같다.

[표 9] 2020학년도 2학기 「명저읽기」 교육성과 분석 결과[27]

영역	설문시기	사례수	평균	표준편차	t 통계값	유의확률
독해역량	사전	296	5.20	0.84	-5.572	.000***
	사후		5.44	0.88		
의사소통 역량	사전	296	5.29	0.97	-4.547	.000***
	사후		5.52	0.95		

---

27 권순구, 앞의 책, 39-40쪽.

창의역량	사전	296	4.82	1.07	-5.763	.000***
	사후		5.16	1.08		
문제해결 효능감	사전	296	5.08	1.01	-5.369	.000***
	사후		5.37	1.06		
상황적 흥미	사전	296	5.07	1.17	-3.352	n.s.
	사후		5.09	1.43		
개인적 흥미	사전	296	4.94	1.14	-1.096	n.s.
	사후		5.02	1.38		

***p<.001 n.s. = non-significant

　　2020학년도 1학기와 2학기 두 학기에 걸쳐 운영된 교양필수 교과목 「명저읽기」의 교육성과를 살펴보면, 독해역량과 의사소통역량, 창의역량, 문제해결 효능감 등 모든 부면에서 객관적인 수치로 그 의미를 확인할 수 있을 만큼 이 교과목은 매우 성공적으로 운영되었다고 할 수 있다. 더욱이 교양필수 교과목임에도 불구하고 학업에 대한 흥미도(상황적 흥미, 개인적 흥미)가 유의미하게 높아졌다는 사실은 매우 고무적인 일이 아닐 수 없다. 특히 개인적 흥미도를 기준으로 상위집단과 하위집단으로 나누어 흥미도 수준에 따른 분석을 진행한 2학기 고전교육성과 분석 결과에 따르면, 「명저읽기」 교과목은 개인적 흥미도 수준과 무관하게 모든 학생들의 독해역량과 의사소통역량, 창의역량, 문제해결 효능감 증진에 기여하였다.

[표 10] 2020학년도 2학기 「명저읽기」 교육성과 분석 결과[28]

영역		설문시기	사례수	평균	표준편차	t 통계값	유의확률
독해역량	하위집단	사전	143	4.87	0.81	-4.892	.000***
		사후		5.17	0.88		
	상위집단	사전	153	5.50	0.75	-3.091	.002**
		사후		5.57	0.80		
의사소통 역량	하위집단	사전	143	4.93	1.01	-4.000	.000***
		사후		5.22	0.96		
	상위집단	사전	153	5.62	0.80	-2.497	.0014*
		사후		5.81	0.86		
창의역량	하위집단	사전	143	4.41	1.01	-5.399	.000***
		사후		4.87	1.02		
	상위집단	사전	153	5.20	0.99	-2.823	.0005**
		사후		5.43	1.06		
문제해결 효능감	하위집단	사전	143	4.66	0.95	-4.461	.000***
		사후		5.01	1.06		
	상위집단	사전	153	5.48	0.90	-3.143	.0002**
		사후		5.71	0.95		
상황적 흥미	하위집단	사전	143	4.20	0.88	-1.512	n.s.
		사후		4.38	1.36		
	상위집단	사전	153	5.87	0.75	1.361	n.s.
		사후		5.76	1.15		

---

28   권순구, 앞의 책, 47-49쪽.

개인적 흥미	하위집단	사전	143	4.01	0.72	-2.874	.0.005***
		사후		4.33	1.26		
	상위집단	사전	153	5.81	0.68	1.698	n.s.
		사후		5.67	1.15		

***p<.001 n.s. = non-significant

　한편 8명의 학생을 대상으로 한 후속 인터뷰 결과는 교양필수 교과목 「명저읽기」의 교육목표나 수업운영 방식이 효율적이라는 사실을 보여주었다. 학생들은 이 강좌를 통해 자기주도역량과 문제해결역량, 의사소통역량을 증진시킬 수 있다고 생각하고 있었는데, 이는 「명저읽기」 강좌의 수업 운영 방식이 주로 학생들 스스로 책을 읽고 그에 대해 다른 학생들과 다양한 방식으로 의견을 나누며 그 결과를 정리하여 글로 표현하는 활동으로 이루어지고 있는 데 기인한 것으로 추론해 볼 수 있다.[29]

　2020학년도 교양교육과정 개편과 함께 신설된 단국대학교의 교양필수 교과목 「명저읽기」의 교육성과를 분석해 본 결과, 1학기와 2학기 모두 고전교육을 통해 기대할 수 있는 모든 역량에서 유의미한 성과를 나타낸 것을 확인할 수 있었다. 그런 점에서 「명저읽기」는 신설 교과목으로서 교과목 운영의 경험이 많이 축적되지 않은 상황에서도 매우 안정적이고 성공적으로 운영되고 있음을 확인할 수 있다.

　그럼에도 불구하고 단국대학교의 「명저읽기」 교과목이 그 뿌리를

29　권순구, 앞의 책, 61-66쪽.

굳건히 내리기 위해서는 해결해야 할 과제들이 도처에 남아 있다. 그 과제를 간략히 제시하면 다음과 같다. 첫째, 고전교육을 담당할 전임교원의 부족이 가장 큰 문제이다. 앞에서 거론한 것과 같이, 단국대학교는 고전교육을 전담할 교원을 별도로 임용하지 않은 채, 고전교육에 뜻을 같이 하고 있는 자유교양대학과 기초학문분야 전공 학과 교수들 간의 협력을 통해 현재의 교육과정을 운영하고 있다. 고전교육에 대한 대학 전체 차원의 의지를 담은 협력 체제라고 할 수는 없기 때문에, 이 협력 관계가 언제까지 유지될 수 있을지는 알 수 없다. 고전교육을 지탱하는 토대가 그만큼 부실한 것이다. 둘째, 「명저읽기」 교과목 운영에 대한 교육철학이나 방법론에 대한 캠퍼스 간 공감대가 충분히 이루어져 있지 않다. 교과목 신설에 따른 캠퍼스 간 준비도가 다르고, 인적 구성이 다를 뿐 아니라 소통과 교류가 충분치 않았기 때문에 빚어진 결과로 이해된다. 「명저읽기」 교과목의 운영을 총괄하는 양 캠퍼스의 PD 교수를 중심으로 활발한 소통과 공고한 협력을 통해 상생의 길을 모색할 필요가 있다. 셋째, 고전교육의 확대를 위한 제도 개선이 필요하다. 「명저읽기」 교육성과 분석 결과를 통해 확인할 수 있듯이, 고전교육의 효과는 다른 어떤 교육보다 확실하고 그 파급력도 크다고 할 수 있다. 따라서 학생들에게 고전교육을 받을 수 있는 기회를 더 많이 제공해줄 필요가 있는데, 2020학년도에 개편된 교양교육과정에 따르면 학생들에게 주어지는 기회는 매우 제한적일 수밖에 없다. 학생들은 「명저읽기: 인문」, 「명저읽기: 사회」, 「명저읽기: 자연」 3개 교과목을 하나씩 이수할 수 있지만 그 이상의 이수는 불가능하게 되어 있기 때문이다. 그러나 「명저읽기: 인문」 안에 개설되는 수많은 분반들을 이수하고 싶어도 이를 이수학점으로 인정해 주지 않는 현재의 제도로는 고전교육의 확대를 유도하기 어렵다. 따라서 이들을 모두 독립된 교과목으로 이수할 수 있도록 제도를 개선할 필요가 있다. 그래야만 고전교육이 제자리를 잡을 수 있고, 나아가 고전교육만으로도 학위를 취득할 수 있는 제도를 운영할 수도 있다.[30] 넷째, 고전교육 교수법 개발에 대한 지원이 부족하다. 단국대학교에서는 고전교육을 위한 교수법 개발을 위해 교강사 워크숍, 전문가 초청 콜로키움, 학술대회, 문답식해제를 비롯한 콘텐츠 개발에 노력하고 있으나, 이는 모두 학교의 지원에 의해 이루어지는 것이 아니라 교양기초교육연구소가 수행하고 있는 연구과제를 통해서 지원되고 있다. 때문에 지속가능성이 불투명할 수밖에 없다. 2020학년도 2학기 교육성과 분석 결과에서도 나타났듯이, 학업에 대한 학생들의 흥미, 상황적 흥미를 높일 수 있는 방안을 모색할 필요가 있는데, 그 모든 짐을 연구소에 지게 하는 것은 장기적인 방안이라고 할 수 없다.

---

30 대구대학교나 한양대학교에서 이미 이와 같은 전공 혹은 융합전공 제도를 운영하고 있다. 임은희, 「교양강좌로 시작하는 "고전읽기 융합전공" 프로그램과 교수법」, 『변화의 시대, 지속가능한 교양교육(Ⅰ)』, 한국교양교육학회 2019학년도 춘계학술대회 자료집. 2019; 양승권, 「'전공 인정 교양과정'으로서 고전 읽기 프로그램─대구대학교의 '클라시카 자유학'(Classica Liberal Arts)을 중심으로─」, 『변화의 시대, 지속가능한 교양교육(Ⅰ)』, 한국교양교육학회 2019학년도 춘계학술대회 자료집. 2019.

Ⅲ. 맺음말 : 고전교육을 넘어서

이탈로 칼비노는 고전이란 다시 읽을 때마다 처음 읽는 것처럼 무언가를 발견한다는 느낌을 갖게 해주는 책이라고 하였다. 독자에게 들려줄 것이 무궁무진한 책이 고전이라는 것이다.[31] 단국대학교에서는 고전교육을 위한 교양필수 교과목 「명저읽기」를 개발하면서 공통으로 사용할 교재를 개발하지 않았다. 그것은 고전 이상 가는 교재가 있을 수 없기 때문이었다. 고전을 읽는 재미에 흠뻑 젖어들고 고전에 담긴 무궁무진한 가치를 발견하는 기쁨을 마음껏 맛볼 수만 있다면 굳이 색다른 교수법이 필요 없을지도 모른다. 그 재미를 함께 하고 그 기쁨을 나눌 수 있다면 가르치지 않아도 더 크게 배울 것이기 때문이다.[32]

단국대학교는 2020학년도에 고전교육을 위한 교양필수 교과목 「명저읽기」를 신설하여 1학년 학생들에게 고전을 통독하고 함께 이야기하며 자신의 생각을 정리해서 글을 쓰도록 하는 교육을 하고 있다. 이제 막 고전교육을 위한 첫걸음을 내디뎠다고 할 수 있다. 그 출발점

---

31 이탈로 칼비노, 이소연 역, 『왜 고전을 읽는가』, 민음사, 2008, 12-13쪽.
32 앨런 블룸은 훌륭한 고전 작품을 교과과정으로 하는 곳에서는 학생들이 흥분을 맛보고 만족을 느끼며, 자신들이 독립적이고 충족할 만한 그 무엇을 하고 있다고 느끼며, 대학으로부터 다른 곳에서는 도저히 얻을 수 없는 것을 얻고 있다고 느낀다고 하였다. 그래서 이 특별한 경험이 경험 이상의 것으로 승화되지 못한다고 하더라도 경험 그 사실만으로도 그들에게 새로운 선택의 폭을 제시하고 공부 자체를 존중하도록 해준다는 것이다. 이 과정에서 그들은 그 근본적이고 항구적인 질문에 대한 대답을 어떻게 찾을 것인가 하는 모범을 접해 볼 수 있고, 경험과 사색을 함께 하면서 우정을 쌓을 수 있다는 것은 그 무엇과도 바꿀 수 없는 소득일 것이라고 하였다. 앨런 블룸, 이원희 역, 『미국 정신의 종말』, 범양사출판부, 1989, 394-395쪽.

에서 교육의 내실을 다지기 위해 교과목의 기본 성격을 명확히 규정하고 기본적인 수업 방법을 제시하였으며, 강의를 담당하는 교강사들과 함께 고전교육에 관한 고민을 나누어 왔다. 뿐만 아니라 고전교육의 성과를 일정 수준 이상으로 유지하고 더 개선하기 위하여 교육성과 측정을 위한 진단도구를 개발하여 매학기 사전, 사후 설문을 통해 그 성과를 진단, 분석하고 있다. 교양기초교육연구소가 "Liberal Education을 위한 고전교육 방법론 개발 및 확산"을 주제로 한 연구과제를 수행하면서 「명저읽기」 교과목 운영 및 교수법 개발에 힘을 보탬으로써 적지 않은 난관에도 불구하고 빠르게 자리를 잡아가고 있다.

그러나 단국대학교의 고전교육은 교양필수 교과목 「명저읽기」의 안착을 종착지로 삼고 있지 않다. 중간 경유지일 뿐이다. 단국대학교 고전교육의 목적지는 「세계 지성사의 이해」라고 하는 중핵교양 교과목의 개발 및 운영에 있다. 「명저읽기」가 개개의 고전들에 대한 미시적인 탐색을 목적으로 하는 교과목이라면, 「세계 지성사의 이해」는 그러한 고전과 고전, 사상과 사상, 인물과 인물, 사건과 사건, 제도와 제도들을 엮어 거시적인 안목에서 인류 문명이 어떻게 전개되어 왔는지를 이해할 수 있도록 하는 교과목이 될 것이다. 지성사 교육은 유럽이나 미국에서 널리 행해지고 있음에 비해, 한국에서는 몇몇 대학의 전공 학과에서 간헐적으로 이루어지고 있을 뿐, 모든 대학생들을 대상으로 한 보편지성교육으로는 시행되지 않고 있다. 경희대학교 후마니타스칼리지에서 운영하는 중핵교과 교과목들이 이와 유사하다고 할 수 있으나, 실제 운영상에서는 여러 가지 어려움이 있는 것으로 알려져 있다. 단국대학교에서는 이와 같은 난관을 넘어서기 위한 기초 체력을 쌓는 일이

「명저읽기」 교과목의 다양한 개발이라고 여기고 있다. 그리고 이와 같은 기초체력 위에서 「세계 지성사의 이해」라는 넓은 세계로 학생들과 함께 나아가고자 한다. 고전에 대한 미시적 접근과 거시적 접근을 함께 시도함으로써 학생들이 큰 그림을 볼 줄 알고 그릴 수도 있게 하면서 또 동시에 아주 작은 세세한 부분까지도 공감하고 이해할 수 있는 인간으로 성장할 수 있도록 돕겠다는 것이다. 그 긴 여정에 관심과 격려, 질책과 조언을 고대한다.

참고문헌

1. 저서

손동현, 『대학교양교육론』, 철학과 현실사, 2019.

손승남, 『인문교양교육의 원형과 변용』, 교육과학사, 2011.

신득렬, 『위대한 대화—Robert M. Hutchins 연구—』, 계명대학교출판부, 2003.

앤드류 해커·클로디아 드라이퍼스, 김은하·박수련 역, 『비싼 대학』, 지식의날개, 2013.

앨런 블룸, 이원희 역, 『미국 정신의 종말』, 범양사출판부, 2013.

윌리엄 데레제위츠, 김선희 역, 『공부의 배신: 왜 하버드생은 바보가 되었나』, 도서 출판 다른, 2015.

윌리엄 J. 베넷·데이비드 와일졸, 이순영 역, 『대학은 가치가 있는가』, 문예출판사, 2014.

이탈로 칼비노, 이소연 역, 『왜 고전을 읽는가』, 민음사, 2008.

Michael S. Roth, *Beyond the University; Why Liberal Education Matters*, Yale University Press, 2015.

2. 논문·보고서

권순구, 「고전교육 성과측정도구 개발 및 타당화 연구」, 『교양교육연구』 14(3), 한국 교양교육학회, 2020.

_____, 『고전교육 성과측정 도구를 활용한 학생역량 분석』, 단국대학교 교양기초 교육연구소, 2021.

_____·윤승준, 「고전교육의 교육적 성과분석 연구—역량, 효능감, 흥미 변화를 중 심으로」, 『교양교육연구』 14(5), 한국교양교육학회, 2020.

김유미, 「「명저읽기」에서 질문생성을 위한 수업방법—그리스 비극 수업 사례를 중 심으로—」, 『인문 고전교육, 어떻게 할 것인가』, 단국대학교 교양기초교육 연구소, 2020.

김주언, 「LAC 교과목으로서 「명저읽기」 강좌의 방향 설정을 위한 모색」, 『교양교육연구』 13(4), 한국교양교육학회, 2019.

_____ 외, 「명저 읽기」, 『대학혁신지원사업 교과목[교육과정] 개발 정책연구결과
보고서』, 단국대학교 교양교육대학, 2019.

손승남, 「'위대한 저서(The Great Books)' 프로그램을 토대로 본 우리나라 대학 인문고
전교육의 방향 탐색」, 『교양교육연구』 7(4), 한국교양교육학회, 2013.

양승권, 「'전공 인정 교양과정'으로서 고전 읽기 프로그램—대구대학교의 '클라시
카 자유학'(Classica Liberal Arts)을 중심으로—」, 『변화의 시대, 지속가능한 교
양교육(Ⅰ)』, 한국교양교육학회 2019학년도 춘계학술대회 자료집, 2019.

윤승준, 「Liberal Education, 그 오래된 미래를 향하여—교양교육 혁신을 위한 단국대
학교의 도전—」, 『교양기초교육연구』 1(1), 단국대학교 교양기초교육연구
소, 2020.

이재현, 「'독서와 토론' 교육 10년의 역사와 전망」, 『사고와 표현』 2(2), 한국사고와
표현학회, 2009.

이현영, 「「명저읽기」 수업에서의 미시적 읽기 연구—『죄와 벌』을 중심으로—」, 『교
양교육연구』 14(4), 한국교양교육학회, 2020.

이황직, 「고전읽기를 통한 교양교육의 혁신 —숙명여대의 '인문학 독서토론' 강좌
를 중심으로—」, 『독서연구』 26, 한국독서학회, 2011.

임은희, 「교양강좌로 시작하는 "고전읽기 융합전공" 프로그램과 교수법」, 『변화의
시대, 지속가능한 교양교육(Ⅰ)』, 한국교양교육학회 2019학년도 춘계학술
대회 자료집, 2019.

정인모, 「교양교육과 고전 읽기」, 『독어교육』 39, 한국독어독문학교육학회, 2007.

조동성, 「소득 10만 달러를 달성하기 위한 국가전략과 대학의 미래」, 『대학교육』
198, 한국대학교육협의회, 2017.

Panayiotis Kanelos, An Ancient Approach to Education for the Post-Modern World, 『다시
기초로, 동서양 자유학예교육의 새로운 르네상스』, 2018년 한국교양교육
학회 국제학술대회 자료집, 2018.

3. 인터넷 자료

https://cms.dankook.ac.kr/web/rclass/-13

https://cms.dankook.ac.kr/web/rclass/-14

서울대학교
「독서세미나―고전에 길을 묻다」
운영 사례*

김광식

I. 들어가며

고전교육에 대한 관심이 뜨겁다. 그래서 여러 대학에서 앞다투어
고전교육을 하고 있다.[1] 서울대학교도 예외가 아니다. 이 글은 서울대

---

*   이 글은 다음 논문을 수정, 보완한 것이다. 김광식: 인성교육으로 니체의 『차라투스트
     라는 이렇게 말했다』 읽기―서울대학교 「독서세미나―고전에 길을 묻다」를 중심으
     로, 『교양기초교육연구』 1(2), 단국대학교 교양기초교육연구소, 2020.

1   우리나라 대학의 고전교육과 고전교육 연구 현황에 대해서는 이하준, 「인성함양을
     위한 고전교육의 방향 탐색」, 『교양교육연구』, 8(5), 한국교양교육학회, 2014와 김
     연숙, 「교양교육과 문학―경희대 "고전읽기―박경리 토지"를 중심으로」, 『단국대학
     교 교양기초교육연구소 제1회 학술대회 자료집』, 단국대학교 교양기초교육연구소,
     2020을 참조하라. 이하준은 2014년까지 한국대학 고전읽기교육의 현황과 현실에
     대해 자세히 이야기한다. 2014년 이후의 현황이 궁금한 이는 김연숙, 앞의 책을 참조
     하라. 김연숙은 경희대학교에서 진행하는 박경리의 토지를 읽는 문학 고전교육 사례
     를 중심으로 문학 고전교육을 통한 교양교육에 대해 이야기하기 전에 우리나라 대학
     의 고전교육과 고전교육 연구 현황에 대해 자세히 이야기한다.

기초교육원이 개발하여 개설하고 있는 서울대 교양 고전교육 「독서세미나—고전에 길을 묻다」(앞으로 「독서세미나」로 줄여 부르겠다)를 소개한다. 서울대 고전교육 일반이나 서울대 교양 고전교육 일반에 대한 소개가 아니다. 하지만 서울대 교양 고전교육의 한 모형을 엿볼 수 있을 것이다. 또한 「독서세미나」 프로그램 전체에 대한 소개보다 주로 니체 강좌를 소개한다.[2] 한식을 소개할 때 한식을 모두 소개하는 방식도 있지만 대표적인 음식 하나를 소개하는 방식도 있다. 뒤의 방식은 성급한 일반화의 잘못을 저지를 위험도 있지만 대표성만 잘 확보한다면 가장 빠르고 효과적인 방식일 수 있다.

이 교과목은 2015년에 선한 인재 양성 프로그램의 하나로 개발했다.[3] 고전교육을 선한 인재 양성의 효과적 수단 가운데 하나로 여겼기 때문이다.[4] 선한 인재 양성 프로그램은 성낙인 총장이 야심차게 추진한 프로그램이다. 서울대 교양 교육은 무엇보다 인성교육이 중요하다

---

2   「독서세미나」 프로그램 전체에 대한 소개는 박현희, 「인성함양을 위한 고전읽기교육의 운영 특성과 효과—서울대 「독서세미나—고전에 길을 묻다」 교과목을 중심으로」, 『교양교육연구』, 13(5), 한국교양교육학회, 2019를 참조하라. 프로그램 개발 목표와 운영 원리 및 방식, 운영 현황과 효과에 대해 자세히 알 수 있다.

3   고전교육의 목표는 다양하다. 정인모, 「고전 읽기와 교양교육」, 『단국대학교 교양기초교육연구소 제1회 학술대회 자료집』, 단국대학교 교양기초교육연구소, 2020에 따르면 고전교육은 첫째 선인들의 지혜와 혜안을 얻을 수 있고, 둘째 상상력과 정서적 심미적 쾌감을 느낄 수 있으며, 셋째 다양한 사고와 삶의 형태를 간접 체험하고 다른 이에 대한 이해의 폭을 넓힐 수 있으며, 넷째 다른 문화에 대한 이해를 넓힐 수 있고, 다섯째 의사소통 능력과 창의적 사고 능력을 키울 수 있다. 선한 인재 양성이라는 고전교육 목표는 세 번째에 해당될 듯하다.

4   물론 모든 고전교육이 곧 인성교육이 되는 것은 아니다. 인성교육 목적에 적합한 고전교육이 있다는 생각으로 프로그램을 추진하였다.

고 여겼기 때문이다. 「독서세미나」는 교양 선택 과목이고 계절 학기에만 개설한다. 정원은 25명이고 절대 평가 과목이다. 학기마다 5-11개 강좌를 개설하고 강좌마다 평균 11-32명이 신청한다. 강의평가는 평균 4.74로 매우 높다.[5] 지금까지 읽은 고전은 사마천의 『사기열전』, 『춘향전』, 공자의 『논어』, 톨스토이의 『안나 카레니나』, 호메로스의 『일리아스』와 『오디세이아』, 밀의 『자유론』, 아리스토텔레스의 『정치학』, 간디의 『자서전』, 도스토예프스키의 『카라마조프가의 형제들』, 괴테의 『파우스트』, 칸트의 『윤리형이상학의 정초』, 루소의 『고백론』, 맹자의 『맹자』, 세익스피어의 『햄릿』, 이광수의 『무정』, 니체의 『차라투스트라는 이렇게 말했다』, 플라톤의 『향연』, 프롬의 『사랑의 기술』, 기든스의 『현대성과 자아정체성』, 프로이트의 『꿈의 해석』, 플라톤의 『국가』 등 22권이다.

고백하건대 니체의 『차라투스트라는 이렇게 말했다』[6]는 대상으로 선정되지 못하다가 2017년에서야 선정되었다. 아마도 '선악의 저편'에 있어 인성교육에 '위험'하다고 보았기 때문일 거다. 그러나 그러한 우려는 아랑곳하지 않고 수강 신청은 27명, 30명, 44명으로 꾸준히 늘어

---

5   「독서세미나」 프로그램의 운영 및 평가에 대한 보다 더 자세한 내용은 서울대 기초교육원에서 발간한 보고서인 서울대 기초교육원, 「「독서세미나—고전에 길을 묻다」 제1차년도 「독서세미나」 운영 및 평가 보고서」, 서울대학교 기초교육원, 2016와 서울대 기초교육원, 「「독서세미나—고전에 길을 묻다」 제2차년도 「독서세미나」 운영 및 평가 보고서」, 서울대학교 기초교육원, 2017을 참조하라.

6   F. Nietzsche, *Also sprache Zarathustra*, Nikol Verlag, 2011. 영어 번역본은 F. Nietzsche, *Thus spoke Zarathustra*, Penguin Classic, 1978. 니체, F., 정동호 역, 『차라투스트라는 이렇게 말했다』, 책세상, 2000을 기본으로 삼고 다른 번역본도 허용했다.

지금은 「독서세미나」 강좌 가운데 니체 강좌가 단연 최고로 인기 있는 강좌의 하나가 되었다. '선악의 저편'에 있어 '위험'하다는 게 인기를 끈 가장 큰 이유였을까? 그렇다면 '선한 인재 양성'이라는 목표가 좌절되었음을 보여주는 것일까?

이 글은 먼저 「독서세미나」에서 니체의 『차라투스트라는 이렇게 말했다』를 왜 읽는지와 어떻게 읽는지를 소개한다. 그 다음에 책 선정 과정에서 논란이 되었던 문제를, 다시 말해 『차라투스트라는 이렇게 말했다』 읽기가 인성교육에 위험한지를 살펴본다. 마지막으로 학술대회에서 논평자에 의해 제기되었던 문제를, 다시 말해 『차라투스트라는 이렇게 말했다』 읽기가 배후에 사드를 숨기고 있는지를 살펴본다.

II. 왜 읽는가?

니체의 『차라투스트라는 이렇게 말했다』는 그의 사상이 완숙한 경지에 이른 1883-85년에 완성한, 니체 철학의 핵심을 모두 담은 대표작이다. 근대 사상의 틀과 전제를 근본적으로 반성하고 비판하는 이들이 사상의 원천으로 삼는 이 책은 '나는 누구인가?', '어떻게 살아야 하는가?'라는 삶의 중요한 문제를 '선과 악'이라는 이분법을 넘어서 '초인', '나를 넘어섬', '의지나 열정', '시기와 긍정', '웃음'이라는 열쇠 말을 중심으로 다루는 문제작이다.

요즘 젊은이들은 연애, 결혼, 출산을 포기한 삼포세대라고 부를 정도로 희망과 열정을 잃었다. 더 큰 문제는 그들이 자신감이나 자존감마저 잃었다는 것이다. 니체는 가장 나쁜 것은 자존감을 잃어버리고 무기력해지는 것이라고 한다. 나의 가치나 삶의 의미를 잃어버리면 우울증에 빠지거나 심지어 스스로 목숨을 끊거나 세상을 증오하는 범죄를 저지른다.

자기에 대한 긍지와 사랑이야말로 무기력하고 절망적이거나 시기심과 증오심에 가득 찬 병든 마음을 치유하고 이기적인 자기를 넘어서 베푸는 삶을 살도록 하는 바탕이 된다. 체념하거나 시기심에 사로잡히는 나를 의지나 열정으로 끊임없이 넘어서 자기를 긍정하고 창조하는 초인이 되라는 가르침은 무한경쟁으로 시기심과 증오심에 빠진 젊은 이들이 자신과 자신의 삶을 돌아보는 성찰의 기회를 제공할 것이다.

III. 어떻게 읽는가?

1. 성찰하는 태도로 읽기

고전은 대부분 문자 그대로 옛날 책이다.[7] 다시 말해 시대에 뒤떨어진 책이다. 수천 년 전, 수백 년 전, 수십 년 전에 지은, '시대에 뒤떨

---

7 고전이 무엇인가에 대한 이야기는 정인모, 앞의 책을 참조하라. 그는 고전을 "시대를 초월한 가치를 지니고 있고, 또 어느 시대에서나 해석을 새롭게 할 수 있는, 다시 말해 해석이 열려있는 작품"이라고 한다. 그의 정의에 따르면 현대의 책도 고전이 될 수 있다. 그런데 현대의 책은 시대를 초월한 가치를 지니고 있는지 가늠하기 어렵다. 아직 여러 시대를 거쳐보지 않았으니까. 그래서인지 사람들이 고전이라고 말하는 책은 대부분 옛날 책이다. 서울대 고전 100선을 보라.

어진' 책을 다시 읽어야 할 까닭이 있을까? 고전교육의 고민은 여기서부터 시작해야 한다. 학생들에게 '시대에 뒤떨어진' 책을 다시 읽어야 할 필요성을 깨닫게 하는 게 중요하다. 나는 첫 시간에 학생들에게 이렇게 말한다. "고전 읽기가 지금의 내 삶이나 우리 삶의 문제를 되짚어보거나 해결하는 데 도움이 되지 않는다면 그것은 단지 잘난 체할 자랑거리이거나 시간 낭비다." 그래서 문구 하나하나에 얽매여 지은이의 '의도'를 찾는 것을 목적으로 삼는 이른바 '훈고학적' 태도에서 벗어나기를 권한다. 고전은 목적이 아니라 수단일 뿐이다. 오히려 고전을 읽으며 내 삶이나 우리 삶의 문제나 태도를 되짚어보기를 권한다.[8]

2. 열쇠 찾기

그럼 구체적으로 어떻게 읽는가? 『차라투스트라는 이렇게 말했다』는 철학 전공자가 읽어도 어려운데 철학을 전공하지 않은 학생들이 읽기에 어렵지 않은가? 아무리 복잡한 자물쇠도 알맞은 열쇠가 있으면 쉽게 열린다. 니체는 자신의 철학을 열어 들여다볼 수 있는 열쇠를 만들어놓았다. 이 열쇠로 니체 철학의 모든 곳간을 샅샅이 열어볼 수는 없지만 적어도 핵심 곳간은 열어볼 수 있다. 『도덕의 계보』가 그 열쇠

---

8   고전을 읽으며 내 삶과 우리 삶에 비추어 성찰할 수 있는 문제를 찾는 고전교육 방법에 대해서는 김유미, 「명저읽기에서 질문생성을 위한 수업방법―그리스 비극 수업 사례를 중심으로」, 『단국대학교 교양기초교육연구소 제1회 학술대회 자료집』, 단국대학교 교양기초교육연구소, 2020을 참조하라. 그는 단국대학교에서 진행하는 그리스 비극 수업 사례를 중심으로 고전교육에서 질문생성을 위한 수업방법에 대해 자세히 이야기한다.

다.[9] 그렇다면 『차라투스트라는 이렇게 말했다』를 읽기 전에 『도덕의 계보』를 다 읽는가? 그럴 수는 없다. 노예의 도덕과 주인의 도덕을 이야기하는 필요한 핵심 부분만 간추려서 읽는다. 예를 들면 다음과 같은 부분들을 읽는다.

[1] 도덕에서의 노예 반란은 원한 자체가 창조적이 되고 가치를 낳게 될 때 시작된다. 이 원한은 실제적인 반응, 행위에 의한 반응을 포기하고, 오로지 상상의 복수를 통해서만 스스로 해가 없는 존재라고 여기는 사람들의 원한이다.

[2] 고귀한 모든 도덕이 자기 자신을 의기양양하게 긍정하는 것에서 생겨나는 것이라면, 노예 도덕은 처음부터 '밖에 있는 것', '다른 것', '자기가 아닌 것'을 부정한다. 그리고 이러한 부정이야말로 노예 도덕의 창조적인 행위인 것이다. 가치를 설정하는 시선을 이렇게 전도시키는 것—이렇게 시선을 자기 자신에게 되돌리는 대신 반드시 밖을 향하게 하는 것—은 실로 원한에 속한다.

[3] 노예 도덕이 발생하기 위해서는 언제나 먼저 대립하는 어떤 세계와 외부 세계가 필요하다. 생리적으로 말하자면 그것이 일반적으로 활동하기 위해서는 외부의 자극이 필요하다. 노예 도덕의 활동은 근본적으로 반작용이다.

[4] 고귀한 가치평가 방식에서 사정은 정반대다. 그것은 자발적으로 행동하고 성장한다, 그것은 자기 자신에게 더 감사하고 더 환호하는 긍정을 말하기 위해 자신의 대립물을 찾을 뿐이다. 그것의 부

---

9   F. Nietzsche, *Zur Genealogie der Moral*, Reclam Philipp, 1998. 한글 번역본은 니체, F., 김정현 역, 『선악의 저편. 도덕의 계보』, 책세상, 2002를 기본으로 이용한다.

정적인 개념인 '저급한', '천한', '나쁜'은 철저히 생명과 열정에 젖어 있는 고귀한 가치평가 방식의 긍정적인 근본 개념인 '우리 고귀한 자, 우리 선한 자, 우리 아름다운 자, 우리 행복한 자!'에 비하면 늦게 태어난 창백한 대조 이미지일 뿐이다.

[5] 고귀한 인간의 경우는 정반대다. 고귀한 인간은 '좋음'이라는 근본 개념을 먼저 자발적으로, 즉 자기 자신에게서 생각해내고, 거기에서 비로소 '나쁨'이라는 관념을 만들게 된다! 이 고귀한 기원을 지닌 '나쁨'과 끝없는 증오의 도가니에서 나온 저 '악함'을 비교해보자.

[6] 전자가 후에 만들어진 것이며 병렬적으로 나타나는 것이자, 일종의 보색이라면, 후자는 이에 반해 원형이며 시원이자 노예 도덕이라는 구상에서 나온 본래의 행위다.

[7] 겉으로 보기에 '좋음'이라는 개념에 대치된 '나쁨'과 '악함'이라는 두 개의 단어는 얼마나 다른가? 그러나 '좋음'이라는 개념은 같은 개념이 아니다. 오히려 원한 도덕이라는 의미에서 본래 누가 '악한' 자인가 하고 질문을 던져야 한다.

[8] 이에 대해 엄격하게 대답한다면 다음과 같다. 바로 이와는 다른 도덕에서의 '좋은 사람', 바로 고귀한 자, 강한 자, 지배자가 본래 악한 사람인데, 이는 단지 변색되고 해석이 뒤바뀌고 원한의 독기 어린 눈으로 관찰되었을 뿐이다.

[9] 여기에서 우리는 적어도 다음과 같은 한 가지 사실만은 부정하고 싶지 않다. '좋은 사람'을 단지 적대자로만 알았던 사람은 또한 악한 적대자 외에는 알지 못했다. … 서로 감시하고 질투하는 사람들은 … 자신들의 외부로 향하여 자신들과 다른 낯선 이방인들을 만나면 그들이 고삐 풀린 맹수보다 나을 것이 없는 존재들로 보인

다.

[10] [하지만] 그들은 모든 사회적 구속에서 벗어나 자유를 즐기는 자들이다. … 그들은 즐거움에 찬 괴물로서 맹수적 양심의 순진함으로 되돌아간다. 그것은 마치 학생들의 장난과 같으며, 그들은 시인들이 오랜만에 노래를 부르고 기릴 수 있는 것을 가졌다고 확신한다.

[11] 이러한 모든 고귀한 종족의 바탕에 있는 맹수를, 곧 먹잇감과 승리를 갈구하며 방황하는 화려한 금발의 야수를 [악한 적대자로] 오해해서는 안 된다. 이러한 숨겨진 바탕은 때때로 발산될 필요가 있다. 짐승은 다시 풀려나 황야로 돌아가야만 한다. 로마, 아라비아, 독일, 일본의 귀족, 호메로스의 영웅들, 스칸디나비아의 해적들은 이러한 욕망을 지니고 있는 점에서 모두 같다. 고귀한 종족이란 그들이 지나간 모든 자취에 '야만인'이라는 개념을 남겨놓은 자들이다. ….

[12] '인간'이라는 맹수를 온순하고 개화된 동물, 곧 가축으로 길들이는 데 모든 문화의 의미가 있다는 것이 어찌 되었든 오늘날 진리로 믿어지고 있는데, 만일 이것이 진실이라면, 고귀한 종족과 그들의 이상을 결국 모욕하고 제압하게 된 저 반응 본능과 원한 본능은 모두 의심할 여지없이 본래의 문화의 도구라고 보아야만 할 것이다. …. [이것은] 인류의 퇴보다. 이러한 '문화의 도구'는 인류의 치욕이며, '문화' 일반에 대한 의심이며 반론인 것이다! 사람들이 고귀한 종족의 바탕에 있는 금발의 야수에 대한 두려움에서 벗어나지 못하고 경계하게 되는 것은 지극히 당연한 일이 될 수 있다. ….

[13] 결론을 내려 보자. '좋음과 나쁨', '선과 악'이라는 두 개의 대립되

는 가치는 이 지상에서 수천 년간 지속되는 무서운 싸움을 해왔던 것이다. 그리고 또한 두 번째 가치가 확실히 오랫동안 우세하게 지배했다고 해도, 지금까지도 승패를 결정하지 못한 채 싸움이 계속되는 곳이 없는 것도 아니다.

이것들을 읽기만 하면 학생들이 곳간을 열어볼 열쇠를 찾을 수 있는가? 백짓장도 맞들면 낫다고 하지 않는가? 모둠끼리 토론으로 집단지성을 발휘한다. 모둠 토론이 끝나면 모둠마다 찾은 열쇠를 전체 토론으로 비교해본다. 이 두 단계를 거치며 집단지성을 발휘하면 대체로 곳간을 열만한 모양을 갖춘다. 물론 아직 서툴고 거칠다. 마지막으로 교수자가 서툴고 거친 모서리를 다듬어준다. 물론 모든 모서리를 다 매끈하게 다듬어주지는 않는다. 앞으로 책을 읽으며 스스로 다듬을 부분을 남겨둔다. 그냥 남겨두는 게 아니라 이런저런 부분이 앞으로 다듬어야 할 부분이라는 것을 말해준다.

물론 열쇠를 찾는 데 도움이 되는 책도 알려준다. 고병권의 『니체의 위험한 책, 차라투스트라는 이렇게 말했다』와 박찬국의 『초인수업』과 김광식의 『김광석과 철학하기』를 일러준다. 고병권의 책[10] 앞부분에 있는 니체의 삶과 철학, 니체 이후의 니체 등은 『차라투스트라는 이렇게 말했다』의 일반적 배경을 이해하는 데 큰 도움을 준다. 그 책의 핵심 내용을 신, 창조, 사랑, 우정, 신체, 자아, 전쟁, 우상, 여성, 웃음, 영원회귀, 변신, 초인 등의 열쇠 말을 중심으로 소개하는 부분은 난수표 같이

---

10   고병권, 『니체의 위험한 책, 차라투스트라는 이렇게 말했다』, 그린비, 2003

보이는 책을 친절하게 안내하는 솜씨 있는 가이드 역할을 충실히 한다. 마지막에 덧붙인 고도, 계절, 하루 중 시간, 동물 등에 대한 가이드는 책을 입체적으로 읽도록 도와준다.

박찬국의 책[11]은 니체 철학을 '나는 어떻게 살아야 할까?'와 관련된 10가지 물음을 중심으로 알기 쉽게 소개한다. 고통, 무의미, 절망, 갈등, 신앙, 신념, 예술, 죽음, 개성, 자기 넘어섬과 같은 열쇠 말로 삶의 벽에 부딪혔을 때 니체에게 묻고 싶은 것들에 대한 니체의 답을 풀어낸다. 『차라투스트라는 이렇게 말했다』라는 정글에 안내자 없이 홀로 들어섰다가는 길을 잃기 쉽다. 그 책을 『초인수업』을 안내자 삼아 우리 삶에서 부딪히는 물음을 중심으로 읽어간다면 훨씬 더 이해하기 쉬울 것이다.

김광식의 책[12]은 철학사에서 중요한 철학들을 김광석의 노래를 통해 소개한다. 니체 철학을 다루는 부분은 『차라투스트라는 이렇게 말했다』를 이해하는 데 중요한 니체 철학의 핵심을 『도덕계보학』을 중심으로 알기 쉽게 소개한다. 아울러 김광석의 노래 〈슬픈 노래〉를 통해 니체 철학을 일상의 문제에 적용하여 삶의 크고 작은 문제를 해결하는 데 도움을 준다. 고전으로 자신의 삶을 돌아보고 내다보는 〈나의 삶〉이라는 에세이를 쓰는 데 큰 도움을 줄 것이다.

---

11   박찬국, 『초인수업』, 21세기북스, 2014
12   김광식, 『김광석과 철학하기』, 김영사, 2016

3. 소감 나누기

열쇠를 손에 넣으면 이제 곳간을 열어봐야 한다. 정말 열리는지 살펴봐야 한다. 수업마다 학생들은 이 열쇠를 가지고 책을 읽어온다. 중요문장에 밑줄을 긋고 논평 메모를 하며 미리 읽어온다. 어떻게 읽었는지 A4 반쪽 정도로 짧은 소감문[13]을 써와서 이야기를 나눈다. 인상깊은 부분을 인용하고, 그 부분을 자신의 열쇠로 어떻게 열었는지 자기 나름의 방식으로 이해한 것을 이야기한다. 그 다음에 그러한 이해를 바탕으로 내 삶이나 우리의 삶에 비추어보고 왜 인상 깊었는지, 어떻게 인상 깊었는지, 그래서 어떤 생각을 했는지에 대해 이야기한다. 처음에는 구체적으로 내 삶이나 우리의 삶에 비추어보기보다 일반적으로 어떻게 이해했는지와 그것에 대해 어떻게 생각하는지에 대해 이야기하는 학생이 많았다. 그러면 교수자는 그것과 관련된 구체적인 자기 경험이 있는지를 물었다. 그러한 질문이 거듭되면서 소감문은 점차 구체적인 이야기들이 많아졌다.

4. 발제하기

소감문 나누기가 끝나면 지정된 모둠(4-5명)이 20분 동안 PPT로 발

---

13   소감문은 완독을 돕는 도우미의 역할도 한다. 다른 「독서세미나」 강좌들은 완독을 강제하기 위해 쪽지 시험을 보기도 한다. 쪽지 시험은 완독을 강제하는 뛰어난 효과가 있지만 고전 읽기를 나와 우리의 삶을 돌아보는 일보다 정보를 얻는 데 힘을 쏟게 하는 단점이 있다.

췌한 핵심 내용을 함께 읽으며 해설하고 나와 우리 삶에 비추어 비판하고 평가한다. 텍스트의 맥락에 따른 읽기가 씨줄이라면, 삶의 맥락에 따른 읽기가 날줄이다. 이 두 맥락에 고루 따라야지 어느 한쪽에 쏠릴 때 고전 읽기는 실패한다는 것을 힘주어 말한다. 그러한 점에서 모둠 발표는 개인 소감문 발표의 집단 버전인 셈이다. 발표 준비뿐만 아니라 발표도 한두 명이 도맡아서 하기보다 모두가 참여하길 권장한다. 대학 생활 내내 발표 한번 해보지 못하고 졸업하는 학생들이 많기 때문이다. 발표 울렁증은 발표에 대한 큰 부담에서 비롯된다. 부담을 여럿이 나누어 진다면 발표 울렁증도 줄어들 것이다.

5. 짝 토론하기

발표를 맡은 모둠은 강의계획서에 제안된 주제를 참조하여 토론주제를 제안한다. 강의계획서에서 제안한 토론주제들은 다음과 같다.

[표 1] 토론주제

탐구주제 1: 의무와 자유	• 낙타, 사자, 어린이 가운데 어느 삶을 살 것인가? • 해야 할 일과 원하는 일 가운데 어느 것을 할 것인가?
탐구주제 2: 연민과 사랑	• 연민은 수치심을 불러일으키는가? • 이웃사랑에 대한 대가는 이웃 아닌 이들이 치르는가?
탐구주제 3: 정의와 선	• 정의의 본질은 앙갚음인가? • 최고의 선은 자기를 넘어서는 선인가?
탐구주제 4: 구원과 창조	• 구원은 원래의 상태로 되돌리는 게 아니라 새로운 상태로 창조하는 것인가?

탐구주제 5: 덕과 행복	• 이웃을 사랑하고 섬기는 게 덕이고 행복인가? • 이웃을 사랑하기에 앞서 자기를 사랑할 줄 아는 게 덕이고 행복인가?
탐구주제 6: 선과 악	• 창조하는 자가 아니면 무엇이 선이고 악인지 모르는가? • 초인은 선과 악의 저편에 있는가?
탐구주제 7: 지식과 행복	• 모든 것은 한결같고 행복은 존재하지 않는가? • 세상은 무의미하고 지식은 우리의 목을 조르는가?
탐구주제 8: 웃음과 행복	• 사람에게 위대한 것이 있다면 과정이요 몰락인가? • 큰일을 이루지 못했다고 실패한 것인가? • 웃음을 배울 필요가 있는가?

실제로 학생들은 강의계획서의 주제들을 참조는 하지만 자신들 나름의 다양한 주제들을 제안한다. 토론이 텍스트와 동떨어져 이루어지는 위험을 줄이기 위해 반드시 관련 텍스트를 제시하게 한다. 또한 토론이 일반적이고 추상적인 차원에 머무는 위험을 줄이기 위해 토론주제를 제안할 때 구체적인 사례도 두세 가지 제시하길 권장한다. 예를 들어 학생들이 제안한 토론주제는 다음과 같다.

정신이 사자로 변한다. 정신은 이제 자유를 쟁취하여 그 자신의 사막의 주인이 되고자 한다. [⋯] 정신이 더 이상 주인 또는 신이라고 부르기를 마다하는 거대한 용의 정체는 무엇인가? "너는 마땅히 해야 한다." 그것이 그 거대한 용의 이름이다. 그러나 사자의 정신은 "나는 하고자 한다."고 말한다.

　　　　　　　-니체, 「세 변화에 대하여」, 『차라투스트라는 이렇게 말했다』

토론주제: 내가 하고자 하는 것이 옳다는 근거는 무엇인가?

사례1: 히틀러는 '해야 한다.'가 아니라 '나는 하고자 한다.'에 따라 산 인물 같이 보인다. 하지만 자신의 '하고자 하는' 신념으로 유대인을 대량 학살한 히틀러의 삶은 옳지 않아 보인다. 니체 철학에 따르면 히틀러의 삶이 옳지 않다는 근거는 무엇인가?

사례2: 예수는 '해야 한다.'가 아니라 '나는 하고자 한다.'에 따라 산 인물 같이 보인다. 자신의 '하고자 하는' 신념으로 가난한 이는 복이 있다고 가르치며 가난한 이들을 도와주다 결국 그들을 위해 십자가를 진 예수의 삶은 옳아 보인다. 니체 철학에 따르면 예수의 삶이 옳다는 근거는 무엇인가?

토론주제가 제안되면 두 명씩 짝을 지어 토론을 한다. 4-5명의 모둠끼리 토론을 하지 않고 짝 토론을 하면 다양한 생각을 나눌 수 없다는 단점은 있지만 토론에서 소외되는 이 없이 모두 토론에 참여할 수 있고 보다 더 진솔하고 깊은 이야기를 서로 나눌 수 있다. 실제로 친구를 괴롭히고 폭력을 행사한 이야기, 친구들에게 괴롭힘을 당하고 폭력을 당한 이야기, 아버지에게 맞으며 자란 이야기 등 누구에게도 털어놓지 않고 마음 깊숙이 숨겨놓았던 이야기들을 한 경우가 많다. 짝은 매번 돌아가며 바꾼다. 수업이 끝날 때쯤이면 많이 이들과 짝을 이루어 토론을 하게 된다. 마지막 수업에서 소감을 말할 때 인상 깊었던 짝 토론에 대해 이야기하는 이들이 많다. 짝 토론이 끝나면 짝마다 토론한 내용을 전체 수강생에게 발표하고 함께 토론하고 교수자는 총평으로 마무리한다.

6. 영화 보기

『차라투스트라는 이렇게 말했다』는 4부로 이루어져 있는데 2부가 끝날 때쯤 니체 철학을 바탕으로 만든 영화 〈토리노의 말〉[14]을 보고 그 속에 담긴 니체 철학을 살펴보고 반복적 삶과 초월에 대해 성찰해본다. 영화도 텍스트 읽을 때와 마찬가지로 보고 나서 어떻게 보았는지 A4 반쪽 정도로 짧은 소감문을 써와서 이야기를 나눈다. 인상 깊은 대사나 장면을 인용하고, 그 부분을 자신의 열쇠로 어떻게 열었는지 자기 나름의 방식으로 이해한 것을 이야기한다. 그 다음에 그러한 이해를 바탕으로 내 삶이나 우리의 삶에 비추어보고 왜 인상 깊었는지, 어떻게 인상 깊었는지, 그래서 어떤 생각을 했는지에 대해 이야기한다.

〈토리노의 말〉은 가난한 시골 집안의 아버지와 딸이 매일 반복된 삶을 살아가는 모습을 영화 내내 보여준다. 일어나서 옷 입고 물을 길어와 감자를 찌고 찐 감자를 손으로 으깨어 먹고 먹이를 거부하는 말에게 먹이를 주고 의자에 앉아서 창문으로 거세게 불어대는 흙바람을 보고 있고 저녁이 되면 옷을 벗고 호롱불을 끄고 잔다. 그들의 삶은 과연 초인의 삶인가? 그렇다면 그들은 과연 그들 자신의 무엇을 넘어선단 말인가? 반복된 삶을 살면서도 끊임없이 새롭게 자신을 넘어서는 삶을 살 수 있는가? 누군가가 죽기 전에 매일 반복되는 똑같은 삶을 한 번 더 살 수 있게 해준다면 살 것인가? 똑같은 삶이 반복되는 영원회귀

---

14   *A Torinoi Lo(The Turin Horse)*. B. Tarr. 2011. 한국에서는 〈토리노의 말〉이란 제목으로 상영하였다. 〈토리노의 말〉, 벨라 타르. (재)전주국제영화제조직위원회, 2012. 참조.

와 늘 새롭게 넘어서는 초인의 삶이 어떻게 어울릴 수 있는가? 등에 대해 짝을 지어 이야기를 나눈다. 짝 토론이 끝나면 짝마다 토론한 내용을 전체 수강생에게 발표하고 함께 토론하고 교수자는 총평으로 마무리한다.

7. 에세이 쓰기

마지막으로 책을 읽고 난 뒤 가장 인상 깊었던 내용을 나의 삶에 적용하여 시기와 긍정이라는 열쇠 말로, 나는 누구였는지, 나는 어떻게 살아왔는지를 돌아보고 내가 누구면 좋을지, 나는 어떻게 살고 싶은지를 내다보는 A4 2-5쪽 분량의 에세이를 써서 발표하고 생각을 나누는 시간을 갖는다. 이 에세이를 eTL에 올리고, 지정된 학생들이 비평을 댓글로 달고, 수업시간에 발표하고 토론한다. 토론을 참조하여 수업 후 수정하여 eTL에 제출한다. 이 에세이는 수업의 마무리이자 결실이며 꽃이다.

첫 시간에 이 수업은 니체 철학을 바탕으로 자신이 어떻게 살아왔으며 어떻게 살 것인지를 진솔하게 자기에게 이야기하는 고해성사라고 말한다. 더 괜찮은 자기로 성장하고 그럼으로써 행복하려면 진솔한 자기 고백만큼 중요한 것은 없다고 말한다. 처음에는 겉돌다 누군가 진솔한 이야기를 내놓으면 실제로 제출한 에세이를 넘어 진솔한 자기 이야기를 술술 내놓는다. 당연히 그러다 보면 울음도 절로 나온다. 누구 하나 우는 것을 부끄러워하지 않는다. 울음이 북받쳐 말을 잇기 힘들 정도가 되기도 하지만 아무도 불편해하지 않고 가만히 기다려준다. 아버지에게 매를 맞고 자라 자신은 아이를 낳지 않겠다는 다짐을 했다는 이야기를 털어놓으며 엉엉 소리 내어 운다. 듣는 이들도 같이 운다. 다 울고 나서 다 같이 행복하게 웃는다. 내가, 그리고 우리가 이 수업을 사랑하는 이유다. 영혼을 치유하고 싶으면 이 수업을 들으라는 친구의 말에 끌려 수업을 듣게 되었다는 학생들이 많은 이유다. 그 학생이 제출한 에세이의 일부다.

진정, 나는 연민의 정이란 것을 베풂으로써 복을 느끼는, 저 자비롭다는 자들을 좋아하지 않는다. 저들에게는 너무나 수치심이 없다.
-니체, 「연민의 정이 깊은 자들에 대하여」,
『차라투스트라는 이렇게 말했다』

내 삶은 자기연민의 연속이었다. 세미나를 진행하면서 머리가 시키는 일과 가슴이 시키는 일이 일치하지 않을 때에 관해 얘기를 나눴었는데, 나의 경우 스스로를 사랑하는 일에 있어 그 갈등의 골이 더없이 깊다. 머리로는 나 자신을 사랑해야 한다고 계속 되뇌이지만, 진심에는 경멸만이 있었다. 인생에 대한 고민을 가장 심각하게 한다는 '그' 시기, 질풍노도의 중학생 시절에 나도 자살이라는 것을 고민해 본 적이 있었다. 아예 내 삶이 통째로 뒤바뀌지 않는 한 나는 내가 경멸하는 나로부터 벗어날 수 없을 것이라 생각했다. 그런 말도 안 되는 어린 생각에서 벗어나 아직까지 살아온 것도 그다지 나를 긍정할 수 있었기 때문은 아니었다. 차라투스트라가 부정하는 타인에 대한 연민, 그것이 되려 나를 붙잡았다. '내가 죽으면 나 하나에 노후 준비 올인한 우리 엄마는 어떻게 살지?'라는 생각이 나를 살게 했다. 내 삶의

근거는 내가 아닌 외부에 있었다. [⋯.]

『차라투스트라는 이렇게 말했다』는 자기연민에 허우적대는 내 뺨을 때려 정신이 들게 했다. 네가 뭐가 불쌍하냐며, 잘난 척하지 말고 똑바로 살라며 잔소리했다. 혼자 갖잖은 회의주의에 빠져 스스로를 연민하는 꼴이 마치 자기가 크나큰 깨우침을 얻은 현인인 양 착각하는 것 같다며 조롱했다. 또 스스로를 먼저 사랑하지 않으면 그 누군가에게 주는 어떤 사랑도 의존도 진정한 것이 아니라고, 네가 진실한 관계에 목말라하는 것은 결국 네가 초래한 일이라고 호통쳤다. 차라투스트라의 자비 없는 충격요법이 나에게는 꽤나 효과가 있었다.

앞으로 나는 생각 없이 걸어가던 이 내리막길을 도움닫기 삼아 나를 극복하고자 한다. 비록 중력의 정령과 오랜 자기연민의 늪이 계속해서 나를 끌어내릴지라도, 끝내 나 이 아래로부터 벗어나지 못할지라도, 계속 뛰어보고자 한다. 그 과정과 의지 자체가 결국 나의 극복이니.

우선 그 어떤 나라도 사랑해야겠다. 나는 언제나 사랑스러운 사람들을 동경해왔고 나 또한 그들을 닮아가길 바라왔다. 그러기 위해서 나는 나를 변화시키고, '열등한 나를 극복'하려 해왔다. 이는 차라투스트라가 말하는 진정한 의미의 극복이 아니었다. 자기를 부정하고, 경멸스러운 자신으로부터 벗어나려는 탈선행위에 지나지 않았다. 이와 달리 자기를 연민하지 않는 이는 스스로에게 또한 야전침상과 같은 벗이 되어 발걸음을 내딛게 한다. 이가 결국 나의 문제를 해결하는 데 이르지 못하더라도 그러한 발걸음을 내딛고 과정을 인내하고자 하는 용기 자체를 사랑할 것이다.

-학생 글

덧붙이자면 수업 내내 썼던 모두의 글들을 모아 전자책을 만든다. 니체의 책을 읽으며 니체를 넘어 우리만의 책을 쓴다고 할까. 제목은 "나는 이렇게 말했다"다. 모두 2부로 이루어지는데, 1부 "나는 이렇게 읽었다"는 소감문들을 모으고 2부 "나는 이렇게 말했다"는 에세이를 모은다. 학기가 끝날 때 교수자가 학생들에게 선물로 준다.

> 너희가 모두 나를 부인하고 나서야 나 다시 너희에게 돌아오리라. 진실로, 나는 지금과는 다른 눈으로 내가 잃은 자들을 찾아 나설 것이다. 형제들이여, 그러고 나서 지금과는 다른 사랑으로 너희를 사랑할 것이다.
> -니체, 「베푸는 덕에 대하여」, 『차라투스트라는 이렇게 말했다』

IV. 인성교육에 위험할까?

앞에서 고해성사 했듯이 『차라투스트라는 이렇게 말했다』 읽기는 처음에 「독서세미나」 대상으로 선정되지 못했다. 아마도 선악의 저편에 있어 위험하다는 게 큰 이유였을 게다. 『차라투스트라는 이렇게 말했다』 읽기는 정말 인성교육에 위험할까? 처음부터 '해야 한다'가 아니라 '하고자 한다'를 강조하니 '해야 한다'는 순한 길들여진 마음가짐을 지니는 '인성'을 기르고자 하는 인성교육에는 위험하긴 하다. 하지만 순하고 길들여진 사람의 성품이 우리가 길러야 하는 바람직한 사람의 성품일까? 베풀어야 하기 때문에 베푸는 사람의 성품과 베풀고 싶어 베푸는 사람의 성품 가운데 어떤 성품이 더 바람직할까? 도덕의 노예가 된 사람의 성품과 도덕의 주인이 된 사람의 성품 가운데 어떤 성품이 더 바람직할까?

시기심에서 비롯된 노예의 도덕은 도덕의 노예가 되게 만들기 십상이고, 자긍심에서 비롯된 주인의 도덕은 도덕의 주인이 되게 만들 가능성이 많다. 생각하는 수학 교육이 인기다. 공식에 대해 생각하여 이해하지 않고 단순히 외워 문제를 풀게 하는 생각 없는 수학 교육과 달리 생각하는 수학 교육은 스스로 공식에 대해 생각하여 자기 나름의 방식으로 이해하여 문제를 풀게 한다. 심지어 공식을 만들기까지도 한다. 공식의 노예가 되지 않고 공식의 주인이 되는 수학 교육이다. 도덕 교육도 마찬가지다. 도덕의 노예가 되지 않고 도덕의 주인이 되도록 교육해야 한다.

시기심 대신 자긍심을 갖도록 가르치는 교육은 인성교육이 아닌가? 악한 마음 대신 선한 마음을 갖도록 가르치고자 하는 교육만 인성교육이라고 생각하는 이에게 그런 교육은 인성교육이라 할 수 없다. 자긍심은 선한 마음이 아니니까. 그렇다고 자긍심이 악한 마음도 아니다. 자긍심은 선악의 저편에 있다. 하지만 자긍심은 바람직한 사람의 성품이다. 바람직한 사람의 성품을 기르는 게 인성교육이라면 자긍심을 기르는 교육도 인성교육일 수 있다.

더 나아가 자긍심이 모자라 생기는 시기심은 남의 것을 빼앗아 차지하고 싶은 악한 마음을 낳기 쉽다. 자긍심이 넘쳐 시기심이 없는 사람은 남의 것을 빼앗아 차지하고 싶은 악한 마음이 들기 어렵다. 오히려 자긍심이 넘치는 사람은 기꺼이 베풀고 싶어 하는 선한 마음이 들기 쉽다. 심지어 자긍심이 넘치면 다른 사람들에 비해 턱없이 못 가진 이들조차 기꺼이 베풀고 싶어 한다. 고시를 준비하던 학생이 이 책을 읽고 고시를 그만두고 사회적 기업에서 일하고 싶다고 생각을 바꾼 학생도 있다. 시기심 때문에 고시를 준비했고 그래서 행복하지 않았다는 것을 깨달았기 때문이라고 했다. 시기심으로부터 해방되어 자긍심을 되찾는 순간 자신이 하고 싶은, 그래서 행복을 느끼는 일은 베푸는 일이라는 것을 깨달았다는 거다.

V. 사디즘일까?

『차라투스트라는 이렇게 말했다』 읽기는 기본적으로 시기심으로부터 벗어나 자긍심을 되찾는 자아를 성찰하는 수업이다. 『차라투스트라는 이렇게 말했다』를 읽는 이유를 말할 때 밝혔듯이, 요즘 젊은이들은 삼포세대라 부를 정도로 희망과 열정을 잃었다. 자신감이나 자존감마저 잃었다. 이 수업은 무기력하고 절망적이거나 시기심과 증오심에 가득 찬 병든 마음을 치유하고 자긍심을 되찾아 이기적인 마음을 넘어 베푸는 삶을 살도록 하고자 한다. 하지만 논평자는 『차라투스트라는 이렇게 말했다』 읽기 배후에 사드가 있지 않을까 아래와 같이 걱정을 한다.

오늘날 젊은이들이 자기를 긍정하는 이른바 실존의 미학 내지 윤리의 태도를 가지고 끊임없이 자신을 새롭게 창조하는 성찰적 삶을 살 수 있도록 가르쳐야 하는 것은 맞는 말이다. 하지만 문제는 그와 같은 당위의 힘보다 자기 긍정의 실존적 삶 대신 생존을 추구하며 살라는 외적 명령의 압박이 훨씬 크다는 데 있다. 오늘날의 청년들의 정서에서는 니체가 권하는 삶의 방식을 따르다가는 자칫 생존 경쟁에서 도태될지도 모른다는 불안이 먼저 엄습한다. 열정적 사랑에 빠지는 것도 위험하다고 여기며(과도한 감정과 시간 투자, 낭비) 사랑마저도 리스크 관리하듯이 차갑게 하고, 심지어 사랑보다 이른바 '썸'이 더 편하다고 하는 청년들 아니던가? 말하자면 니체가 말하는 자기 긍정과 실존의 미학 내지 윤리의 태도를 강조하는 것은 청년들에게는 자칫 마음에서 우러나지 않는데 당위적으로 그러한 태도를 가져야 한다고 강요하는 느낌을 줄 수 있다. 우리 교육자들의 입장에서는 대학생들이 그러한 태도를 가져야 한다고 가르치고 싶고 그들이 삶의 태도를 반성해보고 바꿨으면 하는 바람을 가지지만, 수용자들의 마음에서는 그 가르침이 고루한 인문주의적 교훈의 강요로 느껴질 수도 있다는 것이다. 마음에서는 우러나지 않는데 바깥에서 당위의 제시를 통해 학생들의 변화를 이끌어내고자 하니 그러한 교육은 자칫 강제적인 폭력처럼 체험될 수도 있다. 우리 교육자들은 '칸트의 배후가 바로 사드'라는 점을 놓치지 말아야 한다.[15]

그는 더 나아가 『차라투스트라는 이렇게 말했다』 읽기가 사디즘으로 체험되지 않는 방법도 일러준다. 시기심으로 무한경쟁에 휩싸인 자

---

15   김주환, 「"서울대 교양 고전교육 「독서세미나—고전에 길을 묻다」—니체의 『차라투스트라는 이렇게 말했다』 읽기를 중심으로"의 토론문」, 『단국대학교 교양기초교육연구소 제1회 학술대회 자료집』, 단국대학교 교양기초교육연구소, 2020

아를 성찰하는 데에만 머물지 않고 무한경쟁에 휩싸이게 만드는 사회
도 성찰하게 하는 거다. 그러면 "왜 우리에게 그 좋은 니체의 가르침이
멀게만 느껴지는지, 니체의 가르침대로 살기 위해서는 무엇이 필요한
지를 깨우칠 수 있게 될 것"이며 "자신의 삶이 조직되는 보다 넓은 힘
의 축들을 성찰할 수 있게 해주지 않을까"라고 말한다.

칸트의 배후에 사드가 있을 수 있듯이 니체의 배후에도 사드가 도
사릴 수 있다는 점에 동의한다. 시기심으로 무한경쟁에 휩싸인 자아를
성찰하는 데에만 머물지 않고 무한경쟁에 휩싸이게 만드는 사회도 성
찰하게 하면 『차라투스트라는 이렇게 말했다』 읽기가 사디즘으로 체험
되지 않을 수 있다는 데도 동의한다. 하지만 어떻게 읽느냐에 따라 『차
라투스트라는 이렇게 말했다』 읽기 배후에서 사드를 덜 느낄 수도 있
으며, 시기심으로 무한경쟁에 휩싸이게 만드는 사회도 성찰할 수 있다.
자아 성찰과 사회 성찰은 변증법적인 관계에 있다. 자아가 사회 속 존
재인 탓이다. 사회가 거세된 물들지 않은 순수한 자아란 없다. 자아를
제대로 성찰하려면 사회 밖으로 꺼낸 순수 자아가 아니라 사회 속 존재
로서 성찰해야 한다. 또한 자아 없는 사회도 있을 수 없다. 사회를 제대
로 성찰하려면 자아가 거세된 순수한 사회 자체가 아니라 자아로 이루
어진 사회를 성찰해야 한다.

놀랍게도 많은 학생들은 '배후의 사드'를 느끼는 자아를 메타적으
로 성찰함으로써 '배후의 사드'로부터 점차 벗어나 차라투스트라의 가
르침을 더 이상 사드적 폭력이 아닌 자기 구원의 축복으로 받아들인다.
수업이 끝날 때쯤이면 인생의 바이블을 찾았다고 고백하는 이들이 꽤
많다. 또한 놀랍게도 많은 학생들이 시기심으로 물든 자아를 비판적으

로 성찰할 때 대부분 자아를 그렇게 시기심으로 물들게 만든 무한 경쟁의 자본주의 사회에 대해서도 비판적으로 성찰할 줄 안다. 사회가 거세된 순수 자아가 아니라 사회 속 자아로 자아 성찰 교육을 제대로 하면 사드를 덜 느끼고, 사회에 대해서도 비판적으로 성찰하게 된다. 마찬가지로 사회 성찰 교육을 제대로 하면 자아에 대해서도 비판적으로 성찰하게 될 것이다.

VI. 나가며

이 글은 서울대 교양 고전교육 「독서세미나—고전에 길을 묻다」를 니체의 『차라투스트라는 이렇게 말했다』 읽기를 중심으로 소개하였다. 왜 그리고 어떻게 읽는가에 대해 이야기했다. 아울러 책 선정 과정에서 논란이 되었던 인성교육 적합성 문제와 학술대회 발표를 할 때 논평자가 제기한 '배후의 사드성' 문제에 대해서도 이야기했다.

왜 읽는가? 무한경쟁으로 시기심과 절망감이나 증오심에 빠진 젊은이들에게 시기심에 사로잡혀 체념하거나 미워하는 나를 의지나 열정으로 끊임없이 넘어서 자기를 긍정하고 창조하는 초인이 되라는 가르침으로 자신과 자신의 삶을 돌아보는 성찰의 기회를 제공하고 싶어서다.

그럼 어떻게 읽는가? 문구 하나하나에 얽매여 지은이의 '의도'를 찾는 것을 목적으로 삼는 이른바 '훈고학적' 태도에서 벗어나기를 권한다. 고전은 목적이 아니라 수단일 뿐이다. 고전을 읽으며 내 삶이나 우리 삶의 문제나 태도를 되짚어보게 한다.

인성교육에 적합한가? 이 책은 시기심 대신 자긍심을 갖도록 가르친다. 자긍심은 바람직한 사람의 성품이다. 바람직한 사람의 성품을 기르는 게 인성교육이라면 자긍심을 기르는 교육도 인성교육일 수 있다. 더 나아가 자긍심이 넘쳐 시기심이 없는 사람은 남의 것을 빼앗아 차지하고 싶은 악한 마음이 들기 어렵다. 오히려 기꺼이 베풀고 싶어 하는 선한 마음이 들기 쉽다.

배후의 사드는? 사드를 느끼게 만드는 사회에 대한 성찰 교육은? 배후에 사드가 있을 수 있다. 하지만 사회가 거세된 순수 자아가 아니라 사회 속 자아로 자아 성찰 교육을 제대로 하면 사드를 덜 느끼고, 사회에 대해서도 비판적으로 성찰하게 될 것이다.

『차라투스트라는 이렇게 말했다』 읽기는 성공했는가? 성공 여부는 선한 인재 양성이라는 목표에 비추어서 가늠할 수 있다. 학생들이 쓴 소감문 나누기와 에세이 발표로 미루어 짐작하건대 선한 인재는 모르겠으나 선할 수 있는 인재는 기른 것 같다. 펑펑 눈물을 쏟는 진솔한 고해성사와 사람답게 살아보겠다는 소박하지만 진지한 다짐이 그 증거다.

한계는 없는가? 무엇보다 계절 학기와 비대면 수업에서 오는 아쉬움이 크다. 계절학기는 주어진 시간이 짧아 몰아치듯 진행된다. 500쪽이 넘는 '철학' 책을 5주 만에 다 읽고 아홉 차례 소감문을 쓰고 에세이를 쓰는 일은 벅차다. 정규 학기에 읽는다면 그러한 부담을 덜 수 있을 것 같다. 수업의 주된 일은 고해성사다. 고해성사를 해본 이는 잘 알겠지만 얼굴을 직접 보고 하는 고해성사와 얼굴을 직접 보지 못하고 하는 고해성사는 하늘과 땅 차이다. 짝 토론에서 주로 진솔한 진국의 고해성사가 이루어지는데 얼굴을 직접 보지 못하는 상대에게 마음속 깊이 숨겨놓은 이야기를 꺼내놓기는 쉽지 않다. 하루빨리 코로나 사태가 진정되었으면 좋겠다.

모든 교육이 어렵겠지만 고전교육은 더욱 어렵다. 무엇보다 책 읽기를 싫어하며, 무한경쟁의 사회 현실에서 치열하게 살아남아야 하는 젊은이들에게는 더더욱 어렵다. 하지만 그것이 그들에게 큰 도움이 된다면 그들이 그 뒤에서 사드를 느낄지라도 고전을 만날 기회를 제공하려 노력해야 한다. 그럼 고전교육 어떻게 할 것인가? 실패하더라도 끊임없이 시도하라! 이것이 답일 듯하다. 책에 나오는 한 구절로 마무리한다.

> 그대들 모두는 실패하지 않았는가? 용기를 잃지 말라, 그게 무슨 문제라고! 얼마나 많은 것이 아직도 가능한가! 마땅한 방식으로 그대 자신들을 비웃어주는 법을 익히도록 하라!
> -니체, 「보다 지체 높은 인간에 대하여」,
> 『차라투스트라는 이렇게 말했다』

참고문헌

1. 저서

고병권, 『니체의 위험한 책, 차라투스트라는 이렇게 말했다』, 그린비, 2003.

김광식, 『김광석과 철학하기』, 김영사, 2016.

박찬국, 『초인수업』, 21세기북스, 2014.

니체, F., 정동호 역, 『차라투스트라는 이렇게 말했다』, 책세상, 2000.

＿＿＿＿, 김정현 역, 『선악의 저편. 도덕의 계보』, 책세상, 2002.

Nietzsche, F., *Also sprache Zarathustra,* Nikol Verlag, 2011.

＿＿＿＿＿＿, *Thus spoke Zarathustra*, Penguin Classic, 1978.

＿＿＿＿＿＿, *Zur Genealogie der Moral*, Reclam Philipp, 1998.

2. 논문

김연숙, 「교양교육과 문학—경희대 "고전읽기—박경리 토지"를 중심으로」, 『단국대학교 교양기초교육연구소 제1회 학술대회 자료집』, 단국대학교 교양기초교육연구소, 2020.

김유미, 「명저읽기에서 질문생성을 위한 수업방법—그리스 비극 수업 사례를 중심으로」, 『단국대학교 교양기초교육연구소 제1회 학술대회 자료집』, 단국대학교 교양기초교육연구소, 2020.

김주환, 「"서울대 교양 고전교육 「독서세미나—고전에 길을 묻다」—니체의 『차라투스트라는 이렇게 말했다』 읽기를 중심으로"의 토론문」, 『단국대학교 교양기초교육연구소 제1회 학술대회 자료집』, 단국대학교 교양기초교육연구소, 2020.

단국대학교 교양기초교육연구소, 『단국대학교 교양기초교육연구소 제1회 학술대회 자료집 "인문 고전교육, 어떻게 할 것인가"』, 단국대학교 교양기초교육연구소, 2020.

박현희, 「인성함양을 위한 고전읽기교육의 운영 특성과 효과—서울대 「독서세미나—고전에 길을 묻다」 교과목을 중심으로」, 『교양교육연구』, 13(5), 한국교양교육학회, 2019.

서울대 기초교육원, 『「독서세미나—고전에 길을 묻다」 제1차년도 「독서세미나」 운영 및 평가 보고서』, 서울대학교 기초교육원, 2016.

_____ , 『「독서세미나—고전에 길을 묻다」 제2차년도 「독서세미나」 운영 및 평가 보고서』, 서울대학교 기초교육원, 2017.

이하준, 「인성함양을 위한 고전교육의 방향 탐색」, 『교양교육연구』, 8(5), 한국교양교육학회, 2014.

정인모, 「고전 읽기와 교양교육」, 『단국대학교 교양기초교육연구소 제1회 학술대회 자료집』, 단국대학교 교양기초교육연구소, 2020.

3. 기타

벨라 타르., 〈토리노의 말〉, (재)전주국제영화제조직위원회, 2012.

Tarr, B., A *Torinoi Lo(The Turin Horse)*, 2011.

제2장

고전읽기 교육의 방법과 실제

구성주의 이론을 통한
대학 「명저읽기」 수업 모형 연구*
―최인훈의 『광장』을 중심으로

임선숙

Ⅰ. 서론

2000년대 이후 대학에서의 교양교육, 그중에서도 글쓰기 교육이 강화되어 왔다. 명칭은 다르지만 대부분의 대학에 교양교육대학이 설립되고, 글쓰기를 반드시 이수해야 하는 필수과목으로 개설하고 있다. 이는 여러 가지 이유가 있겠으나, 사회에서 요구하는 실용적 학문이 주를 이루게 된 것에 대한 일종의 반성적 의미인 인문학 교육 강화의 일환으로 볼 수 있다. 그리고 근자에 들어서 대학의 교양교육은 글쓰기 위주의 커리큘럼에서 읽기와 토론을 강화하는 방향으로 진행되고 있다. 이런 과목들은 주로 '명저읽기', '독서와 토론', 혹은 '고전 읽기와

---

*   이 글은 다음 논문을 수정, 보완한 것이다. 임선숙: 구성주의 이론을 통한 대학 「명저읽기」 수업 모형 연구, 『문화와 융합』 43(7), 한국문화융합학회, 2021.
이 연구는 2021학년도 단국대학교 대학연구비 지원으로 연구되었음.

글쓰기' 등으로 개설되고 있다.

단국대학교의 경우 기존에 있던 '교양교육대학'의 명칭을 2020년도에 '자유교양대학'으로 변경하고 'Liberal Education'을 목표로 '리버럴 아츠 칼리지(Liberal Arts College)', LAC를 출범했다.[1] LAC 교과목 중 하나가 「명저읽기」인데, 2019년 2학기에 몇 개의 「명저읽기」 강좌가 먼저 시범 강의로 개설되었고, 2020학년도 1학기 신입생들부터 필수교양 과목으로 지정되었다. 그리고 「명저읽기」 교과의 운영 성과를 바탕으로 2023년에는 「세계 지성사의 이해」를 교양필수과목으로 개설할 예정이어서 폭넓게 사고하는 교양인 양성을 목표로 교양교육이 강화되고 있다고 할 수 있다.[2]

하지만 공교롭게도 코로나19 팬데믹이라는 초유의 사태로 인해 「명저읽기」가 필수과목으로 개설된 첫 학기인 2020학년도 1학기 수업부터 2021학년도 1학기인 현재까지 온라인 강의로만 진행되고 있다. 특히 급작스럽게 일정이 변동된 2020학년도 1학기는 강의계획서 역시 불가피하게 수정할 수밖에 없었다. 그리고 한 학기 동안의 온라인 수업 경험과 새롭게 개비된 이러닝 시스템을 바탕으로 2020년 2학기부터는 비대면 수업에 맞게 보강된 강의계획서를 구성했다. 그리고 이에 따라 비대면 온라인 수업에서 「명저읽기」 교육목적에 부합하면서도 학생들의 텍스트 이해와 창의적인 사고를 효율적으로 이끌어 낼 수 있는 교육과정이 무엇인지 성찰이 필요했다.

---

1   윤승준, 「Liberal Education, 그 오래된 미래를 향하여— 교양교육 혁신을 위한 단국대학교의 도전」, 『교양기초교육연구』 1(1), 교양기초교육연구소, 2020, 55쪽.

2   김주언, 「LAC 교과목으로서 「명저읽기」 강좌의 방향 설정을 위한 모색」, 『교양교육연구』 13(4), 한국교양교육학회, 2019, 236쪽.

독서 토론의 목표는 주체적인 독서 활동을 통해서 텍스트를 이해하고 능동적으로 의미를 만들어가는 것이다. 또 학습자가 속해있는 사회문화적 맥락을 이해하고 지식을 함양하며 재생산할 수 있는 능력을 기르는 과정이라고 할 수 있다. 하지만 동일한 교과목이라고 해도 「명저읽기」의 교육 목표는 같을 수 없다. 「명저읽기」의 분야와 텍스트가 다양하기 때문이다. 단국대학교의 경우 2021학년도 1학기 죽전캠퍼스 기준으로 「명저읽기」는 '인문, 사회, 자연'으로 나뉘어서 총 35개 분반이 개설되었다. 그중 인문이 23개 분반으로 가장 많이 개설되었고, 사회가 8개 분반, 자연은 4개 분반이 개설되었다. 그리고 「명저읽기」는 각 분반마다 정해진 저자를 중심으로 텍스트를 선정하는데, 인문과학 영역은 '문학, 역사, 철학, 예술' 등의 영역을 포함하고 있다. 프로이트, 마르크스, 그리스 비극 등 몇몇을 제외하면 각 분반은 대부분 다른 저자들로 배분되어 있다. 예컨대, 인문 텍스트 문학 분반의 경우 박경리, 최인훈, 김훈 등의 한국 문학 작가를 비롯해서 괴테, 도스토옙스키, 밀란 쿤데라 등의 외국 문학 작가들도 배정되어있다. 그밖에 프로이트, 공자, 니체 등 동서양의 철학자, 심리학들이 포함되어 있다. 강의마다 특정 저자들이 정해져 있지만, 저서는 교수자 재량으로 선정할 수 있다.

한편 많은 대학들에서 '권장도서', '필독도서' 목록을 만들어서 학생들의 도서 선택을 돕고 있다. 단국대학교도 '단국대 권장도서 101'을 선정해서 학생들의 독서를 유도하고 있는데, 특히 「명저읽기」에 개설된 각 교과의 저자들은 대부분 단국대학교 권장도서 작가에 포함되어 있다. 따라서 「명저읽기」에서 텍스트를 선정하는 것은 어렵지 않은 작업일 수 있다. 중요한 것은 선정된 텍스트를 학생들에게 어떤 목표를 가지고 어떻게 교육하는가이다.

교육과정을 구성하기 위해 교수 학습 이론 중 구성주의 이론에 주목했다. 과정 중심의 교육은 일반적으로 '인지구성주의'와 '사회구성주의' 인식론을 기반으로 하고 있다. 인지구성주의는 개인의 선행지식과 신념 체계 등에 의해서 읽기의 의미구성이 상이하다고 한다. 반면 사회구성주의는 사회적 상호 관계를 의미구성의 가장 주요한 요소로 본다.[3] 하지만 읽기의 의미 구성은 개인적 역할과 사회적 역할의 통합에 의해서 이루어지기 때문에 개인의 역량과 사회와의 상호작용이 모두 텍스트의 의미구성에 중요하다고 할 수 있다. 본 논문에서는 구성주의 학습 이론에 착안해 학습자들이 문학 텍스트 이해를 바탕으로 사고를 확장할 수 있는 수업 과정을 구성하는 것을 목표로 했다.

근래 대학들에 「명저읽기」와 독서 토론 등과 같이 읽기 교과가 많이 개설된 만큼 이와 관련된 연구도 많이 이루어졌다. 변상출·박규준[4]은 '주제별 토론'이라는 '독서 토론' 수업에서 '교양 키워드 읽기'의 방법을 제안했다. 이를 위해 30개의 교양 키워드를 개발하고 각 분야 전문가들의 자문을 받아서 수업 모형을 제시했다. 이 논문은 각 계열별 학생들에게 부족한 교양 키워드를 중심으로 수업 모형을 모색했다는 데 의의가 있지만, 구체적인 수업 과정에 대해서는 제시하지 않았다. 손혜숙[5]은 사회-인지 교수학습 이론을 중심으로 '읽기, 쓰기, 듣기, 말

---

3   이경화, 『읽기 교육의 원리와 방법』, 박이정, 2001, 124-127쪽.

4   변상출·박규준, 「교양 키워드 읽기를 활용한 독서와 토론의 수업내용 연구」, 『교양교육연구』 7(5), 한국교양교육학회, 2013.

5   손혜숙, 「읽기 말하기 듣기 쓰기를 연계한 통합형 읽기 교육 방안 연구」, 『어문론집』 58, 중앙어문학회, 2014.

하기'가 통합된 구체적인 수업 모델을 제시하고 있다. 수업 모형으로 '독서카드 작성-발표 및 교수자와의 담화-토론-토론 보고서 및 서평 쓰기'를 제시함으로 통합교육을 지향했다. 이 논문은 사회-인지 이론을 적용해서 통합교육의 모형을 모색한 의의가 있으나, 인지발달의 과정 중심 수업 모델이 아닌 읽기 기능 중심이라고 할 수 있다. 김미란[6]은 구체적인 읽기 교육 프로그램 제공을 위해 '정서적, 윤리적, 수사학적, 논리적, 사회적 관점' 등 다섯 가지 방법을 활용한다. 그리고 이 다섯 가지 관점을 질문법과 연계해서 학생들의 사고를 유도했다. 이 논문은 다양한 관점에서 텍스트를 읽을 수 있도록 수업을 구성했다는 데 의의가 있지만, 인지적 수업 구성이 아닌 읽기와 쓰기의 통합적 수업 모델이라고 할 수 있다. 따라서 사회와의 소통을 통해 사고의 확산이 이루어지는 과정 중심의 읽기 수업 모델의 필요성이 제기된다.

이에 본 논문에서는 구성주의 이론을 활용해 문학 텍스트의 의미를 구성하는 과정 중심의 수업 모형을 제시하고, 이를 적용한 실제 수업 사례를 고찰할 것이다. 본 연구자는 「명저읽기: 인문」에서 문학 분야 최인훈 작가를 담당하고 있는데, 최인훈의 작품 중 패러디 작품들과 『광장』을 텍스트로 선정했다. 총 15주차 수업 중 중간고사 기간인 7주차를 기점으로 이전에는 패러디 소설과 희곡을 선정해 읽고 독서 노트와 서평을 작성하게 했고, 8주차부터 15주차까지는 최인훈의 『광장』을 중심으로 수업을 구성했다. 본 논문에서는 『광장』 수업 사례를 중심으로 논의할 것이다. 최인훈의 『광장』은 문학사적으로도 의미가 있는 작

---

6   김미란, 「다섯 가지 텍스트 해석 방법을 활용한 읽기 중심 교육 모형 개발」, 『리터러시 연구』 5, 한국리터러시학회, 2012.

품이다. 내용적으로는 반공 이데올로기가 강화되었던 냉전 시대에 남북한 이데올로기를 비판했으며, 형식적으로는 기존의 소설과 달리 모더니즘의 실험적인 방법을 소설에 형상화하고 있다. 그리고 인문사회계열 학생뿐 아니라 이공계열 학생들 모두에게 비교적 어렵지 않게 이해될 수 있는 문학 분야 도서이다. 연구 대상과 범위는 2020학년도 2학기, 2021학년도 1학기 단국대학교에 개설된 「명저읽기」 수업을 중심으로 할 것이다.

Ⅱ. 읽기 수업 구성의 이론적 고찰

대학 교육은 전문지식과 학문의 영역을 교육하는 것으로 인식되었지만, 근래에는 교양교육의 중요성이 부각되고 역량 중심의 교육으로 옮겨가고 있는 추세이다. 단국대학교의 경우 「명저읽기」 교과는 세 가지[7]

---

7   출처 : 단국대학교 홈페이지

핵심 가치	핵심역량	하위역량	역량 정의	역량구분	역량지수
혁신 (Discovery)	문제해결 (Deliberation)	분석력 창의력 종합적 사고력	문제의 본질을 정확하게 이해하고 정치하게 분석하여 창의적으로 해결할 수 있는 능력	주역량	40%
혁신 (Discovery)	전문지식 (Knowledge)	탐구 능력 논리적 사고력 전문지식/ 기술	전문적인 지식과 기술을 바탕으로 논리적으로 사고하고 탐구할 수 있는 능력	부역량	30%
능동 (self-Determination)	의사소통 (Articulation)	표현력 이해력 조정력	언어 또는 다른 매체를 활용하여 타인과 정확하면서도 효율적으로 소통할 수 있는 능력	부역량	30%

를 핵심역량으로 하고 있는데, '문제해결 역량', '전문지식 역량', '의사소통 역량'이 그것이다. 읽기 교과의 핵심역량과 문학 텍스트의 특성을 고려해서 본 연구 대상 「명저읽기」 교과는 수업목표를 다음과 같이 설정했다.

① 전문지식 역량 : 문학 텍스트 읽기를 통해 문학적 소양을 기를 수 있으며, 텍스트를 합리적으로 분석해 문학적 의미를 이끌어 낼 수 있다.

② 문제해결 역량 : 문학 텍스트를 통해 세계를 이해할 수 있으며, 자신과 사회에 대해 성찰할 수 있고, 사회의 문제에 유연하고 창의적으로 대처할 수 있는 사고를 기를 수 있다.

③ 의사소통 역량 : 문학 텍스트의 이해를 바탕으로 자신의 견해를 표현할 수 있으며, 타인의 의견에 대해서 평가하고 소통할 수 있다.

「명저읽기」 교과에서 요구하는 핵심역량과 목적에 맞는 수업을 구성하기 위해 본 논문은 구성주의 학습이론에 주목했다. 구성주의는 크게 둘로 나눌 수 있는데, 인지적 구성주의와 사회문화적 구성주의가 그것이다. 학습에 있어서 인지구성주의는 개인의 인지적 활동을 강조하고, 사회구성주의는 개인이 속해있는 사회와 문화적 맥락과의 상호작용을 강조한다. 이론으로는 상반되어 보이지만 수업 과정을 조직하는 데 두 이론이 중요한 전제가 될 수 있다. 인지구성주의는 수평적 교육과정, 즉 단계별 수업 과정을 구성하는 데 유용한데 학습자의 지식과 이해의 범위가 성장하고 발달할 수 있도록 읽기 과정을 구성할 수 있다. 또 사회

구성주의를 전제로 각 단계의 읽기를 수행하는 과정에서 사회문화적 맥락인 교수자 및 동료와 소통할 수 있도록 수직적으로 수업을 구성할 수 있다. 즉 수업 과정의 구성은 학생 개인의 사고 범위가 단계별로 성장할 수 있게 하면서도 사회와의 상호작용을 통해 이를 도울 수 있어야 한다.

읽기는 글을 읽는 일종의 행위, 즉 문자 읽기와 해독 등을 의미한다. 하지만 독서는 여기에서 더 나아가 견문의 확장, 교양교육 등의 책 읽기로 이해될 수 있으며, 독서 행위는 단순한 문자 해독과는 변별되는 과정이다. 독서는 글을 읽고 문자 해독하는 것을 넘어 텍스트의 상징적인 체계를 이해하고 자신을 성찰하며 세계를 이해하는 하나의 과정인 것이다. 이때 텍스트를 읽고 이해하는 것은 인지적 영역에 해당하는데, 텍스트에 제시된 사실적인 내용을 단순하게 이해하는 것부터 제시되지 않은 내용과 상징체계를 추리하는 것까지 독자를 둘러싼 사회문화와의 소통을 바탕으로 낮은 수준의 학습 목표에서 높은 수준의 학습 목표로 나아가는 과정이라고 할 수 있다. 따라서 읽기 교과는 인지발달이라는 학습 위계와 사회와의 소통을 전제로 독서 과정이 단계적으로 이루어질 수 있도록 수업이 구성되어야 한다.

인지 심리학자인 Piaget는 발달은 연속의 과정이고 다음 단계로 발전하기 위해서는 이전 단계의 성장이 전제되어야 한다고 한다. 그리고 정신적 작용은 연속적이며 지속적이기 때문에 각 단계는 위계를 이루어야 하며, 다음으로 진행될수록 더 정밀하고 통합적인 것으로 나아가야 한다고 한다.[8] 즉 학습 과정을 조직할 때 이전 단계보다 사고가 심화

---

8   Allan C. Ornstein, Francis P. Hunkins, 장인실 외 역, 『교육과정 : 기초, 원리, 쟁

될 수 있도록 점진적으로 구성해야 한다.

블룸(Bloom)의 학습이론은 읽기 교육과정 목표를 분류하고 조직하는 방법에 중요한 단서를 제공하고 있다. 지식발달과 관련된 인지적 영역에서 학습 목표 위계가 낮은 수준의 활동에서 높은 수준의 활동으로 나아가는 과정을 체계화 한 것이다. 인지 영역에서는 학습을 6단계로 유목화하는데 '지식, 이해, 적용, 분석, 평가, 창조'가 그것이다.[9] 기억은 텍스트의 구체적인 사실과 제시된 지식을 이해하는 것이며, 이해는 텍스트의 내용을 자신의 언어로 바꾸어 말할 수 있거나 요약하는 것이다. 적용은 학습한 것을 바탕으로 새로운 상황에 적용해 사고하는 것이며, 분석은 대상을 구성 요소로 나누고 그 관계를 이해하는 것이다. 평가는 대상의 가치와 의미를 판단하는 것이며, 창조는 이해하고 분석한 내용을 바탕으로 새로운 의미를 이끌어 내는 것이다. 즉 「명저읽기」는 텍스트를 학습자들이 읽고 이해하고 분석하고 평가해서 자신만의 새로운 의미를 만들어가는 과정이라고 할 수 있다.

한편 일반적인 읽기의 기능은 축어적 기능, 해석적 기능(추론적), 평가적 기능, 창조적 기능 등으로 나눌 수 있다.[10] 축어적 기능에서의 이해 수준은 글에서 명시적으로 제시되어 있는 개념이나 정보 등을 그대로 이해하는 것을 의미한다. 독서 과정에서 텍스트의 사실적인 내용을 이해하는 단계라고 할 수 있다. 수업 과제로 문학 텍스트를 읽고 내용을 요약하거나 인상적인 부분과 이유를 제시하는 것으로 구성할 수 있

점』, 학지사, 2007, 180-183쪽.

9   위의 책, 448-449쪽.

10   이경화, 앞의 책, 241쪽.

다. 다음 해석적 기능은 텍스트의 내용을 근거로 제시되지 않은 내용까지 추론해서 이해하고 분석하는 것을 말한다. 수업 과제는 텍스트에 내재된 의미와 상징적 의미 등을 분석하는 것으로 제시할 수 있는데, 이는 독서 노트를 쓰거나 발표 등으로 구성할 수 있다. 평가적 기능은 해석과 추론의 수준을 넘어서 글의 구조와 내용, 가치 등을 평가하고 판단하는 것을 의미한다. 이는 발표 수업과 연계할 수 있는데, 텍스트에 대한 평가와 더불어 발표 학생들의 텍스트 분석 내용에 대한 다른 학생들의 가치 판단을 포함할 수 있는 토론 수업으로 구성할 수 있다. 마지막으로 창조적 기능은 텍스트의 이해와 분석을 바탕으로 창의적인 의미를 구성하는 것이다. 수업 과제는 학생들이 텍스트를 읽고 스스로 만든 논제에 답하는 독서 노트 작성으로 구성할 수 있다. 블룸의 인지 영역이론에 읽기의 기능을 적용한 수업 모형을 정리하면 다음과 같다.

블룸의 인지 영역	읽기의 기능	수업 과제 사례
기억, 이해	축어적 기능	요약, 인상적인 부분 제시
적용, 분석, 평가	해석적 기능, 평가적 기능	발표 및 토론
창조	창조적 기능	논제 만들기 및 답하기

한편 사회구성주의자인 Vygotsky는 인지발달의 가능성에 대해서 개인이 혼자 학습하는 것보다 교수자나 동료와의 상호소통과 협조를 통해 지식발달의 범위가 더 넓어질 수 있다는 근접발달영역을 들었다.[11] 구성주의자들이 주장하는 읽기는 단순히 내용만을 파악하는 것이 아

---

11   강봉규·박성혜, 『새로운 교육과정』, 태영출판사, 2010, 89쪽.

니다. 학습자들이 학문 공동체 담화와 텍스트의 구조와 관련된 지식을 습득하는 것에 초점을 두는데, 이는 사회문화적 맥락과 상황 맥락 등을 고려하면서 텍스트의 의미를 재구성하는 것을 의미한다.[12] 이때 학습자들이 교류할 수 있는 근접발달영역은 담화 공동체의 지식, 동료 학습자, 교수자로 나눌 수 있다. 학습자들은 자신이 속한 담화 공동체가 추구하는 지식을 학습해서 익히고 동료 학습자들 그리고 전문가인 교수자와 소통할 수 있다. 학습자들은 자발적이고 능동적인 학습 참여와 이들과의 교류를 통해 텍스트의 의미를 이끌어 낼 수 있다.

따라서 수업 과정은 인지구성주의와 사회구성주의 이론을 바탕으로 크게 두 개의 축을 고려해 구성했다. 하나는 수평적 과정으로서 인지발달의 측면에서 텍스트의 내용 이해에서 심화 읽기와 창의적 읽기로 나아갈 수 있도록 구성했다. 다른 하나는 수직적 과정으로 사회구성주의 측면에서 각 단계별 과제에서 담화 공동체의 지식, 교수자와 동료 학습자와의 상호작용 측면을 고려해서 구성했다. 그 과정은 다음과 같다.

↑ 수직적 의미구성 과정 (사회구성주의)		교수자 평가	
		동료 평가	교수자 평가
		선행지식	동료 평가
	요약, 인상적인 부분	발표 및 토론하기	논제 만들기 및 답하기
	축어적 읽기	해석적, 평가적 읽기	창의적 읽기
		수평적 읽기 과정 → (인지구성주의)	

---

12   김미란, 앞의 책, 72쪽.

Ⅲ. 읽기 교육과정과 수업 사례

최인훈 『광장』에 대한 읽기는 총 15주차 수업 중 7주의 수업으로 구성했다. 중간고사 기간인 7주차를 기점으로 이전 수업은 최인훈의 패러디 소설과 희곡을 중심으로 수업을 구성했고, 중간고사 이후에는 최인훈의 『광장』 읽기로 구성했다. 강의계획서는 다음과 같다.

주차	교재	강의내용	연구과제
8	최인훈 『광장』	『광장』을 위한 사회 읽기 (강의) 소설의 요소 (강의)	
9		『광장』 발표 및 토론 1 (처음-71쪽)	인상적인 부분과 이유
10		『광장』 발표 및 토론 2 (71-119쪽)	인상적인 부분과 이유
11		『광장』 발표 및 토론 3 (120-171쪽)	인상적인 부분과 이유
12		『광장』 발표 및 토론 4 (172-끝)	인상적인 부분과 이유, 『광장』 논제 만들기
13		『광장』 심화 읽기 (강의)	독서노트 작성 2 (논제 내용 작성)
14		독서노트 피드백	
15		기말고사	최인훈 『광장』 서평 쓰기

1. 요약을 통한 축어적 읽기

축어적 읽기는 텍스트를 읽고 이해하는 것인데, 학습자들이 텍스트에 제시된 내용을 파악하고 사실관계를 인지하는 단계이다. 이는 내용 요약 등의 과제로 수행될 수 있다. 본 수업은 4주 동안 매주 『광장』

50페이지를 함께 읽고 해당 주의 발표자들이 대상 내용을 분석해서 발표했는데, 발표하지 않는 나머지 학생들이 텍스트를 읽고 수업과 토론에 참여할 수 있도록 동기부여를 하는 게 중요했다. 그래서 표면적으로는 학습자들이 텍스트의 내용을 이해했는지 확인하는 것이지만, 사실 과제의 목적은 학생들이 각 주차마다 해당 부분을 읽게 하는 데 있었다. 이 과제는 모든 학생들이 매주 해야 하는 것이므로 과중하지 않으면서도 적극적으로 읽기 과정에 참여할 수 있도록 했다.

이때 축어적 읽기는 작품 내용을 요약하는 과제로 제시할 수 있다. 하지만 『광장』이 매우 대중적인 작품이어서 온라인 매체를 통해 내용 요약을 쉽게 찾아볼 수 있기 때문에 간단한 요약과 함께 '책에서 인상적이었던 부분과 그 이유'에 초점을 맞춰 과제를 제출하도록 했다. '인상적인 부분과 이유'는 학생들의 견해가 드러나면서도 텍스트의 사실적 이해를 전제로 하기 때문이다. 비대면 수업으로 인해 과제는 매주 온라인 과제함에 제출하게 했다. 다음은 인상적인 부분과 그 이유에 대한 학생 과제 사례이다.

	인상적인 부분	이유
학생 사례 1	"이게 무슨 인민의 나랍니까? 제가 남조선을 탈출한 건 이런 사회로 오려던 게 아닙니다. …(중략)… 저는 살고 싶었던 겁니다. 보람 있게 청춘을 불태우고 싶었습니다. 정말 삶다운 삶을 살고 싶었습니다. 남녘에 있을 땐, 아무리 둘러봐도, 제가 보람을 느끼면서 살 수 있는 광장은 아무 데도 없었어요. 아니, 있긴 해도 그건 너무나 더럽고 처참한 광장이었습니다.	자신이 맞닥뜨린 상황에 적극적인 태도로 고민하고 반응하여 내린 명준의 결정은 월북이었지만 자신이 생각하기에 돌파구처럼 느껴졌던 그 해결책이 사실은 완벽한 해결방안이 되어주지 못했을 뿐더러 기대했던 것에 대한 큰 실망감과 배신감으로 이어지는데 그런 모습을 잘 묘사하고 있다고 생각이 된다. 또한 북한이 (부정적 의미의)광장이지만 개인의 밀실은 찾지 못한 모습이 잘 드러나 있다.

학생 사례 2	"좋은 아버지, 프랑스로 유학 보내준 좋은 아버지. 깨끗한 교사를 목 자르는 나쁜 장학관. 그게 같은 인물이라는 이런 역설. 아무도 광장에서 머물지 않아요. 필요한 약탈과 사기만 끝나면 광장은 텅 빕니다. 광장이 죽은 곳. 이게 남한이 아닙니까? 광장은 비어있습니다."	남한의 체제에 대한 이명준의 생각을 텅 빈 광장에 빗대어 표현하고 있는데 당시 이기적인 정치인들의 행동을 직접적으로 비판하고 있다. 오늘날에도 끊이지 않고 일어나는 횡령, 탈세, 사기 등의 자본주의 체제에서의 범죄에 대하여 다시 한번 생각해보게 보게 되었다.
학생 사례 3	"흐흐흐. 여보게, 자네 지금 다시 골라잡으라면 그래도 중립국으로 가겠나? 난 모르겠어." 명준은 일으켰던 몸을 소리 없이 눕힌다. 누워 있는 자리가, 그대로 슬며시 가라앉아서, 배 밑창을 뚫고 바다속으로 내려앉을 것 같은, 어두운 멀미가 그를 잡아끈다. 불 일 듯하는 목구멍을 식히려고 침대에서 내려 큰 컵으로 물을 따라 마시고 다시 자리로 기어오른다. 굳이 돋우지 않아도, 얻어 마신 술기운이 벌써 스며오는지 스르르 눈꺼풀이 감긴다. 다시 골라잡는다? 다시 골라잡으래도 또 지금 이 자리를 짚겠느냐고? 그렇지…… 암.	지난날의 선택을 다시 상기시키는 박의 말에 주인공은 좋지 않은 기분을 느끼며 그 말을 되뇐다. 마지막에 암 그렇지… 하는 부분에서 착잡한 어조를 통해 주인공은 과거로 가도 같은 선택은 했겠지만, 그 선택이 이상을 실현하지 못했다는 것을 알 수 있다. 주인공 스스로 북한도 남한도 아닌 중립국을 선택하여 그곳으로 향하는 배를 탔지만 사실 주인공이 가고 싶었던 곳은 중립국이 아닌 다른 더 이상적인 공간이었다는 것을 짐작할 수 있다. 주인공은 현실의 벽에 부딪혀 최상의 선택이 아닌 최선의 선택을 했던 것으로 보인다. 이와 비슷하게 우리도 현실의 벽에 부딪혀 이상을 실현하지 못하고 적당히 타협해서 살아갈 때가 있다. 주인공이 과거의 선택을 되뇌는 모습을 통해 해당 부분이 우리가 실현하지 못한 이상을 상기시키는 역할을 했다는 생각이 들었다.

사례에서 보면 학생들은 인상적인 부분과 그 이유를 제시할 때, 사례 1의 학생처럼 텍스트 내의 의미인 광장의 부정적인 측면을 짚어 주는 경우도 있지만, 사례 2, 3처럼 작품의 내적 의미에서 현재적 의미로

확장된 사고를 보여주기도 한다. 사례 2의 학생은 '필요한 약탈과 사기만 끝나면 광장은 텅 빕니다.'라는 텍스트 내용에 대해서 '당시 이기적인 정치인들의 행동을 직접적으로 비판하고 있다.'고 먼저 텍스트 내적인 의미를 제시한다. 그리고 이어 '오늘날에도 끊이지 않고 일어나는 횡령, 탈세, 사기 등의 자본주의 체제에서의 범죄에 대하여 다시 한번 생각해보게 보게 되었다.'고 함으로써 텍스트의 이해를 바탕으로 자신이 속한 자본주의 사회를 성찰하는 의미까지 구성했다. 사례 3의 학생 역시 주인공 명준이 중립국을 선택한 부분에 대해 '주인공은 현실의 벽에 부딪혀 최상의 선택이 아닌 최선의 선택을 했던 것으로 보인다. 이와 비슷하게 우리도 현실의 벽에 부딪혀 이상을 실현하지 못하고 적당히 타협해서 살아갈 때가 있다.'고 하며 명준이 중립국을 선택할 수밖에 없었던 이유를 제시하고, 현실의 벽이라는 사회적 문제에 대해 성찰하고 있다. 인상적인 부분과 이유를 제시하는 과제는 학생들의 개인적 경험과 지식이 영향을 미칠 수밖에 없는데, 대부분의 학생들이 비교적 자신의 관점으로 이유를 잘 제시했다.

축어적 읽기의 의의는 다음과 같다. 첫째, 앞서 언급했듯이 『광장』은 대중적 인지도가 높은 만큼 요약이나 해석의 자료가 많기 때문에 학습자들이 주체적으로 활동할 수 있도록 요약보다는 인상적인 부분과 이유에 초점을 맞춰 과제를 제시했는데, 이는 독서의 동기를 부여할 수 있으며 교수자가 효과적으로 학생들의 독서 여부를 확인할 수 있다. 둘째, 인상적인 이유는 텍스트에 대한 사실적 이해를 바탕으로 독자인 학생들이 견해를 표현하는 것인데, 이는 텍스트의 내적 이해뿐 아니라 자신과 사회를 성찰하는 읽기까지 나아가게 한다.

2. 발표를 통한 해석적, 평가적 읽기

해석적 읽기는 텍스트의 정확한 내용 이해가 전제되었을 때 나아갈 수 있는 다음 단계이다. 학생들은 글의 종류와 사전 지식 등을 고려해서 읽기 전략을 선택한다. 예컨대, 읽기 과정에서 어떤 사전 지식을 가져오면 좋을지, 글의 구조는 어떻게 이루어져 있는지, 저자의 목적이 무엇인지 등에 대한 인지가 있어야 한다.[13] 한편 평가적 읽기는 축어적 읽기와 해석적 읽기의 수준을 넘어서 글의 내용과 구조, 필자의 태도 등에 대해서 신뢰성과 타당성을 판단하는 것을 말한다.[14] 또 자신의 해석이 사회문화적 맥락에 부합하는지 판단도 해야 한다. 하지만 대부분 대학교 1학년인 학생들은 사전 지식을 적용하거나 자신의 의견이 어느 정도 합리성을 가지고 있는지 스스로 판단하는 데 어려움을 겪는다. 사회구성주의의 이론에 따르면 사회적 맥락과의 소통이 학생들의 인지를 구성하는 데 중요한 역할을 한다고 한다. 따라서 교수자는 학생들이 텍스트의 내용을 해석하고 판단하는 과정에서 사회와 소통할 수 있도록 수업을 구성해야 한다.

해석적 읽기와 평가적 읽기는 발표자들이 해당 주차에 텍스트를 분석하고 발표한 후 청자들과의 토론을 통해 의미를 구성하고 상호 평가하는 수업으로 진행했다. 이에 최인훈의 『광장』을 네 부분으로 나누고, 모든 학생들이 해당 주차에 같은 부분을 읽고 발표와 토론을 하도

---

13   이경화, 앞의 책, 127쪽.

14   위의 책, 243쪽.

록 했다. 총 40명의 수강생들을 네 개 조로 나누었고, 발표자들이 해당 주차의 텍스트 내용을 자유롭게 분석해서 발표하게 했다. 그러면 이 과정에서 학생들이 상호작용할 수 있는 학습환경 즉 담화 공동체의 지식, 동료, 교수자와의 교류를 어떻게 구성할 수 있을까. 우선 담화 공동체의 지식은 학생들이 텍스트를 해석하고 의미화 할 때 필요한 선행지식을 익힐 수 있는 교수자 강의로 구성했다. 다음 동료와의 상호작용은 해당 주차에 발표하지 않는 학생들을 의무적으로 질의응답 토론과 발표 평가에 참여하게 함으로써 분석적 읽기와 평가적 읽기가 동시에 이루어질 수 있도록 했다. 그리고 마지막으로 해당 분야의 전문가라고 할 수 있는 교수자와의 상호소통은 교수 평가(피드백)로 진행했다.

1) 선행지식 학습과 텍스트의 해석적 읽기

과거에 읽기는 문자 기호 해독 혹은 텍스트 해석에 방점을 두었다면, 1980년대 이후에는 독자의 배경지식을 동원하고 여러 정보들을 통합해서 텍스트의 의미를 재구성하는 지적 행위로 변화되었다.[15] 이런 의미에서 최인훈의 『광장』은 대학생들에게 읽기 텍스트로서 장단점을 동시에 가지고 있다. 장점은 중고등학교 때 대부분의 학생들이 접해봤던 작품으로 매우 익숙한 텍스트로 받아들일 수 있다는 것이다. 하지만 작품의 대중적 인지도가 높아 학생들이 이미 어느 정도의 배경지식을 가지고 있고 또 학술적, 문학사적 가치가 높은 만큼 상당수의 논문들이 존재한다. 또 셀 수 없을 정도의 인터넷 자료가 존재하기 때문에 '광장'

---

15   손혜숙, 앞의 책, 405쪽.

이라는 키워드로 작품 요약부터 분석까지 많은 자료를 찾아볼 수 있다. 그래서 학생들이 자신만의 관점으로 작품에 접근하기보다는 천편일률적으로 해석하거나 전문가들의 의견을 모사하는 방향으로 흘러갈 수 있는 한계가 있다.

2020학년도 1학기의 「명저읽기」 수업에서는 학생들에게 비교적 자유롭게 작품을 해석하고 평가하도록 했다. 그 결과 이미 중고등학교 시절 학습한 『광장』의 의미에 익숙해진 학생들은 대부분 분석의 초점을 '광장'과 '밀실'의 상징적 의미에 맞추었다. 그래서 학생들의 다채로운 의견과 분석의 내용을 보기 어려웠고, 해석의 내용조차 유사했다. 이는 학생들이 중고등학교 시절부터 『광장』에 대해 알아 왔기 때문이었는데, 인지도가 높은 명저일수록 사전 지식이 오히려 독이 될 수 있음을 보여주는 것이다. 『광장』이 이미 고등학교 교육과정에 포함되어 있는 만큼 이 작품에 대한 획일적인 해석을 지양하도록 해야 했다. 그래서 학생들의 선행지식의 범위를 넓혀준다면 이런 문제가 어느 정도 해결될 것이라 생각되어, 사회문화적 맥락의 하나인 담화 공동체 지식을 선행 학습을 통해 익힐 수 있도록 이론 강의로 구성했다.

선행지식은 한 주차를 할애해 강의 수업으로 구성했는데, 크게 두 부분의 방향에서 학습이 되도록 했다. 하나는 소설의 요소에 대한 것이고 다른 하나는 작품의 시대적 배경과 작품이 쓰인 시대적 배경에 대한 것이다. 즉 소설의 내적인 요소와 외적인 요소를 통해 작품에 접근할 수 있도록 유도했다.

우선 소설 요소에 대한 강의는 문학적이고 전문적인 이론보다는 문학 텍스트를 읽을 때 어떤 요소들을 고려해서 읽어야 하는지에 초점을 맞추었다. 강의는 '인물, 갈등, 시공간, 서술기법, 상징물' 등에 대한 이론 수업이었는데, 『광장』에 대한 해석은 포함하지 않았다. 다만, 『광장』이 일곱 차례에 걸쳐 개작된 사실을 강의에 포함함으로써 여러 개작본이 존재함을 인지하게 했다. 학생들 중 일부는 이미 『광장』 책을 가지고 있었고, 최종 개작본 이전 판을 가지고 있는 학생들도 있었다. 『광장』의 개작이 작품에 대한 최인훈의 애정과 인식 변화를 보여주는 것이므로 이 사실에 대한 소개도 작품 이해의 한 전제가 될 수 있다. 그리고 학생들에게는 되도록 2010년 최종 개작본을 읽도록 안내했다.

다음은 작품에 등장하는 시대적 배경과 작품이 쓰인 시대적 배경에 대한 것으로, 학습자들이 소통해야 할 사회문화적 맥락이라고 할 수 있다. 이는 사회문화적 지식이라고도 하는데, 자신이 속한 사회 집단이 구성한 공동 지식이나 집단 속으로 동화되는 과정에 있는 개인들의 지식을 의미하는 것이다. 일부 문학 작품들은 시대적 배경과 맥락을 배제하고도 충분히 해석이 가능하다. 하지만 『광장』의 경우 '해방공간, 6.25전쟁, 전쟁 후'라는 이 시기 우리나라의 특수성을 이해해야 작품의 의미를 구성할 수 있다. 또 이 작품은 쓰인 시대적 배경도 중요하다. 1960년대 전후는 독재정권 아래 반공 이데올로기가 강화되었던 때였던 만큼 우리나라의 이데올로기를 객관적으로 비판하는 작품을 쓰기 어려웠던 시기이다. 하지만 최인훈 작가가 직접 얘기했던 것처럼 4.19혁명이 『광장』의 창작과 발표 동기에 영향을 미친다. 그래서 학생들에게 작품 내외의 시대적 배경에 대해 강의함으로써 작품과 시대와의 연관성에 대해서 인지할 수 있게 했다.

하지만 무엇보다도 텍스트를 해석할 때 몇 가지 유의사항을 강조했다. 첫째, 전문가의 의견이나 대중적인 의견에 의지하지 않는 것이다. 『광장』은 학위논문과 학술논문 모두 이미 백 편이 넘게 있으며, 청소년들을 위한 참고서와 인터넷 자료까지 포함한다면 그 자료의 수를 세기 어려울 정도이다. 따라서 학생들에게 대중적인 자료를 찾기보다는 주체적인 해석과 자신의 언어로 표현하는 것을 강조했다. 둘째, 오독을 염려하지 말고 적절한 근거를 중심으로 자신만의 관점으로 작품을 해석하는 것이다. 학생들이 전문가들의 의견이나 대중의 의견에 기대는 것은 혹시 자신의 해석이나 분석이 틀리지 않았을까 하는 것에 대한 염려 때문이다. 고등학교 때까지 문학 해석조차 정답에 맞춰진 교육을 받아온 학생들에게 오독에 대한 두려움은 당연하다고 할 수 있다. 따라서 학생들에게 자신의 관점으로 창의적인 해석을 할 수 있도록 유도했다.

그 결과 학생들은 이전 학기보다 더 다채로운 관점에서 다양한 의미를 해석해 냈다. 학생들의 텍스트 해석 발표 사례는 다음과 같다.

[학생 발표 사례 1]

대학 고전교육, 어떻게 할 것인가

2020년 1학기에 학생들에게 소설 요소에 대한 강의를 하지 않고 비교적 자유롭게 소설의 의미에 대해서 발표하게 했을 때, 많은 학생이 이 작품에 등장하는 상징물 '광장', '밀실', '갈매기', '부채' 등의 의미 분석에 주목했다. 하지만 소설 요소에 대한 강의를 한 2020년 2학기 이후부터는 학생들이 상징적 의미 분석에 대해서도 다양한 시도를 했다. 발표 사례 1에서는 '붉은 심장'과 '잿빛 누더기'의 상징적 의미에 대해서 분석했다. 남한 체제에 대한 회의로 월북한 명준은 북한 체제에 대해서도 실망하게 되는데, 이는 작품에서 '그의 심장은 시들어 빠진 배추 잎사귀처럼 금방 바서질 듯 메마르고, 푸름을 잃어버린 잿빛 누더기였다.', '그러나 제가 말하고 싶었던 건 그게 아니었습니다. 그때 프랑스 인민들의 가슴에서 끓던 피, 그 붉은 심장의 얘기를 하고 싶었던 겁니다. 그 붉은 심장의 설렘 그것이야말로, 모든 것입니다.'로 서술된다. 이에 학생 사례자는 '붉은 심장'은 '이상적인 사회를 위해 혁명과 적극적인 행동을 일으키는 동력'을 상징하며, '잿빛 누더기'는 '붉은 심장을 잃은 모습, 현실에 굴복하여 살아가는 명준의 모습'으로 분석한다. 또 붉은 심장을 갖고 있었던 명준이 공산주의 사회의 변화를 시도해보지만, 당과 같은 강자에 굴복하게 되고 결국 처음 북으로 올 때의 마음과 의지가 퇴색한다고 분석한다. 이 학생은 일반적으로 알려진 상징적 의미 이외에 스스로 상징 용어를 선별하고 그 의미를 해석한 것이다. 즉 소설을 분석하고 이해하는 데 능동적으로 의미를 구성한 것으로 볼 수 있다.

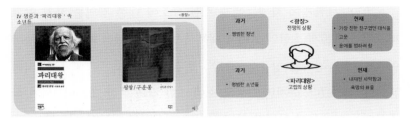

[학생 발표 사례 2]

　　위의 발표 사례 2는 평범했던 명준이 한때 자신의 애인이었고, 현재는 친구의 부인인 윤애를 겁탈하려고 한 장면에 대해서 분석했다. 2010년 마지막 개작 전까지 이 장면은 작품에서 '현실'로 서술되었으나, 최종 개정판에서는 명준이 포로수용소에서 꿈을 꾸는 장면으로 묘사된다. 학생 사례자는 이 장면의 의미를 소설 『파리대왕』과 비교한다. 수업 시간에는 다른 작품과의 비교 가능성에 대해서만 언급했는데, 해석적 읽기는 기본적으로 독자의 사전 지식과 경험 등과 결합해 의미가 구성될 수 있다. 『파리대왕』에서는 사회체제가 없는 무인도에서 소년들이 자신의 욕망을 위해 서로에게 해를 가하고 죽이는 모습을 보여준다. 이에 대해 학생 사례자는 명준과 소년들 모두 극한의 상황에서 악행을 저지르는 것을 지적하며, 인간의 내면에는 근원적인 '악'이 있다고 분석한다. 이는 주어진 텍스트의 이해와 학습자가 이미 경험하고 알고 있는 선행지식이 결합해 새로운 추론과 해석을 가능하게 하는 것이다.

> 　이명준은 진실을 보지 못하고 수박 겉핥기로 쌓은 지식이 세상의 전부라 자부하며 자신의 생각만이 옳다고 자부하는 인물입니다. …(중략)… 명

준은 '서양의 정치 사회는 하수도 시설이 잘돼 있다', '기독교가 뭐니 뭐니 해도 정치의 밑바닥을 흐르는 맑은 물 같은 몫을 한다'와 같은 말을 하며 한국의 정치를 비난합니다. 저는 이 대목을 통해, 명준은 정치와 인간에 대한 생각을 완전히 잘못하고 있다는 생각이 들었습니다. 명준이 찬양해 마지않는 기독교는 중세 시대 그 유명한 십자군 전쟁이라는 명목으로 수많은 사상자를 내고 무고한 시민들을 탄압하고 착취했으며, 지금까지도 수많은 문제를 안고 있습니다. 또한 서양은 인종 차별, 극심한 노예 제도, 수많은 내전이 일어났으며 세계 1차 대전의 시작점이기도 합니다. 또한 명준이 현재 처한 상황인 남한과 북한의 분단 상황은 소련과 미국, 서양에 속한 두 국가들의 냉전 체제의 희생양입니다. 하지만 명준은 이런 상황에는 전혀 관심이 없습니다. 그저 자아실현을 좌절시킨 사회에 대한 원망만 가득할 뿐입니다.

〈학생 발표 원고 중 일부 발췌〉

[학생 발표 사례 3]

위의 사례에서는 해석적 읽기를 넘어서 명준이라는 인물과 그의 가치관에 대해서 평가한다. 학생 사례자는 '우리나라의 분단 상황과 원인', '서구 정치의 오랜 모순성' 등 강의로 제시된 시대적 배경에 대한 선행지식과 자신이 이미 알고 있는 경험적 지식을 근거로 명준을 비판한다. 우리나라가 서구의 정치 싸움에 분단의 현실을 겪게 된 사실과 서구에도 정치적 모순이 많음에도 명준이 이런 정치를 '맑은 물이 흐르는 것'으로 인식하며 동경하는 것에 대해서 비판한다. 그리고 더 나아가 명준을 본질을 보지 못하는 '무지한 인물' 그리고 '자만심이 있는 인물'이라고 평가한다. 학생들 사이에서 명준에 대한 평가는 상반된 측면이 있었다. 일부 학생들은 명준의 상황과 그럴 수밖에 없었던 당위성을 이해고 공감했지만, 일부 학생들은 위의 사례처럼 명준의 방황과 월북 등이 자기중심적인 사고의 발로라는 평가를 하기도 했다. 평가적 읽기는 기본적으로 텍스트에 대한 해석적 읽기를 전제로 한다. 특히 이 작품의 배경이 되는 전쟁 전후의 상황은 작품의 의미를 온전하게 해석하는 데 매우 중요한 요소라고 할 수 있다. 그리고 이런 이해의 바탕 위에 학습자들의 관점과 경험이 더해져서 인물과 작가의 가치관에 대해 평가할 수 있는 것이다. 즉 선행지식 강의는 학생들에게 작품을 이해하고 평가하는 다양한 내외적 요소가 있음을 주지시킬 수 있으며, 해석과 평가의 지평을 확장 시킬 수 있다.

선행지식 학습을 통한 해석적, 평가적 읽기의 의의는 다음과 같다. 첫째, 소설의 요소와 작품의 시대적 배경 등을 제시함으로써 학생들은 문학 텍스트에 대한 기본적인 지식과 이론을 습득할 수 있다는 것이다. 이런 선행지식들이 제시되지 않으면 학생들은 작품 자체에만 집중하게 되어서 작가의 의도나 작품의 의미를 깊이 있게 이해하기 어려울 수 있다. 둘째, 선행지식을 통해 학생들의 다양한 해석의 관점을 유도할 수 있다. 특히 인지도가 높은 텍스트일수록 해석의 방향이 유사해질 수 있기 때문에 소설의 내외적 요소를 학습하게 함으로써 다채로운 분석과 평가를 가능하게 할 수 있다.

2) 동료 평가

독서 행위는 학생들의 지식 정도와 독서 환경 등에 따라서 서로 다른 의미구성이 가능하며, 이는 더 나아가 같은 대상을 두고 서로 다른 의견을 교환하는 토론을 가능하게 한다. 그래서 독서 토론은 개인적 활동 차원의 독서를 집단적인 의사소통 과정으로 확장해서 텍스트에 대한 이해와 평가를 심화하는 교육 방법이라고 할 수 있다.[16] 토론의 사전적 의미는 "어떤 문제에 대하여 여러 사람이 각자의 의견을 내세워 그것의 정당함을 논하는 것"이다. 문학 텍스트에 대해서 논할 경우 보통 '토론'이라고 이름 붙이긴 하지만 상대방을 설득한다거나 문제의 해결 방안을 모색하는 사전적 의미와는 다른 개념으로 접근해야 한다. 문학 텍스트는 다양한 해석의 가능성이 열려있기 때문이다. 하지만 개인의 독서 활동 과정은 텍스트를 분석하고 이해할 때 사전 지식과 경험이 전제되어 있기 때문에 한계가 있을 수밖에 없다. 이때 토론은 개인적 차원의 독서 행위보다 더 다양한 방식으로 텍스트에 접근 가능하게 하고 새로운 관점에 대한 정보도 얻을 수 있다. 즉 해석의 다양성과 적절성을 확보할 수 있는 것이다.[17] 또 오독에 대해서 성찰할 수 있으며 비판적이고 통찰력 있는 사고를 이끌어 낼 수 있다.

발표에 대한 동료 평가는 크게 두 가지 방향으로 제시했다. 문학 텍스트는 개인 독자에 따라 다양한 해석의 가능성이 있기 때문에 문학 텍스트 해석에 대한 이견을 중심으로 한 토론과 발표에 대한 평가로 구성했다. 학습자들은 이 과정을 통해 텍스트의 내용을 더 깊게 이해할 수 있으며, 통찰력 있는 사고를 습득할 수 있다. 이는 비단 발표하는 학습

---

16 강옥희, 「창의성과 비판적 사고능력 개발을 위한 고전읽기 수업방안 연구—문학토론을 통한 「명저읽기」 수업 사례를 중심으로」, 『교양교육연구』 10(4), 한국교양교육학회, 2016, 552-553쪽.

17 위의 책, 552-553쪽.

자에게만 해당되는 것은 아니다. 발표에 대한 토론과 평가를 통해 동료 학습자 역시 자신이 이해하고 해석한 내용과 비교하고 평가함으로써 텍스트 자체에 대한 평가뿐 아니라 발표 내용의 평가적 읽기까지 나아 갈 수 있다. 즉 독서 토론 활동은 발표 학습자와 평가하는 동료 학습자의 사고와 지식의 지평을 확장해 줄 수 있는 바탕을 마련해 준다고 할 수 있다.

　2020년 2학기의 경우 실시간(줌라이브) 발표 수업으로 진행했으며, 2021년 1학기의 경우 동영상 발표로 진행했다. 실시간 수업으로 진행할 때는 학생의 발표 후 질의응답 형식의 토론 시간을 가졌는데, 대부분의 학생들이 토론에 적극적으로 참여하지 않았다. 여러 가지 이유가 있겠지만 학생들의 발표 시간이 10분 안팎으로 길지 않기 때문에, 그 사이 토론자들이 질문과 평가를 만들어내기 어려웠던 것으로 보인다. 그래서 토론은 '발표 토론 게시판'을 따로 만들어서 학생들을 참여하게 했는데, 이 역시 유인 동기 없이는 학생들의 적극적인 참여를 이끌어 내기 어려웠다. 이에 각 주차별 10명의 발표에 대해서 의무적으로 4개 이상의 댓글을 작성하도록 했고, 활동 과제로 성적에도 반영했다. 댓글 내용은 질문뿐 아니라 발표 내용에 대한 평가도 포함했다. 그리고 토론자들의 질문과 평가에 대해서 발표자들이 대댓글의 형식으로 답하게 했다. 이후 2021년 1학기는 학생들이 발표를 듣고 충분히 사고한 후 질문하고 평가할 수 있도록 동영상 발표로 진행했다. 다음은 발표 토론 게시판 예시이다.

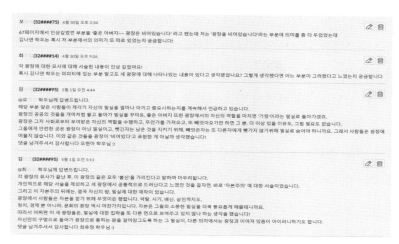

[토론 댓글 사례]

    위의 사례에서 한 학생이 '좋은 아버지 ~ 광장은 비어있습니다.'의 이면적 의미에 대해서 질문했다. 이에 발표자는 '아버지들이 광장에서의 역할을 마치고 안전하다고 느끼는 밀실로 돌아가는 것이며, 안전한 밀실에 머물려고 하기 때문에 광장은 비어있다.'고 답한다. 발표에 대한 질문은 발표 내용 확인과 더불어 발표자들이 미처 생각하지 못했던 부분까지도 사고하게 하는 역할을 해준다고 할 수 있다. 또 다른 학생은 '발표한 부분 이외에도 세 광장에 대해 나타나 있는 내용이 있다고 생각하는지, 그렇게 생각했다면 어느 부분이 그러했다고 느꼈는지'에 대해서 질문한다. 발표자는 작품의 한 부분을 인용해 '정치, 경제, 문화의 광장' 등 세 가지 유형의 광장에 대해서 분석했는데, 인용 부분 이외에도 세 광장의 의미가 잘 드러나는 부분이 있는지에 대한 질문이었다. 이에 발표자는 자본주의에 대해 묘사한 부분에서 자본을 얻기 위해 광장에서는 약탈, 사기, 배신 등의 일들이 일어나는데 세 광장 모두에서 이런 부조리한 일들이 일어날 수 있다고 답한다. 이는 발표자가 생각하지 못하거나 알고 있었지만 제시하지 못했던 부분에 대한 질문인데, 발표자는 답변을 정리하면서 발표 내용을 성찰할 수 있으며 사고도 확장할 수 있다. 특히 댓글을 통한 질문은 현장 발표와는 달리 질문자와 발표자 모두 충분히 사고하고 보충 자료를 찾아서 답을 할 수 있는 이점도 갖는다. 다만 온라인이라는 수업 특성상 토론의 의도가 충분히 반영되지 못했고, 학생들도 소극적이었다. 이후 대면 수업이 실시되면 조별 토론 등을 통해 토론의 취지를 살리고 학생들의 적극적인 참여도 유도할 수 있도록 수업을 구성할 것이다.

[평가 댓글 사례]

평가적 읽기는 글의 구조와 내용, 미학적 측면 등에 대해서 가치 판단을 내리는 읽기 과정이다. 하지만 본 수업에서는 발표자들의 평가적 읽기와 더불어 동료 학습자들의 평가적 읽기로 이어질 수 있도록 했는데, 발표에 대한 동료 평가가 그것이다. 발표를 들은 학생들에게 토론 댓글 외에 평가 댓글도 달 수 있게 했는데, 이를 통해 자신이 읽고 해석한 내용과 발표자들이 해석한 내용을 비교할 수 있으며 발표자가 내린 가치 판단도 평가할 수 있다. 첫 번째 평가 댓글에서 보면 발표자가 명준이 죽음을 선택한 이유는 자만심 때문이었다고 분석한 부분을 평가한다. 동료 학습자는 자신은 명준에 대해 '행동하지 않는 지식인'이라고 생각했지만, 발표자가 명준을 자만심이 가득한 인물이라고 분석한 것과 근거에 대해서 동조한다고 하며 자신의 견해와 발표자의 견해를 비교한다. 두 번째 평가 댓글도 서양의 정치를 동경하는 명준을 비판하는 발표자의 분석을 자신의 관점과는 다른 새로운 관점이라고 평가한다. 이런 댓글은 텍스트 자체에 대한 평가적 읽기를 넘어 타인과 자신의 읽기 결과를 비교해서 텍스트를 새롭게 읽어내는 또 다른 평가적 읽기가 될 수 있다. 또 개인적 차원에 머물 수 있는 독서 활동을 집단적 의사소통 활동으로 만듦으로써 학습자들은 작품에 대한 다양한 관점을 접할 수 있으며, 사고의 지평을 넓힐 수 있다. 그리고 질문과 평가 토론은 자신의 견해를 정리해서 타인에게 표현하는 의사소통 연습도 가능하게 한다.

즉 발표에 대한 동료 평가는 다음과 같은 의의를 가질 수 있다. 첫째, 발표자들의 개인 독서 활동이 가지는 한계를 극복하게 해준다. 동료 학습자가 발표자들의 해석내용에 대해서 의문을 제기하거나 새로운 관점을 덧붙임으로써 의미구성의 지평을 확대할 수 있으며, 자칫 개인 독서 활동으로 머물 수 있는 한계를 극복할 수 있다. 둘째, 질의를 하는 동료 학습자들은 자신의 해석과 발표자의 해석을 비교하고, 발표자의 관점에 동조하거나 이견에 대해서 적극적으로 질문함으로써 텍스트에 대한 평가적 읽기를 가능하게 한다는 것이다. 셋째, 토론과 평가는 자신을 표현하고 타인을 이해하는 의사소통의 효과를 가질 수 있다. 특히 대면 수업이나 온라인 실시간 수업 토론의 경우 질의응답이 즉각적으로 이루어지므로 단시간 안에 사고를 정리하고 표현할 수 있는 의사소통 능력을 신장시킬 수 있다.

3) 교수 평가

학생들은 이미 고등학교 시절의 입시를 위한 문학적 읽기에 익숙해져 있다. 그래서 문학임에도 불구하고 텍스트의 의미에 정답이 있을 것을 전제하고 접근하는 경우가 많다. 따라서 교수자는 학생들에게 「명저읽기」의 학습 목표와 방향성을 학기 초에 명확하게 인지하게 해야 한다. 교수자는 조언자이면서 동시에 동료 학습자로서의 역할이 요구된다.[18] 특히 읽기 교과의 경우 일방적인 하향식 지식 전달에 의해서 텍스트의 분석이 이루어지기 어렵다. 교수자는 최대한 학습자들에게 자유로운 해석을 유도하되 적절한 개입을 통해 학습자의 인지 활동을 자극해야 한다.

그래서 읽기 수업의 교수 평가 시 몇 가지 사항에 유의했다. 대학 글쓰기 수업의 경우 글의 구성, 각주 형식, 맞춤법 등 모범답안이 있을 수 있다. 하지만 「명저읽기」는 독자들의 텍스트 읽기와 자유로운 사고에 초점이 맞추어져 있기 때문에 학습자 사고 중심의 수업이 되어야 한

---

18   이경화, 앞의 책, 133쪽.

다. 이를 정리하면 다음과 같다.

첫째, 학생들이 해석한 텍스트의 의미에 대해서 특별한 경우를 제외하고는 부정적인 평가를 하지 않는다. 간혹 텍스트를 오독하는 학생들이 있더라도 나름의 근거를 제시했다면, 존중해 주어야 한다. 부정적인 평가를 한 경우 다음 발표 학생의 분석에까지 영향을 미칠 수 있다. 교수자가 해석에 지나치게 개입할 경우 학생들은 자신들의 해석을 검열하고, 모범답안을 제시하기 위해 전문가들의 분석을 인용하려 하는 경향을 보일 수 있다.

둘째, 획일적인 의미를 선행적으로 제시하지 않는다. 『광장』안에서 등장하는 상징적인 의미나 인물의 의미는 변화무쌍하지 않다. 그래서 앞 순서의 학생들 발표에 대해서 교수 평가를 할 때 획일적인 의미를 확정적으로 제시할 경우 이후 발표하는 학생들의 의미구성에 영향을 줄 수 있다.

2020년 2학기 온라인 실시간 수업의 경우 발표 직후 피드백이 이루어졌으며, 2021학년도 1학기 동영상 발표에 대해서는 강의 형식의 피드백 녹화 영상으로 진행했다. 실시간 수업과 동영상 녹화를 통한 피드백은 해당 주차 10명 모두에 대한 피드백을 포함했다. 피드백의 내용은 크게 두 가지 방향으로 진행되었는데, 하나는 학생들이 해석한 내용을 다시 정리해 주고 잘 표현되지 않은 부분을 덧붙여 설명하는 것이었다. 다른 하나는 오독을 범한 경우 내용에 대한 첨삭 형태의 피드백을 제공했다. 발표 학생들은 이 피드백을 통해 자신이 분석한 내용을 다시 확인할 수 있으며, 발표를 들었던 학생들도 교수자의 피드백 강의로 해당 주차 부분의 작품 의미를 정리할 수 있다. 다음은 교수 평가 사례이다.

개작의 의미 - 손서영

□ 광장의 서문 1960년 11월 [새벽] 광장 발표
□ 1961년 2월 5일 1973년 - 이명준의 진혼을 위하여 (한자어 →
  한글 / 갈매기 장면 수정)
□ 1976년 전집판 (한자어 → 비한자어 / 개작 수준의 교정)
□ 1989년 (가로쓰기)
□ 2010년 (부문 삭제, 새로 추가 - 프로쿠용에서 이명준의 꿈)

➡ 한자어와 문장을 수정한 이유는 무엇일까.
  태식과 윤애를 고문하는 장면이 현실에서 꿈으로 개작된 의미는 무엇
  일까.

[교수 평가 사례 1]

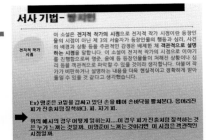

[교수 평가 사례 2]

발표에 대한 교수 평가는 학생들의 발표 내용을 정리해 주고 보충
설명을 해주는 형식으로 진행되었고, 제시되어 있지 않은 의미에 대해
서는 바로 설명하기보다는 질문을 통해 먼저 생각해 볼 수 있도록 했
다. 한 학생 당 PPT 한 면을 할애해서 평가를 진행했는데, 하단의 화
살표 부분에 피드백의 핵심적인 내용을 간략하게 제시했다. 사례 1에
서 발표자는 최인훈이 일곱 차례에 걸쳐서 개작한『광장』의 초판과 개
정판이 어떤 면에서 수정되었는지를 중심으로 분석했다. 그래서 피드
백을 할 때, 먼저 발표자가 분석한 개작 내용에 대해서 보충 설명한 후
‘개작의 의미와 의도’에 대해서 질문의 형식으로 발표와 관련된 새로운
사고를 유도했다. ‘한자어와 문장을 수정한 이유는 무엇일까’, ‘태식과
윤애를 고문하는 장면이 꿈으로 개작된 이유와 의미는 무엇일까’라는
질문을 통해 단순히 어떤 부분을 어떻게 개작을 했다는 사실을 넘어 작
가의 의도까지 추론할 수 있게 했고, 이후 이에 대해 간단한 설명으로
의미를 제시했다. 사례 2는 발표자의 일부 오독에 대한 피드백이다. 발
표자는 서술적 미학에 대해서 발표했는데, ‘이 작품이 전지적 작가 시
점으로 서술되기 때문에 명준과 윤애의 심리를 객관적으로 읽을 수 있

었다'고 분석했다. 하지만 『광장』은 작가 시점이지만 명준이 '초점 인물'로서 주로 명준의 시선을 거쳐 외부 상황이 묘사된다. 그래서 명준이 초점화 된 예시와 함께 '예시의 경우 어떻게 읽히는지, 이 경우 피가 진흙처럼 질척하는 것은 누가 느끼는 것인지, 이명준이 느끼는 것이라면 이 시점은 객관적인 시점일지' 질문을 제시해서 스스로 사고를 통해 오류를 바로잡을 수 있도록 유도했고, 이후 작품의 서술적 미학에 대해서 보충 설명했다. 특히 오독은 학생들이 판단하기 어려울 수 있으므로 이 경우에는 반드시 전문가인 교수자의 피드백이 필요하다고 할 수 있다.

이렇게 볼 때, 교수 평가의 의의는 다음과 같다. 첫째, 주차별 해당 텍스트에 대해서 따로 분석 내용에 대한 강의를 진행하지 않는 만큼, 발표 피드백을 통해 학생들에게 작품의 의미와 미학에 대해서 정리해서 전달할 수 있다. 둘째, 해석과 평가적 읽기에 대해서 비교적 자유롭게 해석의 여지가 열려있는 만큼 오독의 염려가 있기 때문에 전문가인 교수자 피드백을 통해 오독을 바로 잡을 수 있다.

3. 논제를 통한 창의적 읽기

근래 대학의 교양교육은 단순히 교양적 지식을 배우는 것뿐 아니라, 변화하는 세상에 유연하게 대처하기 위해 창의적으로 문제를 해결하는 능력을 기르는 것을 지향하고 있다. 「명저읽기」는 자칫 삶과는 동떨어진 텍스트 해석 자체로 마무리될 수 있다. 하지만 구성주의 학습이론은 추상적인 것보다는 사례 중심과 실제 상황 중심 등 실제의 삶과 관련 있는 활동을 강조한다. 창의적 읽기 단계에서는 학습자들이 자신의 삶을 직간접적으로 성찰할 수 있도록 학습자들이 논하기 원하는 논제를 중심으로 독서 노트를 작성할 수 있다. 교수자가 논제를 정해서 공지할 수도 있으나, 작품을 읽고 동료 학습자들과 논할 거리를 만드는 과정도 창의적 읽기의 한 과정이라고 할 수 있다. 논제는 학생들의 선행지식과 누적되어 온 경험에 따라서 다양하게 제시되는데, 이는 학습자들의 관심사와 작품 해석의 방향이 다양함을 보여주는 것이기도 하다.

다음은 학생들이 제출한 논제 사례이다.

학생 논제 제출 사례 (2021년 1학기)

* 작품의 내적 의미에 대한 논제

명준의 입장에서 남한은 광장이라고 할 수 있을까?
명준이 은혜와 다르게 윤애와의 사귐에서 공허함을 느낀 까닭은 무엇일까? (달랐던 점)
광장의 주인공인 이명준이 자살을 선택한 이유는 무엇인가?
광장과 밀실의 의미는 무엇일까?
명준이 사회에 저항하는 방식으로 택한 것은 무엇일까?
마지막 장면 명준의 죽음은 무엇을 의미할까.
주인공이 원하는 중립국은 어떤 모습일까요?
명준이 생각하는 이상적인 사회를 위해 행동하지 못한 이유는 무엇일까?
명준에게 사랑은 어떤 영향을 주었을까.

* 작품의 내용과 다른 전개에 대해 상상하는 논제

명준이 중립국을 가는 것을 선택하지 않았다면 결말이 달라졌을까?
만약 명준 자신이 진짜로 원하는 이상향에 도달했다면 어떻게 되었을까?
명준이 북한으로 가지 않고 계속해서 남한에 머물렀다면 어떤 방식으로 소설이 전개되었을까.
이 소설을 전지적 작가 시점이 아닌 다른 시점으로 표현하면 어떨까?
명준이 자살을 하지 않았다면 제3국에서 만족하며 살았을까?

---

* 작품 내용 전개에 대한 가치 평가 논제

주변 사람들과의 관계는 생각하지 않고 명준이 오직 자신의 신념으로 남-북-중립국을 선택한 것은 옳은가?
명준이 자살을 선택한 것은 옳은 것인가?

* 자신을 성찰하는 논제

나라면 광장과 밀실, 명준이 택한 중립국 중 어느 곳을 택할까?
광장과 밀실, 나에겐 무엇이 유토피아일까.
내가 윤애였다면, 태식과의 결혼을 선택했을까 아니면 명준을 선택했을까.

* 현재 우리 사회를 성찰하는 논제

광장의 반대개념으로 쓰인 밀실이 우리 주위에도 존재할까?
광장에 나오는 여러 광장들과 비슷한 의미를 지닌 현재의 광장은 무엇일까?
명준이 현대에 태어났더라도 지금과 같은 성격이었을까?
만약 전쟁 전후의 혼란스럽던 시대가 아니고 현대 사회였다면 명준의 선택은 달랐을 것인가?
현대 사회에서 더 중요하게 여겨지는 것은 광장일까 밀실일까.
명준의 이상적인 '광장'은 현실에 존재 가능한가.

　

　　학생들이 제출한 논제는 크게 다섯 종류로 분류할 수 있었는데, '작품의 내적 의미에 대한 논제', '작품의 내용과 다른 전개에 대해 상상하는 논제', '작품 내용 전개에 대한 가치 평가 논제', '자신을 성찰하는 논제', '현재 우리 사회를 성찰하는 논제' 등이다. 이 논제들은 작품의 내적 의미에 대한 것부터 작품의 다른 전개에 대한 상상, 그리고 가치 평가와 자신과 사회를 성찰하는 것까지 다양한 관점에서 제시되었음을 알 수 있다. 학생들이 텍스트의 분석과 이해를 바탕으로 자신이 논하고 싶은 논제를 이끌어 내는 것이므로 논제를 구성하는 작업부터 텍스트에 대한 창의적 읽기가 시작된다고 할 수 있다.

이 논제들은 찬반 토론을 하기에도 용이하다. "현대 사회에서 더 중요하게 여겨지는 것은 광장일까 밀실일까.", "명준이 자살을 선택한 것은 옳은 것인가?" 등의 논제를 보면 학생들이 찬성과 반대 입장을 나누고 자신들의 경험과 사전 지식 등을 활용해서 의견을 개진하고 설득하기에 적절하다. 이는 조별로 논제를 선정해 미니 토론의 형태로 진행할 수도 있고, 찬반을 나누어서 공개 토론 형태로 진행할 수도 있다. 하지만 온라인 수업은 학생들이 함께 자료를 공유하고 찬반 토론에 대한 의견을 나누거나 조별 토론을 진행하는 데 한계가 있기 때문에 토론이 아닌 독서 노트 작성으로 진행했다. 학생들이 제출한 논제에서 최종 10개를 선별해 공지하고, 이 중 하나의 논제를 선택해서 A4 한 면 이내로 자신의 견해를 작성하도록 했다. 최종적으로 선택된 10개는 학생들이 작성한 다섯 가지 논제 유형이 골고루 들어갈 수 있도록 각 유형별로 2개씩 정리해 제시했다.

최종 선정 논제

① 이명준에게 은혜는 어떤 의미였을까.
② 이명준이 생각한 이상 국가는 어떤 곳인가.
③ 이명준이 마지막으로 자살을 선택한 것은 옳았을까.
④ 오직 자신의 신념으로 남-북-중립국을 선택한 것은 옳은가?
⑤ 명준이 자살을 하지 않았다면 제3국(중립국)에서 만족하며 살았을까?
⑥ 명준이 중립국을 가는 것을 선택하지 않았다면 어떤 결말이 전개되었을까?
⑦ 내가 이명준의 입장이었다면 어떤 선택을 했을까.
⑧ 광장과 밀실, 나에겐 무엇이 유토피아일까.
⑨ 현재 광장과 밀실이 있을까. 있다면 어떤 것, 어떤 의미일까.
⑩ 이명준이 생각한 이상 국가는 현실에 존재할까.

다음은 논제에 대해 의견을 작성한 학생 사례이다.

[학생 사례 1] ③ 이명준이 마지막으로 자살을 선택한 것은 옳았을까.

'광장' 속 주인공 명준은 소크라테스보다 약 2500년 뒤의 세상에 살고 있음에도 불구하고, 소크라테스와는 정반대의, 명준이 혐오했던 본능에 굴복한 사람들과 똑같은 선택을 하고 말았다. 소크라테스 사후 철학은 플라톤, 아리스토텔레스를 시작으로 여러 갈래로 나뉘었고, 명준이 원하는 이성적인 삶을 성취하기 위한 연구 역시 수없이 많이 이루어졌다. 명준이 철학을 공부했다면, 이러한 이성적인 삶을 성취하고자 한 철학자들의 가르침을 수없이 많이 읽었을 것이라 생각한다. 하지만 이러한 철학자들의 가르침에 대해 최소한 4년 이상의 시간을 접해왔음에도 불구하고, 명준은 그저 자신이 원하는 이상향이 어딘가에 있을 것이라 생각하고 나라를 오가다가 이성적 삶을 포기하고 만다. 그리고 사랑이라는 이성적 삶과는 거리가 먼 선택을 통해 마음의 위안이라는 구원을 찾고자 하지만, 이러한 선택 역시 좌절되자 그저 편해지고 싶다는 본능적 욕구에 굴복해 자살을 선택한다.

나는 이러한 명준의 선택을 보고, 명준이라는 인물은 결국 이성적인 삶을 원한 것이 아니라, 이성적인 삶을 원하는 자신의 모습을 사랑했다는 생각을 하게 되었다. 명준은 세상이 이성적인 세상임을 바라지만, 자신 스스로 이성적인 세상을 만들려는 노력은 조금도 하지 않았다. 그저 이상주의자적인 태도를 보이다가 세상이 자신의 생각대로 움직이지 않자, 자신이 혐오하는 삶의 방식을 너무나도 아무렇지도 않게 따라하고 만다. 따라서 만약 내가 명준이라는 인물처럼 진정으로 이성적인 삶을 추구했다면, 나는 소크라테스와 같은 삶을 살았어야 한다고 본다.

(학생 과제 중 일부 발췌)

사례 1은 '이명준이 마지막으로 자살을 선택한 것은 옳은 것인가'에 대한 것이다. 위 사례에서 학생은 철학적 측면에서 이 문제에 접근한다. 소크라테스가 살았던 시대에서 2500년이나 지났지만, 철학을 공부한다는 명준은 철학적 성찰 없이 자신이 생각하는 이상향만을 찾다가 삶을 포기한 것이라고 분석한다. 그래서 명준의 선택은 '결국 이성적인 삶을 원한 것이 아니라, 이성적인 삶을 원하는 자신의 모습을 사랑했다는 생각을 하게 되었다.'고 본다. 사례의 학생은 철학도로서 자

신과 사회에 대해서 진정한 성찰을 했다기보다는 고뇌하는 자신을 사랑할 뿐 사회를 바꾸려는 적극적 시도 없이 죽음을 선택했다고 비판한다. 학생 사례자는 작품에서 명준이 철학도였다는 점에 착안해서 명준을 일종의 사회에 굴복하는 소심한 지식인으로 보고 바람직한 철학도가 아니었다고 평가한다. 이는 작품 내의 명준이라는 인물과 시대적 배경에 대한 분석적 이해를 전제로 고뇌하는 철학도 명준의 행동에 가치 평가를 내리는 창의적 의미를 제시했다고 할 수 있다.

[학생 사례 2] ⑩ 이명준이 생각한 이상 국가는 현실에 존재할까.

이명준이 생각한 이상 국가는 존재할까? 이명준은 작중에서 그만의 이상 국가, 즉 진정한 광장을 찾고자 한다. 그러나 명준은 끝내 자신의 '광장' 즉 이상적인 국가를 찾지 못하고 죽음을 택한다. 이명준이 선택한 죽음 안에서 나는 이상 국가에 대해 생각해 볼 수 있었다. 그는 남한을 자본주의에 찌든 곳으로, 북한을 당만이 주인공인 비루한 세계로 인식했다. 중립국은 어떤 이상을 함의하고 있었을까? 이명준이 생각한 '이상'이란 모든 사람들이 이성적이고, 매사에 정열적이고, 서로 원활하게 소통하고, 동물적 욕구를 뿌리칠 수 있는 교양인이며, 악독한 행동들은 거의 볼 수 없는 그런 세상일 것이다.

세상은 소설이 아니다. 즉, 이런 국가는 존재하지 않는다. '유토피아'라는 개념이 왜 생겼을까? 현실에 완벽한 국가가 존재하지 않기 때문에 관념적 개념으로 정의해 놓은 것이다. 그렇다면 왜 유토피아는 실존하지 않는 것일까? 국가를 이루는 데에서 제일 중요한 요소는 인간이다. 인간들은 자신들의 이기심을 품고 좀 더 나은 생활을 하기 위해 국가를 만든 것이다. 이 이기심이 전제된 '국가'에서 어떻게 이상을 찾을 수 있을까? 일부의 인간들은 '교육'을 받으면서 이기심이 이타심으로 발전하는 경우도 있다. 하지만 그 이타심의 원천도 결국은 이기심으로, 이타적 행동들이 전제된 이상 국가는 현실에서 절대 있을 수 없다.

그렇다면 이런 이상 국가가 없기 때문에 우리가 바라는 삶도 살지 못할까? 그건 또 다른 문제다. 이상 국가를 꿈꾸는 대신 이상적인 '나'를 만들어가면 된다. 세상은 바꾸는 것보다, 나 자신을 바꾸는 것이 더 수월하며 이것이 개인의 삶에 훨씬 도움이 되리라고 생각한다. 이상적인 국가만을 갈망하고 이에 집착하는 삶은 너무 비참하다고 생각한다. 마치 하늘에 떠있는 별을 가지고 싶다고 울부짖는 어린 아이로 비유할 수 있겠다. 세상 탓은 어렸을 때 하는 것만으로 족하다. 세상, 국가, 주변 환경 같은 거시적인 요소들보다는 나 자신에 집중하면서 살면, 그 순간순간에 이상적인 국가에서 사는 것과 비슷한 효과를 얻지 않을까 생각해본다.

사례 2는 '과연 이명준이 꿈꾸는 이상국이 현실에도 존재할까'에 대한 것이다. 이 논제는 현실에 대해서 성찰하는 것인데, 학생 사례자는 '유토피아'는 현실에 존재하지 않기 때문에 관념적으로 정의된 개념임을 지적한다. 대부분의 인간들이 이기심을 가지고 더 나은 삶을 욕망하기 때문에 결국 이상 국가는 현실에서 만들어지기 어렵다는 것이다. 또 '세상, 국가, 주변 환경 같은 거시적인 요소들보다는 나 자신에 집중하면서 살면, 그 순간순간에 이상적인 국가에서 사는 것과 비슷한 효과를 얻지 않을까 생각해 본다.'고 함으로써 이상 국가 지향에 대한 자아 성찰과 함께 자신이 생각하는 올바른 삶의 방향성도 제시하고 있다. 이는 작품 의미를 통해 자신과 세계에 대해서 성찰하는 것이며, 자신의 삶에 적용해서 바람직한 가치관을 제시하는 것이라고 할 수 있다.

온라인 수업으로 인해 창의적 읽기의 논제는 쓰기 과제로 진행되었지만, 대면 수업으로 진행한다면 논제는 단순히 묻고 답하는 것을 넘어 조별 토론이나 찬반 토론 등으로 충분히 활용될 수 있다. 유사한 논제에 관심있는 학생들이 같은 조를 이뤄 조별 토론의 과정을 거쳐 하나로 내용을 수합해 발표하는 것이나, 찬반 토론이 가능한 논제를 중심으로 두 조가 찬성과 반대 입장에서 공개 토론을 하는 것 등으로 응용할 수 있다. 이렇게 논제 과제를 말하기로 연결하는 것은 학생들의 의사소통 능력을 성장시키고 사고의 확장을 도울 수 있는 수업 모형이라고 할 수 있다.

다만, 본 수업에서는 온라인 수업으로 진행했기 때문에 논제에 답한 내용들을 수합해 40명 학생 모두의 의견을 서로 볼 수 있도록 14주차에 온라인 실시간 수업으로 독서 노트 피드백을 진행했다. 피드백은 동료 평가와 교수 평가가 동시에 개입할 수 있도록 구성했다. 본 수업의 경우 논제 답한 학생들 40명의 의견을 동일한 논제끼리 모아서 학생들에게 같은 논제에도 다양한 의견이 있을 수 있음을 보여주었다. 이때 논제에 대한 학생 의견을 첨삭하기보다는 정리해서 제시해 주는 형식으로 진행했고, 각 논제별 정리가 끝나면 학생들에게 의견을 제시하게 함으로써 동료 평가까지 이루어지게 했다. 하지만 동료 평가는 발표 토론처럼 유인 동기가 없어서 학생들의 적극적인 참여 없이 한정적으로만 논의되었다.

창의적 읽기는 문학 텍스트 읽기의 최종 종착지라고 할 수 있는데, 이 수업 과정의 의의는 다음과 같다. 첫째, 학생들의 능동적인 참여를 이끌어 낼 수 있다는 것이다. 학생들이 스스로 논제를 만들고 이에 답하는 것이므로 대부분의 학생들이 자발적이고 적극적으로 논제 만들기에 참여했고, 이에 대한 의견 개진도 비교적 창의적 관점에서 이루어졌다. 둘째, 동료 학습자들의 다양한 관점을 접하고 평가함으로써 사회를 이해하고 사고의 지평을 확장할 수 있다는 것이다. 셋째, 작품 내용의 사실적 이해와 분석을 전제로 자신과 세계를 성찰하고, 사회의 문제에 대해 유연하게 대처할 수 있는 사고를 기를 수 있다는 것이다.

Ⅳ. 결론

근래 들어서 대학의 교양교육은 '글쓰기' 위주의 커리큘럼에서 '읽기, 토론'을 강화하는 방향으로 변화하고 있다. 독서의 목표는 주체적인 독서 활동을 통해서 텍스트를 이해하고 능동적으로 의미를 만들어 가는 과정으로 볼 수 있다. 하지만 읽기 교과는 텍스트에 따라 수업목표와 구성이 달라진다. 이에 본 논문에서는 단국대학교 수업 사례를 중심으로 구성주의 학습이론을 통해 「명저읽기」의 수업 모형을 연구하는 것을 목적으로 했다.

수업은 수평적 과정으로는 인지구성주의 측면에서 텍스트의 내용이해에서 심화 읽기로 나아가는 것으로 구성했고, 수직적 과정으로는 사회구성주의 측면에서 각 단계별로 교수자, 동료 학습자와 상호작용이 될 수 있도록 구성했다. 이에 수평적 단계는 '축어적 읽기(요약)-해석적, 평가적 읽기(발표 토론)-창의적 읽기(논제)' 순서로 수업을 설계했고, 수직적 과정은 각 단계별로 선행지식을 익히고 동료와 교수자와 소통할 수 있도록 구성했다.

우선 '축어적 읽기' 단계에서는 간단한 요약과 함께 인상적인 부분과 그 이유를 작성하는 과제를 통해 학생들이 적극적으로 독서에 참여할 수 있도록 유도하고, 학생들이 해당 내용을 이해했는지에 대해서도 확인할 수 있었다. 두 번째는 '해석적 읽기와 평가적 읽기'로 이 단계에서는 소설의 내외적 요소들, 즉 선행지식을 바탕으로 학생들이 작품을 분석해서 발표함으로써 해석적, 평가적 읽기를 수행하도록 했다. 또 사회문화적 소통을 통한 사고의 확산을 위해 동료 학습자와의 토론과 교수자의 평가를 진행했는데, 이를 통해 학생들은 개인 독서 활동의 한계를 극복할 수 있었고 의미구성의 지평을 확장할 수 있었다. 마지막 단계는 '창의적 읽기'로 학생들에게 작품의 이해를 바탕으로 스스로 논제를 만들고 의견을 작성하도록 했다. 학생들은 논제를 만들고 이에 답하는 과정을 통해서 작품에 제시되지 않은 다양하고 새로운 의미를 읽어낼 수 있었으며, 자신과 세계를 성찰하고 사회의 문제에 대해 유연하게 대처할 수 있는 사고를 기를 수 있었다. 본 논문은 구성주의 이론을 바탕으로 선행지식, 동료, 교수자와의 소통을 통해 인지적 사고가 확산될 수 있도록 수업 과정을 단계별로 구성했다는 데 의의가 있다.

참고문헌

1. 저서

강봉규·박성혜, 『새로운 교육과정』, 태영출판사, 2010.

강현석, 『현대교육과정 탐구』, 학지사, 2011.

신명희, 『교육심리학』, 학지사, 2002.

이경화, 『읽기 교육의 원리와 방법』, 박이정, 2001.

Allan C. Ornstein, Francis P. Hunkins, 장인실 외 역, 『교육과정: 기초, 원리, 쟁점』, 학지사, 2007.

2. 논문

강옥희, 「창의성과 비판적 사고능력 개발을 위한 고전읽기 수업방안 연구—문학토론을 통한 「명저읽기」 수업 사례를 중심으로」, 『교양교육연구』 10(4), 한국교양교육학회, 2016, 543-578쪽.

김미란, 「다섯 가지 텍스트 해석 방법을 활용한 읽기 중심 교육 모형 개발」, 『리터러시 연구』 5, 한국리터러시학회, 2012, 67-103쪽.

김미령, 「「명저읽기」에 대한 성찰과 지향점—조선대학교 사례를 중심으로」, 『문화와 융합』 38(4), 한국문화융합학회, 2016, 379-401쪽.

김영학, 「대학 교양교과로서의 고전읽기 수업모형 연구—조선대학교 「명저읽기」 수업 사례를 중심으로」, 『한민족어문학』 86, 한민족어문학회, 2019, 9-48쪽.

김원준, 「읽기, 토론, 쓰기 통합교육의 효율성 제고—「명저읽기와 글쓰기」 강좌를 통해서」, 『한문족어문학』 59, 한민족어문학회, 2011, 523-548쪽.

김주언, 「LAC 교과목으로서 「명저읽기」 강좌의 방향 설정을 위한 모색」, 『교양교육연구』 13(4), 한국교양교육학회, 2019, 235-253쪽.

배혜진·손미란, 「질문법을 활용한 텍스트 읽기 교육—영남대학교 「명저읽기와 글쓰기」적용 사례를 중심으로」, 『한민족어문학』 73, 한민족어문학회, 2016, 155-201쪽.

변상출·박규준, 「교양 키워드 읽기를 활용한 독서와 토론의 수업내용 연구」, 『교양

　　　교육연구』7(5), 한국교양교육학회, 2013, 287-312쪽.

손민호, 「사회구성주의와 수업 연구의 방법론적 탐색」, 『교육인류학연구』7(1), 교
　　　육인류학회, 2004, 37-72쪽.

손혜숙, 「읽기 말하기 듣기 쓰기를 연계한 통합형 읽기 교육 방안 연구」, 『어문론
　　　집』58, 중앙어문학회, 2014, 401-431쪽.

유용태, 「온라인 학습 도구를 활용한 읽기 학습방안 연구」, 『인문사회21』11(6), 아
　　　시아문화학술원, 2020, 2425-2434쪽.

윤승준, 「Liberal Education, 그 오래된 미래를 향하여―교양교육 혁신을 위한 단국
　　　대학교의 도전」, 『교양기초교육연구』1(1), 교양기초교육연구소, 2020,
　　　51-89쪽.

이현영, 「「명저읽기」 수업에서의 미시적 읽기 연구―죄와 벌을 중심으로」, 『교양교
　　　육연구』14(4), 한국교양교육학회, 2020, 177-188쪽.

「명저읽기」 수업에서의 미시적 읽기 연구*
―『죄와 벌』을 중심으로

이현영

Ⅰ. 서론

이 논문에서는 「명저읽기」 과목에서 『죄와 벌』이란 텍스트를 '미시적 읽기'로 진행한 후 실제 수업에서 어떠한 피드백을 받을 수 있는지에 대한 사례를 살펴보고자 한다.

최근 교양 교육 가운데 인문학을 강화하는 목적에서 '고전(명저) 읽기'에 관한 과목이 여러 대학에서 운영되고 있다. 그에 따라 「명저읽기」와 관련된 많은 연구 성과들이 나오고 있는데 수업 방법 혹은 수업 사례 방향에 대한 논의들이 주를 이룬다. 그 가운데 본 논문이 주목한 몇 가지 논의들은 다음과 같다.

김성수는 대학의 기초·교양교육 과정의 교수학습 방법이 텍스트

---

*   이 글은 다음 논문을 수정, 보완한 것이다. 이현영: 「명저읽기」 수업에서의 미시적 읽기 연구―『죄와 벌』을 중심으로, 『교양교육연구』 14(4), 한국교양교육학회, 2020.

읽기-쓰기에서 교수-학습자간의 온-오프라인 양방향 피드백 과정을 중시하는 교육 환경으로 바뀌고 있음을 지적했다. 특히 읽기-쓰기 연계 및 통합 학습은 글쓰기 수업에서 고전 저작이나 현대의 명저 텍스트들을 연결하여 과제 운영에 활용할 수 있다고 보았다.[1] 한편 김명순·변혜경은 '미시적 읽기'가 읽기의 의미를 확장시키고 있음을 지적했다. 여기서 김명순이 제안하는 미시적 읽기는 읽기의 내·외적 조건들 중 어느 하나에 편중되는 것이 아니라 모든 조건에 천착하여 이것이 텍스트에 어떻게 구현되는가를 살펴보는 것이다. 이렇게 읽은 독자들은 텍스트 속에서 적극적으로 주제적 의미를 생성할 수 있게 된다.[2] 그리고 김주언은 창의적 글쓰기에서 창의성이란 단편적인 재치문답식의 순발력보다 구성적인 종합 교양 능력이 요구된다고 밝혔다. 순간적으로 반짝이는 창의성보다는 대상을 깊이 있게 분석하는 비판적 분석력, 당연하다고 여겼던 것들에서 미처 깨닫지 못했던 현상의 이면을 꿰뚫어 투시하는 통찰력, 이를 본질적으로 유사한 다른 담화와 연결하는 유추의 상상력 이 세 가지가 창의적인 글의 여러 요건을 충족한다고 보았다.[3]

이 세 편의 논문에서 언급한 읽기 및 쓰기 교육이 가져야 할 목표와 방향성은 본 논문이 논제를 이끌어 나가는데 있어 중요한 참고점을 제공한다. 따라서 본 논문은 선행 연구들의 목적에 부합하면서도 기존

1   김성수, 「대학 기초·교양교육에서의 읽기—쓰기 통합 교육의 구성과 활용 방안」, 『리터러시연구』 9(2), 한국리터러시학회, 2018, 226-227쪽.

2   김명순, 변혜경, 「미시적 읽기의 개념화와 교육적 함의」, 『새국어교육』 0(90), 한국국어교육학회, 2012, 293-294쪽.

3   김주언, 「종합적인 사고 행위로서의 창의적 글쓰기 방안 연구」, 『한국문학이론과 비평』 10(2), 한국문학이론과 비평학회, 2006, 89-90쪽.

과는 다른 수업 운영 방안을 제시하는데 비중을 두고자 한다.

본격적인 논의에 앞서 본 논문이 텍스트로 삼은 『죄와 벌』부터 잠시 살펴보도록 하자. 『죄와 벌』은 워낙 방대한 분량 때문에 읽기에 부담스러울 수 있지만 고전을 제대로 이해하기 위해서는 무엇보다 '꼼꼼하게' 읽는 과정이 필요하다. 많은 분량을 읽어내야 한다는 부담감을 줄이면서도 꼼꼼하게 읽기 위해서는 기존과는 다른 참신한 해석을 통해 독자들의 흥미를 유발해야 한다. 『죄와 벌』은 가난한 대학생의 사회 해충 제거라는 방식을 통한 사회소설, 죄를 범한 범죄자의 심리를 묘사한 심리소설,[4] 범인을 쫓는 추리소설 등 독자의 층위에 따라 여러 가지 모습으로 읽힐 수 있다는 점에서 새롭게 해석할 수 있는 가능성이[5] 높다. 이렇듯 『죄와 벌』을 다양한 측면에서 읽을 수 있는 가능성을 염두에 두고 여러 사례를 살펴본다면 교수자와 학습자간의 피드백에 시너

---

4   권철근, 「죄와 벌에 나타난 라스콜니코프의 '죄'와 '벌'」, 『한국노어노문학회 학술대회 발표집』, 한국노어노문학회, 2000, 249쪽.

5   『죄와 벌』에 관한 기존 논의들을 살펴보자면 다음과 같다. 콘스탄틴 모출스키는 『죄와 벌』이 현대 소설 형식을 통해 고대 비극예술을 부활시키고 있다고 보았다.(콘스탄틴 모출스키, 김현택 역, 『도스토예프스키 1』, 책세상, 2000, 454쪽.) 한편 석영중은 당대 신문과 성서가 소설의 내러티브에 어떠한 영향을 끼치고 있는가에 대해 고찰하였다.(석영중, 「도스또예프스끼의 『죄와 벌』—성서와 신문에 관한 고찰」, 『노어노문학』 16(2), 한국노어노문학회, 2004, 156쪽) 권철근의 경우 『죄와 벌』의 인물 전체에게서 인간 내면의 이율배반적 속성이 표현되고 있음을 지적했다.(권철근, 「『죄와 벌』의 스비드리가일로프: 라스콜니코프의 두 얼굴」, 『슬라브연구』 25(2), 한국외국어대학교 국제지역연구센터 러시아연구소, 2009, 213쪽) 허선화는 소설 속 마르멜라도프와 카체리나 이바노브나, 라스콜니코프의 자기인식의 패러다임을 심리적 접근을 통해 분석했다.(허선화, 「죄와 벌에 나타난 자기 인식의 패러다임으로서의 자기비하」, 『노어노문학』 19(1), 한국노어노문학회, 2007, 313쪽) 이 견해들은 『죄와 벌』이 종교적·철학적·심리적 차원을 포함해서 다양한 관점으로 다뤄지고 있음을 보여준다.

지 효과가 있을 것이라 예상한다.

『죄와 벌』을 본격적으로 읽기 전, 학습자들은 사전조사를 통해 라스콜니코프의 이론인 비범인 사상과 그가 받은 벌의 전 과정, 소냐를 통한 구원의 가능성 및 이러한 작품을 쓰게 된 당대 러시아의 시대적 배경 등을 조사하였다. 좀 더 구체적으로 살펴보자면 작품의 내적 측면에서는 살인의 상징적 의미이기도 한 암말 살해의 꿈을 비롯하여 라스콜니코프의 하숙집이나 소냐의 방 구조에 대한 설명, 조건 없이 사랑과 헌신을 추구한 소냐, 라스콜니코프의 분신으로 보는 스비드리가일로프 등 등장인물 분석 등이 중심을 이뤘다. 외적 측면으로는 비범인 사상의 근간이 되는 공리주의 사상과 이를 확장시킨 트롤리 딜레마, 환경 결정론, 신앙에 대한 가치관 등이 주로 언급되었다. 물론 이러한 논의들은 『죄와 벌』의 가장 핵심적인 주제들이긴 하다. 하지만 본고는 이 외에도 텍스트에 숨겨진 또 다른 의미가 있지 않을까란 의문이 들었고 이를 분석하기 위해 몇 가지 단계를 정했다. 우선 책을 꼼꼼하게 읽는 것부터 시작해야 한다. 그 다음 단계에서는 교수자가 학습자에게 피드백 준 것을 이들이 어떠한 식으로 반영하였는가에 대해 살펴볼 필요가 있다. 수업방법은 코로나 19로 인해 원격강의를 진행해야 하는 특수한 상황에서 SNS에 익숙한 학습자들을 위해 카카오톡의 오픈 채팅방이나 라이브톡으로 진행하였다. 비록 교수자는 학습자들과 대면하지는 못했지만 실시간으로 진행된 수업에서 전수강생들의 견해를 댓글로 받을 수 있어 상호 소통이 가능했다. 마지막 단계에는 『죄와 벌』의 속편쓰기를 과제로 제안했다. 소설 창작 과제는 이 텍스트를 비판적으로 분석한 비평문과는 달리 학습자의 창조적 상상력이 어떻게 반영되었는지 살펴볼 수 있다는 점에서 나름의 의미가 있다. 슈탄첼에 따르면 모든 이야기는 작가가 창조하는 이야기와 독자가 보완하는 이야기 이 두 가지로 구성되어 있다고 보았다.[6] 이 말인즉슨 문학작품은 빈 곳이 있는 곳을 독자가 채워 가면서 작가와 함께 작품을 만든다는 의미다. 요컨대 독자들이 책을 읽을 때, 서술된 것을 바탕으로 작가의 숨겨둔 장치와 같은 서술되지 않은 어떠한 틈까지 미루어 짐작해 읽어나가게 되면 새로운 해석도 가능해진다. 그리고 문학 작품을 어떻게 읽느냐에 따라 다양한 의미가 생산된다고 할 때, 그 밑바탕에는 독자들의 능동적 개입이 필요하다. 이처럼 '속편 쓰기'는 미시적 읽기를 거친 학습자들이 어떻게 『죄와 벌』을 받아들였는지 알 수 있는 하나의 방법이 되어줄 것이다.

이에 본 논문이 확인하고자 하는 바는 다음 세 가지다. 텍스트 자체를 제대로 이해하기 위해서 '미시적 읽기'가 이뤄졌는가, 명저에 항상 붙어 다니는 화려한 수식어들에 대하여 원래 그러한 것이 아니라 어떠한 점에서 그러한 것인지에 대해 검증할 수 있는가, 마지막으로 교수자의 수업과정을 통해 과연 학습자들이 이를 어떻게 받아들였는가에 대한 확인 작업이 가능한가이다. 그러기 위해 우선 2장에서는 텍스트 요인에 근거한 미시적 읽기과정을 살펴보기로 한다. 3장의 경우 구조적 읽기 방법에 대하여 학습자들과 함께 분석한 양상을 고찰할 것이다. 4장은 학습자들의 피드백을 적극적으로 재구성한 사례를 소개하겠다.

---

6   김천혜, 『소설구조의 이론』, 한국학술정보(주), 2010, 280쪽.

Ⅱ. 텍스트 요인에 근거한 미시적 읽기

1. 명시된 단어를 주의 깊게 읽기

2장에서는 『죄와 벌』을 내용적 측면에서 '미시적 읽기'를 거친 몇 가지 사례를 보여주고 학생들과 어떠한 상호 작용이 이루어졌는지를 분석하고자 한다.

먼저 미시적 읽기의 방법 중 명시된 단어를 중심으로 『죄와 벌』을 살펴보도록 하자. 작가는 작품 속에 숨겨둔 의미를 제시하는데 라스콜니코프가 공원에서 술 취한 어린 아가씨를 따라다니는 어떤 신사에게 소리 지르는 장면이 그러하다. 여기서 주목할 것은 왜 라스콜니코프가 그 신사에게 '스비드리가일로프'라고 불렀는가에 있다. 스비드리가일로프는 3부 후반부에 등장하는 인물로 두냐에게 흑심을 품었던 사내다. 아마도 라스콜니코프는 신사와 스비드리가일로프를 동일시했다고 볼 수 있을 것이다. 그런 점에서 주인공은 이 소녀를 어떻게든 지켜주고 싶어했는데 어느 순간 갑자기 돌변한다. 이러한 라스콜니코프의 행동에 대해 학습자들은 여동생과 소녀를 다르게 인지하기 시작했다는 의견과 자신에게 간섭할 권리가 없다고 깨닫게 되었다는 의견으로 나뉘었다. 이를 좀 더 확장시켜 보면 다음과 같다.

교수자　네. 좋습니다. 그렇다면 그 소녀가 자신의 여동생과 다르다고 인지한 걸까요? 아니면 여전히 두냐와 소녀를 동일시하긴 하나 단지 이 상황을 회피하고 싶어서 그런 걸까요?

학생 1   처음에는 동일시했지만 나중에는 다르다고 생각한 것 같습니다. 97페이지(1권)에서 라스콜니코프가 혼잣말을 하는 장면을 보면 두냐가 그런 비율에 끼게 되면 어떡하나 걱정하는 모습이 보입니다.

학생 2   벤치의 여자가 두냐와 또래로 보인다고 묘사되어있는 점에서, 편지를 읽고 난 직후인 라스콜니코프가 그녀에게 두냐를 투영해 바라본 것 같습니다. 그러나 경관이 남자와 소녀를 비난하는 모습을 보면서 두냐와 그녀를 동일시하고 싶지 않았을 것이라 생각합니다.

학생 3   라스콜니코프는 내버려 두라고 소리치고 나서 텅 빈 벤치에 앉아 한참을 소녀의 미래에 대해 상상하며 괴로워합니다. 그는 그 신사와 스비드리가일로프를 동일시한 것처럼 소녀 또한 자신의 동생과 연관시켜 생각해 보았을 겁니다. 주인공은 자신의 뇌리에 스치는 미래들이 너무도 끔찍했고 혹시나 그 미래가 자신의 집안에 일어날 수도 있을 것 같다는 불안감이 들면서 상황을 외면하고 싶은 마음에 그런 말들을 외친 것 같습니다.

교수자   자신에게 권리가 없다는 의견과 다르게 인지하기 시작했다는 의견으로 갈리는군요. 그렇다면 여기에서 좀 더 넓게 생각해 봅시다. 만약 라스콜니코프가 두냐와 소녀를 여전히 동일시한다고 가정했을 때 그의 이러한 행동은 두냐를 포기하게 되는 걸까요?

학생 1 　라스콜니코프는 본인의 괴로움에서 벗어나고 싶은 마음에, 현실의 비슷한 상황에서라도 이를 외면하여 번민에서 벗어나는 것을 꿈꾼 것 같습니다. 두냐를 포기할 수 없으니 현실 도피적인 심리로 이 소녀를 포기해 버리는 것입니다.

학생 2 　이 장면에서 라스콜니코프는 자신의 누더기 같은 옷을 보게 됩니다. 어머니의 편지를 읽고 나서도 자신은 어떠한 것을 내세울 수 있는 처지가 아니라고 생각을 하는데요. 저는 두냐를 포기하다기보다는 자신의 처지 때문에 상황 자체를 무시한 것이라고 생각합니다.

학생 3 　더 이상 소녀를 신경 쓰지 않는다고 해서 두냐를 포기한 것은 아니라고 생각합니다. 주인공은 자신의 상황이 넉넉지 않고 살인까지 계획하고 있었음에도 편지를 보며 눈물을 흘리고 두냐를 걱정했기 때문입니다. 소녀가 떠난 후 도와준 것을 후회하는 것은 두냐를 포기한 것이라기보다 자신의 처지에 어울리지 않는 행동이라 생각했기 때문인 것 같습니다.

교수자 　각자의 견해들을 들어보니 지금 상황에 대한 회피로 의견이 모아지는 듯합니다. 자. 그렇다면 여기에서 학생 3)이 언급한 바와 같이 '편지'를 보며 눈물을 흘린 라스콜니코프의 모습에 주목해 봅시다. 왜 라스콜니코프는 편지를 읽고 난 직후 살인을 연상시키는 '어떤 결단'[7]을 내리려고 했을까요?

학생 1   극단적인 방법이긴 하지만 두냐의 결혼을 막기 위해 돈이 필요해서 그런 것은 아닐까요?

학생 2   화풀이일수도 있다고 생각합니다. 평소에 살해한다는 생각을 하긴 했지만 충동적으로 저지르지 않았을까요?

학생 3   다수의 행복에는 자신의 가난을 해결하는 것 또한 포함되어 있기 때문에 오히려 현실을 직시하고 자신이 할 수 있는 행동을 한 것 같습니다. 아마도 살인을 통해 자신이 처한 상황을 정면 돌파하려 한 것은 아닐까요.

교수자   모두의 의견 잘 들었습니다. 이상으로 라스콜니코프가 모르는 행인을 '스비드리가일로프'라고 부르는 장면에 대해 살펴보았습니다. 이를 통해 우리는 그가 여동생 두냐에게 어떠한 감정을 갖고 있으며 더 나아가 그의 처지와 심리에 대해서도 꼬리물기식의 연상 작용으로 유추해 보았습니다.

그렇다면 우리는 이런 장면을 제시한 작가의 의도에 대해서 한번쯤 고민해 볼 필요가 있습니다. 제가 보기에 '스비드리가일로프'란 단어는 단지 개인의 이름으로 그치는 것이 아니라 어떤 위험이라는 '기호'처럼 보이게 하려는 작가의 의도가 담겨 있다고 생각합니다.

---

7   표도르 도스토옙스키, 김연경 역, 『죄와 벌 1』, 민음사, 2012, 87쪽.

작가가 어떤 내용을 코드에 담아 독자들에게 보내면 독자는 이 코드에서 내용만을 분리해 내어 그 뜻을 인식합니다. 가령 우리가 '119'를 떠올린다면 단순히 숫자조합에도 불구하고 위험할 때 누르는 번호라는 것이 동시에 떠오르는 것처럼 말이죠. 이처럼 작가는 '스비드리가일로프'란 코드를 통해 이 단어가 주는 부정적 이미지를 독자들에게 각인시키려 한 것은 아닐까요? 만약 독자들이 이를 찾아낸다면 앞으로 전개될 스비드리가일로프에 주목하게 될 것이고 그 이름이 바로 위험한 인물이라는 것을 예측할 수 있게 될 겁니다.[8]

이와 같이 위 사례문은 공원에서 술 취한 어린 소녀를 따라다니는 어떤 신사를 왜 '스비드리가일로프'라고 불렀는가란 의문점에서 출발하여 꼬리물기식 연상 작용으로 라스콜니코프의 심리 상황을 유추해 본 내용이다. 이 과정은 독자들로 하여금 라스콜니코프의 말실수를 통해 작가가 의도하는 바가 무엇인가를 한번쯤 생각해 보게 만든다. '미시적 읽기' 자체가 '텍스트에 명시된 서술들이 그것을 가능하게 하는 근거나 배경들을 다른 표현들과 연결 짓고 평가함으로써 나타나는 의미화의 과정'[9]이라고 볼 때 이러한 분석 사례는 앞으로 학습자들에게

---

8   이 수업에서 공대생 31명, 예술대 학생 38명이 각 분반별로 참여하였는데 본 논문에서는 몇몇의 학생들의 의견만 인용문에 제시되었음을 밝힌다.

9   김명순, 변혜경, 「미시적 읽기의 개념화와 교육적 함의」, 『새국어교육』 0(90), 한국국어교육학회, 2012, 294쪽.

읽기의 한 방법으로 제시할 수 있을 것이다.

2. 명시된 정보를 확장적으로 읽기

이번에는 『죄와 벌』의 중요한 쟁점이기도 한 '비범인 사상'을 기존 논의와는 다른 시각에서 접근해 보고자 한다. '비범인 사상'에 관한 기존 해석을 살펴보자면 '공리주의적 측면'[10]과 '유물론적 결정론',[11] '트롤리 딜레마'[12]와 연결시켜 설명한다. 여기서 '비범인'이란 나폴레옹이나 칭기즈칸과 같은 위인들인데 이들이 세상을 변화시키기 위해서는 살인마저도 허용된다는 것이 이 사상의 핵심이다. 소설 속 라스콜니코프는 자신이 이 사상을 시험하고자 할 당시 스스로 비범인(=강자)이라기보다 약자에 더 가깝다는 사실을 인지하고 있었던 것으로 보인다. 이에 대한 근거로 주인공이 자신의 범행 사실을 소냐에게 고백했다는 점을 들 수 있다. 물론 본문에는 소냐와 본인이 다를 바 없어서라고 서술되어 있지만 실제 속마음은 그렇지 않아 보인다.[13]

여기서 라스콜니코프가 '약자'라는 전제는 왜 하필 '매춘부'에게

---

10 권철근, 「죄와 벌에 나타난 라스콜니코프의 '죄'와 '벌'」, 『한국노어노문학회 학술대회 발표집』, 한국노어노문학회, 2000, 251쪽.

11 이형구, 「『죄와 벌』, 그리고 필연성의 문제」, 『슬라브연구』 24(2), 한국외국어대학교 국제지역연구센터 러시아연구소, 2008, 184쪽.

12 석영중, 『도스토예프스키, 돈을 위해 펜을 들다』, 예담, 2012, 146-147쪽.

13 이를 좀 더 구체적으로 살펴보자면 본문에서 라스콜니코프는 가족을 위해 희생한 소냐나 사상을 시험하기 위해 자신을 버린 본인이나 다를 바 없다고 말한다. 이것이 소설에 명시된 표층적 의미이기도 하고 보편적으로 논의되어 온 견해이긴 하나 서론에서 밝힌 본고의 문제의식에 초점을 맞춰 다른 관점에서 분석해보고자 한다.

고백했는가와 이어진다. 센나야 광장에서 마주친 창녀들을 묘사한 대목 가운데 '다들 시퍼런 멍이 들어 있었다'[14]거나 '서른 살쯤 된 곰보 아가씨였는데 얼굴이 전부 멍투성이고 윗입술은 팅팅 부어 있었다'[15] 등을 보면 창녀들이 폭력에 시달리고 있음을 알아차릴 수 있다. 그렇다면 소냐 또한 그녀들과 별반 다를 바 없을 것이다. 여기서 우리는 매춘부들이 '계급적 측면'이 아닌 폭력에 노출되어 온 '사회적 측면'에서 약자임을 알 수 있다. 이처럼 신분이 아닌 처지에 초점을 맞추게 되면 라스콜니코프 또한 대학생 '신분'이 아닌 '가난'한 처지에 놓여 있다는 점에서 동일하다. 다시 말해 대학생 신분이었던 주인공의 사회적 계급은 강자에 가깝다. 하지만 아버지의 부재 속에서 어머니와 여동생의 도움으로 근근이 학업을 이어나가던 그의 현실적 여건을 고려해 볼 때, 그 또한 사회적 약자[16]임을 짐작해 볼 수 있다. 이처럼 독자들이 창녀들을 묘사한 부분에서 무심히 지나치지 않고 미시적으로 읽게 되면 충분히 발견할 수 있는 대목이다. 여기서 좀 더 확장적으로 읽어 나가게 되면 소

---

14 표도르 도스토옙스키, 김연경 역, 『죄와 벌 1』, 민음사, 2012, 286-285쪽.

15 표도르 도스토옙스키, 앞의 책, 287쪽.

16 이러한 근거는 주인공이 결혼 상대자를 추억하는 장면에서도 확인 가능하다. 라스콜니코프는 자신이 머무르던 하숙집 딸과 결혼하려 했는데 그녀에게 끌렸던 이유가 못생긴데다가 항상 몸조차 좋지 않았기 때문이라고 말한다. "그녀가 절름발이나 꼽추였다면 훨씬 더 좋았을 것"이라던 그의 발언은 사랑하는 사람을 대하는 태도와는 상당히 거리가 멀다. 라스콜니코프는 그녀와 나누던 사랑을 '봄의 미망'으로 비유하는데 '미망'이란 단어는 '환각에 지나지 않는다'는 의미도 갖고 있다. 이에 초점을 맞추게 되면 주인공이 말한 사랑은 현실적이기보다 어떤 이상적인 이미지에 가깝다. 다시 말해 그는 연민과 동정심에서 비롯된 감정을 사랑이라 생각했고 그 감정의 밑바탕에는 또 다른 사회적 약자였던 자신의 모습이 투영되었던 것이다.

냐와 리자베타 또한 동일시되고 있음을 추가적으로 발견할 수 있다. 단 이 동일시 과정은 라스콜니코프의 시각에서 그러하다는 점이 전제된다.

그렇다면 어떠한 점에서 리자베타와 소냐를 동일선상에 놓고 볼수 있을까. 이는 '리자베타가 수시로 임신을 했다'[17]는 구절을 그 근거로 들 수 있는데 이 대목을 통해 리자베타가 매춘부인 소냐의 처지와 크게 다르지 않음을 알아차릴 수 있다. 만약 우리가 '리자베타가 수시로 임신을 했다'라는 구절을 제대로 읽지 않고 지나갔다면 소냐와 리자베타를 동일시하는 것에 대해 의문이 들었을 것이다. 하지만 이 한 구절이 소냐와 리자베타를 동일시할 수 있는 근거로 작용한다. 그리고 이것이 라스콜니코프가 왜 하필 소냐에게 자신의 죄를 고백했는가와도 연관된다. 어쩌면 라스콜니코프는 무의식중에 소냐와 리자베타를 동일시하여 리자베타에게 속죄를 하고 싶었을지도 모른다. 주인공이 소냐에게 용서를 받는 것은 죄 없는 리자베타를 살해한 자신이 구원받을 수 있는 길이라 생각했을 것이다. 다시 말해 라스콜니코프는 리자베타에 대한 죄의식을 덜어 내기 위한 일종의 고해성사의 대상으로 소냐를 선택한 것이라 볼 수 있다.

이 대목에 관하여 학습자들은 소냐가 가족을 부양하기 위해서 매춘부라는 직업 외에 다른 선택권은 없었는가를 시작으로 '타락'에 대하여 육체와 정신을 분리할 수 있는가, 더 나아가 환경이 사람을 지배할 수 있는가란 논제들에 대해 라이브톡으로 토론하였다. 학습자들은 의

---

17   표도르 도스토옙스키, 앞의 책, 121쪽.

문이 드는 구절을 세부적으로 읽어 나가면서 평소 당연하다고 생각해 온 논제에 대해 의문을 제기하며 논의를 확장시켜 나갔다. 이미 선행조사를 마친 학습자들은 '비범인 사상을 추구하는 라스콜니코프 또한 강자에 가깝다'란 선입관을 가졌을 수도 있다. 하지만 치밀한 독서를 통해 다시 들여다보게 되면 라스콜니코프가 약자라는 근거들은 소설 곳곳에서 찾아볼 수 있다. 이런 방식으로 작품 해석에 접근하게 될 때 우리는 기존의 『죄와 벌』에 붙은 화려한 수식어들을 되짚어 볼 수 있을 것이다.

Ⅲ. 구조적 측면에 대해 미시적 읽기

3장에서는 구조적 읽기에 대해 '소시민' 모티프를 예시로 들어 살펴보고자 한다. 도스토옙스키는 포르피리와 라스콜니코프의 쫓고 쫓기는 심리적 추격전에서 '소시민'이란 인물을 투입하는데 소설의 흐름상 뜬금없는 등장이긴 하지만 라스콜니코프의 가장 중요한 비밀을 발설한 인물이므로 예의 주시할 필요가 있다. 교수자는 '소시민'에 대한 분석에 앞서 학습자들에게 실제 인물인지의 여부에 대한 질문을 던지자 90%에 해당하는 학습자들이 '환상의 인물'이라고 대답했다. '실제 인물이지만 환상적으로 처리된 인물'이라고 정확히 대답한 학생은 단 한 명일 정도로 소설 속에서 '소시민'이란 모티프는 실제인물인지 아닌지에 대해 모호하게 처리되어 있다. 소시민이 등장한 장면은 다음과 같다.

인용문 1) "문지기가 자신의 골방 문 옆에 서서 키가 크지 않은 어떤 사람에게 곧장 그를 가리켜 보였는데 겉보기에는 소시민인 것 같았고 실내복 비슷한 옷에 조끼를 걸친 탓에 멀리서는 여자처럼 보였다. 땟국이 졸졸 흐르는 제모(制帽)를 쓴 머리는 밑으로 축 늘어져 있고 사람 자체도 몸이 통째로 굽은 것 같았다. […] "네놈이 살인자란 말이야." 상대방은 더욱더 또박또박, 의미심장한 어조로 말하더니 어딘가 증오에 찬, 의기양양한 미소를 띠우며 또다시 곧장 라스콜니코프의 창백한 얼굴과 죽은 사람 같은 눈을 쳐다보았다."[18]

인용문 2) 바로 아까 그 소시민, 아까와 똑같은 실내복을 입은, 몸이 구부정한 그 소시민이었던 것이다. 라스콜니코프는 멀찌감치 떨어져서 걸었다. 심장이 쿵쾅거렸다. 그들이 골목길로 접어들었을 때도 상대방은 여전히 뒤를 돌아볼 생각도 하지 않았다. […] 소시민은 어느 커다란 건물의 대문 안으로 들어갔다. 라스콜니코프는 서둘러 대문 쪽으로 다가가 그가 뒤돌아보지나 않을까, 자기를 부르지나 않을까, 살피기 시작했다.[19]

인용문 1)은 처음 소시민을 만난 라스콜니코프가 살인자라 말하는 그를 보며 소스라치게 놀라는 장면, 인용문 2)에서는 꿈속에서 소시민을 따라 걷던 라스콜니코프가 살아있는 노파를 보고 다시 죽이는 장면이다. 인용문 1)이 현실에서 일어난 사건이라면 인용문 2)는 꿈 꾼 내용이다. 하지만 도스토옙스키는 이 장면을 자연스럽게 이어지도록 하여

---

18   표도르 도스토옙스키, 앞의 책, 491-492쪽.
19   표도르 도스토옙스키, 앞의 책, 498-499쪽.

독자들로 하여금 라스콜니코프가 실제로 소시민을 만난 건지 아닌지 헷갈리게 하였다. 그렇다면 작가는 왜 이러한 복선을 유발하며 소시민을 실제가 아닌 환상 속에 등장하는 인물처럼 그린 것일까. 이 반전의 장치는 독자들에게 앞뒤 문맥을 정확히 파악하도록 유도한다. 소시민이란 인물은 소설 곳곳에 '고유명사'가 아닌 '대명사'로 표기되어 있다. 따라서 독자들이 '소시민'이란 인물을 제대로 파악하기 위해서는 역추적이 필요하다. 대체 '소시민'은 어느 대목에서 나왔던 인물일까. 소시민의 첫 번째 등장은 라스콜니코프가 범죄현장을 재방문하여 주변 사람들에게 횡설수설하는 장면에서다. 이 때 등장한 목격자 중 하나였던 '소시민'은 적극적으로 주인공을 '경찰서에 데리고 가자[20]'고 주장한 인물이었다. 여기서 그의 등장은 작품의 개연성을 위해서는 반드시 필요한 대목이었으나 여러 구경꾼들 중 하나에 지나지 않았기 때문에 독자들의 시선을 끌진 못했다. '소시민'의 본격적인 활약은 예심판사 포르피리가 라스콜니코프를 범인으로 모는 장면을 통해서다. 포르피리는 집무실 칸막이 뒤에 '소시민'을 숨겨 놓고 라스콜니코프에게 깜짝쇼를 보여주겠다며 압박해오지만 느닷없는 니콜라이의 거짓자백으로 인해 수포로 돌아간다. 비록 작품에서는 실패로 돌아가지만 만약 포르피리의 깜짝쇼가 성공했다면 '소시민'은 라스콜니코프를 범인으로 모는데 훌륭한 심리적 도구가 되었을 것이다.

그런데 도스토옙스키는 왜 깜짝쇼를 성공시켜 라스콜니코프와 독자들을 경악시키지 않은 것인가. 작가는 '소시민'이란 인물을 투입시

---

20   표도르 도스토옙스키, 앞의 책, 315쪽.

킴으로써 뭔가 일어날 것만 같은 긴장감을 끊임없이 유발시키지만 정작 깜짝쇼는커녕 그 사건의 내막을 소시민에게 직접 이야기하도록 만들어 아무 일도 아닌 것처럼 보이게 한다. 하지만 이 장면은 오히려 독자들의 심리를 자극시킨다. 게다가 어느 순간 라스콜니코프에게 연민을 갖게 된 소수의 독자들은 이러한 소시민의 행동에 심리적 안도감을 느끼기도 할 것이다. 이처럼 소시민이 라스콜니코프에게 포르피리 집무실에서 있었던 일을 이야기하는 것은 '삽입적 역전'[21]이라 볼 수 있는데 오히려 그것을 일으키지 않음으로써 그 자체만으로도 반전이 되는 셈이다. 비록 소시민과 관련된 사건은 해소되었지만 이로 인해 심증에서 확증으로 변한 포르피리와의 대결은 새로운 국면으로 접어들었다는 점에서 독자들에게 또 다른 긴장감을 부여한다. 이처럼 '소시민'을 환상과 현실의 경계에 놓여있는 것처럼 보이게 한다든가 반전의 장치를 이용하지 않음으로써 오히려 그 자체가 반전이 되는 점은 도스토옙스키식의 형식적 특징을 엿볼 수 있는 대목이다.

이처럼 교수자는 학습자들에게 텍스트에 명시된 바를 꼼꼼히 찾게 만들고 작가의 의도를 파악하기 위해 소시민이 갖는 반전의 장치를 설명하였다. 그렇다면 작가는 소시민을 이용해 주인공의 어떠한 심리를 보여주고자 한 것일까.

---

21 역전은 독자에게 필요한 정보를 제공해 준다는 점에서 소설의 중요한 기법으로 간주된다. 특히 '삽입적 역전'은 작품의 중간에 위치하여 필요한 정보는 독자에게 제공하는 역전이다.(김천혜, 2010: 73-74) 이처럼 '소시민이 전하는 역전'은 포르피리와 라스콜니코프의 쫓고 쫓기는 추격전을 잠시 주춤하게 만든 결정적 역할을 담당한다.

학생 1   라스콜니코프는 자신이 살인을 저질렀다는 사실이 들
          통날까봐 증거를 계속해서 숨기고 고민합니다. 게다가
          언제 어디에서 자신의 범죄가 탄로날지 모르기 때문
          에 항상 긴장하는 상태인 것 같습니다. 그렇기 때문에
          이 대목은 라스콜니코프의 심리를 간접적으로 보여주
          는 부분이라고 생각합니다.

학생 2   라스콜니코프가 자신이 '비범인'이라고 여기며 살인
          을 정당화하고 있었으나 자신이 '비범인'이 아닐 것이
          라는 회의감이 다른 사람들이 그를 비웃는 모습으로
          형상화되어 나타난 것이라고 생각합니다.

학생 3   그의 불안심리로 인해 발생한 환각입니다. 이 장면은
          포르피리의 심문과 주변 인물들의 의심 때문에 라스
          콜니코프가 죄책감에 시달리게 되는 부분인데요. 특히
          노파의 얼굴을 통해 자신 내면의 악을 마주한 것 같습
          니다.

학생 4   라스콜니코프는 자신이 강자라는 것을 증명하기 위해
          살인을 저지른 것 같은데, 살인 후에 그는 결국 자신이
          약자였다는 것을 더욱 뼈저리게 느낍니다. 그래서 이
          러한 자신의 모습을 스스로 창피하거나 부끄럽게 여
          기고 있고, 이런 심리에 따라 노파와 여러 사람이 자신
          을 비웃는 꿈을 꾼 것 같습니다.

위 인용문에서 보다시피 꿈에서 노파는 왜 웃고 있었고 모든 사람
들은 그를 쳐다보며 구경하고 있었을까란 교수자의 질문에 대해 많은
학생들이 라스콜니코프의 죄책감과 불안감이 드러난 심리라고 대답했

다. 이러한 묻고 답하기는 학습자에게 가장 기본적으로 '소시민'의 존재여부를 파악하게 하고 더 나아가 작가가 전하는 사건의 전모를 제대로 파악할 수 있도록 한다. 그 뿐만 아니라 이 방법은 독자들의 극적 긴장감과 몰입도를 높여 독서의 질을 향상시킬 수 있다.

IV. 창의적 글쓰기

앞선 장들에서는 교수자가 '미시적 읽기'의 방법을 제시하였다면 이번 장에서는 학습자들이 이를 어떻게 받아들여 자신만의 창의적인 내용으로 재해석하였는가를 살펴보고자 한다. 이를 확인할 수 있는 방법의 일환으로서 본고는 『죄와 벌』 속편 쓰기를 과제로 진행하였다. 이 과제는 학습자 개개인마다 『죄와 벌』을 바라보는 시각뿐만 아니라 학습자의 창의적 상상력을 동원하여 만들어 낸 스토리를 통해 자신과 이 세계를 어떻게 바라보는지 간접적으로 살필 수 있는 하나의 단서가 된다.

『죄와 벌』의 '속편 쓰기' 과제는 공대생 31명, 예술대 학생 38명 총 69명이 참여하였다. 과제의 전제조건으로는 '우리의 지금 얘기는 끝났다.'로 마친 『죄와 벌』의 열릴 결말을 닫힌 결말로 만들어 볼 것, 소설의 개연성을 고려하여 이 텍스트에 등장했던 인물 최소 5명은 제시할 것, 소설에 나타난 에피소드 2개 이상은 언급해야 한다는 점이다. 스토리 가운데 학습자들이 공통적으로 제기한 쟁점들이 있었는데 이는 다음과 같다. 첫 번째 학습자들은 라스콜니코프의 죄를 어떻게 생각하느냐, 두 번째 소냐의 헌신을 어떻게 바라보느냐, 세 번째 주변인들이 라스콜니코프의 어떠한 조력자가 되어 주느냐란 점이다.

　우선 첫 번째 질문의 경우, 학습자들은 '비범인 사상'을 어떻게 생각하고 있는가와 라스콜니코프가 본인의 죄를 어떻게 용서받느냐 이 두 가지로 구분된다. 전자부터 살펴보자면 학습자들은 주인공이 출옥한 이후에도 여전히 노파와 리자베타를 살인한 기억을 잊지 못하고 있을 뿐 아니라 본인이 주장한 '비범인 사상'에 대해서도 언급하고 있는 모습을 그려내었다. 특히 몇 편의 소설에서는 라스콜니코프가 본인의 논문을 바탕으로 모방 범죄를 꿈꾸는 지지자를 만나게 되는 내용이 눈에 띄었다. 그 중에서 비교적 스토리를 잘 이끌어 나간 한 학생의 글을 소개하고자 한다.

　　　[…]

　"이번에 재판을 하게 된다면 저번과 같은 감형은 기대하기 어려울 겁니다. 아니? 애초에 기대하는 것이 어리석은 것이지요. 특히 이런 연쇄살인은 말이죠. 전당포 연쇄살인사건이라고 이름이라도 붙여야겠군요." 일리야 페트로비치는 확신에 찬 듯 라스콜니코프의 상황을 비웃었다.

　"그만하시지요. 제발! 그만해! 난 그저 거기 서있었을 뿐이란 말입니다. 지난 시간동안 나는 많은 것을 반성했어요. 내가 그토록 아끼고 확신했던 나의 논문 속 사상까지 모든 것을 반성했단 말입니다! 중위님은 어떤 근거로 나를 범인이라 판단하고, 왜 더 이상 범인을 찾으려는 노력을 하지 않으십니까? 대체!" 라스콜니코프는 너무나도 답답한 나머지 이성을 잃은 듯 소리쳤다.

"그만 조용히 하는 게 좋을 거야. 변명은 재판에서 하지. 살인자 라스콜니코프." 중위는 단호하게 라스콜니코프의 입을 막았다.

그때 무거운 분위기의 경찰서 문을 열고 한 낯선 이가 들어왔다. 차분히 경찰서의 상황을 살피던 그는 조심스럽게 입을 열었다.

"저기…… 중위님? 라스콜니코프와 잠시 단둘이 이야기를 나누고 싶은데 가능할까요?"

"당신 누구야" 중위는 라스콜니코프라는 말에 예민하게 반응하였다.

"이번 전당포 살인사건의 진상을 규명하러 왔습니다. 그 전에 꼭 단둘이 이야기하고 싶은데……. 그렇게 하시는 편이 마음이 편하실 겁니다. 중위님." 낯선 이는 결의에 찬 듯 단호한 투로 이야기하였다. 낯선 이의 입에서 자신의 이름이 언급되는 것을 들은 라스콜니코프는 그의 얼굴을 보기 위해 얼굴을 돌렸을 때 경악을 금치 못했다. 그 낯선 이가 어제 페테르부르크에 와서 밤에 산책을 할 때 마주친 한 청년이라는 것을 라스콜니코프는 눈빛을 보고 단번에 알아차릴 수 있었다.

진상을 규명하겠다는 청년의 말에 중위는 라스콜니코프를 내어주었고 자리를 비켜주는 듯 하였으나 둘의 대화를 몰래 엿들으려 몸을 숨겼다. 라주미힌은 차분하게 소냐를 달래었고 상황을 좀 더 지켜보기로 하였다.

"선생님의 논문 잘 읽었습니다." 독방에 단둘이 마주한 채 청년은 첫마디를 꺼내었다. 그리고 대화를 이어나갔다.

"선생님께서는 비범인 사상에 관련해 논문을 쓰신 라스콜니코프가 맞으시죠? 인간은 비범한 인간과 보통의 인간으로 나뉜다는 그 비범인 사상. …… 아주 훌륭하신 생각입니다. 이 사회를 개혁하기 위해선 저와 선생님같은 비범인이 필요하니까요. 맞습니다. 생각하신 대로 이번 살인 사건의 범인은 제가 맞습니다. 특히 이 부분과 관련해서는 선생님을 꼭 만나 뵙고 이야기를 나누고 싶었는데 이렇게 자리가 있어 참 다행이네요. 선생님의 논문에서는 비범인이라는 것을 자기 자신이 본래 안다고 하셨죠? 저는 본인이 비범인인지 확실히 믿기 위해 그것을 확인해보는 행위도 정당화될 수 있다고 믿는데 어떻게 생각하시는지요? 물론 그런 의미에서 이번 사건은 제가 비범인인 것을 확인하기 위한 것으로 분명 정당화될 수 있다고 생각합니다." 라스콜니코프는 온 몸이 얼어붙은 듯 아무 이야기도 하지 못했으며 그저 감탄할 뿐이었다. 어떤 것에 대한 감탄인지 정확히 알 수는 없었지만 분명 감탄이었다. 라스콜니코프는 어렵게 입을 열었다.

"경찰서에 나타나서 진상을 규명하겠다고 하신 이유는 무엇입니까?"

"그야 당연히 선생님과 저를 위해서지요. 저의 행동이 다른 사람에게 피해주는 것을 원치 않습니다. 특히 선생님같이 위대하신 분이라면 더욱이 오해를 푸는 것은 저에게 중요한 의미를 가집니다."

'살인은…… 살인은 피해가 아니란 말인가?' 심한 모순을 갖는 청년의 말에 라스콜니코프는 자신의 논문이 이러한 청년의 가치관을 지배했다는 점에서 큰 혼란을 느끼고 강한 충격을 받았다. 특히 열정이 가득 담긴 눈빛으로 논문에 관한 이야기를 할 때 청년의 모습이 흡사 옛날 자신의 모습을 보는 것 같아 라스콜니코프는 심한 메스꺼움을 느꼈다. […]

(공과대학 기계공학과 1학년 이○욱)

위의 학생글처럼 주인공이 제3자의 입장에서 자신의 이론과 초인 사상을 실현시키고자 하는 자를 맞닥뜨렸을 때 과연 어떠한 심정일까?

아마도 이 결말이 학습자들이 생각하는 '비범인 사상'에 대한 시각이 아닐까 싶다. 그 결말들을 보자면 가볍게는 라스콜니코프가 자신의 논문을 불태워 버린다거나 추종자와의 대화에서 본인의 사상이 잘못되었음을 인정함에도 불구하고 여전히 그것을 추종하는 자에게 살해당하게 된다거나 혹은 다시 살인혐의의 위험에 봉착하게 되는 모습으로 그려진다. 이는 학습자들이 비평문에서 '비범인 사상'을 언급하는 대목과는 사뭇 다른 양상을 보였다. 다시 말해 '비범인 사상'의 옳고 그름을 판단하는 것이 아니라 거기에 새로운 아이디어를 반영하여 이 사상을 뒤집어 생각해 보는 것이다. 예컨대 주인공을 제3의 입장에 세워 그가 잘못된 사상에 주입되어 있었음을 비판적으로 보여준다거나 혹은 반대로 여전히 비범인 사상을 포기하지 못하고 진행시켜 나가는 주인공을 보여줌으로써 학습자 또한 몰입되어 있는 모습이 나타나기도 했다. 이는 학습자들이 작가의 시점이 되면 무조건적으로 비판하던 비범인 사상에 대해 바라보는 시각 자체가 달라질 수도 있다는 점이다. 다시 말해 비범인 사상이 제3의 입장에서 봤을 때는 잘못된 것인지 알지만 자신이 작가의 입장에서 작품을 써 나갈 때는 또 다른 감정이 나올 수 있기 때문에 그것에 대한 해석이 새로워질 가능성이 높아진다.

한편 후자의 경우 새드엔딩과 관련된다. 많은 학습자들은 출옥한 라스콜니코프가 노파와 리자베타에 관한 악몽을 꾸면서 죄책감에 시달리는 장면 혹은 '살인자'란 꼬리표 때문에 주변사람들의 싸늘한 시선을 감당하지 못해 고통받는 모습을 보여주었다. 이러한 양상은 학습자들이 보기에 자수를 하긴 했으나 진정한 참회를 하지 않는 라스콜니코프에 대한 반감을 표현한 것으로 볼 수 있다. 이러한 장면은 주인공이 비록 8년 징역형을 받긴 했으나 법보다 중요한 것이 양심이며 진정한 뉘우침의 중요성을 부각시키기 위한 것이라 판단된다.

이러한 여건에도 불구하고 해피엔딩으로 마무리된 경우는 두 번째로 살펴볼 소냐와 관련된다. 이는 학습자들이 그녀의 헌신을 어떻게 바라보느냐에 대한 관점으로 해석될 수 있다. 특히 라스콜니코프와 소냐와의 관계는 속편의 결말에 직접적인 영향을 끼친다. 사회에 나와 '범죄자'라고 낙인찍힌 그에게 소냐는 그 존재만으로도 의미가 깊다. 홍미롭게도 대부분의 소설에서는 여전히 헌신적으로 라스콜니코프를 사랑하는 소냐의 모습이 그려졌다. 이는 각박하게 살아가는 오늘날 우리 사회에서 오로지 순수하게 사랑을 추구하고 헌신하는 소냐의 모습을 파괴하지 않으려는 학습자들의 심리가 반영된 것은 아닐까 싶다. 그리고 학습자들이 라스콜니코프에게 감정이입이 되어 더 이상 그를 외로운 존재로 두지 않으려는 의도가 반영된 것이라 볼 수 있다. 결국 소냐와의 관계는 학습자들이 해피엔딩으로 마무리 짓는 계기를 제공한다.

마지막으로 최소 5명의 주변인들이 등장해야 한다는 과제 조건을 맞추기 위해 학습자들은 주로 라주미힌과 두냐, 라스콜니코프의 어머니, 사망한 노파와 리자베타, 예심판사 포르피리 등을 등장시켰다. 그 가운데서도 학습자들이 쓴 대부분의 소설에서는 사망한 라스콜니코프의 어머니가 언급되었는데 주인공이 출옥 후 어머니의 묘지를 찾아가는 장면이 많았다. 이것으로 우리가 알 수 있는 것은 다음 두 가지다. 하나는 에필로그에서 한 두 줄로 그치고 만 어머니의 죽음에 관해 학습자들이 꼼꼼하게 읽었음을 증명한다. 또 다른 하나는 가족에 대한 언급이 거의 없는 『죄와 벌』 원작에 비해 학습자들이 보여준 어머니에 관한 장면은 지극히 한국적인 정서가 반영된 것이라 볼 수 있겠다.

이처럼 『죄와 벌』의 속편 쓰기인 소설 창작은 이 텍스트를 비판적으로 분석하는 비평문과는 달리 소설의 내용이 구체적으로 드러나야 하므로 학습자들의 작품 이해도를 파악하기에 용이하다. 그리고 이 과제는 학습자들 본인 나름의 시각과 창조적 상상력이 발휘되어야 하므로 서론에서 살펴본 것처럼 순간적으로 반짝이는 창의성보다 수업시간에 다루었던 비판적 분석력과 유추의 상상력이 과연 도움되었는가를 확인해 볼 수 있는 작업이 될 것이다.

V. 결론

이상 본 논문은 『죄와 벌』을 미시적 읽기 방법에 적용하여 교수자가 학습자들에게 분석하는 방법을 전달하고 무심히 지나칠 수 있는 장면에 대해 질의 응답하는 방식을 사례로 들어 살펴보았다. 분석한 내용은 다음과 같다.

2장에서는 교수자가 학습자들에게 텍스트에 명시된 바를 꼼꼼히 찾게 만드는 사례를 보여주었다. 읽기의 가장 기본인 '단어'에 집중하여 작품 속 숨겨진 작가의 의도를 분석하거나 이 텍스트의 중요 쟁점이기도 한 '비범인 사상'을 '강자와 약자'의 관점에서 살펴보기도 하였다. 이 과정은 라스콜니코프와 소냐 그리고 소냐와 리자베타의 관계 양상을 분석하는데 도움이 되었다. 한편 3장에서는 작가의 의도를 파악하기 위해 반전의 장치를 설명하고 학습자들로 하여금 소설 속 극적 긴장감과 몰입도를 높여 독서의 질을 향상시킬 수 있는 방법에 대해 살펴보았다. 도스토옙스키는 '소시민'이란 캐릭터를 실제인물이 아닌 환상적 인물로 보이도록 유도하였다. 이 방법은 독자들이 본문의 앞 뒤 문맥을 정확히 파악해야만 알아차릴 수 있기 때문에 몰입도를 높여 독서의 질을 향상시킨다.

앞선 장의 경우 교수자가 '미시적 읽기'의 방법을 제시하였다면 4장에서는 학습자들이 이를 어떻게 받아들여 자신만의 창의적인 내용으로 재해석하였는가를 살펴보고자 하였다. 이를 확인할 수 있는 방법의 일환으로서 본고는 『죄와 벌』속편 쓰기를 과제로 진행하였다. 이 과제는 학습자 개개인마다 『죄와 벌』을 바라보는 시각뿐만 아니라 학습자의 창의적 상상력을 동원하여 만들어 낸 스토리를 통해 자신과 이 세계를 어떻게 바라보는지 간접적으로 살필 수 있는 하나의 단서가 된다.

한편 교수자와 학습자간의 피드백은 이러한 간접적인 방법 외에 강의평가에서 직접적인 의견을 들어볼 수 있었다. 학습자들은 하나의 고전에 대해 자세히 배울 수 있었다는 의견을 비롯하여 책을 통해 여러 시야, 다각도의 방면으로 인물들을 파악할 수 있는 능력을 기를 수 있었다, 다양한 사고력을 키울 수 있고 틀에 박힌 것에 벗어나려는 방법을 알게 되었다, 한 권의 책을 다양한 방법으로 접근하였다 등의 견해를 내놓기도 하였다. 이를 통해 본 논문은 학습자들이 교수자와의 피드백을 통해 능동적인 자세로 고전을 받아들이려고 함을 살펴볼 수 있었다.

그렇다면 학생들이 이렇게 읽음으로써 얻게 되는 효과는 과연 무엇인가.

우선 첫째, 미시적 읽기는 학습자들에게 꼼꼼하게 읽도록 유도함으로써 분석적인 독해력을 높이고 작품에 대한 논리적 추론을 증진하는데 효과가 있다.

둘째, 작품의 구조적인 효과를 인식시킬 수 있다. 보통 학생들이 독서를 하게 되면 줄거리만 파악하는 경우가 대부분이다. 하지만 이러한 구조적 특징을 파악하면서 읽게 되면 소설의 전반적인 분위기와 작가의 의도 등을 이른바 '거리두기'를 통해 객관적으로 파악할 수 있게 된다.

셋째, 다른 시각으로서의 책읽기 기회를 얻게 된다. 이러한 책읽기는 기존에 논의되어 오던 여러 해설에서 벗어나 다른 시각으로서의 접근을 통한 새로운 의미를 발견할 수 있다. 이러한 연습을 통해 학생들은 보다 흥미롭게 책을 읽을 수 있게 될 뿐만 아니라 사고의 폭 또한 넓힐 수 있게 될 것이다.

따라서 이러한 책읽기 훈련이 지속적으로 이루어진다면 『죄와 벌』뿐만 아니라 다양한 분야의 책들 또한 자기 나름의 방식으로 소화해 나갈 수 있을 것이다. 아쉽게도 본 논문은 분석방향이 한 곳에 집약된 점, 텍스트의 중요 사안들에 대한 논의를 상대적으로 다양하게 다루지 못했다는 점을 한계로 들 수 있다. 그러나 본고의 이러한 작업들은 「명저읽기」 수업함에 있어 새로운 시각에서 접근하려는 의도의 일환이었다는 점에서 나름의 의미를 찾고자 한다.

참고문헌

1. 저서

석영중, 『도스토예프스키, 돈을 위해 펜을 들다』, 예담, 2012, 146-147쪽.

표도르 도스토옙스키, 김연경 역, 『죄와 벌1, 2』, 민음사, 2012.

콘스탄틴 모출스키, 김현택 역, 『도스토예프스키 1』, 책세상, 2000, 454쪽.

2. 논문

김명순, 변혜경, 「미시적 읽기의 개념화와 교육적 함의」, 『새국어교육』 0(90), 한국
    국어교육학회, 2012, 293-294쪽.

김성수, 「대학 기초·교양교육에서의 읽기—쓰기 통합 교육의 구성과 활용 방안」,
    『리터러시연구』 9(2), 한국리터러시학회, 2018, 226-227쪽.

김주언, 「종합적인 사고 행위로서의 창의적 글쓰기 방안 연구」, 『한국문학이론과
    비평』10(2), 한국문학이론과 비평학회, 2006, 89-90쪽.

김천혜, 『소설구조의 이론』, 한국학술정보(주), 2010, 280쪽.

권철근, 「죄와 벌에 나타난 라스콜니코프의 '죄'와 '벌'」, 『한국노어노문학회 학술
    대회발표집』, 한국노어노문학회, 2000, 249-251쪽.

_____, 「『죄와 벌』의 스비드리가일로프: 라스콜리니코프의 두 얼굴」, 『슬라브연
    구』 25(2), 한국외국어대학교 국제지역연구센터 러시아연구소, 2009, 213
    쪽.

이형구, 「『죄와 벌』, 그리고 필연성의 문제」, 『슬라브연구』 24(2), 한국외국어대학교
    국제지역연구센터 러시아연구소, 2008, 184쪽.

석영중, 「도스또예프스끼의 『죄와 벌』—성서와 신문에 관한 고찰」, 『노어노문학』
    16(2), 한국노어노문학회, 2004, 156쪽.

허선화, 「죄와 벌에 나타난 자기 인식의 패러다임으로서의 자기비하」, 『노어노문
    학』 19(1), 한국노어노문학회, 2007, 313쪽.

질문 생성을 위한 단계별 읽기 구성 방안*
─「명저읽기」 그리스 비극 수업 사례를 중심으로

김유미

Ⅰ. 서론

고전 또는 명저라고 하는 엄선된 책에 대한 교육의 중요성에 대해 그 의미를 부정하는 사람들은 거의 없다. 그렇지만 그것을 어떻게 교육할 것인가에 대해서는 다양한 논의가 나올 수 있다. 독서교육은 초등교육에서부터 강조된 것이기에 전통적이고 고전적인 방법론이 근간이 되지만 2010년대 들어 정부지원사업과 함께 활성화된 대학 교양교육, 고전교육과 관련해서는 새롭고 구체적인 방법들을 모색하고 논의할 필요가 있다. 대학 교양 고전교육에 대한 관심과 더불어 이와 관련된 연구결과들이 나오고 있지만 교육방법에 집중한 논의가 많지 않다.

---

* 이 글은 다음 논문을 수정, 보완한 것이다. 김유미: 질문 생성을 위한 단계별 읽기 구성 방안─「명저읽기」 그리스 비극 수업 사례를 중심으로, 『교양교육연구』 15(6), 한국교양교육학회, 2021.

여전히 고전교육의 의미나 역할에 대한 연구가 중심이 되며 대부분 대학별 고전교육 현황을 개괄하면서 교육방법이 소개되는 정도에 머물고 있기 때문이다. 고전이나 명저라는 책 자체가 교육적 역할의 대부분을 차지한다고 보는 시각, 새로운 교육 방법보다는 기본에 충실한 것이 「명저읽기」 수업에서 우선 충족되어야 할 부분이라는 시각 등이 작용하기 때문이기도 하다. 위대한 저서(The Great Books) 교육을 강조했던 허친스도 저서 읽기 자체의 중요성을 강조했고 교육방법에 대해서는 토론이 유용하다는 정도에 그친다.[1] 원론적으로 여기에 동의하지만 학습자들에게 책을 잘 읽히기 위한 방법은 또 다른 문제이기 때문에 교육방법은 여전히 중요하다.

이 연구에서는 대학 교양 고전교육인 「명저읽기」 수업[2]을 통해 구체적인 교육방법에 집중하고자 한다. 「명저읽기」 교육방법에 주목한 연구는 읽기방법이나 과정에 초점을 둔 것,[3] 창의적 비판적 사고능

---

1 공영권, 「R.M.Hutchins의 교양교육론 연구」, 경성대학교 박사박위논문, 2005, 73-79쪽.

2 D대학 「명저읽기」는 교양필수로 2020년 1학기부터 시작되어 3학점이 부여된다. 「명저읽기」—인문, 사회, 자연으로 나뉘어 한 학기에 30여개 분반이 운영된다. 수업 운영과 관련해서는 다음 논문 참조. 윤승준, 「고전교육 교양필수 교과목 운영사례—단국대학교 「명저읽기」를 중심으로」, 『교양학연구』 16, 중앙대학교 다빈치미래교양연구소, 2021.

3 한래희, 「대학 교양 고전교육과 상호텍스트성의 활성화」, 『현대문학의 연구』 50, 2013; 허남영·정인모, 「「고전읽기와 토론」강좌에서의 읽기모형 개선 방안」, 『교양교육연구』 8(6), 한국교양교육학회, 2014; 이국환, 「대학 교양교육으로서의 고전읽기와 독서교육」, 『동남어문논집』 43, 2017; 이현영, 「명저읽기 수업에서의 미시적 읽기연구—죄와 벌을 중심으로」, 『교양교육연구』 14(4), 한국교양교육학회, 2020.

력을 강조한 것,[4] 수업모형을 제시한 것,[5] 구성주의 이론을 적용한 것[6] 등을 들 수 있다. 편의상 이렇게 구분하였지만 읽기의 방법에 모든 연구가 관심을 기울이고 있다는 점에서 읽기와 관련한 연구가 중요한 데 이 연구도 읽기교육의 관점에서 단계별 읽기를 적용하여 심화읽기의 기회를 마련하고 이 과정에서 질문 생성과 발전을 도모할 수 있는 수업을 제시하고자 한다. 우선 「명저읽기」 교과목 개발 단계에서 학습자들이 스스로 읽고 생각하고 질문할 수 있는 역량을 함양하는 것을 중요한 목표로 삼았기 때문에[7] 이를 잘 실현할 수 있는 교육방법이 요구된다. 단지 많이 읽히는 것만이 아니라 그것을 자신의 목소리로 발화하고 자신의 관점에서 생각하고 활용할 수 있는 단계를 지향한다.

이 연구를 위해 기존의 읽기 연구에서 축적된 부분이 유의미하게 작용한다. 기존의 고전읽기 교육방법에 대한 연구에서 몇 가지 공통적으로 강조된 점은 자세히 읽기/ 맥락 읽기의 중요성, 개방형 토론의 적절성, 쓰기 활동의 활용, 지식확인을 위한 평가 지양이다. 고전이나 「명저읽기」는 읽기교육이 중요하기 때문에 연구자들은 읽기모형을 제시하는데 초점을 두고 있지만 결국 상호텍스트성으로 맥락 독서의 중요

---

4   강옥희, 「창의성과 비판적인 사고능력 개발을 위한 고전읽기 수업방안 연구—문학토론을 통한 「명저읽기」 수업사례를 중심으로」, 『교양교육연구』 10(4), 한국교양교육학회, 2016.

5   김영학, 「대학 교양교과로서의 고전읽기 수업모형 연구—조선대학교 「명저읽기」 수업 사례를 중심으로」, 『한민족어문학』 86, 한민족어문학회, 2019.

6   임선숙, 「구성주의 이론을 통한 대학 「명저읽기」 수업 모형 연구」, 『문화와 융합』 43(7), 문화와 융학학회, 2021.

7   김주언, 「LAC교과목으로서 「명저읽기」 강좌의 방향 설정을 위한 모색」, 『교양교육연구』 13(4), 2019, 241-244쪽.

성을 강조하거나[8] 확산적 독서를 지향한다.[9] 그런데 이 목표를 이루기 위해서는 꼼꼼히 읽거나 겹쳐 읽어야 한다. 이 발표문에서는 자세히 읽기가 심화읽기로 이어짐으로써 자세히 읽기에만 그치지 않도록 하는 방법을 제시하고자 한다. 질문을 만들고 답을 찾는 과정 속에서 어떤 구간을 반복적으로 읽을 수밖에 없도록 하여 자발적 읽기의 조건을 마련해주자는 것이다. 읽기의 과정을 반복적으로 구성했지만 읽기의 부담은 줄이고 기회는 늘리는 방식이다. 학습자들이 질문을 만들고 이에 대답하는 과정을 통해 자신만의 읽기 지도를 만들어가는 일을 도와주는 것이 교수자의 역할이다.

고전이나 「명저읽기」 수업이 지향해야 하는 방향은 진정한 교양교육의 본질을 구현하는데 있다. 경희대학교 후마니타스 칼리지에서 제시한 교양교육의 책임과 목표를 인용하자면 "교양교육의 최종목표는 한 인간의 삶의 불확실성 앞에서도 의미 있고 행복한 방식으로 삶을 이끌어갈 수 있게 할 내적 견고성의 바탕을 길러주는 데 있다." 위대한 저서 프로그램이 지적 허영심을 충족시킨다거나 얄팍한 의미에서 문화적 리터러시를 획득하기 위한 전략과 거리가 멀고 독서와 사고에 대한 기본적인 지적 기술을 획득하는 것이라는 말은[10] 이를 좀 더 쉽게 표현한 것이다. 그렇지만 여전히 학습자들에게는 와 닿지 않는 추상적인 목표일 수 있다. 대학 고전교육이 좋은 의도를 가졌음에도 현실적으로 실

---

8 한래희, 앞의 논문.

9 허남영·정인모, 앞의 논문; 이국환, 앞의 논문.

10 손승남, 「위대한 저서 프로그램을 토대론 본 우리나라 대학 인문고전교육의 방향탐색」, 『교양교육연구』 7(4), 2013, 456쪽.

패하는 주된 이유이기도 하다. 학습자가 문제상황을 돌파할 수 있는 힘을 길러줘야 하는데 단지 인지적 차원에 머무는 것이 아니라 실천적 수준에서 무기고와 연장통의 역할을 할 수 있어야 한다는 주장[11]은 고전교육이 어느 지점에서 시작되어야 하는지를 비판적으로 제시한다. 이 주장에는 그리스 비극의 주인공과 같이 내던져진 상황에서[12] 세상에 순응하거나 내적 개별 영역으로 도피하는 오늘날의 젊은 세대가 다른 선택을 할 수 있도록 개별화를 넘어서는 상상력을 발휘할 수 있도록 옷을 입혀주고 싸울 힘을 주는 것이 실용으로 전제된다. 이러한 실용의 개념은 에드워드 사이드가 말한 쓸모 있는 실천으로서의 인문주의와도 통한다고 할 수 있다.[13]

학습자가 처한 상황을 인정하고 막다른 상황에서 문제를 해결해나가는데 고전이 어떤 힘을 줄 수 있는지를 함께 찾아보는 일은 고전교육에서 실용의 의미를 전유하는 방식이 될 수 있다. 고전을 통해 스스로 질문하고 답을 찾는 과정에서 자신과 우리시대를 생각할 수 있는 능력은 충분히 실용적이다. 그리스 비극은 이를 위한 좋은 텍스트가 되어준다. 질문하기의 중요성은 새삼스럽지 않지만 이 연구에서는 학습자들

---

11 김주환, 「숙명적 비극의 시대, 자유를 향한 싸움의 실용적 기술로서 고전 활용—막스 베버의 프로테스탄트 윤리와 자본주의정신을 사례로」, 『교양기초교육연구』 2(2), 단국대 교양기초교육연구소, 2021, 34-35쪽.

12 김주환은 현대의 대학생 학습자를 고대 그리스 비극의 주인공이 처한 운명의 상황에 비유했는데 이는 학습자들이 개별적으로든 공적으로든 노력한다고 세상이 바뀌지 않는다고 인식하고 있기 때문이다. 숙명적 폭력에 패배할 수밖에 없다는 체념과 분노가 그리스 비극의 숙명론에 버금간다는 것이다.

13 에드워드 사이드, 김정하 역, 『저항의 인문학』, 마티, 2012, 25쪽.

의 자발성을 끌어내어 읽기 과정을 반복하게 하고 그것을 심화할 수 있게 하는 동인으로 기능하도록 수업을 구성하는 것을 중요한 목표로 삼는다. 수업방법에서 자발적 읽기조건을 마련하느냐가 장기적 관점에서 이 교과목의 성패를 좌우한다고 해도 과언이 아니기 때문이다.[14]

II. 그리스 비극, 작품별 읽기 목표의 차별성

그리스 비극이라는 텍스트는 광범위한데 모든 작품을 다룰 수 없고 그럴 필요가 있지도 않다. 대표적인 작품을 중심으로 다루는 것이 하나의 방법이 될 수 있기에 3대 비극작가의 대표선집인 『그리스 비극 걸작선』이 선택되었다. 그리스 비극이 기원전 5세기의 작품이지만 고전으로서의 가치에 의문을 제기하는 사람은 거의 없다. 인류사, 문화사적 관점에서도 의미가 있지만 현재에도 지속적으로 공연되고 재창작된다는 점에서 여전히 영향력이 크다는 점을 인정할 수 있다. 고전이라고 이름 붙인 것에는 이러한 가치가 전제되어 있기도 하다. 「명저읽기」 교과목의 1차적 목표는 이러한 책을 읽는 것이다.

이렇게 명저나 고전은 권위 있는 텍스트이다. 그러나 이것을 읽는데 중점을 둔 교양수업에서 고전의 권위에 얽매인다면 새로운 교육방

---

14 7회 청파강좌에서 루즈벨트 몬타스는 컬럼비아 대학의 중핵교양과정의 특징으로 균일한 교과과정과 공통된 도서목록을 제공하는 것을 들면서 이는 교실에서 시작된 토론이 캠퍼스 전체로 확장될 수 있기 때문이라고 했다. 그렇지만 여기에 자발성이라는 요소가 빠질 수 없다.

법에 접근하기 어렵다. 학습자중심교육을 적용한다고 해도 학습자의 동기 부여에 초점을 둘 것인지 학습자를 종속변수가 아닌 독립변수로 수용할 것인지에 따라서도 차이가 있다.[15] 후자의 경우는 학습자가 학습 내용을 선택하고 속도를 조절하고 평가방식을 결정할 수도 있다는 점에서 제도교육 안에서 수용하기 어려운 측면이 존재한다. 이 연구에서는 전자의 관점에서 학습자 중심성을 수용하지만 후자의 방식도 열어두고자 하는데 학습자가 모든 수업 내용을 선택할 수는 없지만 선택할 수 있는 여지를 제공함으로써 학습자에게 읽기 주도권이 있다는 것을 강조할 수 있다. 명저나 고전이 권위있는 텍스트이기 때문에 발생하는 또 다른 문제는 수동적인 입장에서 책의 내용을 받아들이는데 그칠 수 있다는 점이다. 저자의 관점을 잘 이해하면 되는 것으로 책읽기를 끝내면 곤란하다. 그러므로 작가적 관점의 이해 외에도 작품에 대한 다양한 해석이 있다는 점을 알려주고 독자인 학습자의 입장에서도 또 다른 관점을 제시할 수 있는 기회를 마련해줄 필요가 있다.

고전교육에서 고전이라는 권위에 짓눌리지 않도록 하는 목표는 중요하다. 고전은 가치 있지만 비판의 여지가 없는 텍스트는 아니라는 점에서 접근할 필요가 있다. 「명저읽기」는 동서양 고전을 아우르지만 서양 고전에 더 치우친 감이 있다는 점에서 백인 남성 중심주의를 반영한다. 고전교육에 앞장섰던 경희대의 고전교육 강의 원칙 "해당 텍스트가 우리에게 어떤 의미가 있는지, 특수한 경우에만 적용되는 것이 아니라 보편성이 있는 것인지에 대한 토론을 유도한다" "해당 텍스트와 반

---

15   정민승, 「학습자 중심성의 준거로서의 평등」, 『평생교육학연구』 18(4), 2012, 105쪽.

대되는 입장의 텍스트가 있다면 어떤 것이 있는지, 해당 텍스트의 입장을 발전시킨 텍스트는 어떤 것이 있는지 수강생들에게 알려준다"[16]는 학습자들에게 지적인 정보를 제공하기 위함이라기보다 다양한 시각이 허용된다는 점을 알려주는 역할이 크다.

그리스 비극 작품도 다양한 관점에서 해석이 가능하다. 가장 잘 알려진 「오이디푸스 왕」의 경우 비극, 추리극, 정치극, 심리극적 읽기가 가능하다. 「안티고네」도 보편적 인류애, 개인의 자유와 자율성, 공적 영역에 발 디딘 여성의 평등과 정치적 참정권의 관점에서 읽기가 가능하다. 6개의 작품 모두 다양한 시각에서 읽을 수 있다는 것이 기본 전제이지만 작가별 작품을 묶어서 주된 목표를 차별화하여 접근하고자 한다. 아이스퀼로스-소포클레스-에우리피데스의 작품 순서로 되어 있고 이것이 시기적인 순서를 반영한 것이고 작가별 특징도 잘 드러나기에 이를 그대로 활용하고자 하는 것이다. 아이스퀼로스는 전쟁의 승리를 체험했기에 신들의 위대함을 표현한 전통주의자의 면모가 강하고 비극의 창시자로 불린다. 소포클레스는 아테나이 전성기의 시인으로 비극을 완성했다고 평가받는다. 또한 그는 고위공직자로 시대와 호흡을 같이 하며 자아실현을 했던 인물이라는 특징도 지닌다. 반면 에우리피데스는 아테나이가 전쟁에서도 패배하고 제국주의 정책으로 위기를 맞게 된 시대의 사람으로 전통적 가치에 대해 비판적인 입장이 강했고 그런 만큼 비극의 형식에서도 좀 더 자유롭다. 에우리피데스에 대해서는

---

16   이영준, 「고전의 바다에 풍덩 뛰어들기—경희대학교 후마니타스 칼리지 고전읽기 프로그램」, 『한국교양교육학회 학술대회 자료집』, 2014년 6월, 558쪽.

평가가 갈리기도 하는데 그만큼 현대적이기도 하다.[17] 그러므로 『그리스 비극 걸작선』에 실린 6작품에 대한 읽기목표와 읽기 방법은 작가별 특징을 반영하여 차별적으로 구성할 수 있다. 「아가멤논」과 「결박된 프로메테우스」에서는 처음 접하는 그리스 비극이기 때문에 형식에 익숙해질 수 있도록 기본적인 내용을 파악하는데 중점을 둔다. 「오이디푸스 왕」과 「안티고네」에서는 심화읽기가 가능하도록 읽기의 단계를 추가한다. 「메데이아」와 「타우리케의 이피게니아」에서는 심화읽기와 비교를 통해 자신의 관점을 펼치도록 한다.

	작품	읽기 목표	읽기 방법
1	아가멤논	1. 작가의 관점 이해하기 2. 나의 관점 찾기	1. 코러스가 어떤 관점에서 극을 이끌고 있는지 파악하기 2. 주인공을 바라보는 다른 관점의 텍스트 제시하기
	결박된 프로메테우스	1. 작가의 관점 이해하기 2. 나의 관점 찾기	1. 코러스 외에 등장인물들이 주인공을 바라보는 관점 파악하기 2. 양분된 관점의 정치적 배경 파악하기
2	오이디푸스 왕	1. 다양한 관점 이해하기 2. 나의 관점 찾기	1. 다양한 관점 소개하기 2. 관련 자료 읽기 3. 자신의 관점 모으기
	안티고네	1. 다양한 관점 이해하기 2. 나의 관점 찾기	1. 다양한 관점 소개하기 2. 관련 자료 읽기 3. 자신의 관점 모으기

17 천병희, 「에우리피데스 비극의 이해(1)」, 『서양고전학연구』 12, 한국서양고전학회, 1998, 202쪽.

| 3 | 메데이아 | 1. 작가의 관점과 다양한 관점 비교하기
2. 나의 관점 찾기 | 1. 비교하기
2. 자신의 관점 펼치기 |
| | 타우리케의 이피게니아 | 1. 작가의 관점과 다양한 관점 비교하기
2. 나의 관점 찾기 | 1. 비교하기
2. 자신의 관점 펼치기 |

Ⅲ. 단계별 읽기 방법

1. 읽기의 방법과 질문 만들기

「명저읽기」는 읽기의 비중이 높은 편이다. 대학 글쓰기처럼 공통 교과목으로서 읽기-토론하기-쓰기의 통합교육을 통해 사고와 표현 능력을 함양하지만 2장에서 살펴보았듯이 수업 목표에서도 읽기가 큰 비중을 차지한다. 쓰기는 읽기가 얼마나 잘 수행되었는지를 확인하는 것에 가깝다는 점에서도 읽기가 중요하다. 한 작품을 두 주에 걸쳐 수업하기 때문에 학습자들이 읽을 시간이 부족하지 않다는 점에서 1차 읽기 후에도 장면 중심으로 부분적으로 다시 읽고 질문을 해보고, 스스로 대답해보고 싶은 질문을 생성한 후 이에 대한 자신의 관점을 정리하기 위해 다시 읽어볼 수 있도록 수업을 구조화할 수 있다. 이렇게 하면 부분적인 읽기를 포함하여 3차례의 읽기가 가능해진다. 이는 단지 자세히, 꼼꼼하게 읽히기 위한 방법이 아니라 자신의 관점을 찾아갈 수 있도록 하기 위한 방법이다. 이는 교수자가 의도한 읽기의 목적을 수행하도록 하기 위함이기도 하지만 시간차를 두고 학습자들이 스스로 발견해가는 과정을 경험하도록 하기 위한 것이다.

　교수자는 학습자들이 1차 읽기를 잘 수행할 수 있도록 필요한 정보를 제공한다. 교수자의 정보제공과 학습자의 읽기가 적절히 배분되어야 학습자들의 질문하기가 자연스럽게 이루어질 수 있다. 이를 위해 교수자는 어떤 정보들을 어떤 시기에 제시할지를 정해야 한다. 교수자가 앞서 나가서 학습자들이 주체적으로 읽기를 할 수 없도록 하면 안 되기 때문이다. 물론 작가에 대한 정보, 텍스트의 시대적 배경, 텍스트에 대한 기존의 연구와 해석 등을 제시하게 되면 학습자가 의미를 구성하기보다 고정된 의미를 찾도록 해 창의적 의미구성활동을 방해할 수 있다.[18] 그러나 교수자가 강조점을 어디에 두느냐에 따라 이러한 정보들이 학습자들에게 다르게 수용될 수 있다. 교수자의 질문이 이에 대한 확인학습이 아니라 이것을 참고하는 정도일 경우 확산적이고 창의적인 심화읽기를 방해할 가능성은 낮다. 읽기연구에서 읽기 전 활동으로 학습자의 스키마를 자극하고 교사가 내용을 풀이하는 단계가 비대해지면 정작 중요한 독서활동이 위축됨을 지적했지만 책의 난이도가 높은 경우 교수자의 안내와 지원을 엄격히 제한하는 경우 꼼꼼히 읽기를 실패할 확률이 높다는 점에서[19] 교수자의 역할이 중요하다. 특히 「명저읽기」는 1학년 전체를 대상으로 한 공통교양 교과목이기에 학습자들에게 책이 어렵게 느껴질 수 있는 가능성을 고려하지 않을 수 없다.

18　한래희, 앞의 논문, 400쪽.

19　이순영, 「꼼꼼하게 읽기의 재조명: 독서이론과 교수학습 측면의 의미를 중심으로」, 『독서연구』 37, 2015, 55-56쪽.

「명저읽기」는 통독을 기본으로 하는 수업이다. 조정래의 『태백산맥』과 같은 대하소설을 읽기도 하고 페르낭 브로델의 『물질문명과 자본주의』같은 분량이 많은 사회과학서적을 읽기도 하지만 평균적으로는 2권 분량을 읽는다. 그리스 비극은 평균보다 읽는 분량이 적기 때문에 이 경우 단계별 독서를 통해 질문할 수 있는 기회를 마련하는 수업이 가능하다. 많이 읽고 질문하는 방법 대신 이 방법을 택한 것은 천천히 읽고 생각할 수 있는 여유를 학습자들이 경험할 수 있도록 하기 위함이다. 양과 속도의 경쟁에서 벗어나 책을 읽을 수 있는 기회를 제공하는 것도 대학생들에게 필요하기 때문이다.

1차 읽기는 통독하기로 작품 전체를 파악하는데 중점을 둔다. 잘 알려진 내용이라고 해도 희곡을 읽는 것은 낯설다. 놀랍게도 매 학기 90% 학습자들이 「오이디푸스 왕」을 모른다고 이야기한다. 더구나 그리스 비극은 각주도 많고 현대의 연극과 다르게 코러스의 시적인 대사가 많아서 읽기가 수월하지 않다. 그런 점에서 1차 읽기의 목표는 엄격하지 않다. 핵심적인 사건, 주요 등장인물, 주요 갈등, 작가의 관점을 파악하고 독자인 자신의 관점을 생각하도록 한다. 1차 읽기를 위해 「아가멤논」과 「결박된 프로메테우스」의 경우 그리스 비극의 형식과 코러스의 역할, 극장 등에 대한 전반적인 설명과 작가에 대한 설명을 제공한다. 이는 두 작품에 국한되지 않고 그리스 비극을 읽는데 도움이 되는 정보이기도 하다. 「오이디푸스 왕」과 「안티고네」의 경우 여기에 작품과 관련된 신화와 전설에 대한 정보를 자세히 다루어 작가의 관점이 기존의 관점과 다르다는 점을 강조한다. 그리고 아리스토텔레스의 비극이론을 소개하고 광범위한 현대적 영향력을 가늠할 수 있도록 관련

작품을 제시한다. 「메데이아」와 「타우리케의 이피게니아」의 경우에는 완화된 비극의 형식과 작가가 처한 시대적 변화에 대한 설명을 추가한다. 에우리피데스의 경우 문제제기적 성격이 강한 작품을 썼다는 점에서 현대적인 재해석이 가능한 측면이 특징적임을 설명한다.

1차 읽기를 위해 질문지를 작성해서 이러닝으로 제출하도록 하면 그에 대한 개별 피드백을 통해 학습자들이 사실관계를 다시 찾아봐야 할 부분과 더 이야기나눠 볼 부분을 구분해서 제시한다. 수업시간에 이에 대해 질문하도록 하고 의견이 다를 수 있는 부분에 대해 논의한다. 「아가멤논」의 경우 주인공은 아가멤논인데 클뤼타이메스트라가 극을 이끌어가는 중심인물로 그려진다. 작가는 아가멤논 편에서 이야기를 하지만 정작 작품에서 빛나는 인물은 클뤼타이메스트라이다. 왜 이렇게 표현되었는지를 논의하다보면 이와 관련된 여러 질문들이 나올 수 있다. 3부작과 관련한 작가의 관점, 시대적 관점, 인물의 가계와 관련된 관점 등(이는 강의에서 부분적으로 언급된 내용들이기도 하다) 학습자들은 자연스럽게 궁금증을 갖게 된다.

2차 읽기는 장면 읽기로 통독이 아니라 발췌독인데 자세히 읽기 활동에 해당한다. 역할을 정해 소리 내어 읽다보면 또 다른 의미들이 드러나기도 한다. 2차 읽기의 목표는 1차 읽기에서 나온 궁금증을 해결하기 위해 어떤 장면을 들여다볼 것인지 선택하여 특정 장면을 중심으로 읽는 것이다. 「오이디푸스 왕」에서 1차 읽기를 통해 학습자들이 대략의 구성을 파악한 상태라면 거기서 보다 구체적인 구성을 찾아낼 수 있도록 한다. 「오이디푸스 왕」의 경우 구성에서 발견과 급전이 이루어지기 때문에 막연히 이러한 부분을 재미있게 읽었다면 그것의 구체적인 이유들을 찾아낼 수 있다. 이런 활동에서 작품의 특정 부분을 다시 찾아보고 읽어보게 되는 효과로 이어진다. 2차 읽기는 수업 시간에 소그룹으로 이루어지기 때문에 동적인 읽기가 가능하다. 작품에서 학습자들이 선택하는 장면은 어느 정도 겹치게 되어 있다. 중요한 장면들이 정해져있기 때문이다. 학습자들에게 자유롭게 선택하게 해도 몇 장면들로 한정되기 때문에 논점이 모이게 된다.

장면 선택은 이렇게 1차 읽기의 질문을 해결하기 위해 할 수도 있지만 인물, 구성, 주제, 언어적 관점에서 주요한 장면을 선택할 수도 있다. 후자의 경우에는 또 다른 질문을 생성하기 위한 장면 읽기에 해당한다. 대부분의 작품들에서 주인공과 다양한 인물들이 대화를 나누기 때문에 이러한 관점에서 장면을 찾아보는 것은 질문 만들기에 유리한 조건을 제공하며 여러 각도에서 작품을 바라보게 하고 장면을 중심으로 작품에 몰입하여 자세히 읽을 수 있는 기회를 제공한다. 2차 읽기에서 질문을 생성하도록 하는 과정은 중요하다. 자세히 읽기를 하면 여러 질문들이 생길 수 있다. 단순한 사실관계 확인으로 해결되지 않는 질문들을 나열하고 거기서 연관성이 있는 질문들을 모으고 하나의 질문으로 정리하는 과정을 거치게 한다. 교수자는 이에 대해 간단한 피드백을 하여 질문에 대한 답의 방향성을 안내해준다. 질문 생성을 어려워하는 초반 수업의 경우라면 교수자의 장면선택과 질문예시를 통해 수업을 촉진할 수 있다.

3차 읽기는 심화읽기이자 자율적 읽기에 해당한다. 자신의 관점으로 풀어내기 위해 확인하는 과정에서 다시 읽어 볼 기회를 제공하는 것이다. 교수자가 관련된 부가 자료를 제공하면 학습자들이 그것을 읽고 자신의 관점을 끌어내기 위해 작품을 다시 들여다보게 된다. 그런 의미에서 심화읽기라고 했고 이를 읽기로 확인하는 것이 아니라 글쓰기로 확인하게 되기 때문에 자율적 읽기라고 했다. 3차 읽기는 자신의 관점을 완성하는 읽기이다. 2차 읽기를 통해 질문을 생성했으면 이에 대한 답변을 자신의 관점으로 풀어낼 차례이다. 학습자들에게 자신의 관점이 어느 정도 생긴 시점에서 작품에 대한 다양한 시각을 제시하고 더 읽어볼만한 자료도 제공한다. 「오이디푸스 왕」의 경우 비극, 추리극, 정치극, 심리극 읽기가 가능한데 어떤 관점에서 이 작품을 볼 것인지에 따라 질문 설정이 달라질 수 있음을 제시한다. 그리고 여기서 더 읽어볼 필요가 있는 자료를 제공하고 이를 활용하거나 학습자가 자료를 찾아보는 것도 허용한다. 더 읽어볼 자료는 칼럼 정도의 분량이어야 학습자들의 접근성이 생기기 때문에 미리 읽고 생각하도록 과제로 제시하고 수업시간에 의견을 나눌 수 있게 하여 심화와 확장의 기회를 제공한다. 여기서 교수자는 정치극의 관점에서 현대적으로 해석한 최근의 공연에 대한 언급 등을 통해[20] 고전이 어떤 방식으로 끊임없이 재생산될 수 있는지, 동시대성에 대해 이해할 수 있도록 한다.

이렇게 고전을 현대에 어떻게 적용할 수 있는지, 자신의 일상에 어떻게 적용될 수 있는지 생각해볼 수 있도록 함으로써 고전은 여전히 열린 텍스트라는 점을 확인하게 해준다. 특히 「메데이아」와 「타우리케의 이피게니아」의 경우 심화 읽기를 통해 현대적 관점에서 비교할 수 있

---

20   ITA(International Theater Amsterdam) 로버트 아이크 연출 〈오이디푸스〉 공연은 이 작품에 대한 동시대성을 가장 잘 보여준다는 점에서 참고할 수 있다.

게 한다. 「메데이아」를 읽는 시각은 튀모스(Thymos)에 대한 해석,[21] 인종주의/제국주의 등 타자화의 시각, 가부장적 질서와 가치체계 비판의 관점 등으로 현대적인 해석의 여지가 크다. 「타우리케의 이피게니아」는 비극임에도 해피엔딩의 결말처럼 보인다는 점에서 형식적 측면에서부터 열린 해석을 가능하게 한다. 현대적 관점에서 영웅들의 운명비극에 동의할 수 없지만 현재의 우리를 옭아매는 것이 없지는 않다. 그런 점에서 이 작품은 21세기 대한민국 20대의 관점에서 생각해보게 하는 것이 있다. 실제로 학습자들이 가장 편안하게 자신의 관점을 이야기하는 작품이기도 하다. 「아가멤논」과 「결박된 프로메테우스」의 경우 2차 읽기까지 해도 괜찮고 나머지 작품은 3차 읽기까지 진행하는 것이 가능하다.

3차 읽기에서도 교수자의 피드백은 중요하다. 교수자는 일방적으로 의문을 해결해주는 방식이 아니라 부분적으로 해결해주고 다시 질문을 만들 수 있도록 이끌어왔는데 3차 읽기에서도 흥미롭고 의미있는 질문들을 격려해주는 일이 필요하다. 학습자들은 비교적 쉬운 질문들을 다루는데서 멈추고 싶어하기 때문이다. 한 학습자가 「안티고네」에서 인물들의 과잉행동을 비판하기 위해 동양의 중용 개념을 적용하면 좋을지에 대해 질문했다. 중용을 중간상태 정도로 파악하는 경향이 있기에 아리스토텔레스의 『니코마코스 윤리학』에 나오는 중용 개념을 제시해주고 이에 비추어 인물들을 파악할 수 있다고 이야기해준다. 이

---

21 정준영, 「메데이아의 자식살해와 튀모스」, 『서양고전학연구』 45, 한국서양고전학회, 2011, 91-128쪽.

렇게 학습자에게 책 전부는 아니지만 부분적으로라도 찾아 읽는 기회를 주는 것이 중요하다. 그러므로 이러한 읽기 방법의 핵심은 3차에 걸쳐 읽는다는 게 아니다. 다양한 방식으로 읽을 기회를 제공한다는 것이고 시간차와 읽기 성격의 차이로 다양한 질문거리들을 떠올릴 수 있도록 틈을 주는 것이다. 책을 뒤적여서 사실관계를 찾아볼 수 있도록 하는 것과 장면 자세히 읽기를 통해 질문을 생성할 수 있는 기회를 주는 것, 그리고 자신의 관점에서 일관되게 문제를 풀어볼 수 있도록 하는 것이다.

2. 낭독과 토론을 통한 질문 만들기

읽기 교육에서 토론은 읽기를 촉진하는데 중요한 역할을 한다. 학습자들에게 읽기의 방향을 알려줄 뿐만 아니라 질문 만들기를 자극한다. 2차 읽기에서 질문 만들기를 촉진하는 것이 낭독과 함께 이루어지는 토론이다. 「명저읽기」는 40명 정원으로 운영되기 때문에 소그룹 활동이 필요하다. 소그룹은 1차 읽기로 촉발된 질문에 대한 답을 구하기 위해 장면을 찾고 읽는다. 매번 낭독이나 역할극을 할 필요는 없다. 어떤 장면을 다시 읽어볼 필요가 있는지 논의하고 중요한 부분을 한 사람이 소리 내어 읽고 이에 대해 의견을 주고받으면 된다. 혹은 각자 눈으로 읽고 의견을 주고받아도 된다. 그렇지만 「오이디푸스 왕」과 「안티고네」, 「메데이아」는 소그룹별로 장면을 정하고 실제로 대사를 발화해 보는 활동을 하는 것도 좋다. 이 작품들은 대화 장면이 잘 구성되어 있어 발화했을 때 재미도 있고 효과도 크기 때문이다.

2020년부터 코로나 19로 비대면 상황에서 수업을 진행해야 했기에 줌(zoom)으로 만나서 소회의실 기능을 활용하여 임의로 3명씩 또는 2명씩 소그룹을 만들고 활동하도록 했다. 적은 인원일 때 학습자들이 쉽게 의견을 이야기하는 경향이 있기 때문에 모든 학습자들이 참여할 수 있도록 하기 위한 방법이기도 하다. 소그룹 활동과 전체 활동을 병행하여 의견을 제시할 수 있는 기회를 다양하게 주어 소극적 학습자와 적극적 학습자가 모두 참여할 수 있도록 한다. 소그룹 활동은 간단한 주제 논의, 낭독하고 토론하기, 장면 선정하고 역할극하기 등 다양한 활동이 가능하다. 역할극을 할 때 학습자들이 선정한 장면을 중심으로 주요 인물들을 번갈아 하게 하여 모두 주인공의 입장을 경험할 수 있게 한다. 실제로 발화를 하게 되면 막연하게 생각했던 부분이 새롭게 드러나기도 하여 인물이나 극적 상황에 대한 이해가 높아질 뿐만 아니라 새로운 문제의식이 생기기도 한다. 작품을 제대로 이해한 상태에서 새로운 질문이 나와야 의미가 있는 것이기 때문이다.[22] 학습자들은 오이디푸스라는 인물에 대해서도 현대적 관점에서만 이해하는 경향이 있어 잘못 이해할 수 있는 측면을 보완해주고 그 다음 단계로 갈 수 있게 한다. 반복적으로 자세히 읽는 행위임에도 지루하지 않아서 자발적으로 이뤄진

---

[22] 이 문장에는 작품을 제대로 이해해야만 의미 있는 질문이 가능하다는 전제가 있는데 꼭 그런 것은 아닐 수 있다. 의미 없는 질문들도 수용하여 학습자들이 질문을 두려워하지 않게 만드는 것도 중요하다. 그렇지만 40명 학습자들을 제한된 시간 안에 효율적으로 운영하기 위해서 작품에 대한 제대로 된 읽기와 이해가 선행되어야 하기 때문에 이 부분을 강조한 것이다. 3학기 동안 수업을 운영한 결과 학습자들이 텍스트를 잘 읽었을 때는 엉뚱한 질문도 생산적인 질문일 가능성이 높아지는데 텍스트를 잘 읽지 않았을 때는 이것이 비생산적인 질문으로 남는 경우가 많았다.

다는 느낌을 가질 수 있다는 장점도 있다.

이러한 소그룹활동은 토론으로 이어진다. 여기서 토론은 경쟁적 토론(debate)이 아니라 토의(discussion)의 성격에 가깝다. 협력적 토의를 하는 경우 창의적인 아이디어들이 생겨날 수 있는 여건이 조성된다. 협력적 토의를 가능하게 하는 독서토론 방식은 텍스트에 대한 입장, 해석의 권한, 발언통제권, 화제통제권을 교수자와 학습자 중 누가 주도해 나가느냐에 따라 5가지로 나눌 수 있다. 독서클럽, 교수자 위주의 설명식 토의가 양극단에 위치하고 가운데 협력적 추론토의, 경험 연계토의, 저자 질문토의가 들어간다.[23] 이 수업에서는 독서클럽 토의와 협력적 추론토의의 방식이 활용된다고 할 수 있다.

처음에는 소그룹을 활동을 통해 의견 나누기 활동을 한다. 「아가멤논」을 읽고 학습자들의 견해가 나뉘었던 문제, 즉 작가가 아가멤논 편에서 이야기를 하지만 작품에서 빛나는 인물이 클뤼타이메스트라인 이유를 살피기 위해 어떤 질문들이 나올 수 있는지와 이에 대한 의견을 나누는 것이다. 이 작품은 철학적인 질문이 아니라 인과관계나 사실관계의 질문들이 쉽게 나올 수 있기 때문에 질문하기가 어렵지 않다는 점을 학습자들이 느낄 수 있다. 「결박된 프로메테우스」도 어렵지 않은 질문을 할 수 있게 한다는 점에서 비슷하다. 그런데 「안티고네」의 경우에는 또 다르다. 갈등이 선명하기 때문에 핵심 질문은 단순하다. 그렇지만 이를 해결하기 위해 어떤 방식으로 세부 질문을 해서 자신의 견

---

23 이영호, 「학습자 참여 중심 독서 토론 수업사례 연구」, 『작문연구』 39, 2018, 320-321쪽.

해를 밝힐지는 다소 어렵게 다가온다. 이 작품의 주인공 안티고네는 여러 인물들과 대화를 나누기에 안티고네와 이스메네의 대화, 안티고네와 크레온의 대화, 안티고네와 하이몬의 대화, 안티고네와 코러스의 대화 중 하나를 선택해서 읽고 질문을 만들고 이에 대해 의견을 나눈 다음 소그룹별 의견을 전체에서 논의하면 주인공 안티고네의 모습이 총체적으로 드러난다. 질문들은 메시지 창을 통해 눈으로 확인할 수 있게 하여 공유함으로써 그룹별 의견에 귀 기울일 수 있게 한다. 「오이디푸스 왕」, 「메데이아」, 「타우리케의 이피게니아」는 소그룹별로 나누고 역할을 정해 소리내어 읽어 보도록 하는 활동만 하고 인물에 대해 느낀 바를 토의하면서 질문거리를 만들 수 있다. 소그룹 활동 후 소그룹별로 의견이 모일 수 있는 활동은 그룹별 내용을 한 사람이 발표하고 그렇지 않은 활동은 개별적으로 답변하도록 하여 전체 수업을 진행한다.

소그룹 활동을 통한 낭독과 토의는 2차 읽기에서 질문을 만드는 역량을 기르는데 중요하다. 작품별로 질문의 난이도가 다른 만큼 낭독과 토의의 방법도 다양화할 수 있지만 모두 작품을 잘 이해하기 위해 적절한 질문을 할 수 있는 능력을 다지는 작업이다. 이런 과정이 잘 이루어지면 3차 읽기에서 여러 질문들 가운데 학습자의 언어로 문제의식을 갖고 하나의 질문을 만들고 이에 대해 견해를 밝히는 일이 수월해진다.

IV. 질문과 쓰기의 연계

1. 학습자가 찾아낸 창의적 질문

학습자들이 제기한 질문들을 보면 교수자가 제시한 범주 안에서 상식적이고 예상 가능한 질문들과 한 걸음 더 나아간 창의적인 질문들로 나뉜다. 「오이디푸스 왕」 2차 읽기 후 학습자들의 질문을 예로 설명해 보겠다. 오이디푸스가 범인 찾기를 그만 두었으면 어땠을까와 같은 질문은 전자에 해당한다. 의외로 학습자들은 오이디푸스의 영웅적 모습에 의문을 갖는 질문들도 많이 했다. 살인을 저질렀다는 점에서 정당한 상황이긴 하지만 절대 피할 수 없었던 상황이었는지를 통해 죄인과 영웅 사이에 있는 주인공 오이디푸스를 살펴보려고 했다. 오이디푸스가 왕이 되기까지의 과정에도 의문을 제기했는데 그가 테바이의 왕이 되기까지 과정이 잘 드러나 있지 않다는 것이다. 이는 오이디푸스가 왕으로서 합당한 인물인지와 과정이 정당한지 등 현대적 관점을 적용한 것이다. 물론 작품 안에서는 스핑크스의 수수께끼를 풀어서 테바이를 위험으로부터 구하는 모습을 보여준다. 그렇지만 여기서 어떤 학습자는 '만약 오이디푸스가 스핑크스의 수수께끼를 맞추지 못했으면 어떻게 되었을까'라는 질문을 하기도 한다. 그리스 비극에 익숙하지 않은 학습자들은 영웅 오이디푸스가 아닌 평범한 인간 오이디푸스로 바라보는 시각이 있어서 이런 질문들이 가능하다. 학습자들의 이런 질문들은 열어두되 교수자는 스핑크스와 관련된 다른 질문을 제시해볼 수 있다. 다른 사람들이 못 푼 스핑크스의 수수께끼를 오이디푸스는 어떻게 쉽게 풀 수 있었을까와 같은 것이다. 영웅과 죄인을 떠나서 외지인으로서 새로운 시각을 가진 개인이라는 점이 문제해결력을 발휘하게 한 점도 생각해보자는 것이다.[24]

'신탁의 내용을 알고도 라이오스와 이오카스테가 오이디푸스를 키웠더라면 같은 결말이었을까'라는 질문은 창의적이면서도 작품의 본질을 생각해 볼 수 있는 문제제기이다. 학습자들은 '만약 이랬으면 어떻게 달라졌을까'와 같은 질문을 많이 했는데 그 중 이 질문은 생산적인 쪽에 해당한다. 전반적으로 「오이디푸스 왕」에서 학습자들은 신탁과 관련한 질문을 많이 했는데 이는 주어진 운명을 인간이 극복할 수 있는가라는 고전적인 주제에 속하지만 학습자들은 현대적 관점에서 인물들이 신탁에 휘둘리는 모습을 이해하기 어려워하거나 신탁에 대한 이율배반적인 태도(신탁이 이루어진다는 믿음과 신탁이 돈에 매수될 수 있다는 의심)를 혼란스러워하기도 했다. 아래의 답변은 오이디푸스를 죄인으로 봐야 할지에 대해 고민하는 학습자의 흔적을 반영하며 사고의 깊이도 드러내준다.

> "내 생각에는 같은 결말이 아니었을 것 같다. 작품의 결말처럼 비극이 된 것은 이오카스테와 라이오스의 성격에서 비롯된 욕심이라고 생각되며 그 운명, 즉 그 신탁에는 이오카스테와 라이오스가 그들의 자식을 버리는 행위 또한 포함되어 있었을 것이며, 따라서 오이디푸스를 버린 결정은 어떻게 보면 운명대로 행동한 것이라고 생각된다.

---

24   소포클레스, 강태경 역, 『안티고네』, 2018.

아마도 오히려 오이디푸스를 키우는 결정이 운명을 거스르는 것이었을지도 모른다."[25]

학습자들은 주인공이 아닌 다른 인물, 이오카스테에게 관심을 갖고 질문을 하기도 했다. "오이디푸스는 이오카스테가 자신의 어머니라는 것을 알고 그녀를 찾아갔지만 이미 자살하여 죽어 있었다. 만약 오이디푸스가 이오카스테를 찾아갔을 때 이오카스테가 자살을 하지 않고 살아 있었더라면 그 후의 오이디푸스 삶에도 영향을 미쳤을까"와 같은 것이다. 주인공 오이디푸스에 집중해서 보다 보면 이오카스테의 역할도 미미해 보이기 쉽고 이오카스테의 자살이 당연하게 여겨지기도 한다. 이 장면은 오이디푸스가 두 눈을 찌르는 행위를 하기 직전의 상황이라서 더 중요하다. 오이디푸스가 두 눈을 찌르는 행위는 이 작품의 핵심인데 그 의미를 충분히 파악하기 위해서도 이 장면을 다시 읽어볼 필요가 있다. 보통은 이 장면을 간과하고 두 눈을 찌르는 행위에만 집중해서 읽기 때문이다. 그러므로 학습자의 질문이 새로운 관점을 환기해주었다는 의미가 크다.

학습자들은 이러한 질문을 통해 이오카스테의 자살과 오이디푸스의 눈을 찌르는 행위를 비교하면서 인물의 성격에 대한 이해를 높이기도 하고 이오카스테의 역할이 오이디푸스의 행동에 미친 영향도 생각해보게 한다. 이 작품에서는 이오카스테가 부수적인 인물로 등장하지만 여성인물을 주인공으로 해도 가능할지에 대해 질문해볼 수 있다. 교

---

25 학습자 글에서 발췌

수자는 「오이디푸스 왕」과 비슷한 서사인데 여성이 주인공인 작품 〈그을린 사랑〉[26]을 알려주고 학습자들의 질문과 시각이 발전될 수 있는 측면을 제시할 수 있다.

2. 질문에서 쓰기로

이제 질문을 글쓰기로 연결하여 자신의 관점 펼치기라는 읽기의 목표를 마무리할 차례이다. 글쓰기는 읽기를 촉진하는 수단이면서 단계별 읽기의 결과물로 기능한다는 점에서 이중의 역할이 부여된다. 1차, 2차 읽기에서 쓰기는 조각글쓰기에 해당한다. 그리고 책 읽기에 대한 확인학습이나 과정 학습의 성격을 지닌다. 글쓰기가 지닌 부담감을 벗어 놓고 메모 역할이나 생각을 정리하는 기능 중심이다. 그러나 문제를 설정하고 글을 써 보는 활동에서는 자신의 관점을 일관되게 서술함으로써 작품에 대한 리뷰 성격의 글을 쓰게 된다. 단계별 읽기가 진행되면서 읽기-질문-쓰기가 연계된 결과이다.

앞에서 예로 들었던 좋은 질문들은 자신의 시각을 담은 괜찮은 글로 이어졌다. 완성된 질문 자체가 글의 방향을 알려준 경우에 해당한다. 그런데 호흡이 긴 글을 쓰기 위해서는 2차 읽기에서 나온 여러 질문들 중에서 연관되는 질문들을 모아 하나의 질문을 만들고 3차 읽기를

---

26   와이디 무아와드의 희곡을 바탕으로 2010년 영화화 되었고 우리나라에서는 연극으로 2012년(김동현 연출)과 2018년(신유청 연출)에 공연된 바 있다. 이 공연은 모두 관객과 평단의 호평을 받았는데 신유청 연출 작품은 2020년 백상예술대상 연극상을 수상했다.

통해 자신의 관점을 풀어내는 일이 필요하다. 「안티고네」를 예로 설명하자면 한 학습자가 2차 읽기인 장면읽기를 통해 크레온과 관련된 질문들을 하더니 크레온에 집중해서 "크레온은 꼰대인가"라는 제목의 글을 썼다. 수업에서는 안티고네를 중심으로 한 대화장면을 읽었지만 크레온을 중심으로 한 대화장면의 구성도 가능하다. 크레온과 안티고네, 크레온과 하이몬, 크레온과 테이레시아스, 크레온과 코러스 장면이 있기 때문에 학생은 자신이 집중한 인물을 중심으로 재구성하는 과정을 거쳤다고 판단된다.

교수자는 심화읽기를 위해 2개의 관련 자료를 제시했는데 하나는 매장의 의미를 사회사적 관점에서 강조한 논문이었고 다른 하나는 「안티고네」를 현대적으로, 일상적으로 해석해서 자신의 이야기로 풀어낸 칼럼이었다. 교수자가 제시한 것은 모두 안티고네의 행동을 중심으로 한 자료였다. 물론 이 자료 외에 학생들이 자신의 관점을 입증하기 위해 필요한 다른 자료를 활용해도 좋다고 허용했다. 앞의 학습자는 "꼰대는 어떻게 탄생하는가"라는 잡지에 실린 글에서 꼰대의 조건을 가져다가 크레온에게 적용을 해 본 것이다. 학습자는 꼰대의 조건 6가지를 제시하고 크레온이 여기에 부합하는지를 분석적으로 서술했는데 크레온의 인간적인 특징과 왕으로서의 역할을 함께 살피고자 했다는 점에서 논리적인 구성을 보여주었다. 학습자들은 안티고네란 주인공 말고 크레온에게도 큰 관심을 보였는데 안티고네란 인물이 관념적인 측면이 강하다면 크레온은 보다 인간적으로 다가오기 때문이다. 앞의 학습자의 글은 이러한 측면을 잘 반영했고 무엇보다 현대 독자 자신의 관점에서 크레온이란 인물을 보려고 했다는 점이 중요하다.

「타우리케의 이피게니아」에서는 학습자들이 근본적인 질문을 했다. 학습자들의 질문 양상은 다양했지만 정리하자면 모험서사와 주인공의 문제해결력이 돋보인 작품이고 해피엔딩으로 끝났는데 왜 비극에 속하는지이다. 주인공 이피게니아를 볼 때도 기존의 비극의 관점에서 보면 영웅으로서의 면모가 다른 작품에 비해 부족하다. 그렇지만 일반 드라마의 관점에서 보면 주인공의 문제해결력은 칭찬할만하다. 주인공의 현실적인 선택이 현대의 독자들에게 훨씬 친근하고 소구력있게 다가온다. 교수자는 비극의 관점에서 주로 아쉬운 부분을 강의했지만 많은 학습자들이 다른 관점에서도 질문을 던졌다. "내가 이피게니아라면 신상을 훔칠 생각을 할 수 있었을까"라는 질문은 신의 뜻이 중요했던 시기에 그것을 거스르는 생각과 행동을 한다는 것 자체가 매우 도전적이라는 관점이다. 이는 현실적으로 이 작품을 읽는 시각을 반영한 것으로 신의 의지가 중요하지 않은 21세기 현대에서도 인간은 자유의지가 온전히 발현되기 어려운 여러 한계에 봉착해있기 때문에 20대 학습자들의 상황을 드러낸다. 물론 양쪽을 비교하여 이 작품의 차별성과 한계를 서술한 학습자의 글쓰기도 있었다. 이피게니아는 과오를 저지른 인물이 아니라는 점에서 해피엔딩의 결말이 개연성을 준다는 점을 수긍할 수 있지만 이피게니아가 신을 기만하는 행위에 대해서는 보편적 가치를 부여하기 어렵다는 점에서 의미와 한계를 서술했다. 구성은 재미와 의미가 있고 이피게니아는 신선하고 적극적인 면모를 보여주지만 인물들의 의리와 협력은 당대적 의미로 한정된다는 것이다. 작품을 잘 이해하면서 자신의 시각을 깊이 있게 부각한 글쓰기 사례이다.

관련 자료를 더 읽거나 찾아서 봐야만 심화읽기가 이루어지는 것은 아니다.[27] 「오이디푸스 왕」을 추리극적인 관점에서 본다면 독자인 학습자가 사건을 재구성하면서 읽어야 하기 때문이다. 그리고 이를 바탕으로 자신의 관점을 반영한 글쓰기가 가능해진다. 오이디푸스가 스스로를 범인으로 생각하지 못하도록 혼란에 빠뜨린 단서들을 찾아보면 다음과 같은 질문들이 나온다. 라이오스 왕을 죽인 사람이 도둑들이라고 잘못 전달된 이유, 라이오스 왕이 죽었을 때 피살자를 수색했지만 알아내지 못했고 테이레시아스 같은 현자도 아무런 암시를 주지 않았다는 것 등. 이런 부분을 다 찾아보고 그것이 말해주는 의미에 대해 생각해보면 추리극을 통해 비극을 이해할 수 있게 된다. 또한 6개의 작품을 읽어나갈수록 서로가 서로의 관련 자료가 될 수 있다. 여기서는 비교를 통한 심화읽기가 가능해진다. 「타우리케의 이피게니아」는 처음 읽었던 「아가멤논」과 연관된다. 「메데이아」는 여성 주인공이라는 점에서 「안티고네」, 「타우리케의 이피게니아」와 연관되고 자식살해라는 관점에서 「아가멤논」과도 연관된다. 「안티고네」의 크레온과 「오이디푸스 왕」의 오이디푸스를 비교할 수도 있다.

여기서 주목하고 싶은 것은 상호텍스트성이다. 심화읽기에서는 관련된 또 다른 텍스트들이 자극제 역할을 해줄 수 있다. 「명저읽기」의 경우 괴테의 『파우스트』, 『젊은 베르테르의 슬픔』, 『빌헬름 마이스터의

---

27 다만 자료를 제공하면 글쓰기가 익숙하지 않은 학습자에게 자신의 관점을 어떤 방식으로 일관되게 서술해야 하는지 파악하게 하고 자신의 관점을 드러내기 위해 도움이 되는 자료를 찾고 활용하는 능력이 생긴다. 처음에는 학습자들이 고전읽기와 관련한 해설서 같은 인터넷자료를 주로 참고하다가 논문을 비롯해 잡지 등 다양한 자료를 찾아 활용하였다.

수업시대』처럼 처음부터 연관되는 텍스트를 여러 개 선정하여 읽을 수도 있다. 그리스 비극 수업에서는 학습자들의 양적인 읽기 부담을 줄이는 대신 다른 방식으로 겹쳐 읽기를 할 수 있도록 상호텍스트성의 기회를 마련해주고자 했다. 교수자가 읽기 자료를 제시하기도 하고 학습자들이 관련되는 자료를 스스로 선택할 수 있도록 함으로써 맥락 독서를 할 수 있도록 하였다. 읽기교육에서 맥락의 개념은 광범위하지만 '주어진 텍스트를 접한 개인이 그 텍스트와 상호작용하기 위해 사용할 수 있는 정보와 지식'[28]이라고 할 때 맥락 독서를 통해 상호텍스트성의 기회를 조금은 줄 수 있기 때문이다.

앞에서 예로든 학습자가 아주 잘한 경우이긴 하지만 40명 정원 한 분반에서 1/4은 매우 긍정적인 결과물을, 1/8은 매우 성의 없는 결과물을 제출하였고 나머지는 평균 이상으로 책을 잘 읽고 자신의 시각을 발전시켰다. 작품에 따라 질문하기 활동에서 열의를 보여준 경우와 결과물에서 성과를 보여준 경우가 있지만 글쓰기 활동과 제대로 연계되면 심화읽기가 성공적으로 이루어질 가능성이 높아진다는 것을 간접적으로 확인할 수 있었다.

V. 결론

지금까지 「명저읽기」에서 단계별 읽기에 집중하여 통독과 발췌독,

---

28   이재기, 「맥락 중심 문식성 교육 방법론 고찰」, 『청람어문교육』 34, 2006, 102쪽.

질문생성과 관점갖기, 읽기와 쓰기가 이루어질 수 있는 고전교육 방법론을 다루었다. 교육방법론은 일정한 목표를 달성하기 좋은 접근을 다루는 것이므로 다양한 경로가 가능하기에 「명저읽기」 모든 수업에 해당하는 방법은 아닐 수 있다. 그러나 성격이 다른 책을 다루는 경우에도 단계별 읽기를 적용 할 수 있다는 점에서 여기서 제시한 것이 특수하고 개별적인 방법론에 그치는 것은 아니다. 「명저읽기」 수업이 통독을 기본으로 하지만 문제제기를 위해 어떤 부분을 자세히 읽어야 할 필요성이 있다는 점에서 얼마든지 다른 방식으로 적용할 수 있다.

　「명저읽기」 수업은 텍스트를 잘 읽는 과정 속에서 질문도 하고 대답도 할 수 있도록 함으로써 스스로의 관점을 찾아가는 활동이다. 학습자가 수동적 읽기에서 시작했더라도 능동적 읽기로 전환되는 순간들을 경험할 수 있도록 하는 것이 교수자의 중요한 책무이다. 물론 낭독이나 장면 읽기를 한다고 해서 능동적 읽기가 그냥 이루어지는 것은 아니다. 교수자는 기회를 다양하게 제공할 뿐이다. 학습자들의 여러 질문들을 정리하여 제시하면서 책에서 찾아서 답할 수 있는 부분을 찾아보는 과정에서 적극적인 읽기가 이루어지기도 하고 좀 더 생각해봐야 할 질문에 대한 답을 찾기 위해 책을 뒤적여보기도 한다. 질문에 흥미를 갖게 되면 그 자체로 능동적인 자세가 되기 때문에 책을 다시 들여다보지 않는다고 해도 그것에 대한 답을 짧은 글쓰기로 정리하는 과정에서 능동적인 태도를 갖게 된다. 이 외에 교수자는 학생들이 한 과정에서 끝나버리지 않게 문제의식을 발전시키고 결과물로 이어질 수 있도록 격려하는 과정도 필요하다. 질문하는 능력은 좋은데 질문의 핵심을 발전시키는 능력, 글쓰기로 정리하는 힘이 부족한 경우가 많다. 창의적인 문제제기 능력, 문제해결 능력, 글쓰기 능력이 모두 이어질 수 있도록 하는 것이 중요하다.

「명저읽기」가 대학생을 위한 수업이지만 교수자가 큰 그림을 그려놓고 목적지까지 가는 다양한 길의 방향을 제시하고 안내판도 곳곳에 적절히 붙여놓아 학생들이 약간 헤매면서 자신의 길을 찾아가도록 하는 방법은 여전히 유효하다. 학습자를 방기하는 것과 기다려주는 것은 차이가 있다. 랑시에르가 학습자들이 혼자서 빠져나올 수 있는 고리 안에 가둬두도록 했다는 것[29]도 학습자를 기다려주는 방법이다. 『소피의 세계』에서 철학 선생님 알베르토 크녹스가 다양한 방법으로 소피를 철학의 세계로 안내한 것도 마찬가지이다. 많은 학생들을 대상으로 한다는 점에서 맞춤형에 제한이 있지만 그럼에도 이러한 접근을 기본적인 전제로 할 필요가 있다.

---

29   자크 랑시에르, 양창렬 역, 『무지한 스승』, 궁리, 2015, 15-25쪽.

참고문헌

1. 저서

소포클레스, 강태경 역, 『안티고네』, 2018.

아이스퀼로스·소포클레스·에우리피데스, 천병희 역, 『그리스 비극 걸작선』, 숲, 2010.

에드워드 사이드, 김정하 역, 『저항의 인문학』, 마티, 2012.

요슈타인 가아더, 장영은 역, 『소피의 세계』, 현암사, 1996.

자크 랑시에르, 양창렬 역, 『무지한 스승』, 궁리, 2015.

2. 논문

강옥희, 「창의성과 비판적인 사고능력 개발을 위한 고전읽기 수업방안 연구—문학토론을 통한 「명저읽기」 수업사례를 중심으로」, 『교양교육연구』 10(4), 한국 교양교육학회, 2016.

공영권, 「R.M.Hutchins의 교양교육론 연구」, 경성대학교 박사박위논문, 2005, 73-79쪽.

김영학, 「대학 교양교과로서의 고전읽기 수업모형 연구—조선대학교 「명저읽기」 수업 사례를 중심으로」, 『한민족어문학』 86, 한민족어문학회, 2019.

김주언, 「LAC교과목으로서 「명저읽기」 강좌의 방향 설정을 위한 모색」, 『교양교육연구』 13(4), 2019, 235-253쪽.

김주환, 「숙명적 비극의 시대, 자유를 향한 싸움의 실용적 기술로서 고전 활용—막스 베버의 프로테스탄트 윤리와 자본주의정신을 사례로」, 『교양기초교육연구』 2(2), 단국대 교양기초교육연구소, 2021, 19-51쪽.

손승남, 「위대한 저서 프로그램을 토대론 본 우리나라 대학 인문고전교육의 방향 탐색」, 『교양교육연구』 7(4), 2013, 456쪽.

윤승준, 「고전교육 교양필수 교과목 운영사례—단국대학교 「명저읽기」를 중심으로」, 『교양학연구』 16, 중앙대학교 다빈치미래교양연구소, 2021.

이국환, 「대학 교양교육으로서의 고전읽기와 독서교육」, 『동남어문논집』 43, 2017.

이순영, 「꼼꼼하게 읽기의 재조명: 독서이론과 교수학습 측면의 의미를 중심으로」, 『독서연구』 37, 2015, 55-56쪽.

이영준, 「고전의 바다에 풍덩 뛰어들기—경희대학교 후마니타스 칼리지 고전읽기 프로그램」, 『한국교양교육학회 학술대회 자료집』 2014년 6월, 551-570쪽.

이영호, 「학습자 참여 중심 독서 토론 수업사례 연구」, 『작문연구』 39, 2018, 320-321쪽.

이재기, 「맥락 중심 문식성 교육 방법론 고찰」, 『청람어문교육』 34, 2006.

이현영, 「「명저읽기」 수업에서의 미시적 읽기연구—죄와 벌을 중심으로」, 『교양교육연구』 14(4), 한국교양교육학회, 2020.

임선숙, 「구성주의 이론을 통한 대학 「명저읽기」 수업 모형 연구」, 『문화와 융합』 43(7), 문화와 융학학회, 2021.

정민승, 「학습자 중심성의 준거로서의 평등」, 『평생교육학연구』 18(4), 2012, 105쪽.

정준영, 「메데이아의 자식살해와 튀모스」, 『서양고전학연구』 45, 한국서양고전학회, 2011, 91-128쪽.

천병희, 「에우리피데스 비극의 이해(1)」, 『서양고전학연구』 12, 한국서양고전학회, 1998, 201-228쪽.

한래희, 「대학 교양 고전교육과 상호텍스트성의 활성화」, 『현대문학의 연구』 50, 2013.

허남영·정인모, 「〈고전읽기와 토론〉강좌에서의 읽기모형 개선 방안」, 『교양교육연구』 8(6), 한국교양교육학회, 2014.

외국인 학습자들의 고전교육을 위한 '인물 가상 인터뷰 동영상 만들기' 프로젝트 학습 모형 제안*

안숙현

Ⅰ. 서론

본 논문에서는 외국인 학습자들의 고전 교육을 위하여 '인물 가상 인터뷰 동영상 만들기' 프로젝트 학습 모형을 설계하여 제안하고자 한다. '인물 가상 인터뷰 동영상 만들기' 프로젝트 학습 모형은 고전 문학 읽기 관련 교양 교과목에서 외국인 학습자들이 읽기와 쓰기, 말하기를 통합적으로 교육할 수 있는 학습 모형이다.

2019년 12월부터 시작된 코로나바이러스 감염증-19로 인하여 대학에서는 비대면 원격 교육을 2020년과 2021년 상반기까지 시행했으며 2021년 하반기에도 교양 수업의 경우에는 비대면 원격 수업이 이루

---

*　이 글은 다음 논문을 수정, 보완한 것이다. 안숙현: 외국인 학습자들의 고전 교육을 위한 '인물 가상 인터뷰 동영상 만들기' 프로젝트 학습 모형 제안, 『학습자중심교과교육연구』 21(16), 학습자중심교과교육학회, 2021.

어질 가능성이 크다. 또한 앞으로도 위드 코로나 시대에 대학 교육은 비대면 수업이 대면 수업과의 혼합 및 병행 등의 다양한 형태로 지속될 전망이다. 따라서 국내 대학에서 수업을 받고 있는 외국인 학습자에게 이러한 비대면 수업 상황의 변화는 학습에 큰 영향을 미칠 수 밖에 없다. 한국어 능력이 부족한 외국인 유학생들에게 비대면 수업은 의사소통의 문제로 내국인보다 더 어려울 수 밖에 없다. 비대면 수업과 대면 수업은 학습 환경이나 의사소통, 학습방법 등의 차이로 인해 서로 다른 정서가 유발될 수 있어서 비대면 수업은 직접적인 대면으로 진행되었던 기존의 강의실 수업과는 상당히 다르기 때문이다.[1]

손한결과 손복은[2]의 연구에 따르면, 외국인 유학생의 비대면 교양 수업 인식과 관련된 교양수업 만족도, 학습 환경, 수업 내용, 교수자와의 교류 및 평가의 적절성의 평균분포는 5점 만점에 3.32-3.58로 만족도가 높지 않다는 결과가 나왔다. 특히 과제의 내용이나 양과 관련된 수업 내용의 만족도(M=3.37), 교수자와의 교류에 대한 만족도(M=3.43)가 낮았다는 결과를 보면, 외국인의 경우 대면 교육이 더 절실하다는 것을 알 수가 있다. 하지만 위드 코로나 시대에 들어서면서 앞으로도 비대면 수업 또는 비대면과 대면이 혼합되거나 병행된 형태의 수업이 예상되기 때문에 현 시점에서 외국인 학습자를 위한 효과적인 교육 방안에 관

---

1   채민정·이종연, 「대학 오프라인과 온라인 수업의 질, 학습정서, 학습 성과 구조적 관계 분석」, 『교육정보미디어연구』 23(3), 2017, 523-548쪽; 이주란, 「코로나 19 시기 비대면 한국어 수업의 양상 연구」, 『화법연구』 49, 2020, 57-87쪽; 손한결·손복은, 「외국인 유학생의 비대면 교양수업 운영에 따른 인식조사 연구」, 『학습자중심교과교육연구』 21(9), 2021, 747-756쪽.

2   손한결·손복은, 앞의 논문.

하여 관심을 가질 필요가 있다.

특히 내국인 학습자조차도 힘들어 하는 고전 읽기 관련 교양 수업일 경우에는 효과적인 학습 방안 연구가 더욱 절실하다고 볼 수가 있다. 현재 많은 대학에서는 고전 읽기를 통하여 학습자들의 사고력을 고차원적으로 함양시키기 위하여 고전 읽기 관련 강좌를 필수 교양 교과목으로 지정하고 있다. 고전 읽기 교과목은 학습자들이 인간 존재와 삶의 문제를 깊게 논의하고 삶의 지혜를 얻어 삶을 변화시킬 수 있도록 이끌어 주는 교과목이지만, 사실 학습자들이 읽기의 고통을 감내해야 하기 때문에 내국인에게도 어려운 교과목이다. 그렇기 때문에 한국어 실력이 부족한 외국인 학습자에게는 그 고통이 배나 더 할 것이다.

유경애, 이재득[3]의 연구에 따르면 한국인 학습자와 외국인 학습자 간에는 평소 고전의 필요성, 중요성 등에 대한 인식의 차이가 없었으나 고전에 대한 긍정적 취향은 외국인 학습자들이 더 높았다. 하지만 토론 수업의 필요성과 고전읽기 수업에 대한 인식 변화, 고전 읽기 수업에 대한 만족도 등에서는 학습 효과가 더 낮게 나타났다. 고전 수업의 가치와 유용성에 대해서도 외국인 학습자들이 더 낮게 평가하였으며, 학습 효과 역시 더 낮게 평가하였다. 따라서 연구자들은 "한국어 실력을 제고할 수 있도록 하는 수업을 병행할 필요가 있다. 특히 한국인과 외국인 학습자들에 따른 고전수업의 학습효과가 다른 만큼 한국 대학들은 외국인 학생들을 고려하여 수업 교재와 강의 내용, 그리고 한국어 실력에 따른 차별화를 통해 수업의 효과를 높여야 할 필요가 있

---

3   유경애·이재득, 「고전읽기 수업의 외국인과 한국인 학생의 학습 변인과 학습효과의 차이에 대한 실증분석」, 『교양교육연구』 14(3), 2020, 205-216쪽.

다"(p.214)고 주장한다. 따라서 외국인 학습자들을 위하여 효과적으로 수업을 운영할 수 있는 방안을 모색해야 한다.

외국인 학습자를 위한 고전 읽기 수업 방안에 관련한 연구는 매우 부족한 상황인데 기존 연구를 살펴보면, 우선 범금희[4]는 논문 「외국인 대학생의 대학교육 수학능력 신장을 위한 명저(名著) 중심 〈읽기와 쓰기〉 수업모형 개발 및 교과과정 운영 방안」에서 외국인 학습자를 대상으로 한 학기 동안 명저로 〈읽기와 쓰기〉 수업을 진행하면서 개발한 수업모형을 운영한 수업 사례 연구를 내놓았다.

유경애, 이재득[5]은 논문 「외국인과 한국인 대학생의 다문화 고전 수업의 효과 비교 연구」에서 한국인 대학생들과 외국인 유학생들을 대상으로 고전읽기 수업의 여러 학습변인들 간의 관계와 국적별 학습자 요인들에 따라 고전읽기 수업의 학습효과의 차이성이 있는지 학습변인별로 실증적으로 분석한 결과를 발표하였다. 그리고 계속해서 유경애, 이재득[6]은 논문 「고전읽기 수업의 외국인과 한국인 학생의 학습 변인과 학습효과의 차이에 대한 실증분석」에서 한국 학습자들과 외국인 학습자들을 대상으로 학습자 변인과 고전읽기 수업의 학습효과의 차이성과 연관성 등을 교차분석, 판별분석, 회귀분석과 경로분석 등을 통

---

4 범금희, 「외국인 대학생의 대학교육 수학능력 신장을 위한 명저(名著) 중심 〈읽기와 쓰기〉 수업모형 개발 및 교과과정 운영 방안」, 영남대학교 대학원 박사학위논문, 2014.

5 유경애·이재득, 「외국인과 한국인 대학생의 다문화 고전 수업의 효과 비교 연구」, 『교양교육연구』 12(2), 2018, 307-326쪽.

6 유경애·이재득, 「고전읽기 수업의 외국인과 한국인 학생의 학습 변인과 학습효과의 차이에 대한 실증분석」, 『교양교육연구』 14(3), 2020, 205-216쪽.

하여 실증적으로 분석하였다.

이렇듯 지금까지 발표된 논문을 살펴보면 외국인 유학생을 위한 고전읽기 수업의 효과적인 운영 방안이나 학습 방안에 관한 연구가 현저하게 부족하다는 사실을 확인할 수가 있다.

사실 대부분의 대학 강의실에서는 외국인으로만 구성되어 있는 고전 읽기 교양 수업이 운영되지 않기 때문에, 본고에서는 외국인 학습자뿐만 아니라 내국인 학습자에게도 효과적으로 적용할 수 있는 학습 방안을 모색해 보고자 한다. 단적인 예로 단국대의 글로벌한국어과의 경우에는 한국인 학습자들보다 외국인 학습자가 더 많은 상황이기 때문에, 즉 외국인 학습자가 주가 되는 경우이기 때문에, 외국인 학습자를 위한 수업 방안 연구가 무엇보다도 필요하다.

본 연구에서는 위드 코로나 시대에 외국인 학습자를 위한 교육으로 프로젝트 학습에 주목하고자 한다. 사실 프로젝트 학습은 소통이 원활하게 이루어질 수 있는 대면수업에 효과적이지만, 오히려 비대면 수업에서 소통의 단절의 위험성을 극복하기 위하여 소통과 협력을 할 수 있는 팀 프로젝트 학습이 활용 가치가 크다고 본다.

프로젝트 학습은 학습자가 스스로 기획하여 과제를 주도적으로 해결해 나가는 과정에서 지식을 활용하고 연구하는 방법을 배우는 학습자 중심의 수업 형태이다. 특히 팀 작업으로 프로젝트를 운영할 경우에는 학습자들이 상호소통하면서 교수자의 조력을 받으며 팀원들과 함께 계획하고 탐구하며 프로젝트 과정을 수행해 나가기 때문에 학습자들은 기존 지식을 습득하는 것뿐만 아니라 새로운 지식을 생산해 내는 주체자로서 다양한 능력을 향상시켜 나갈 수 있다.

따라서 본고에서는 고전문학 작품을 읽기 텍스트로 선택했을 경우, 고전 읽기 수업에 효과적일 수 있는 등장인물 가상 인터뷰 동영상 만들기로 고전 읽기 수업에 활용할 수 있는 프로젝트 학습 모형을 제안하고자 한다.

인물 가상 인터뷰 동영상 만들기 프로젝트는 학습자들이 서로 협력하여 과제를 수행하면서 의사소통 능력을 강화할 수가 있다. 또한 고전 읽기 수업에서 기본적으로 이루어지는 읽기-토론-쓰기가 자연스럽게 훈련될 수 있도록 해준다. 사실 외국인 학습자들이 토론에 참여하는 것은 매우 어려운 일이다. 특히 고전 읽기 강좌는 일반적으로 대학 1학년생을 대상으로 하기 때문에, 저학년인 외국인 학습자들의 경우에는 고차원적인 토론이 사실상 거의 불가능하다. 따라서 고전 읽기 수업에서 일반적으로 이루어지는 주제 토론 활동보다는 프로젝트 과제 수행을 위해 대화를 나누는 과정에서 이루어지는 말하기 훈련이 효과적일수가 있다. 더욱이 인터뷰는 대화의 일종으로 특별한 '목적'으로 '전략적으로' 이루어지는, 잘 짜여진 의사소통 행위라는 점[7]에서 인터뷰 동영상을 만드는 프로젝트 과제는 외국인 학습자들의 한국어 말하기와 글쓰기 교육에 효과적일 수가 있다.

고전 책 읽기는 외국인 학습자들에게는 버거운 과정이고 힘든 일이다. 하지만 학습자들과 협력하여 가상 인터뷰 동영상을 촬영하고 편집하는 일들은 일종의 놀이와도 같이 느껴질 수가 있다. 그리고 이러한 가상 인터뷰 동영상을 학습자들 앞에 발표함으로써 마지막 책거리의

---

7   박성희, 『미디어 인터뷰』, 나남출판사, 2003.

행사로 기념할 수도 있다. 사실 외국인 학습자의 경우에는 한국이라는 낯설고 새로운 세계로 와서 생활하는 동안 여러 가지 어려움을 겪고 그 어려움을 이겨나가면서 성장하는 과정을 경험하게 되는데, 즉, '분리-전환-통합'의 통과의례의 과정을 거치게 되는데,[8] 어려운 고전 책을 완독하고 인물 가상 인터뷰 동영상 만들기 과제를 발표함으로써 학업적으로도 성장하게 되었다는 사실을 일종의 통과의례인 책거리 발표회에서 스스로 확인할 수 있게 되는 것이다. 그 외에도 인물 가상 인터뷰 동영상 만들기 프로젝트는 연기자로 또는 연출가나 스텝으로 참여를 함으로써 표현력을 연마하거나 표현력을 배울 수 있게 된다. 박영미[9]는 고전을 통해 지식을 확장하는 것보다 함께 고전을 읽고 이야기한 '경험'과 '기억'이 더 중요하고 의미가 있다고 말하는데, 사실 이 모든 활동이 외국인 학습자들에게는 의미 있는 경험과 기억을 제공해 줄 수 있다.

따라서 본고에서는 외국인 학습자를 위한 고전 읽기 관련 교양 교과목에서 읽기와 말하기, 글쓰기를 통합할 수 있는 인물 가상 인터뷰 동영상 만들기 프로젝트 학습 모형을 제안하고자 한다.

II. 외국인 학습자들을 위한 프로젝트 학습법

외국인 학습자들이 수업에서 주어진 다양한 문제를 스스로 해결

---

8   안숙현, 「외국인 유학생 대상의 성찰적 글쓰기 수업 방안 연구」, 『학습자중심교과교육연구』 20(14), 2020, 1039-1057쪽.
9   박영미, 「고전읽기의 즐거움?」, 『후마니타스 포럼』 3(1), 2017, 96-102쪽.

한다는 것은 매우 어려운 일이다. 따라서 다른 학우들과 함께 협력하여 문제를 해결해 나갈 수 있도록 프로젝트 학습을 고전 읽기 수업에서 활용하는 것이 필요하다. 즉, 교수자 주도의 교육에서 벗어나 학습자의 능동적인 활동을 통한 문제해결을 강조하는 프로젝트 학습을 통해서 외국인 학습자들이 스스로 계획하고 연구하여 과제의 수행 능력을 키우고 지식 탐구 능력과 의사소통 능력을 키울 수 있도록 이끌 필요가 있다.

프로젝트 학습은 학습자들이 실제적인 문제를 연구하도록 설계된 교수 및 학습에 대한 포괄적인 접근 방식으로[10] 실제적인 문제를 해결하기 위하여 학습자들이 능동적으로 학습에 참여함으로써 지식을 탐구·연구하는 방법을 스스로 배우게 되는 학습법이다.

교육에서 프로젝트의 의미는 '마음속에서 생각하고 있는 것을 구체화하고 실현하는 활동을 학습자 스스로가 계획하여 수행하는 활동'[11]이다. 프로젝트는 실제적인 문제와 관련하여 일의 계획과 수행 능력을 기르는 교육 방법으로 학습자가 어떠한 문제에 관하여 스스로 계획하고 구상하여 해결해 가는 실천적 활동을 통해 지식과 학습 방법 및 학습 능력을 얻을 수 있다.

프로젝트 학습에서는 학습의 계획 단계부터 결과 단계에 이르기

---

10 Blumenfeld, P. C., Soloway, E., Marx, R. W., Krajcik, J. S., Guzdial, M., & Palincsar, A., *Motivating project-based learning: sustaining the doing, supporting the learning*, Educational Psychologist 26(3), 1991, pp.369-398.

11 박순경, 「학습자주도적 학습 활동으로서의 프로젝트법(project method)에 대한 고찰」, 『교과과정연구』 17(2), 1999, 21-38쪽.

까지 학습자가 스스로 질문을 생성하고 해결 방법을 모색하면서 문제를 해결하기 때문에 무엇보다도 학습자의 자발성과 자기주도성이 강조된다. 한마디로 프로젝트는 학습자가 학습을 스스로 이끌어 가는 주인인 것이다. 따라서 Kilpatrick[12]은 "Project Method"라는 논문에서 프로젝트의 본질을 '전심을 다하는 유목적적 활동'으로 규정하면서 학습자 스스로가 프로젝트를 수행하는 과정에서 주체적으로 역할을 해나가고 내적 동기화로 활동에 전념하게 된다고 주장한다. 유승희와 성용구[13]도 프로젝트 학습은 학습자가 능동적 탐구의 주체자가 되어 교사·또래 및 환경과 상호 조정적으로 협력하여 흥미 있는 주제를 중심으로 심층적으로 탐구해 가는 자기주도적 학습 활동이라고 본다. 따라서 프로젝트 학습을 통해 학습자는 내면에 가지고 있는 다양한 경험, 흥미, 성향과 동기들을 이끌어내고 표현하며 의사소통을 할 수 있게 된다.

박순경[14]은 프로젝트 성립의 관건으로 학습자 자신이 좋아하는 일을 할 수 있는 자유와 자신이 하는 일을 좋아하는 것을 의미하며, 특히 자신이 하는 일에 대한 몰두(active occupation)로 보는데, Dewey[15]도 "How We Think"라는 책에서 프로젝트는 관심을 끌 수 있는 것이어야 하고, 사고를 포함해야 하며, 프로젝트는 새로운 호기심을 불러일으키고 새로운 영역으로 학습자들의 마음을 이끌 수 있어야 하고, 수행에 있어

---

12 Kilpatrick, W. H., *Project Method*, Teachers College Record *19*(4), 1918, pp.319-335.

13 유승희·성용구, 2011.

14 박순경, 앞의 논문.

15 Dewey, J., *How We Think. Lexington*, MA: Heath, 1933.

상당한 기간을 필요로 해야 한다고 말한다.

그렇다면 이러한 프로젝트 학습에서 학습자들의 자발성과 자기주도성을 이끌어내기 위해 과제의 주제 역시도 학습자의 흥미와 몰입을 유도할 수 있는 주제여야 할 것이다. 따라서 이성대 외[16]는 프로젝트 학습의 주제 선정을 위해 고려해야 할 사항으로 학습자의 흥미와 몰입을 유도할 수 있어야 하고 학습자의 도전과 심화탐구를 이끌어낼 수 있는 내용이어야 하며, 학습자 상호간의 협력과 공동 작업이 가능한 내용이어야 한다는 사실을 강조한다.

그렇다면, 이러한 프로젝트 학습이 일반 수업과 어떻게 다른지 이영만[17]의 설명을 통해서 좀 더 자세하게 살펴보도록 하자. 이영만[18]은 일반 수업은 학습의 목적이 지식과 기능의 획득이지만, 프로젝트 학습에서는 사고의 확장과 기능의 적용이다. 또한 일반 수업에서 학습자라는 존재는 학습을 통해 채워야 할 것이 있는 부족한 존재이지만, 프로젝트 학습에서는 자기주도적으로 학습할 수 있는 능력을 지닌 존재로 이해된다. 일반 수업의 경우, 학습의 내용은 교육과정 기준과 교과서 중심이지만 프로젝트 학습에서는 교과서의 연장선상에서 학습자의 흥미와 관심을 끄는 실제적 내용을 다룬다. 일반 수업의 방법은 강의이지만, 프로젝트 학습에서는 조사와 탐구, 면담 등을 활용한다. 일반 수업의 경우 학습자들은 교수자의 지시에 따르지만, 프로젝트 학습에서는

---

16 이성대·김정옥·이주원·이경원·공일영·이혁제 외, 『프로젝트 수업, 교육과정을 만나다』, 행복한 미래, 2015.

17 이영만, 『통합교육과정』, 학지사, 2001.

18 위의 책.

학습자가 교육 목표와 과정, 결과 처리의 여러 대안들 중에서 선택하고 스스로 결정한다. 일반 수업에서는 성적 평가 등으로 외적 동기유발을 하지만, 프로젝트 학습에서는 학습자들의 관심과 흥미, 성취에 의해서 내적 동기 유발을 한다.

조희정, 이희영[19]은 이러한 프로젝트 학습이 교수자에 의해 주도되는 교과학습을 지원하고 확장해 주는 역할뿐만 아니라 탐구 및 연구 활동을 통하여 새로운 지식을 만들어내는 역할도 한다고 주장한다.

이렇듯 프로젝트 학습은 교수자 중심이 아니라 철저하게 학습자 중심이다. 따라서 교수자는 지식 전달자로서의 역할을 하는 것이 아니라 안내자, 조력자, 코치의 역할을 담당하게 된다.[20]

프로젝트 학습의 장점은 학습자 개인의 능력에 따라 학습 진도 조절이 가능하고 좋아하는 관심 영역과 흥미를 고려한 내재적 동기유발을 통해 학습자가 스스로 계획하고 실천할 수가 있다. 그리고 프로젝트를 수행해 나가면서 창의성, 자주성, 책임감, 인내심과 성취감을 함양할 수 있고 소집단 활동을 통해 협동과 타협, 의사소통을 할 수 있다.[21]

프로젝트 학습은 참여하는 학습자 집단의 크기에 따라서 팀 프로젝트와 개인 프로젝트로 나뉘지만, 대학 강의실에서는 졸업 후에 조직사회에 들어가야 할 학습자들을 훈련시키기 위하여 '팀 프로젝트'를 선

---

19   조희정·이희영, 「공과대학 프로젝트형 글쓰기 상담 연구—제안서와 결과보고서를 중심으로」, 『국어교육학연구』 41, 2011, 614-642쪽.

20   최미리나·이성준·김지원·조수지·심혜민, 『(톡? 톡!) 프로젝트 학습으로 배움을 두드리다』, 맘에드림, 2018.

21   이경희, 「도덕과 수업에서 비판적 성찰적 글쓰기—프로젝트 학습과 교육토론을 중심으로」, 『윤리교육연구』 40, 2016, 283-299쪽.

호하는 경향이 있다. 사실 팀 프로젝트는 능력이 있는 소수의 학습자에 의해 프로젝트가 운영될 수 있는 문제점도 있을 수 있지만, 교수자의 안내와 코치 하에 팀 프로젝트가 학습자들의 상호협력으로 잘 운영될 경우에는 공동체 정신의 함양까지 키울 수 있다. 특히 외국인 학습자들을 대상으로 프로젝트를 진행할 경우에는 위드 코로나 시대에 비대면 수업이 많은 상황에서 외국인 학습자들이 줌(Zoom) 등의 원격 화상 회의 매체를 통해 한국어로 상호 소통할 수 있는 기회를 가질 수 있다. 따라서 프로젝트 결과물을 학습자들과 함께 만들어내기 위하여 토론과 토의 등의 다양한 대화로 인하여 한국어 능력도 연마할 수가 있다.

인물 가상 인터뷰 동영상 만들기 프로젝트는 혼자서 작업을 했을 경우에는 상당히 어려운 작업일 수가 있다. 우선, 작품 속 등장인물과 인터뷰를 하기 위해서는 작품을 제대로 이해하고 등장인물도 완벽하게 분석해야 한다. 어려운 고전 문학 작품을 읽고 해석하는 것도 어려운데 등장인물에 관하여 세부적으로 분석하고 해석해야 하는 작업은 외국인 학습자들에게 결코 쉬운 일이 아니다. 따라서 본 과제는 다른 학습자들과 상호 협력하여 탐구할 필요가 있기 때문에 팀 프로젝트가 적합하며, 특히 가상 인터뷰 동영상을 제작해야 하는 과제는 개인 작업보다는 팀 작업이 더욱 효과적이다.

Katz & Chard[22]는 프로젝트가 획일적이고 규범화된 단계를 요구하지는 않지만 대체로 시작, 전개, 마무리의 순서로 진행된다고 말한다.

---

22 Katz, L. G., & Chard, S. C., *Engaging Children's Minds: The Project Approach*. Stamford, Conn.: Ablex Pub. Corp, 2000.

시작 단계는 주제에 관해 논의를 시작하는 준비 단계에 해당된다. 전개 단계는 정해진 주제를 확장시키기 위해 실제적으로 조사하고 연구하는 단계이며, 마무리 단계는 최종적으로 연구한 결과를 발표하고 공유하며 평가하는 단계라고 볼 수가 있다. 김대현 등[23]은 이 세 단계를 더 세분화하여 준비하기, 주제 결정하기, 활동 계획하기, 탐구 및 표현하기, 마무리하기, 평가하기의 여섯 단계로 제시하였는데, 본 연구에서는 이들 연구의 프로젝트 학습 단계를 참고하여 준비하기, 계획하기, 탐구 및 표현하기, 마무리하기, 평가하기로 프로젝트 학습의 과정을 설명하고자 한다. 즉, 인물 가상 인터뷰 동영상 만들기 프로젝트 학습의 과정을 5단계로 제안하고자 하며, 텍스트 완독이 끝나가는 학기 '후반기'에 총 4차시에 걸쳐서 진행하는 것으로 설계하고자 한다.

Ⅲ. 외국인 학습자를 위한 '인물 가상 인터뷰 동영상 만들기' 프로젝트 학습 모형

1. 학습 목표와 내용 설계

범금희[24]는 외국인 학습자들이 대학 수업을 이수하기에 어려운 요

---

23   김대현·왕경순·이경화·이은화, 『프로젝트 학습의 운영』, 학지사, 1999.
24   범금희, 「외국인 대학생의 대학교육 수학능력 신장을 위한 명저(名著) 중심 〈읽기 와 쓰기〉 수업모형 개발 및 교과과정 운영 방안」, 영남대학교 대학원 박사학위논문, 2014.

소 중 하나가 선정된 명저의 분량이라고 말한다. 외국인 학습자의 경우 지정된 도서들을 통독하기가 어렵고, 대학 이전 교육과정의 이수 모형에 따라 그들의 학습 능력이 천차만별이기 때문에 학습자의 학습 능력을 고려해 명저의 권수와 분량을 조절할 필요성이 제기된다고 주장한다. 그런 의미에서 한 학기 동안에 1-2권의 책만을 통독하는 단국대의 「명저읽기」 수업은 외국인 학습자도 어느 정도 따라올 수 있기 때문에 주목할 만하다. 단국대의 「명저읽기」 수업에서는 다독 중심의 발췌독이 아닌 통권 중심의 정독 방식을 읽기 방식으로 취하고 있다. 즉, 도스토예프스키의 『죄와 벌』을 읽기 텍스트로 선택했을 경우 상하권으로 이루어진 2권의 책을 한 학기 동안 완독하는 방식으로 수업이 진행된다. 하지만 고전 작품의 경우 1000페이지에 해당하는 작품이 많기 때문에, 사실 외국인 학습자뿐만 아니라 일반 내국인에게도 버거운 일이기는 하다. 따라서 학습자의 학습 동기를 부여하기 위해 작품 속 등장인물을 연구하여 인물 가상 인터뷰 동영상을 제작하도록 하는 과제는 흥미를 유발하기가 좋다. 특히 마지막 책거리 이벤트가 필요한 상황에서 인터뷰 동영상으로 책거리 발표회를 하는 것은 의미도 있다.

　　인터뷰는 매체 방식에 따라서 크게 대면 인터뷰, 전화 인터뷰, 이메일 인터뷰로 구분할 수 있고, 내용에 따라서는 사건 인터뷰, 미담 인터뷰, 시사 인터뷰, 인물 인터뷰 등이 있다. 인물 인터뷰는 높은 난이도의 인터뷰로 한 인물의 인생을 살펴보면서 인터뷰이의 내면을 집중적으로 들여다보는 인터뷰를 말한다. 인물 인터뷰는 인터뷰이의 성공과 실패 등과 관련된 고민을 소개하여 시청자들의 공감을 얻고 인터뷰 대상자에 대한 이해를 불러일으키는 기능을 한다. 그렇기 때문에 인터뷰이에 대한 많은 사전 조사를 필요로 한다.[25] 따라서 학습자들은 인물 인터뷰 동영상을 만들기 위하여 사전에 작품을 충실하게 읽고 이 프로젝트에 임할 수 밖에 없게 된다.

'인물 가상 인터뷰 동영상 만들기'를 목표로 설계한 본 프로젝트 학습의 목표와 내용은 다음과 같다.

[표 1] 인물 가상 인터뷰 동영상 만들기 프로젝트 학습의 목표 및 내용

항목		인물 가상 인터뷰 영상 만들기 프로젝트 수업
학습 목표		• 인물 가상 인터뷰 동영상 만들기 프로젝트를 통해 외국인 학습자들의 읽기·쓰기·말하기 능력을 향상시킨다. • 작품의 이해도를 높이고 텍스트의 분석력과 해석력을 기른다. • 등장인물과의 가상 인터뷰를 통해서 인간과 삶을 성찰하는 인문학적 사유를 직접 체험한다.
수업 활동	교수자	• 가상 인터뷰에 관한 기본적인 설명 • 프로젝트 학습에 관한 설명 • 학습자들의 프로젝트 수행 과제들에 관한 피드백
	학습자	• 인터뷰이 분석과 인물 가상 인터뷰 시나리오 작성 • 인물 가상 인터뷰 동영상 제작 • 학습자들의 조별 평가서 작성
활동 과제		인물 가상 인터뷰 동영상 만들기와 조별 평가서 작성하기

다음은 외국인을 위한 '인물 가상 인터뷰 동영상 만들기' 팀 프로젝트 운영을 학습자의 활동과 교수자의 활동으로 구분하여 제안한 학

---

25   정지연, 「인터뷰를 활용한 자기 주도적 미술 비평교육 프로젝트 프로그램 개발 연구 : 고등학교 1학년을 중심으로」, 경희대학교 교육대학원 석사학위논문, 2017.

습 절차 모형이다.

[표 2] 인물 가상 인터뷰 팀 프로젝트 학습 절차

프로젝트 학습 절차	학습자 활동	교수자 활동
준비하기	• 작품 텍스트 읽기 • 인터뷰의 이해	• 가상 인터뷰에 관한 기본적인 설명 • 가상 인터뷰 예시 소개 • 조별 프로젝트 설명
계획하기	• 인터뷰이 선정 • 인터뷰이 분석 • 인터뷰 주제와 목표 설정	• 지도 및 수시 점검
탐구 및 표현하기	• 가상 인터뷰 시나리오 작성 • 인터뷰이, 인터뷰어, 촬영자 역 할 결정	• 가상 인터뷰 시나리오 검토
마무리	• 가상 인터뷰 동영상 스토리보드 작성 • 인물 가상 인터뷰 영상 만들기	• 가상 인터뷰 동영상 스토리보드 검토
평가하기	• 가상 인터뷰 동영상 발표 • 가상 인터뷰 동영상 조별 평가서 작성	피드백과 평가하기

'인물 가상 인터뷰 동영상 만들기' 프로젝트는 인터뷰 질문과 답변을 담은 인터뷰 시나리오를 작성한 후에 이를 바탕으로 스토리보드를 만들고 동영상을 제작하여 발표하는 과제로 이어진다. 과제 내용을 학습 모형으로 제안해 보면, 제1단계에서는 작품 속 인물을 선택한 후 그에 관하여 깊게 분석하고 연구한다. 2단계에서는 인터뷰 대상 즉, 인터뷰이에게 할 질문과 답변을 담은 가상 인터뷰 시나리오를 만든다. 그리고 3단계에서는 가상 인터뷰 시나리오를 바탕으로 스토리보드를 작성

한 후에 10분 분량의 인터뷰 동영상을 만든다. 4단계에서는 인물 가상 인터뷰 동영상을 발표하고 조별로 평가를 한다.

다음은 인물 가상 인터뷰 동영상 프로젝트 학습에 관한 단계별 과제 진행 과정의 모형이다.

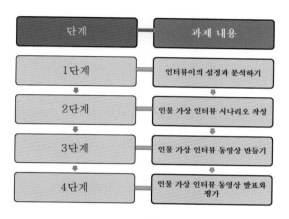

[그림 1] 단계별 과제 진행 과정

단계별 과제 진행 내용을 더 구체적으로 살펴보면, 작품을 읽으면서 관심을 가지게 된 등장인물이나 또는 연구하고 싶은 등장인물을 찾고 작품에서 그 인물에 관하여 얻을 수 있는 모든 정보를 찾아서 그에 관해 분석한다. 그리고 인터뷰의 주제와 목표를 설정한 후에 인터뷰 대상 즉, 인터뷰이에게 할 질문을 만든 후에 그 질문에 관한 답변을 만든다. 그리고 이들 질문과 답변이 매끄러운 담화가 될 수 있도록 창의적이고 개성적인 형식의 인터뷰 시나리오를 만든다. 다음에는 이를 바탕으로 주제와 등장인물의 이미지와 개성이 더 명확하게 드러날 수 있도록 스토리보드로 비주얼적인 구성을 짠 후에 조원들의 참여 영역과 역할을 결정한다. 그리고 마지막 책거리 행사로 인물 가상 인터뷰 동영상을 발표한 후에 조별로 평가에 참여한다. 이러한 구체적인 내용으로 제시한 것이 다음의 [표 3]이다.

[표 3] 단계별 과제 진행 내용

단계별 과제 진행 내용						
항목	인터뷰이 분석과 주제 및 목표 설정	가상 인터뷰 시나리오 작성		가상 인터뷰 동영상 만들기		동영상 발표와 평가
		질문지와 답변지 작성	창의적인 인터뷰 시나리오 만들기	스토리보드 작성하기	가상 인터뷰 동영상 만들기	가상 인터뷰 동영상 발표와 조별 평가
내용	흥미로운 인터뷰이 찾기와 분석하기 인터뷰 주제와 목표 설정 하기	인터뷰를 위한 질문과 답변 만들기	풍부하고 매끄러운 담화 만들기 창의적이고 개성적인 형식의 인터뷰 시나리오 만들기	인터뷰이의 성격과 이미지를 반영한 내용과 구성 만들기 비주얼적인 스토리보드 만들기	가상 인터뷰 동영상 촬영과 제작하기	가상 인터뷰 동영상 발표하기와 조별로 평가하기

다음의 [표 4]는 이러한 내용을 바탕으로 차시별 수업 목표와 내용 그리고 활동 및 과제를 세부적으로 설명한 인물 가상 인터뷰 동영상 만들기 프로젝트 학습 모형이다.

[표 4] 인물 가상 인터뷰 동영상 만들기 프로젝트 학습 모형

차시	수업 목표	수업 내용	활동 및 과제
1차시	• 가상 인터뷰 동영상 프로젝트 학습의 목적과 목표를 이해한다. • 팀 프로젝트 학습을 이해하고 실행 준비한다.	• 인물 가상 인터뷰 동영상 만들기 프로젝트를 통해 외국인 학습자들의 고전 작품 읽기와 쓰기, 말하기에 관한 학습 동기를 부여한다. • 가상 인터뷰 예시문을 통하여 인터뷰 시나리오 작성에 관한 학습자들의 이해도와 관심도를 높인다. • 팀 프로젝트 활동 과제를 이해하고 과제를 수행할 수 있도록 학습 동기를 부여하고 사전 준비하게 한다.	• 학기 초반에 결성된 토론 조(4-5명이 한 조로 구성)로 프로젝트 활동 시작하기 • 전체 과제 안내: 인물 가상 인터뷰 시나리오 작성 후 동영상 만들고 발표하기 안내 • 1차시 조별 활동 과제: 인터뷰이를 선정한 후 인물 분석하기 • 2차시 개별 과제 안내: 인터뷰를 위해 각자 질문 만들기
2차시	• 가상 인터뷰 작성법을 이해하고 질문지와 답변지를 작성한다. • 교수자의 중간 검토를 통해서 과제 진행상황을 파악한다.	• 각자 인터뷰를 위한 질문을 만들어 온다. • 조원들의 질문 중에서 좋은 질문을 선택한 후에 답변을 함께 만든다. • 창의적인 인터뷰 시나리오를 만든다.	• 2차시 조별 활동 과제: 인터뷰 시나리오 만들기 • 작품과 인물 해석의 오류를 방지하기 위하여 교수자가 인터뷰 시나리오를 검토하기
3차시	• 스토리보드 만들기와 가상 인터뷰 동영상 제작법을 이해한다.	• 인터뷰 시나리오를 바탕으로 인물의 성격과 이미지가 반영된 비주얼적인 스토리보드를 만든다. • 스토리보드를 바탕으로 가상 인터뷰 동영상을 촬영한다.	• 3차시 조별 활동 과제: 스토리보드 만들기와 가상 인터뷰 동영상 촬영 및 제작 • 4차시 과제 안내: 가상 인터뷰 동영상 발표 방법과 평가 활동 안내

4차시	• 가상 인터뷰 동영상을 이러닝 플랫폼에 올려서 발표한다. • 가상 인터뷰 동영상의 조별 평가 활동을 통해 작품에 대한 이해와 소통 능력을 향상시킨다.	• 가상 인터뷰 동영상을 발표한다. • 가상 인터뷰 동영상을 조별로 평가하는 활동을 한다. • 조별 상호 평가 및 토론 활동으로 총 정리를 한다.	• 4차시 활동 과제 : 가상 인터뷰 동영상 발표와 평가 활동하기

2. '인물 가상 인터뷰 동영상 만들기' 팀 프로젝트 학습 과정

외국인 학습자를 위한 인물 가상 인터뷰 동영상 만들기 팀 프로젝트 학습의 과정은 준비하기, 계획하기, 탐구 및 표현하기, 마무리, 평가하기 순으로 진행된다. 이 프로젝트는 책을 거의 완독하는 즈음부터 시작하는 것이 효과적이기 때문에, 학기 중 후반기에 즉, 11주차부터 총 4차시로 진행할 필요가 있다. 예를 들어서, 고전 읽기와 관련된 강의가 3시간일 경우에는 3시간 전체를 다 할애해서 프로젝트를 수행할 수도 있지만, 사실 지정된 페이지에 관하여 1시간 정도 조별 주제 토론 활동을 진행한 후에 나머지 시간을 프로젝트 활동으로 진행해도 무방하다. 특히 본 가상 인터뷰 동영상 만들기 프로젝트 학습에서는 인터뷰에 관한 전문 이론까지 학습할 필요가 없기 때문에, 즉 가상 인터뷰이기 때문에 자유롭게 인터뷰 내용을 창의적으로 만드는 것이 훨씬 효과적이어서 학습자들이 교수자의 안내에 따라서 프로젝트 활동을 스스로 진행할 수가 있다.

인물 가상 인터뷰 동영상 만들기 팀 프로젝트는 읽기-말하기-쓰기 통합 교육이 가능하다. 사실 읽기-말하기-쓰기는 상호보완적이기 때문에 통합적으로 교육했을 때 학습 효과가 클 수 있다. 읽기는 단순한 글의 이해 차원을 넘어 분석, 비판, 종합의 과정을 거쳐 지식의 재창조가 이루어질 수 있으며, 토론과 토의 등의 말하기를 통해서 다양한 문제제기와 그에 따른 다양한 관점을 제공하여 학습자들이 편협하고 고정된 시각을 탈피하도록 돕는다. 학습자들 간의 자유로운 토론과 토의 및 대화가 글쓰기와 연계될 경우에는 대화 속에서 논의된 내용들이 글쓰기를 통해서 다양한 시각점을 제공하고 글의 논리적 전개를 유도할 수 있다.[26] 따라서 읽기, 말하기, 글쓰기의 개별적 능력을 기르는 데 상승효과를 불러일으킬 수 있다는 의미에서 고전 읽기 교육을 하는 여러 대학에서는 이러한 통합교육을 지향하고 있다.

본 인물 가상 인터뷰 동영상 만들기 프로젝트는 명저 텍스트를 읽고 학습자들이 토론과 토의 및 대화를 통해서 텍스트와 인터뷰 대상을 분석하고 인터뷰 시나리오를 작성한 후에 동영상을 만들어 발표하고 평가하는 과정에서 읽기-말하기-쓰기를 연마하게 된다. 즉, 인물 가상 인터뷰 동영상 만들기 프로젝트는 읽기-말하기-쓰기의 상호보완적 통합교육을 함으로써 교육적 효과를 얻고자 하는 것이다.

다음은 읽기-말하기-쓰기의 통합 교육을 지향하는 인물 가상 인터뷰 동영상 만들기 프로젝트 학습 모형 그림이다.

---

26   김원준, 「'읽기·토론·쓰기' 통합 교육의 효율성 제고―「명저읽기와 글쓰기」 강좌를 통해서―」, 『한민족어문학회』, 2011.

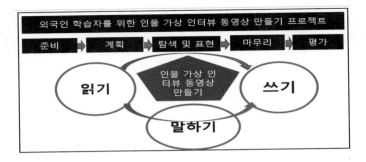

[그림 2] 외국인 학습자를 위한 인물 가상 인터뷰 동영상 만들기 프로젝트 학습 모형

이러한 학습 모형을 중심으로 인물 가상 인터뷰 동영상 만들기 팀 프로젝트 학습의 과정을 구체적으로 설명하도록 한다.

1) 준비하기

인물 가상 인터뷰 동영상 만들기 팀 프로젝트의 운영을 위하여 교수자는 본 학습의 교육 목적과 목표를 학습자가 제대로 이해할 수 있도록 세심하게 안내를 해 주는 것이 매우 중요하다. 그리고 인터뷰에 관하여 아주 기본적인 이해를 할 수가 있도록 인터뷰 기획 단계에 관한 가이드라인을 제시해 주면 좋다.

한 연구에 의하면, "Silveman은 인터뷰는 기록으로 남겨지고 면접관과 수험자가 사이에 주고받는 대화에는 어느 정도의 불균형이 있고 질문은 어떤 한사람에 의해서 일방적으로 행해지고 다른 사람에 의해서 질문의 대답이 이루어지고 어떤 한 사람에 의해 대화의 시작과 끝, 주제의 마침, 새로운 주제의 소개가 통제되어지는 것이 특징이라고 하였다".[27] 하지만 이러한 일반적인 실제 인터뷰와 다르게 본 프로젝트 과제는 가상 인터뷰이기 때문에 사실 이것은 일종의 동영상 대본, 즉 '시나리오'라고 할 수가 있다. 따라서 인터뷰 가이드라인은 기초적인 소개만 해 주고 학습자들이 창의적인 시나리오를 작성할 수가 있도록 자유롭게 허용한다.

그럼에도 불구하고 외국인 학습자들이 쉽게 이해하고 또한 학습 의욕도 높일 수 있도록 다음의 [표 5]와 같은 예시문을 제공할 필요가 있다. [표 5]는 단국대 「명저읽기」 수업에서 창의적인 독후 에세이 과제로 학습자가 제출한 글로 인물 가상 인터뷰 예시로 활용할 수 있는 글이다. 하지만 이러한 예시문이 없다면, 인터넷 뉴스나 잡지에 있는 인터뷰 글을 예시문으로 사용해도 된다.

[표 5] 인물 가상 인터뷰 예시(학습자의 글)

'죄와 벌' 화제의 라스콜니코프, 자신에 대해 직접 입을 열다.
2020.12.18 7:30 도스토예프스키의 세계 명작으로 알려진 '죄와 벌'의 주인공 라스콜니코프. 그를 향한 사람들의 관심은 현재까지 끊이지 않고 있다. 자신의 신념이 뚜렷했고, 자만심과 영웅 심리를 내비치며 많은 사람들의 화를 불러일으켰던 그의 이야기를 직접 들어보기로 했다.

---

27 박미라, 「인터뷰와 일상대화 비교 연구」, 숙명여자대학교 대학원 석사학위논문, 2003, 11쪽.

기자	안녕하세요, 라스콜니코프씨. 저는 OO대학교 OO학과 기자 송 OO입니다. 만나서 반갑습니다.
라스콜니코프	네, 안녕하세요. 라스콜니코프입니다.
기자	도스토예프스키 작가가 처음 이 '죄와 벌'이라는 책을 출간하고 꽤 많은 세월이 흘렀습니다. 그럼에도 여전히, 꾸준히 많은 관심과 사랑을 받고 있는데요, 이렇게까지 큰 파급력을 가져올 거라고 예상하셨나요?
라스콜니코프	네, 예상했습니다. 작가는 도스토예프스키입니다. 죄와 벌은 그에게 있어 첫 장편 소설이었고요. 8년의 시베리아 유형 생활 후 느낀 그의 감정과 생각, 감성은 누구보다도 뛰어났을 겁니다. 작품 안에서의 저 조차 시베리아로 유형 생활을 떠나보낼 만큼 그 영향이 적지 않았겠지요. 저 라스콜니코프라는 인물을 창조해냄으로써, 그가 경험한 인간의 본성과 사랑, 자신의 신념에 대한 강한 자만심 및 합리화가 만들어 내는 상황들을 하나의 자극적인 사건을 통해 풀어나가면서 그는 많은 이들을 깨우치게 한 것입니다.(사실 이것도 솔직히 말하자면, 인터뷰 상 형식적인 대답이라고 할 수 있죠.)
기자	그렇군요. 의견 잘 들었습니다. 그렇다면, 스스로는 본인이 나쁘다고 생각하나요?
라스콜니코프	스스로라… 남들이 보기에는 나쁠지언정 나까지 나를 나쁘게 생각한다면, 이미 스비드리가일로프처럼 전 이미 죽었어야 합니다. 하하, 좀 말이 셌나요? 하지만, 그렇잖습니까. 전 제가 나쁘다고 생각하지 않습니다. 물론 지금은 나의 소냐, 사랑스러운 그녀의 사랑과 희생정신을 보고 느끼며 어느 정도 제가 한 행동이 사회적 규범에 어긋난다는 사실은 이해합니다. 인정한다 이 말입니다. 그러나 앞서 말했듯이 작가는 저를 통해 인간이 가지고 있는 어떤 한 면모에 대해, 누구나 가질 수 있는 본능적이고 본성에 가까운 그 '어떤 것'을 보여주려 했기 때문에 내가 나쁘다면 모든 사람들이 나빠야죠. 안 그렇습니까? 예?
기자	진정하세요. 조금 흥분하신 것 같군요. 직접 이렇게 만나서 이야기를 나눠 보니, 작 중에서의 성격과 감정이 그대로 느껴지는 것 같습니다.
라스콜니코프	그 말인즉슨, 나를 놀리는 말입니까? 그런 거라면, 정말 그런 의도라면…
기자	아닙니다. 오해하지 마세요. 하지만, 작품 속에서 제가 느꼈던 당신의 신념에 대해 또 한 번 생각해보게 되네요. 가장 처음으로 돌

	아가 볼까요? 노파 자매를 살인 후, 어떤 기분과 생각이 드셨나요? 곤란한 질문이라면 하지 않으셔도 괜찮습니다.
라스콜니코프	아니요. 아니요. 아닙니다. 괜찮아요. 이런 질문은 예상하고 있었습니다. 라스콜니코프를 말하며 살인을 빼놓을 순 없지요. 음, 어떤 기분이라, 어떤 생각이라… 글쎄요, 그 당시에 알료나 이바노브나는 '사회의 악'이었어요. …(중략)… 알겠습니다. 이렇게 제가 직접 제 이야기를 한 적은 없는 것 같은데, 꽤 즐거운 시간이었어요.
기자	저도 즐거웠습니다. 마지막으로 현재 이 시대를, 당신과는 다른 지금의 시대를 살아가는 우리 사회 청년들에게 해주고 싶은 말이 있나요?
라스콜니코프	제가 하는 말이 도움이 될지는 모르겠습니다만, 기자님의 말을 듣고 나니 이 말을 해주고 싶네요. 나와 같은 어리석은 사람이 되지 마세요. 내가 살던 시대의 청년이나 지금 이 시대를 살아가는 그대들 모두 힘든 일은 각자 있을 겁니다. 그게 돈이든, 학업이든, 어떤 관계든 간에요. 거기에서 오는 회의감. 그리고 분노와 괜한 사회 정의감, 영웅 심리, 자신의 세계에 갇혀 망상을 현실로 데려오지 마세요. 어쩌면 세상이 발전하고 모든 것이 발달되어 있는 이 시대를 살아가는 젊은 당신들이야말로 더욱 조심하고 자신을 아끼고 사랑하며, 돌봐주어야 할 것입니다. 주변을 둘러보면 그런 당신들을 옆에서 이끌어주고 함께해주는 이들이 분명 있을 거예요. 그들을 소중히 여기세요. 그들의 말에 귀기울이세요. 나는 오래 걸렸지만, 당신들은 이것을 깨닫는 데 너무 오랜 시간이 걸리지 않기를 바랍니다.
기자	진심을 담은 말씀 감사합니다. 오늘 인터뷰에 응해 주셔서 정말 감사드리고, 언제나 응원하겠습니다, 수고하셨어요.(웃음)
라스콜니코프	네, 감사합니다.

이렇게 라스콜니코프는 솔직한 언행으로 조금은 흠칫 놀랄만한 답변을 하며 끝까지 최선을 다해 인터뷰에 응해 주었다. 작품 속에서는 그저 어리석기만 해 보였던 그가 실제로 만나 이야기를 나누고 목소리를 들어보니, 역시 그도 사람이 사람이라는 생각이 들 정도로 여린 사람이었다. 인터뷰가 끝나고 그를 기다리는 소네치카와 라주미힌 또한 얼마나 그를 향한 애정이 넘치는지를 알 수 있었다.

죄는 용서 받을 수 없다. 그가 저지른 살인이라는 죄는 어떻게 해서든 용서 받지 못할 범죄가 분명하다. 하지만, 세상에 상처받고 지쳐 자신의 세계에 갇힌, 혼자만의 영웅이 되었던 청년 라스콜니코프를, 그 자체의 청년을, 우리도 한편으로는 소네치카와 같은 마음으로 봐준다면 어떨까?

이러한 [표 5]와 같은 가상 인터뷰 예시문을 활용하여 교수자는 가상 인터뷰 시나리오를 '팀'으로 함께 작성해야 한다는 사실을 학습자들에게 알려준다. 그리고 팀 프로젝트로 수행해야 하는 전체 과제도 미리 안내한다. 즉, 가상 인터뷰 시나리오를 작성한 후에 이를 바탕으로 10분 분량의 가상 인터뷰 동영상을 만들어서 발표하는 팀 프로젝트 과제를 설명한다.

대부분 고전 읽기와 관련된 강의에서는 읽기-토론-쓰기 모형을 취하고 있는 경우가 많다. 예를 들어서 단국대의 「명저읽기」 수업에서는 학기 초부터 읽기-토론-쓰기 수업모형을 취하고 있기 때문에 학기 초부터 조별 토론을 하면서 수업을 진행한다. 사실 2-3주차에는 고전 작품을 읽으면서 분석하는 시간을 가지고 4주차부터 본격적으로 조별로 토론을 하는 시간을 가진다. 따라서 본 프로젝트가 실행되기 전에 이미 조가 편성되어 있기 때문에, 조별로 팀 프로젝트 실행과 운영은 전혀 어렵지가 않다.

2) 계획하기

외국인 학습자들이 팀 프로젝트 과제를 잘 수행할 수 있도록 교수자는 매 주차 수업마다 반복해서 과제를 설명해 줄 필요가 있다. 1차시보다는 2차시에 더 자세하게 설명을 하게 되면 과제에 대한 학습자들의 이해가 깊어지게 되고 학습 동기도 부여할 수가 있다. 따라서 인물 가상 인터뷰 시나리오를 작성한 후에 동영상을 만들어서 발표하는 프로젝트 과제의 목표와 진행을 교수자는 학습자들에게 자세하게 설명한다. 그런 후에 1차시 활동 과제를 부여한다.

1차시 활동 과제는 인터뷰 대상, 즉 인터뷰이를 선정한 후에 인터뷰이를 분석하는 활동이다. 조원들이 각자 관심을 가지고 있는 인물을 돌아가면서 말한 다음에 이들 인물 중에서 한 명을 선택하는 과정을 거친다. 가장 많이 거론된 인물을 선택할 수도 있지만 의외로 자신이 생각하지 못한 흥미로운 캐릭터를 조원이 제안하고 그 이유를 잘 설명했을 때 오히려 모든 조원이 설득을 당하는 경우도 있을 수 있다.

인터뷰이를 선정한 후에는 인터뷰이의 내외적 특징과 신념 및 가치관 등 인물에 관한 다양한 정보를 작품에서 찾아내는 과정을 거친다. 이때 외국인 학습자들이 쉽게 이 작업을 수행할 수 있도록 인터뷰이 선정 단계에서 논의해야 할 세부 항목이 있는 [표 6]과 같은 활동지를 제공할 필요가 있다. 이 활동지에는 인물의 성장 과정을 다시 서술해 보거나 그가 앞으로 어떻게 살아갈 것인지 상상하고 전망해 보는 문제도 있기 때문에, 학습자들은 이들 문제를 풀어가면서 창의성도 연마할 수가 있다.

[표 6] 인터뷰이 선정하기 활동지

인터뷰이 선정하기	내용
기본 정보	• 이름 • 성별 • 국적과 출신 도시 • 나이

내외적 특징	• 외모(키·피부색 등)는 어떠한가 • 성격은 어떠한가 • 취미는 무엇인가 • 독특한 특징 또는 능력은 무엇인가
성장 과정과 가정 환경	• 그는 어떻게 태어났는가 • 그의 가족에 대해서 설명하시오 • 그의 가정 환경을 쓰시오
직업, 가치관 등	• 그의 꿈은 무엇인가 • 그는 무슨 직업을 가지고 있는가 • 그는 어떠한 신념과 가치관을 가지고 있는가
기타	• 작품 속에서 그는 어떠한 역할을 하는가 • 그는 앞으로 어떻게 살아갈 것인가 • 그 외 그에 관해서 설명하거나 전망을 자유롭게 쓰시오

인터뷰이 선정과 분석이 끝나면 2차시 수업 전까지 학습자들이 인터뷰이에게 할 질문을 각자 5개 정도 준비를 해 가지고 오도록 한다. 질문을 미리 준비를 해 가지고 수업에 임하면 훨씬 수월하게 2차시 팀 프로젝트를 진행할 수가 있기 때문이다.

3) 탐구 및 표현하기

인터뷰이를 선정하고 분석 및 연구하는 과정이 끝나면 2차시에 인터뷰를 위한 질문과 답변을 작성하고 인터뷰 시나리오를 만드는 과정에 들어간다. 학습자들은 각자 준비해 가지고 온 질문들을 조원들과 공유하면서 이들 질문 중에서 필요한 질문을 회의를 통해서 선택한다. 질문이 준비가 되면 조원들과 함께 질문에 대한 답변을 만든다. 사실 답변을 작성하기 위해서는 작품을 이해하고 있어야 하기 때문에 학기 후반부에 본 프로젝트 과정이 이루어지도록 해야 한다.

본 단계에서도 물론 교수자가 활동지를 미리 준비하여 외국인 학습자들이 과제 수행을 어려워하지 않도록 이끌어 줄 필요가 있다. 인터뷰 시나리오를 작성하기 위한 활동지에는 인터뷰할 장소와 시간을 선정해야 하고, 그에 맞는 인터뷰 시작 멘트와 마지막 멘트 등을 작성하도록 공란이 있는데, 이는 창의적인 인터뷰 시나리오를 작성하기 위해서 필요한 부분이다. 사실 인터뷰를 위한 질문과 답변만을 작성하도록 하면 문학성이 낮은 시나리오를 만들 가능성이 있다. 따라서 인터뷰 분위기를 조성하는 멘트와 나레이션 등으로 시나리오의 문학성과 예술성을 강화하도록 하기 위한 의도이다.

이러한 활동지 작성과 인터뷰 시나리오 쓰기는 조원들과 함께 대화하면서 만들어 가야 하기 때문에 외국인 학습자들에게는 고전 교육뿐만 아니라 읽기와 말하기와 쓰기를 통합하는 효과적인 한국어 교육이 될 수가 있다.

다음은 가상 인터뷰 시나리오 작성을 위한 활동지이다.

[표 7] 가상 인터뷰 시나리오 작성을 위한 활동지

항목	내용
인터뷰이(인물) 이름	
인터뷰 장소와 시간	
인터뷰 시나리오 시작 멘트	

(질문들)	답변
서두	
중간	
마무리	
인터뷰 시나리오 정리 멘트	

이러한 과제 활동지 쓰기가 끝나면 교수자는 조별로 세심하게 코멘트를 해줄 필요가 있다. 프로젝트 수행이 제대로 되고 있는지를 살펴보는 것뿐만 아니라 학습자들이 만든 질문과 답변이 적합한지 살펴보고 작품과 인물을 제대로 이해하지 못해서 만든 질문이거나 답변이었을 경우에는 올바르게 수정할 수 있도록 교수자가 코멘트를 해야 하기 때문이다. 또한 인터뷰 시나리오가 문학성이나 예술성이 결여되어 있는 경우에도 학습자들이 질적으로 높은 시나리오를 작성할 수 있도록 지도해야 한다. 이때 교수자의 검토와 지도는 학습자들을 격려하고 응원을 해주는 차원에서 이루어지도록 하는 것이 좋다.

4) 마무리

가상 인터뷰 시나리오를 작성한 후에는 이를 바탕으로 가상 인터뷰 동영상 자기소개 만들기 작업에 돌입한다. 먼저 교수자는 외국인 학습자들이 10분 분량의 가상 인터뷰 동영상을 만들기 위하여 스토리보드를 미리 작성하도록 안내한다. 스토리보드는 촬영을 수월하게 하기 위한 일종의 영상 설계도로 영상의 내용을 담은 주요 장면을 그림으로 정리한 구성표, 계획표를 의미한다. 스토리보드에는 주제와 영상 화면 제목, 영상 화면의 구성과 설명, 영상 연결 화면 등을 기록하지만, 본 프로젝트 과제는 전문적인 영상 작업을 하는 것이 아니기 때문에 자유롭게 영상의 초안을 작성하도록 허용한다.

다음의 [표 8]은 외국인 학습자들이 스토리보드 등의 기본적인 영상 만들기 계획을 할 수 있도록 구성한 가상 인터뷰 동영상 만들기 활동지이다.

[표 8] 인물 가상 인터뷰 동영상 만들기 활동지

항목	내용
(동영상의) 제목	
스토리보드 (영상 스토리 구성하기)	
차별적인 특성	
조원들의 역할	
촬영 계획 (날짜, 방법, 장소 등)	

외국인 학습자들이 10분 분량의 가상 인터뷰 동영상을 만들 때 4-5명의 조원들이 모두 참여하도록 교수자는 원칙을 세워줘야 한다. 인터뷰이의 역할을 하는 조원과 인터뷰어의 역할을 하는 조원, 그리고 촬영과 편집 등에 참여하는 스텝 등 각자 역할을 맡아서 제작에 참여하도록

한다. 사실 촬영할 때 위드 코로나 시대에는 직접적으로 만나서 촬영을 하지 않고 줌(Zoom)이나 화상회의 매체를 활용하여 인터뷰를 진행해도 좋다. 또는 인터뷰어 역할을 맡은 학습자가 자신의 질문을 촬영하고, 인터뷰이 역할을 맡은 학습자는 대답을 촬영하여 최종적으로 편집하는 방식으로 진행해도 된다. 이때는 편집의 묘미를 잘 살려야 하기 때문에, 편집을 맡은 학습자의 역할이 커질 수 밖에 없다. 그 외에도 인터뷰이와 인터뷰어의 목소리만 녹음을 하고 얼굴은 캐릭터 등을 활용하여 인터뷰 동영상을 만들어도 상관없다. 학습자들의 개성을 발휘할 수 있는 방식이면 다 허용하는 것이 오히려 창의성을 발휘하는 기회가 될 수 있기 때문이다.

가상 인터뷰 동영상을 제작할 때에는 영상 미학보다는 외국인 학습자들의 한국어 '말하기'가 명확하게 전달될 수 있도록 지도할 필요가 있다. 사실 영상 안에 인터뷰 질문과 답변이 명확하게 들리기 위해서는 한국어 발음이 무엇보다 중요하다. 특히 가상 인터뷰 동영상에서 인터뷰이와 인터뷰어는 연기자이기 때문에 연기 화술이 필요하다. 즉, 배우는 극작가가 쓴 대본을 구사하며 바로 그런 실현 기술을 연기 화술[28]이라고 하는데, 이러한 연기 화술은 일상화술과 큰 차이점을 가진다. 연기 화술은 대사가 보다 효과적으로 전달되게끔 하는 기술로, 이원경[29]에 의하면, "화술이란 그 말을 하는 사람이 자기가 말하고 있는 내용을 듣는 사람에게 정확하게 전달 되도록 잘 정리되고 가다듬어 지게끔 말

28   오세곤, 『일반인과 연기자를 위한 연기화술 클리닉』, 이숲, 2013.
29   이원경, 2007

하는 방법을 훈련하는 것이다"(p.235). 따라서 외국인 학습자들은 가상 인터뷰 동영상을 촬영하면서 화술까지 훈련함으로써 더 명확한 한국어 발음과 표현 등을 사용하는 등 결국 한국어 말하기를 스스로 연마하게 된다.

5) 평가하기

가상 인터뷰 동영상을 만든 후에는 동영상 발표회를 개최한다. 대면 수업일 경우에는 강의실에서 동영상을 직접 상영하고, 비대면 수업일 경우에는 발표 동영상을 이러닝 플랫폼에 업로드를 한다. 물론 줌 (Zoom) 등으로 실시간 화상 수업을 할 경우에는 발표자들이 동영상을 직접 상영하면 된다.

교수자는 가상 인터뷰 동영상 발표를 기말고사 기간이 시작되기 한 주 전 즉, 14주차에 진행할 수 있도록 미리 계획할 필요가 있다. 14주차 수업에서는 완독 기념의 책거리 파티로 가상 인터뷰 동영상 발표회를 가지는 것이다. 대면 강의일 경우에는 조장이 자기 조의 인터뷰 주제와 내용을 간략하게 소개한 후에 동영상을 상연한다. 이는 자신들이 만든 창작물을 관객에게 보여준다는 분위기를 조성하기 위해서이다. 하지만 비대면 강의일 경우에는 학습자들이 수업일에 자유롭게 시청하면 된다.

영상 시청이 끝나면, 수업의 마무리 과정이기 때문에 청중인 학습자들은 이 영상물을 평가해야 한다. 교수자가 마련해 준 〈조별 발표 평가서〉로 조원들과 상의하면서 동영상을 평가한다. 〈조별 발표 평가서〉에는 평가에 관한 참고사항이 제시되어 있어서 외국인 학습자들은 참고사항을 활용하여 총평을 작성할 수가 있다. 질문은 동영상 속 인터뷰 대상 즉, 인터뷰이에게 하는 질문과 발표 동영상과 관련하여 발표자들에게 하는 질문이 있으며, 이들 질문은 조원들과 협력하면서 만든다.

[표 9]는 학습자들이 작성해야 할 인물 가상 인터뷰 동영상 조별 발표 평가표이다.

[표 9] 인물 가상 인터뷰 동영상 조별 발표 평가표

범주	평가 항목	세부 내용
평가시 참고 사항	내용	• 인터뷰 내용이 충실한가 • 인터뷰이(인물)에 대한 이해가 깊은가 • 창의적인 질문과 답변이 있는 내용인가
	형식	• 한국어 발음이 명확한가 • 표현력(또는 연기력)이 있는가 • 조원들 모두가 잘 참여하고 있는 동영상인가 • 영상 구성이 좋은가
(조에 관한) **총평**		(좋은 점)
		(개선할 점)

조별로 각 조의 동영상에 관한 〈조별 발표 평가서〉를 다 작성하면, 대면 수업일 경우에는 조장이 대표자로서 총평과 질문을 할 수가 있다. 대면 수업일 경우에는 지정된 상대조가 대표로 총평과 질문을 하고 지정된 발표조가 답변을 하는 식으로 진행하면 되지만 비대면 수업일 경우에는 전체 조들의 발표 동영상에 관하여 평가한 〈조별 발표 평가서〉를 발표 다음 날까지 지정된 온라인 공간에 예를 들어서, 이러닝 열린 게시판이나 토론 게시판에 올리도록 한다. 그러면 상대조로 지정된 조

의 질문에 발표조가 댓글로 답변을 하는 것이다.

이렇게 발표가 다 끝나면 교수자는 조별로 가상 인터뷰 동영상 발표에 관하여 피드백을 해준다. 내용과 형식의 문제점을 지적해 준 다음에 가상 인터뷰 동영상 만들기 프로젝트를 잘 마무리했다는 의미로 학습자들을 격려해 주는 것이 필요하다. 왜냐하면 외국인 학습자들의 경우에는 교수자의 응원과 격려가 앞으로의 학업 수행에 큰 힘이 될 수 있기 때문이다. 특히 비대면 수업일 경우에는 교수자의 피드백 영상으로 마무리를 하는 것이 좋다.

가상 인터뷰 동영상 만들기 프로젝트에 관한 교수자의 평가는 과정 중심으로 평가를 한다. 프로젝트 수행의 전 과정을 살펴보고, 학습자들이 프로젝트 학습에 적극적으로 참여하여 결과물을 만들고 평가까지 완벽하게 마쳤는지를 살펴볼 필요가 있다. 특히 조별 단체 작업이기 때문에 모든 활동지에 참여자 명단이 기재되도록 만들어서 조원들의 참여 여부를 잘 확인해야 한다.

다음의 [표 10]은 교수자가 평가할 인물 가상 인터뷰 동영상 프로젝트 학습의 세부 평가 내용이다.

[표 10] 인물 가상 인터뷰 동영상 프로젝트 학습의 평가 내용

평가 항목	세부 항목
조 운영과 프로젝트 수행	• 조원들 모두가 프로젝트에 잘 협력하여 참여했는가 • 프로젝트를 원활하게 수행했는가

가상 인터뷰 동영상	• 인터뷰 내용이 충실한가 • 인터뷰이에 대한 이해가 깊은가 • 창의적인 질문과 답변이 있는 내용인가 • 유익하고 흥미로운 내용인가 • 조원들 모두가 잘 참여하고 있는 동영상인가 • 한국어 발음이 명확한가 • 동영상 구성과 디자인이 좋은가
활동지 작성	• 활동지를 성실하게 잘 작성하였는가 • 과제 수행 과정이 잘 나타나 있는가
평가서 작성	• 인터뷰이에게 한 질문이 창의적이거나 날카로운가 • 동영상과 관련하여 발표조들에게 질문한 내용이 창의 적이거나 날카로운가 • 발표조로서 모든 질문에 충실하게 답변하였는가

지금까지의 연구를 바탕으로 설계한 인물 가상 인터뷰 동영상 만들기 프로젝트 수업에 관한 최종적인 학습 모형을 제시하면 다음의 〔그림 3〕과 같다.

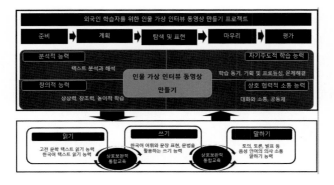

[그림 3] 외국인 학습자를 위한 인물 가상 인터뷰 동영상 만들기 프로젝트 학습의 최종 모형

'인물 가상 인터뷰 동영상 만들기' 프로젝트는 고전 텍스트를 읽고 학습자들과의 토론과 토의를 통해서 텍스트와 인터뷰 대상을 분석한 후에 인터뷰 시나리오를 함께 작성하고 동영상을 만들어 발표 및 평가하는 과정에서 외국인 학습자들이 읽기-말하기-쓰기를 연마하도록 이끈다. 따라서 외국인 학습자의 고전 교육을 위한 학습 모형의 일환으로 제안한 '인물 가상 인터뷰 동영상 만들기' 프로젝트 학습 모형은 읽기와 쓰기, 말하기를 통합하는 상호보완적인 교육 효과를 기대할 수 있다. 또한 외국인 학습자들은 '인물 가상 인터뷰 동영상 만들기'라는 팀 프로젝트를 수행하면서 자기주도적 학습 능력과 상호 협력적 소통 능력을 키우게 된다. 그리고 고전 텍스트를 분석하고 해석할 수 있는 능력과 새로운 결과물로 만들어 내는 창의적 능력도 향상시킬 수가 있다. 이 프로젝트 학습 모형은 무엇보다도 위드 코로나 시대에 외국인 학습자들이 지루한 고전 읽기를 재미있는 '놀이'로 재창조할 수 있도록 이끌어주는 학습 모형이다.

IV. 결론 및 제언

본 연구는 외국인 학습자들의 고전 교육을 위한 '인물 가상 인터뷰 동영상 만들기' 프로젝트 학습 모형을 설계하여 제안하는 데에 목적이 있다. '인물 가상 인터뷰 동영상 만들기' 프로젝트 학습 모형은 고전 문학 작품 속의 등장인물과 인터뷰를 하는 내용의 '가상 인터뷰 동영상 만들기' 활동으로 외국인 학습자들이 고전 읽기 수업에서 어려운 고전 읽기를 흥미롭게 학습할 수 있는 학습 모형이다. 고전 읽기는 인간 존재와 삶, 세계에 관하여 깊게 사유할 수 있는 기회를 줄 뿐만 아니라 삶에서 성숙하게 되고 지혜를 얻을 수 있도록 하여 학습자들의 삶을 변화시킬 수 있는 고전 교육이다. 하지만 한국어 실력이 부족한 외국인의 경우 어려운 고전 읽기를 전통적인 수업 방식으로 교육하려고 하면 학습 동기와 흥미를 이끌어내기가 어렵다. 따라서 조원들과 협력하여 흥미로운 주제로 창의적인 생산물을 만들어내는 프로젝트 학습은 고전 읽기 수업에 관한 관심과 성취감을 얻도록 하는 데에 효과적일 수 있다.

학습자 중심의 수업 형태인 프로젝트 학습은 새로운 지식을 능동적으로 생산해 내는 주체자로서 학습자가 탐구 및 연구 능력을 연마하고 과제 수행을 해나가면서 문제해결 능력을 향상시킬 수 있는 학습법이다. 본 연구의 프로젝트 학습 과정은 준비하기, 계획하기, 탐구 및 표현하기, 마무리, 평가하기로 이루어지며, 외국인 학습자들이 고전 읽기 수업에서 고전 텍스트를 읽고, 대화하고, 글을 쓰는 통합교육을 할 수 있도록 인물 가상 인터뷰 동영상 만들기 프로젝트 학습 모형을 제안한다.

가상 인터뷰 동영상 만들기 프로젝트는 가상 인터뷰 시나리오를 작성한 후에 동영상을 제작하는 과정으로 이루어진다. 더 구체적으로 본 프로젝트 과제의 내용을 학습 모형으로 제시해 보면, 제1단계에서는 작품에서 인터뷰를 할 인터뷰 대상(인터뷰이)를 선정하고 그 인물에 관하여 분석한다. 2단계에서는 인터뷰이에게 질문할 질문 사항과 답변을 작성하고 매끄러운 담화가 될 수 있도록 인터뷰 시나리오를 작성한다. 3단계에서는 영상 촬영의 초안인 스토리보드를 작성한 후에 이를 바탕으로 영상 촬영을 하고 편집하여 10분 분량의 인터뷰 동영상을 제작한다. 4단계에서는 책거리 기념으로 인터뷰 동영상 발표회를 개최하고 최종적으로 조별로 평가하는 시간을 갖는다. 그리고 이 모든 과정은 평가의 대상이 된다. 즉, 결과 중심이 아니라 '과정' 중심의 평가인 것이다.

외국인 학습자들을 위한 가상 인터뷰 동영상 만들기 프로젝트는 다양한 학습 효과를 기대할 수가 있다. 우선, 가상 인터뷰 시나리오를 만들기 위하여 고전문학 작품을 읽고 조원들과 함께 인물을 분석하기 때문에 외국인 학습자들은 등장인물과 텍스트를 더 깊게 이해할 수 있게 된다. 이 모든 작업은 학습자들 간의 대화를 통해 진행됨으로써 외국인 학습자들은 의사소통 능력도 향상시킬 수가 있다. 그뿐만 아니라 '가상' 인터뷰 시나리오를 작성하기 때문에 쓰기 능력뿐만 아니라 상상력과 창의력도 연마할 수 있다. 그리고 이 모든 것은 함께 협력하여 프로젝트를 수행해야 해서 당연히 협동력도 키울 수가 있다. 그 외에도 프로젝트 학습 과정의 모든 과제를 수행해 나가면서 문제해결 능력과, 동영상 제작과 관련된 기획과 프로듀싱, 영상 커뮤니케이션 능력까지 얻을 수가 있다.

본 논문은 외국인 학습자를 위한 고전 읽기 학습 방안을 모색하는 일환으로 외국인 학습자의 고전 교육을 위한 '인물 가상 인터뷰 동영상 만들기' 프로젝트 학습의 최종 모형을 제안하는 것에만 연구의 의미를 두고자 하였다. 따라서 본 연구에서 제안한 학습 모형을 수업에 적용하여 수업을 실제적으로 운영한 후 그 결과를 바탕으로 학습 효과를 증명해야 했지만 그러지 못했다는 점이 본 논문의 한계로 볼 수 있다. 따라서 후속 논문에서는 본 연구의 학습 모형을 바탕으로 실제 수업에 적용하여 학습 효과를 구체적으로 증명할 계획이며, 또한 설문조사를 통해서도 학습 효과를 재확인할 계획이다.

참고문헌

1. 저서

김대현·왕경순·이경화·이은화, 『프로젝트 학습의 운영』, 학지사, 1999.

박성희, 『미디어 인터뷰』, 나남출판사, 2003.

오세곤, 『일반인과 연기자를 위한 연기화술 클리닉』, 이숲, 2013.

이성대·김정옥·이주원·이경원·공일영·이혁제·홍종남 외, 『프로젝트 수업, 교육과정을 만나다』, 행복한 미래, 2015.

이영만, 『통합교육과정』, 학지사, 2001.

최미리나·이성준·김지원·조수지·심혜민, 『(톡? 톡!) 프로젝트 학습으로 배움을 두드리다』, 맘에드림, 2018.

Dewey, J., *How We Think. Lexington*, Heath, 1933.

Tanner, L. N., *Dewey's Laboratory School: Lessons for Today,* Teachers College Press, 1997.

Katz, L. G., & Chard, S. C., *Engaging Children's Minds: The Project Approach.* Stamford, Ablex Pub. Corp, 2000.

2. 논문

김원준, 「'읽기·토론·쓰기' 통합 교육의 효율성 제고―『명저읽기와 글쓰기』강좌를 통해서―」, 『한민족어문학회』, 2011.

박미라, 「인터뷰와 일상대화 비교 연구」, 숙명여자대학교 대학원 석사학위논문, 2003.

박순경, 「학습자주도적 학습 활동으로서의 프로젝트법(project method)에 대한 고찰」, 『교과과정연구』 17(2), 1999, 21-38쪽.

박영미, 「고전읽기의 즐거움」, 『후마니타스 포럼』 3(1), 2017, 96-102쪽.

범금희, 「외국인 대학생의 대학교육 수학능력 신장을 위한 명저(名著) 중심 〈읽기와 쓰기〉 수업모형 개발 및 교과과정 운영 방안」, 영남대학교 대학원 박사학위논문, 2014.

손한결·손복은, 「외국인 유학생의 비대면 교양수업 운영에 따른 인식조사 연구」, 『학습자중심교과교육연구』 21(9), 2021, 747-756쪽.

안숙현, 「외국인 유학생 대상의 성찰적 글쓰기 수업 방안 연구」, 『학습자중심교과교육연구』 20(14), 2020, 1039-1057쪽.

유경애·이재득, 「외국인과 한국인 대학생의 다문화 고전 수업의 효과 비교 연구」, 『교양교육연구』 12(2), 2018, 307-326쪽.

_____, 「고전읽기 수업의 외국인과 한국인 학생의 학습 변인과 학습효과의 차이에 대한 실증분석」, 『교양교육연구』 14(3), 2020, 205-216쪽.

이경희, 「도덕과 수업에서 비판적 성찰적 글쓰기—프로젝트 학습과 교육토론을 중심으로」, 『윤리교육연구』 40, 2016, 283-299쪽.

이주란, 「코로나 19 시기 비대면 한국어 수업의 양상 연구」, 『화법연구』 49, 2020, 57-87쪽.

정지연, 「인터뷰를 활용한 자기 주도적 미술 비평교육 프로젝트 프로그램 개발 연구 : 고등학교 1학년을 중심으로」, 경희대학교 교육대학원 석사학위논문, 2017.

조희정·이희영, 「공과대학 프로젝트형 글쓰기 상담 연구—제안서와 결과보고서를 중심으로」, 『국어교육학연구』 41, 2011, 614-642쪽.

채민정·이종연, 「대학 오프라인과 온라인 수업의 질, 학습정서, 학습 성과 구조적 관계 분석」, 『교육정보미디어연구』 23(3), 2017, 523-548쪽.

Blumenfeld, P. C., Soloway, E., Marx, R. W., Krajcik, J. S., Guzdial, M., & Palincsar, A., *Motivating project-based learning: sustaining the doing, supporting the learning*, Educational Psychologist 26(3), 1991, pp.369-398.

Kilpatrick, W. H., *Project Method*, Teachers College Record 19 (4), 1918, pp.319-335.

제3장

교양교육을 위한 고전 연구

애덤 스미스의 『국부론』과 교양교육*

서문석

I. 서론

대학에서 전문지식을 습득하고 이를 자신의 직업과 연결시키는 자본주의적 대학교육이 우리 사회의 저변에서 지극히 당연한 것처럼 여겨지고 있다. 대학교육에 대한 이런 인식은 정부 주도하에 이루어지고 있는 대학 평가를 통한 구조조정과 맞물려 상당한 파급력을 보이고 있다. 그 과정에서 대학은 연구와 교육에 대한 자신의 논리나 주장을 다시 정리해야 하는 상황에 놓여있다.

이런 변화의 기저에는 대학을 둘러싸고 있는 환경의 변화가 자리잡고 있다. 그 중에서도 가장 분명하게 드러나고 있는 것은 정보통신기술의 융합을 통한 4차산업혁명의 급속한 진행이다. 그 결과 초연결

---

*　　이 글은 다음 논문을 수정, 보완한 것이다. 서문석: 애덤 스미스의 『국부론』과 교양교육, 『교양기초교육연구』 2(2), 단국대학교 교양기초교육연구소, 2021.

성과 초지능성을 바탕으로 인간노동을 기계나 알고리즘으로 대체하는 방식으로 노동시장이 재편되면서 대학교육은 커다란 변화에 직면하고 있다.[1]

사회의 급격한 변화에 따라 대학의 교육과정에서도 전공지식을 넘어서서 다양한 측면의 교양을 융합하고 활용하는 것이 더욱 강조되고 있다. 이런 사정을 기반으로 대학에서도 오랜 시간동안 다양한 시공간에서 높은 평가를 받았던 고전을 활용하는 교양교육이 관심을 받고 있다. 고전을 통한 교양교육은 기초지식의 제공, 사고의 심화, 시각의 확장, 인성 함양 등을 통해 교양교육으로서의 본질에 가장 부합된다고 평가되고 있다.[2]

지금까지 고전을 통한 교양교육이 주로 인문학의 범주에 치중되어 있었던 상황을 감안한다면 인간이라는 개체를 넘어서서 인간이 소속되어 있는 사회를 거시적으로 바라볼 수 있는 사회과학분야의 고전교육도 필요한 상황이다. 이런 생각을 바탕으로 본 논문에서는 자본주의 체제에 대해 최초로 체계적인 설명을 하여 현대경제학의 출발점이라고 불리는 애덤 스미스의 『국부론』이 대학교양교육의 텍스트로 올바르게 활용되기 위한 몇 가지 사항을 검토하려고 한다.

지금까지 『국부론』에 대한 연구 경향은 크게 두 가지로 나누어 볼

---

1   김규태, 「제4차 산업혁명 시대에서의 대학 교육 및 운영에 관한 연구 동향과 사례」, 『디지털융복합연구』 17(8), 2019, 16쪽; 이신모, 「4차 산업혁명 사전대응태도와 대학 교육 변화방향」, 『경영교육연구』 33(6), 2018, 107-131쪽.

2   권순구·윤승준, 「고전교육의 교육적 성과분석―역량, 효능감, 흥미 변화를 중심으로」, 『교양교육연구』 14(5), 2020, 162쪽; 정인모, 「고전 읽기와 교양교육」, 『교양기초교육연구』 1(2), 2020, 2-5쪽.

수 있다. 하나는 『국부론』 자체의 올바른 이해가 필요하다는 입장과 다른 하나는 『국부론』의 새로운 해석을 통해 자본주의에 대한 분석에 『국부론』을 새로운 측면에서 활용해야 한다는 입장이다. 전자의 경우에는 당시 영국의 신학, 윤리학, 법학, 정치경제학 등을 배경으로 『국부론』에 대한 보다 올바른 해석에 초점을 맞추고 있다. 따라서 『국부론』이 등장하게 된 시대적 배경과 『국부론』의 내용, 『국부론』과 애덤 스미스의 다른 저작과의 관계를 살펴보는 것이 일반적이다. 이런 관점에서 보면 현재의 『국부론』 해석에는 문제가 많으며, 애덤 스미스의 지적 편력과 18세기 영국 자본주의의 초기 상황에 대한 오해로 인해 그동안의 『국부론』 해석에 오류가 있었다는 결론에 이르는 경우가 많다.[3]

---

3   애덤 스미스 관련 연구사는 서진수, 『고전경제학파연구』, 강남대학교 출판부, 1999; 전통적인 시장중심주의, 자유방임주의적 해석에 대해 문제를 제기한 최근의 연구들은 Jacob Viner, "Adam Smith and Laissez Faire", *Journal of Political Economy*, Vol. 35(2), 1927, pp. 198-232; Samuel Fleischacker, *A Short History of Distributive Justice*, Harvard University Press, 2004(『분배적 정의의 소사(小史)』, 강준호 역, 서광사, 2007); Joseph A. Schumpeter, *History of Economic Analysis*, Oxford Univ. Press, 1954(『경제분석의 역사』, 1,2,3, 김균 외 역, 한길사, 2013); 김광수, 『애덤 스미스: 정의가 번영을 이끈다』, 한길사, 2016; Andrew S. Skinner, *A System of Social Science: Papers Relating to Adam Smith*, Oxford Univ. Press, 1979; 박순성, 『아담 스미스와 자유주의』, 풀빛, 2003; 신중섭, 「도덕 감정과 이기심: 아담 스미스를 중심으로」, 『철학논총』, 73(3), 2013, 109-133쪽; 조현수, 「『도덕감정론』과 『국부론』에서 나타난 아담 스미스(Adam Smith)의 정치이론적 의미에 관한 소고」, 『국제정치논총』 38(2), 1998, 23-42쪽; 조순, 「아담 스미스의 사상과 한국의 경제사회」, 조순 외, 『아담 스미스 연구』, 민음사, 1989, 9-28쪽; 김근배, 『애덤 스미스의 따뜻한 손』, 중앙books, 2016; 김옥경, 「아담 스미스의 『도덕감정론』에 나타난 정의 개념」, 『사회와 철학』 제5호, 2003, 219-249쪽; 이영재, 「스코틀랜드 도덕철학의 전통에서 본 Adam Smith 도덕감정론의 함의」, 『시민사회와 NGO』 13(2), 2015, 229-264쪽을 참조.

반면에 『국부론』의 새로운 해석을 주장하는 경향에서는 『국부론』
이 자본주의의 초기 상황을 해석했지만 자본주의는 지속적으로 변화
하고 발전했다는 점에 초점을 맞추고 있다. 따라서 『국부론』은 자본주
의의 발전과 변화에 따라 당연하게 시대적 한계가 드러날 수밖에 없고,
그에 따라 『국부론』에서 사용된 일부 개념들을 나름대로 활용하는 것
에 관심을 두고 있다. 따라서 이런 관점에서는 애덤 스미스가 『국부론』
에서 다루고 있는 여러 개념들의 원래적 의미보다는 그 개념을 통해 현
대 자본주의를 다양하게 해석하는 효율적인 활용에 더욱 관심을 가지
는 경우가 많다.[4]

하지만 그동안의 연구에서 애덤 스미스의 『국부론』을 교양교육
의 측면에서 다룬 본격적인 연구는 찾아보기 어렵다. 대부분의 연구는
『국부론』 자체의 올바른 이해에 집중되어 있다. 교양교육 텍스트로서
『국부론』을 보다 효율적으로 활용하기 위해서는 엄밀한 내용 분석을
통해 올바르게 이해하는 것이 필요하다. 하지만 이와 더불어 사회과학
분야의 대표적 교양 텍스트로서 현실 분석과 이론 구성과의 관계에 대
해서도 설명할 필요가 있다. 따라서 이 글에서는 『국부론』의 핵심 개념
에 대한 해석과 현대경제학에서 『국부론』을 활용해 온 과정을 이해함

---

4   애덤 스미스에 대한 신자유주의적 해석은 Friedrich A. Hayek, *Law, Legislation and Liberty*, Vol. 1, 1973(『신자유주의와 법』, 양승두 · 정승훈 역, 연세대학교 출판부, 1991); 민경국, 『자유주의의 도덕관과 법사상』, 북코리아, 2016; 시카고학파에 의한 애덤 스미스의 왜곡에 대해서는 김광수, 「애덤 스미스 경제학에 관한 소위 "역설과 모순"의 재조명」, 『학술원논문집』(인문 · 사회과학편), 59(2), 2020, 335-380쪽; 권기철 · 김규, 「아담 스미스의 자본주의론과 자본주의의 정당화」, 『경제학논집』 11(2), 한국국민경제학회, 2002. 1-30쪽을 참조.

으로써 고전으로서의『국부론』에 대한 대학생들의 균형잡힌 읽기를 제언하고자 한다.

이 글에서는 서론에 이어 제Ⅱ장에서 고전읽기에 참여하는 학생들이 대학에 입학하기 이전에 가지게 되는 애덤 스미스와『국부론』관련 지식 중에서 '이기심'과 '보이지 않는 손'이 가장 대표적인 개념이라는 것을 확인할 것이다. 제Ⅲ장에서는『국부론』의 올바른 이해를 위하여 애덤 스미스의 지적 배경과 그의 다른 저작들을 검토하여 핵심 개념의 원래적 의미를 살펴볼 것이다. 제Ⅳ장에서는『국부론』이 현대경제학에 의해 재해석되는 과정을 분석해 보고 제Ⅴ장에서는 이상의 연구를 바탕으로 교양고전텍스트로서『국부론』의 올바른 읽기를 제안하고자 한다.

Ⅱ. 연구의 배경

1.『국부론』의 구성

『국부론』은 국민 대다수의 수입(소득과 같은 의미)에 대해 다룬 1편에서부터 4편까지와 국가(왕)의 수입을 다룬 5편으로 구성되어 있다. 구체적인 내용은 [그림 1]과 같다.

제1편에서는 노동생산물이 증대되는 데에는 분업이 중요한 영향을 미치며, 분업이 이루어지는 문명사회와 그렇지 않은 미개사회의 생산과 분배에 대해 논의하였다. 문명사회에서는 노동하지 않는 사람들이 많이 소비하지만 총생산물이 많아 부양에는 문제가 없으며, 가장 빈

곤한 노동자라도 절약하고 근면하다면 미개사회의 야만인보다 더 많은 필수품과 편의품을 얻게 된다고 설명하였다.

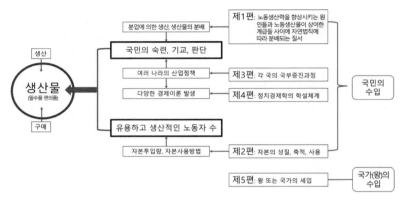

[그림 1] 『국부론』의 구성

제2편에서는 한 나라의 생산물이 풍족하거나 결핍되는 것은 유용하고 생산적인 노동자들의 수에 비례한다고 주장했다. 그리고 노동자의 수는 투입되는 자본량과 자본을 사용하는 방법에 달려있다는 것을 설명하였다.

제3편에서는 여러 나라가 국민의 노동을 관리하고 지도하는 데에 서로 다른 정책을 채택하였고, 그 정책들은 노동생산물의 증대에 서로 다른 영향을 미쳤다는 사실을 보여주었다. 모든 산업에 대해 각기 다른 정책을 시행했는데 주로 농촌산업보다는 도시산업인 수공업, 제조업, 상업을 우대한 정책들의 도입 및 확립 과정에 대해 설명하였다.

제4편에서는 각국의 산업정책들이 특정 계급의 이해에서 출발하였기 때문에 다양한 경제이론들이 형성되었다는 점을 설명했다. 그리

고 이 이론들이 지식인들이나 왕, 국가의 행정에 미친 영향과 각 시대와 나라에서 시행된 결과들을 설명하였다. 특히 무역흑자에 의해 이익을 얻는 집단에 의해 형성된 '중상주의'와 이의 또 다른 형태로 볼 수 있는 식민지 무역 등에 대해 학설사적으로 살펴보았다.

제5편에서는 왕 또는 국가의 세입, 즉 정부의 세입과 국채에 대해 다루었다. 4편까지는 국민 대다수의 수입이 무엇으로 구성되는가에 대해 설명했다면 여기에서는 국가(왕)의 수입에 대해 살펴보았다. 구체적으로 국가(왕)의 필요한 경비, 사회적 부담의 방법과 장단점, 국채의 이유와 원인에 등에 대해서 설명하였다.

2. 『국부론』에 관한 고등학교 교과서의 서술

『국부론』을 텍스트로 활용하는 교양교육을 효과적으로 진행하기 위해 대학생들의 관련지식 수준에 대해 이해할 필요가 있다. 이를 위해 고등학교 『경제』와 『사회』 교과서에서 Adam Smith와 『국부론』에 대해 언급하고 있는 내용을 통해 학생들이 습득하고 있을 것으로 추정되는 관련지식의 내용을 검토해 보기로 한다.[5]

---

5 기존 『경제』 교과서의 내용이 자본주의나 기업에 대한 부정적인 시각으로 집필되었다는 주장이 제기되기도 했으며, 財界의 지원으로 친기업적이고 시장중심적인 시각의 교과서가 출간되기도 하였다.(김종석 외, 『고등학교 경제분야 교과서 내용 검토』, KDI경제정보센터, 2005; 전택수 외, 『차세대 고등학교 경제 교과서』, 프리이코노미스쿨, 2014).

1) Adam Smith 관련 내용

경제사상가로서의 Adam Smith에 대한 설명은 고등학교 『사회』 교과서에 실려있다. 애덤 스미스는 '자유방임주의적 경제사상을 제창'하였으며, '정부가 외적의 방어나 치안 유지 등 최소한의 역할만을 담당하고, 경제 분야는 시장에 맡겨야 한다'는 주장을 했다고 서술되어 있다.[6]

또한 고등학교 『경제』 교과서에서는 자유방임의 구체적인 형태로 야경국가론을 제기하고 있다. 애덤 스미스가 '아무것도 안 하는 정부가 가장 좋은 정부라는 야경 국가관'의 이론적 배경을 마련했으며, 그의 '사유 재산의 철저한 보장, 개인적 이익 추구의 정당화, 자유로운 경쟁의 허용은 새로운 과학 기술의 발전과 결합되면서 근대 시장 경제를 비약적으로 발전'[7]시켰으며, '민간 경제에는 개입하지 않는 것이 최선의 정부'[8]라고 묘사하고 있다.

결론적으로 고등학교 교과서에 나타난 애덤 스미스는 자유방임주의를 기반으로 시장에 모든 것을 맡기고 국가는 경제에 개입하지 않는 야경국가를 주장했다고 서술되어 있다.

2) 『국부론』 관련 내용

고등학교 『경제』 교과서에는 『국부론』을 소개하면서 이기심에 대

---

6   김주환 외, 『사회』, ㈜중앙교육진흥연구소, 2002, 190-191쪽.

7   김진영 외, 『경제』, 대한교과서㈜, 2020, 32-46쪽.

8   전택수 외, 앞의 책, 192쪽.

해 "자기의 이익을 얻으려는 이기심이 동기가 되어 생산자의 활동이 '보이지 않는 손'에 인도를 받아 사회 전체의 이익을 증대시키는 결과를 가져온 것"[9]이라고 설명하고 있다.

이기심은 사람으로 하여금 자신의 욕구를 충족하도록 장려하는 추진력이라는 것이다. 그래서 정부가 경제에 관여하지 않으면 이기심만이 시장을 전적으로 움직이는 것이다. 그의 『국부론』에서 그 유명한 '보이지 않은 손'을 소개하였다. 이는 개인이 시장에서 자신의 이기심에 따라 행동하면 무의식적으로 사회에 이익을 가져다주게 하는 보이지 않는 힘이다. 애덤 스미스는 개인들이 사회의 이익을 위해 직접적이고도 명시적으로 노력할 때보다도 오히려 개인 자신의 이익을 위해 행동할 때 더 큰 사회 이익을 초래한다고 믿는다.[10]

이렇게 '이기심'이 바로 '보이지 않는 손'의 역할을 하며, 이것이 시장에 영향을 미친다는 설명이다. 즉 모든 개인이 이기심에 따라 움직이는 것이 바로 사회의 이익을 증진시키는 것이라는 주장이다.

또한 '보이지 않는 손'은 시장가격기구의 역할을 한다고 설명하고 있다.

애덤 스미스는 '보이지 않는 손(invisible hand)'이라는 시장가격기구의 기능을 강조하면서 시장 가격에 의해 자원 배분이 효율적으로 이

---

9   김진영 외, 앞의 책, 32-46쪽.
10   전택수 외, 앞의 책, 35쪽.

루어진다고 주장했다. 그는 정부가 개입하지 않아도 경제 주체가 이기적으로 시장에서 교환을 통해 생산과 소비를 통해 이득을 추구하는 과정에서 가장 효율적 결과가 이루어진다고 여겼다.[11]

이렇게 고등학교 『경제』 교과서에서 『국부론』의 내용은 '이기심'을 기반으로 움직이는 것이 사회의 이익을 증진시키는 '보이지 않는 손'의 활동방식이며, 이것이 현실 경제에서 구체적으로 드러나는 형태가 바로 '시장가격기구'라고 정리할 수 있다.

Ⅲ. 『국부론』의 핵심 개념 분석

1. 이기심

1) 『국부론』에서의 '이기심'

종교윤리가 사회의 중심적 가치를 형성했던 중세에는 이기심이 죄악으로 평가되었다. 왜냐하면 개인이 종교적 신념을 가지고 자비심을 발휘하여 주변을 구제하고 신의 피조물로서 신의 뜻을 관철시키기 위해서는 이웃을 사랑하고 보살펴야 한다는 생각이 지배적이었기 때문이었다.

하지만 근대로의 이행기에 활동했던 토마스 홉스(T. Hobbes)는 '만

---

11   전택수 외, 위의 책, 192쪽.

인에 대한 만인의 투쟁'을 제어하기 위하여 절대국가를 등장시켰다. 반면에 근대자본주의 형성기에 활동했던 애덤 스미스는 이기심을 절대국가가 외부에서 통제해야 하는 것으로 제한하지 않았다. 그는 모든 개인이 스스로 이기심을 절제할 수 있고, 지속적으로 일반화할 수 있는 사회적 규범이 형성된다면 모든 개인이 이기심을 최대한 발휘한다고 하더라도 사회의 이익은 증진될 수 있다고 주장했다. 애덤 스미스는 이기심의 중요성을 『국부론』의 다음과 같은 유명한 구절로 표현했다.

> 우리가 식사할 수 있는 것은 정육점 주인·양조장 주인·빵집 주인의 자비에 의한 것이 아니라 자기 자신의 이익에 대한 그들의 관심 때문이다. 우리는 그들의 인간성에 호소하지 않고 그들의 이기심(self-love: 필자 주)에 호소하며, 그들에게 우리 자신의 필요를 이야기하지 않고 그들의 이익을 이야기한다.[12]

그의 이기심론은 자기 자신을 위하는 마음이 모두를 존재하게 하며, 자신의 이익을 달성하려고 경쟁하는 과정에서 사회의 이익이 증가된다고 설명하고 있다. 이 번역문에서 '이기심'이라고 번역된 『국부론』의 원문은 'self-love'이다. 일반적으로 'self-love'는 '자애(自愛)', '자기애(自

---

12 애덤 스미스, 『국부론(상)』, 김수행 역, 동아출판사, 1992, 22쪽. 이 내용의 원문은 다음과 같다. It is not from the benevolence of the butcher, the brewer, or the baker, that we expect our dinner, but from their regard to their own interest. We address ourselves, not to their humanity but to their **self-love**, and never talk to them of our own necessities but of their advantages(Adam Smith, *An Inquiry into the Nature and Causes of the Wealth of Nations* 3rd., 1784, Edited by R. H. Cambell & A. S. Skinner, and W. B. Todd, Indianapolis, LibertyClassics, 1981, pp. 26-27).

己愛)'라고 번역된다. 이에 반해 이기심은 '자기 자신의 이익만을 꾀하는 마음'이라고 풀이되며, 영어로는 주로 'selfishness'로 표현되고 있다. 즉 '자애' 혹은 '자애심'이라고 번역되어야 할 'self-love'가 '이기심'으로 번역되어 오직 자신만의 이익을 추구하는 것으로 오해되고 있다는 것이다. 그 결과 이전까지 죄악시되던 이기심이 이제는 사회의 이익과 발전을 위해서 절대적으로 필요한 요소로 해석된 것이다.

번역의 문제를 넘어서서 애덤 스미스는 자신의 이익을 중요시하는 것이 항상 좋은 결과를 가져올 것이라고 보지도 않았다. 제1편을 정리하는 마지막 결론에서 그는 한 나라의 토지와 노동의 연간생산물 전체가 토지지대, 노동임금, 자본이윤으로 나누어지며, 이것을 기반으로 생활하는 지주(제1계급), 노동자(제2계급), 노동자의 고용주(제3계급)가 모든 문명사회를 구성하는 3대 계급[13]이라고 했다. 그중에서 이윤으로 생활하는 노동자의 고용주에 대해 이렇게 설명하고 있다.

자본투자자의 의도·계획이 노동의 가장 중요한 모든 작업을 결정·지휘한다. 모든 의도·계획이 지향하는 궁극적 목적은 이윤이다. … 제3계급 중 보통 최대의 자본을 투하하며, 그들의 부로 인해 정부로부터 가장 큰 배려를 받는 층은 상인과 장인제조업자들이다. […] 그들은 사회의 이익보다도 자신의 특수한 사업상의 이익을 더 많이 염려하므로, 그들의 판단은 가장 공평한 경우에도 [모든 경우에 공평

---

13   이런 계급론은 프랑스의 중농학파 경제학자들에 의해서 국가의 부가 순환하는 과정을 설명하는 과정에서 본격적으로 드러나기 시작했다. 프랑스와 케네(F. Quesnay)의 경제표(Tableau économique, 1758)로 대표되는 이 논의는 현대경제학에서 경제계획의 단초를 마련했고, 마르크스(K. Marx)에게 이어져서 계급분석으로 발전된다.

한 것은 아니다] 사회의 이익보다는 자기 계급의 이익을 더욱 고려하고 있다.[14]

자본투자자의 궁극적 목적은 이윤이고, 이들이 가장 공평하다고 할 경우에도 사회적 이익과는 다르고, 심지어는 상반될 정도로 자신들의 이익을 더 고려하며, 이들을 '결코 사회의 이익과 일치하지 않는 계급', '사회를 기만하고 억압한 적이 있는 계급'이라고 보았다.

그렇다면 이렇게 대립되고 사회에 해악을 끼칠 수도 있는 계급이 존재하는 상황에서 모든 개인이 자신의 이익을 극대화하려고 할 경우에는 서로의 이익이 대립되거나 침해되기도 할 것이다. 이런 상황에 대해 애덤 스미스는 자신의 이전 저작인 『도덕감정론』[15]에서 이미 자세하게 다루고 있다.

2) 『도덕감정론』에서의 '이기심'

애덤 스미스는 새롭게 등장한 경제체제에 적절한 사회적·도덕적 윤리를 설명하면서 『국부론』에서 '이기심'으로 번역되었던 'self-love'에 대해 이렇게 정의하였다.

---

14 『국부론(상)』, 253-254쪽. 애덤 스미스의 여러 저작을 참고하기 때문에 출처를 특정하기 위해 '투고규정'의 표기방식과는 다르게 다시 인용되는 애덤 스미스 저작에 한해서는 '저서명'이나 '출판사' 등을 표기하기로 함.

15 애덤 스미스가 『국부론』을 집필하기 이전에 이미 그의 명성을 널리 알린 저작이 바로 1759년에 출간된 『도덕감정론(The Theory of Moral Sentiments)』이다. 이 저작은 중세와 다른 새로운 사회적 질서가 만들어져가는 영국의 상황 속에서 적절한 사회적 도덕에 대한 그의 생각이 정리된 저작이다.

자기 자산에 대한 사랑, 즉 자애심(自愛心 : self-love)은 어떤 정도로 도, 어떤 방면에 있어서도 결코 미덕이 될 수 없는 천성(天性)이다. 그 것이 공동의 이익을 방해할 때에는, 그것은 언제나 악덕이 된다. 그것 이 각 개인으로 하여금 오직 자기 자신의 행보만을 돌보도록 할 때에 는, 그것은 단지 무죄일 따름이며, 따라서 그것은 칭찬받을 가치도 없 지만, 그렇다고 어떤 비난을 받아서도 안 된다.[16]

그는 이전의 도덕철학자들처럼 자애심을 없애야 하는 것으로 보지 않았다. 그러나 자애심은 자신의 행보에만 관여하는 것으로 제한해야 되며, 다른 사람에 대해 더 많이 배려하며, 이기적인 감정을 억제하는 것이 완성된 인간본성이라고 주장했다.[17] 반면에 동일하게 '이기심'으 로 해석될 수 있는 'selfishness'에 대해서는 '마음으로부터 그의 동기에 의 이기성(selfishness)에 대하여 어떠한 동류의식도 거부'할 것이라고 분 명하게 부정적인 입장을 나타냈다.[18]

그리고 애덤 스미스는 인간이 이기심만 가지고 있는 것이 아니라 고 주장하면서 천성에 포함되는 다른 행동원리도 설명했다. 그는 자신 의 『도덕감정론』의 처음을 이렇게 시작했다.

---

16 애덤 스미스, 『도덕감정론(개역판)』, 박세일·민경국 역, 비봉출판사, 2018(초판은 2009 년에 출간), 580쪽.

17 애덤 스미스, 『도덕감정론』, 김광수 역, 한길사, 2016, 118쪽.

18 애덤 스미스, 『도덕감정론(개역판)』, 148쪽. 『도덕감정론』에서 selfishness는 모두 5번 사용되고 있는데 모든 사람들이 가지고 있는 이기심(p. 583)에 대해 언급한 부분 이외 에는 '천성의 이기심(selfishness)과 탐욕에도 불구하고'(p. 345), '부정의 및 악의에 차 있거나 비열한 이기심'(sordid selfishness, p. 571), '과도한 이기심'(excessive selfishness, p. 576)' 등으로 표현하며 모두 부정적인 의미로 서술하고 있다.

인간이 아무리 이기적인(利己的 : selfish) 존재라 하더라도, 그 천성에는 분명히 몇 가지 행동원리가 존재한다. 이 행동원리로 인하여 인간은 타인의 행운에 관심을 가지게 되며, 단지 그 행운을 바라보는 즐거움 밖에는 아무것도 얻을 수 없다고 하더라도 그 행운을 얻은 타인의 행복이 자기에게 필요하다고 생각한다. 연민(憐憫 : pity)이나 동정심(同情心 : compassion) 또한 이와 같은 종류의 것인데, 이것은 우리가 타인의 고통을 보거나 또는 그것을 아주 생생하게 느낄 때 느끼게 되는 종류의 감정이다.[19]

그는 모든 사람들이 이기심 이외에도 자신의 이해와 아무런 관련이 없는 다른 사람에게 관심을 가지고 다른 사람의 행운을 즐겁게 바라보며 즐거움을 느낀다고 보았다. 동시에 다른 사람의 어려움에 대해 느끼는 감정인 연민과 동정심은 '무도한 폭도나 가장 냉혹한 범죄자들'에게도 있다고 주장했다.

여기에 더해 인간은 다른 사람의 감정을 이해하고 동일한 감정을 가지게 되는 '동감(sympathy)'도 가지고 있다고 주장했다.[20] '동감

---

19   애덤 스미스, 『도덕감정론(개역판)』, 3쪽.

20   애덤 스미스, 『도덕감정론(개역판)』, 7쪽. 국내의 두 번역본은 모두 동감으로 번역하고 있지만 '공감(共感)'으로 번역하는 경우(김용환, 「공감과 연민의 감정의 도덕적 함의」, 『철학』 76, 한국철학회, 2003)도 있고, 다른 사람의 감정에 흡수(absorption in the feelings themselves)되는 것과는 다른 것으로 정리(신중섭, 「도덕감정과 이기심」, 『철학논총』 73, 새한철학회, 2013, 115쪽, 각주-15)되기도 했다. 또한 With-Feeling(mitgefühlung)으로 사전에 실려있는 sympathy와의 차이를 표현하기 위해 In-Feeling(einfühlung)의 의미를 가지는 empathy라는 단어가 만들어졌다고 한다(Jennifer Edson Escalas and Barbara B. Stern, "Sympathy and Empathy: Emotional Responses to Advertising Dramas", Journal of Consumer Research 29(4), 2003, p. 567 참조).

(sympathy)'이라는 말은, 그 가장 적절하고 본래적인 의미에 있어서는, 다른 사람들의 기쁨에 대해서가 아니라 그들의 고통에 대한 우리의 동류의식(同類意識: fellow-feeling)을 나타내는 것이다.[21]

따라서 그는 동감을 "어떤 의미에 있어도, 이기적 본성(selfish principle)으로 간주될 수는 없다"고 보았다. 동감은 "당신의 문제를 나의 문제로 인식함으로써, 즉 역지사지(易地思之)하여, 내가 당시의 처지에 있다면 내가 그 상황에서 어떻게 느끼게 될지를 상상하는 것에서 생겨나기 때문"이라고 주장했다.[22]

그리고 이렇게 동감을 통해 제3자인 관찰자가 당사자와 감정을 일치시키는 것이 중요하다고 보았다.[23] 스미스는 이렇게 다른 사람의 감정과 행위를 관찰하고 판단하게 되는 역할을 하는 것이 바로 자신의 마음 속의 '공정한 관찰자(impartial spectator)'[24]라고 주장했다.

우리는 단순히 다른 사람들이 칭찬을 받는 것과 같은 이유로 칭찬받는 것으로는 만족하지 않는다. 적어도 우리는 다른 사람들이 칭찬을 받을 만한 것과 같은 이유로 우리 자신도 칭찬을 받을만하게 되었음을 스스로 믿을 수 있어야 한다. 그러나 이러한 만족을 얻기 위해서는 우리는 스스로 자기 자신의 성격과 행동에 대한 공정한 관찰자

---

21 애덤 스미스, 『도덕감정론(개역판)』, 77쪽.

22 애덤 스미스, 『도덕감정론(개역판)』, 609쪽; 김용환, 앞의 논문, 168쪽.

23 애덤 스미스, 『도덕감정론(개역판)』, 31쪽.

24 impartial spectator를 민경국·박세일 번역본에서는 '공평무사한 방관자'라고 하고 있지만, 김광수 번역본에서는 '공정한 관찰자'(p. 290)로 번역하고 있기에 여기에 따른다.

(impartial spectator, 번역본에는 공평무사한 방관자-필자)가 되어야만 한다. 우리는 우리의 성격과 행동을 다른 사람들의 눈으로 보려고 노력하거나, 혹은 다른 사람들이 보듯이 보려고 노력해야만 한다. 그러한 관점에서 볼 때 그것들이 우리가 희망한 대로 보인다면, 우리는 행복하고 만족해한다.[25]

바로 '공정한 관찰자'는 객관적으로 자신의 행동을 판단하는 또 다른 자신이며, '가슴 속의 이상적 인간(the ideal man within breast)',[26] '이성, 원칙, 양심, 마음속의 거주자, 내면의 인간, 우리의 행위의 위대한 재판관 및 중개인'[27]이라고 보았다. 그래서 '공정한 관찰자'가 자기 자신과 다른 사람에게 인정을 받으려고 노력하는 것이 도덕적 행위의 근간이라고 주장했다. 이 '공정한 관찰자'가 그 상황에 공감하면 시인(approval)하게 되고 그렇지 않으면 부인하게 되는 것이다. 그리고 이러한 관찰자는 개인의 이기심을 효과적으로 제어하는 역할을 하게 된다.

우리 자신의 행복에 방해된다는 이유만으로 다른 사람의 행복을 해치는 행위나, 어떤 것이 우리에게 마찬가지로 유용하거나 또는 그 이상으로 유용하다는 이유만으로 다른 사람들에게 실제로 유용한 것을 빼앗는 행위나, 또는 이와 마찬가지 방식으로 타인을 희생시켜 가면서 다른 사람의 행복보다 자신의 행복을 중시하는 천성적인 선호에

---

25   애덤 스미스, 『도덕감정론(개역판)』, 217쪽.

26   신중섭, 「도덕감정과 이기심」, 『철학논총』 73, 새한철학회, 2013, 115쪽; 애덤 스미스, 『도덕감정론(개역판)』, 272쪽.

27   애덤 스미스, 『도덕감정론』, 김광수 역, 327-328쪽.

몰두하는 행위는 공정한 관찰자로서는 결코 공감할 수 없는 것이다.[28]

결국 공정한 관찰자는 '신이 우리 내면에 세워놓은 대리인(Those vicegerents of God within us)'인 것이다. 즉 이 모든 출발은 바로 신(神, God), 만물을 창조한 조물주(造物主)로서의 신이다.

> 신이 우리 내면에 세워놓은 대리인은 이 도덕준칙을 위반한 자를 내적 수치심과 자책의 고통으로써 처벌하지 않고 내버려 두는 일은 결코 없다. 그리고 이와는 반대로 도덕준칙을 준수하는 자에 대해서는 항상 마음의 평정(平靜)고 흔쾌함, 그리고 자기만족(自己滿足)으로써 보상해준다.[29]

공감이라는 감정에 의해 도덕적 행위를 할 수 있으며, 타인에 대해 공감함으로써 이기적인 성향을 극복할 수 있다고 본 것이다.[30]

2. 보이지 않는 손

1) 『국부론』의 '보이지 않는 손'

『국부론』을 언급할 때 가장 많이 사용되는 용어가 바로 '보이지 않

---

28   애덤 스미스, 『도덕감정론(개역판)』, 156쪽.

29   애덤 스미스, 『도덕감정론(개역판)』, 308쪽.

30   스미스가 이런 입장을 가질 수 있었던 데에는 허치슨, 흄, 스미스로 이어지는 스코틀랜드 계몽주의자들의 전통의 영향을 받았다(이영재, 「스코틀랜드 도덕철학의 전통에서 본 Adam Smith 도덕감정론의 함의」, 『시민사회와 NGO』 13(2), 2015, 229-264쪽)

는 손'이다. 그러나 '보이지 않는 손'은 『국부론』에서 단 한 번만 사용되었을 뿐만 아니라 '보이지 않는 손'에 이끌리게 된다는 수준에서 단지 '언급'되었을 뿐이다. 그럼에도 불구하고 이 개념은 애덤 스미스를 설명하는 가장 핵심적인 용어로 자리잡았다.

그는 신학, 윤리학, 법학을 기반으로 당시 영국사회의 사회경제적 변화를 설명했던 『국부론』에서 '보이지 않는 손'을 단 한 번 언급하였다.

각 개인이 최선을 다해 자기 자본을 국내산업의 지원에 사용하고 노동생산물이 최대의 가치를 갖도록 노동을 이끈다면, 각 개인은 필연적으로 사회의 연간구입을 그가 할 수 있는 최대치가 되게 하려고 노력하는 것이 된다. 사실 그는 공공의 이익을 증진시키려고 의도한 것도 아니며 그가 얼마나 기여하는지도 알지 못한다. 해외산업보다 국내산업의 지원을 선호함으로써 그는 오직 자신의 안전을 의도한 것이고, 노동생산물이 최대의 가치를 갖도록 그 노동을 지도함으로써 그는 오직 자신의 이득을 의도한 것이다. 그는 이렇게 함으로써 [다른 많은 경우와 같이] 보이지 않는 손(an invisible hand)에 이끌려 그가 전혀 의도하지 않은 목적을 증진시키게 된다. 그가 의도하지 않았다고 하여 반드시 [의도했을 경우에 비해] 사회에 보다 적게 기여하는 것은 아니다. 그는 자기 자신의 이익을 추구함으로써 종종 그 자신이 진실로 사회의 이익을 증진시키려고 의도하는 경우보다 더욱 효과적으로 그것을 증진시킨다.[31]

31   애덤 스미스, 『국부론(상)』, 434쪽.

개인들이 자신의 이익을 위해서 국내산업에 투자하여 최고의 노동 생산성이 나타나도록 하면 그 사회의 부를 극대화시키는 것이 된다. 이렇게 스스로 공공의 이익을 고려하지 않고 자신의 이익만을 고려했음에도 공공의 이익을 고려한 경우보다 더욱 효과적으로 공공의 이익을 증진시키는 경우도 있다고 보았다. '보이지 않는 손'이 이런 역할을 담당한다는 것이다.

2) 『도덕감정론』의 '보이지 않는 손'

애덤 스미스는 『도덕감정론』에서도 역시 '보이지 않는 손'을 단 한 번 언급하였다. 여기에서는 스스로 느끼지 못하는 사이에 사회에 기여하는 것을 '보이지 않는 손'을 통해 설명하고 있다.

> 부자는 […] 그들의 본성적 이기심과 탐욕에도 불구하고, 비록 그들이 자신만의 편의를 생각한다고 하더라도, 또한 그들이 수천 명의 노동자를 고용해서 추구하는 유일한 목적이 그들 자신의 허영심과 만족될 수 없는 욕망임에도 불구하고, 그들은 자신들의 모든 개량의 성과를 가난한 사람들과 나누어 가진다. 그들은 보이지 않는 손에 이끌려서 토지가 모든 주민들에게 똑같이 나누어졌을 경우에 있을 수 있는 것과 같은 생활필수품의 분배를 하게 된다. 그리하여 무의식중에 부지불각 중에, 사회의 이익을 증진시키고 인류 번식의 수단을 제공하게 된다.
> 신의 섭리는 대지를 소수의 귀족과 지주에게 나누어주면서 이 분배에서 제외되었다고 생각되는 사람들을 망각하지도 방기하지도 않

았다. [32]

그는 부자의 생산량이 자신의 소비 이상으로 생산될 경우 그 수량은 가난한 사람들에게 분배될 수밖에 없는데 이것이 바로 '보이지 않는 손'에 의한 것이라고 보았다. 이 '보이지 않는 손'이 토지가 모든 사람들에게 균등분배되었을 때의 수준으로 생활필수품을 분배하게 되는 '신의 섭리'라고 하였다. 즉 사회적으로 좋은 결과를 만들어내는 '신의 섭리'가 바로 '보이지 않는 손'이라고 설명하고 있는 것이다. 이것은 그의 신의 섭리에 의한 조화예정설을 기반으로 하고 있다.[33]

3) 『천문학사』의 '보이지 않는 손'

애덤 스미스가 도덕철학에 대한 관심을 구체화한 것은 옥스퍼드대학 재학시절 섭렵했던 자연과학 서적을 통해서였다. 그가 고향에 돌아와 집필했던 「천문학사」는 이 시기에 탐독했던 서적들을 바탕으로 한 것이었다. 이 시기 그는 뉴턴의 저작에 많은 관심이 있었으며, 뉴턴이 자연세계에 존재하는 규칙성이나 유사성을 발견하여 서로 다른 현상들을 완벽하게 연결하였다고 보았다. 이런 자신의 입장으로 인해 그는 자신의 이후 저작에서 뉴턴의 방법론을 많이 도입[34]하였는데 그런 저작

---

32 애덤 스미스, 『도덕감정론(개역판)』, 345-346쪽.

33 "인류사회는, 우리가 그것을 어떤 추상적이고 철학적인 눈으로 고찰하는 경우, 하나의 위대하고 거대한 기계(機械)처럼 보인다. 이 기계의 규칙적이고 조화로운 운동은 수천 가지의 유쾌한 결과들을 발생시킨다"(애덤 스미스, 『도덕감정론(개역판)』, 607쪽).

34 김지원, 「아담스미스의 자연관과 뉴턴과학에 대한 이해」, 『한국과학사학회지』 32(1), 2010, 69-71쪽.

중의 하나인 「천문학사」에서도 '보이지 않는 손'에 대해 언급하였다.

> 자신이 가진 본성의 필연성에 의해 불은 타오르고, 물은 다시 새로워진다. 무거운 물체는 내려가고, 가벼운 물질은 위로 날아간다. 주피터의 보이지 않는 손이 이런 문제에 결합되어 있다고 생각되지 않았다. 그러나 천둥과 번개, 폭풍우와 햇빛, 이보다 더 불규칙한 사건들은 그의 호의나 분노 때문이라고 생각했다.[35]

여기에서 그는 '보이지 않는 손'은 자신의 본성으로부터 나온 필연적인 것과 연관된 것이 아니라 불규칙한 자연 현상들과 연관되어 있다고 보았다. 즉 알 수 없는 불규칙한 자연 현상들에 신(주피터)의 뜻이 개입되어 있는 것을 '보이지 않는 손'이라는 개념으로 사용한 것이다.

결론적으로 애덤 스미스는 자신의 대표적인 저작에서 '보이지 않는 손'을 자신은 인식하지 못하는 사이, 혹은 자신은 의도하지 않은 사이에 벌어지는 일의 배후에 작동하는 원리로 '언급'했을 뿐이다.[36] 『천문학사』에서는 바람직하지 않은 불규칙한 현상을, 『도덕감정론』에서는 분배문제를, 『국부론』에서는 개인투자와 공공이익문제를 바람직하게 작동되도록 하는 것으로 이 '보이지 않는 손'을 사용했다. 이렇듯 애덤 스미스는 '보이지 않는 손'을 경제적 원리나 시장의 작동원리로 명

---

35 Adam Smith, "History of Astronomy", *Essays on Philosophical Subjects* (ebook), 1795, p. 25.

36 심지어는 『국부론』을 번역한 김수행은 '독자들의 상상력을 자극하기 위해', '시민혁명의 진화와 폭발에는 큰 영향'을 끼쳤던 일종의 '혁명구호'라고 보았다(김수행, 「'보이지 않는 손'은 혁명구호」, 『경향신문』, 2009.4.20).

352   대학 고전교육, 어떻게 할 것인가

확하게 설명한 적이 없다.

더구나 '보이지 않는 손'[37]이라는 용어는 스미스가 최초로 사용한 것이 아니다. 고전문헌 속에 스미스가 사용했던 의미의 손(hand)에 대한 표현이 사용되기도 했지만 17세기에 들어서면서부터 널리 사용되기 시작했다. 일반적으로 스미스가 언급한 '보이지 않는 손'은 셰익스피어(William Shakespeare)의 희곡 『Macbeth』에서 'Thy Bloody and Invisible Hand'라는 표현에서 비롯된 것으로 보고 있다.[38]

---

37 이황희, 「애덤 스미스의 통치론에 관한 헌법학적 연구」, 서울대 대학원 법학과 박사학위논문, 2018, 176쪽; A. L. Macfie, "The Invisible Hand of Jupiter", *Journal of the History of Ideas*, Vol. 32, No. 4, 1971, pp. 595-599; William D. Grampp, "What Did Smith Mean by the Invisible Hand?", *Journal of Political Economy*, Vol. 108, No. 3, 2000, pp. 441-465; Eamonn Butler, 김정완 역, 『애덤 스미스의 이해』, 대영문화사, 2012, 121쪽.

38 "Come, seeling night,
Scarf up the tender eye of pitiful day;
And with thy bloody and **invisible hand**
Cancel and tear to pieces that great bond
Which keeps me pale! Light thickens, and the crow
Makes wing to the rooky wood:" William Shakespeare, 「MACBETH」, *The Works of William Shakespeare*(ebook) vol 7, Macmillan and Company, 1865, p. 468; Peter Harrison, "Adam Smith and the History of the Invisible Hand", *Journal of the History of Ideas*, 72(1), 2011, pp. 31-33; Gavin Kennedy, "Adam Smith and the Invisible Hand", *Econ Journal Watch* 6(2), 2009, pp. 242-243.

Ⅳ. 『국부론』에 대한 현대경제학의 재해석

1. 『국부론』에 대한 반응

애덤 스미스의 『국부론』은 등장과 동시에 전 유럽을 휩쓸었으며 그를 최고의 학자로 대접받게 할 정도로 큰 반향을 일으켰다. 이런 현상은 『국부론』이 중세를 벗어나면서 새로운 체제에 들어서기 시작한 당시 영국의 상황을 가장 체계적으로, 정확하게 분석했다는 평가를 배경으로 하였다.

그는 당시 왕권과 결탁되어 있던 일부 상인과 제조업자들의 특권에 반대하여 자유방임주의를 강조했으며, 토지와 지주에 집중되어 있던 관심을 새롭게 등장하는 상업과 제조업으로 확대시켰다. 그의 이런 주장은 새롭게 부를 축적하고 있던 상인이나 제조업자들에게 열렬한 지지를 받았다. 또한 사회의 중심이었던 종교와 신분 대신에 상업과 제조업을 이끌며 사회적 부를 창출해 나가기 시작했던 신흥부르조아의 역할을 제시했으며, 국민국가의 중심이었던 국왕의 국가 운영의 방안까지 언급하였다. 이를 통해 스미스는 당시 권력층으로부터도 일정 정도의 지지를 얻어낼 수 있었다. 결국 애덤 스미스는 『국부론』을 통해 사회의 영향력을 확보해 나가고 있었던 거의 모든 세력으로부터 지지를 얻어낼 수 있었다. 이 때문에 그의 사상과 『국부론』은 유럽 전역으로 급속하게 전파되었다.

그러나 그와 『국부론』에 대한 반응이 모든 지역에서 동일하게 나타나지는 않았다. 특히 독일에서는 자유무역론을 중심으로 하는 애덤 스미스의 이론이 영국에서나 적절한 이론일 뿐 독일에서는 유효하지 않다고 주장했다. 그 근거로 각각의 나라들은 역사적 발전단계가 다르기 때문에 영국만큼 발전하지 못한 독일에서는 자유무역이 아니라 오히려 보호무역을 해야 한다고 주장했다. 이렇게 독일을 중심으로 역사적 연구를 기반으로 독일민족주의적 경향을 나타내었던 경제학자들을 역사학파(historical school)라고 부른다. 특히 이들은 현재까지도 애덤 스미스에 관한 가장 대표적인 논의인 소위 '애덤 스미스 문제', 즉 『국부론』의 이기심과 『도덕감정론』의 이타심 간의 불일치를 주장하고 있다.[39]

2. 『국부론』의 활용

경제학은 인간이 존재하기 위한 기본적인 경제문제를 다루기 때문에 어떤 생산양식에서도 역할을 할 수 있다. 자본주의 이전의 중세나 고대, 심지어는 원시사회에서도 경제문제는 곧 생존의 문제였다. 그러나 우리가 경제학이라고 부르는 자본주의경제학은 우리가 살아가고 있는 자본주의에 관해 설명하는 경제학을 의미한다.

자본주의는 18세기를 전후로 영국에서 처음 등장했던 '산업혁명' 이라는 큰 전환에 의해 본격적으로 시작되었다. 따라서 자본주의에 대

---

39 Leonidas Montes, "Das Adam Smith Problem: Its Origins, the Stages of the Current Debate, and One Implication for Our Understanding of Sympathy", *Journal of the History of Economic Thought*, 25(1), 2003, pp. 63-90; 변영진, 「아담 스미스 문제'에 대한 고찰: 공감을 중심으로」, 『도덕윤리과교육』 제69호, 2020, 209-232쪽; 이황희, 앞의 논문, 10-14쪽.

한 최초의 해석은 산업혁명을 포함하고 있는 영국사회의 전환을 배경으로 하는 것이 당연할 것이다. 그 중에서 가장 대표적인 분석이 바로 애덤 스미스의 『국부론』이다. 따라서 애덤 스미스는 자본주의경제학의 창시자, 『국부론』은 자본주의경제학의 출발점이라고 불린다.

이렇게 자본주의가 처음 등장했던 곳에서 애덤 스미스에 의해 자본주의의 분석이 시작되었다면 자본주의가 변해서 새로운 요소들이 등장하면 새로운 경제분석이 나와야 하는 것은 당연한 이치일 것이다. 바로 이렇게 자본주의가 변화하는 과정에서 다양한 경제학적 해석이 등장했고, 그 해석들이 나름대로 체계를 갖추어 여러 경제학파를 형성하면서 현대경제학이 발전해왔다. 그 와중에서 각 학파들은 자본주의 분석의 출발점이었던 『국부론』을 나름대로 활용하고 재해석했다.

그들 중에는 먼저 애덤 스미스(1723-1790)에 이어 맬더스(T. Malthus, 1766-1834), 리카아도(D. Ricardo, 1772-1823), 밀(J. S. Mill, 1806-1873)에 이르는 약 100여 년 동안 영국에서 활동했던 고전학파(Classical School)라고 불리는 경제학자들이 있다. 애덤 스미스가 영국 산업혁명 초기의 모습을 다루었다면 맬더스와 리카아도는 영국 산업혁명의 전성기를, 밀은 영국 자본주의의 전환기를 다루었다. 이들은 영국 자본주의의 독점적 성장에 기반했기 때문에 『국부론』의 절대적인 영향력 아래에 있었다고 볼 수 있다.

그러나 19세기에 들어서면서 영국의 산업혁명이 프랑스, 독일을 비롯한 유럽 전역으로 퍼져나가기 시작했고, 19세기 중반이 되면 유럽 전역에서 산업혁명이 본격화되었다. 이제 유럽 여러 나라도 공산품을 대량으로 생산하기 시작했고, 영국은 독점적인 생산국의 지위를 상실하였다. 그 결과 영국은 유럽 시장을 잃어버리고, 이들 나라의 상품들과 국제시장에서 경쟁을 해야 하는 상황에까지 몰리게 되었다.

이런 상황이 되자 영국에서는 수출이 급감하여 생산이 줄어들었고, 실업이 증가하면서 19세기 중반에는 경제가 전반적으로 크게 위축되는 공황이 발생하기에 이르렀다. 이런 상황이 벌어지기 전까지 공장들은 애덤 스미스와 고전학파가 관심을 가졌던 것처럼 분업을 통해 생산량을 확대하는 방안을 찾는 데에 집중했다. 하지만 공황이 발생되자 창고에 쌓여가는 상품의 판매 방안을 찾는 것이 시급해졌다. 사회 전반의 초과수요 상황이 초과공급 상황으로 변화된 것이었다.

이에 따라 경제학자들은 초과공급된 상품의 판매 방안을 찾는 데에 관심을 집중하게 되었다. 이제까지 관심영역 밖에 있던 상품을 구매해서 소비하는 사람들, 즉 소비자에 관한 연구가 시작된 것이다. 그 결과 1870년대에 들어서면 소비자들이 소비를 통해 자신의 만족감(효용)을 변화시키기 때문에 소비를 늘리기 위해서는 소비자의 만족감에 관심을 가져야 한다는 경제학자들이 유럽을 비롯해 영국에서까지 나타나게 되었다. 이런 생각을 가지고 있던 당시의 경제학자들을 한계효용학파(Marginal Utility School)라고 부른다.

이렇게 수요측면에 대한 분석이 체계화되자 애덤 스미스를 비롯한 고전학파들은 공급만을 강조했던 학파로 치부되기에 이르렀다. 그 결과 애덤 스미스의 경제이론도 분업을 비롯한 공급측면을 설명하는 이론으로 한정되기에 이르렀다.

이런 변화 속에서 영국에서는 이전의 고전학파와 새로 등장한 한계효용학파의 이론을 절충하려는 움직임이 나타났다. 즉 고전학파의 논의는 공급측면을, 한계효용학파의 논의는 수요측면을 설명하는 방식으로 조합했다. 마샬(A. Marshall)로 대표되는 이런 움직임으로 말미암아 이제 경제학은 공급측면과 수요측면을 동시에 고려하게 되었고, 그 결과 공급과 수요의 관계를 통해 시장에서 균형가격과 균형교환량이 결정된다는 방식으로 설명할 수 있게 되었다. 이들을 경제학에서는 신고전학파(neo-classical school)라고 부르고, 이 이론체계가 현대 주류경제학의 기반이 되었다. 이름에서 나타나는 것처럼 이들은 고전학파에 그 기반을 두고 있다. 즉 애덤 스미스의 출발점을 인정하고 있는 것이다.

그런데 이 시기부터 경제학을 자연과학적 방법론을 통해 보다 엄밀하게 전개하려는 시도가 급속하게 확산되었다. 경제 상황을 수학으로 표시하기 시작하면서 내적 논리성과 엄밀성은 증대되었지만 수식으로 표시할 수 없는 경제문제는 서서히 밀려나기 시작했다. 바로 이 시점에서 윤리학, 법학, 정치학 등 경제학이 분화되기 이전에 관련 학문들을 두루 섭렵했던 애덤 스미스의 이론이 수학적인 방법론에 의해 제한받기 시작했다.

이제 경제학은 하나의 개념을 정의하여 수량으로 표시하고, 이 개념에 영향을 미치는 다양한 요소 중에서 하나의 요소만을 선택하여 독립변수로 설정한 후, 정의된 개념을 종속변수로 하는 함수관계로 이들을 표시하였다. 그리고 독립변수를 설정하는 과정에서 선택된 요소 이외에 다른 모든 요인은 일정 시간 동안 변하지 않는다고 가정(Ceteris Paribus)[40]하였다.

---

40   The Latin phrase "ceteris paribus" or "caeteris paribus"-literally meaning

그 결과 소비자와 생산자는 다른 모든 요인들은 전혀 고려하지 않고 오직 자신의 만족을 극대화하는 소비량을, 생산자는 자신의 이윤을 극대화하는 생산량을 자신의 '이기심'에 기반하여 결정한다고 설명하였다. 또한 여러 사람의 소비량과 생산량이 합해져서 시장의 수요량과 공급량이 되고, 수요량과 공급량이 같아지는 수준의 가격을 균형가격이라고 하며, 이렇게 기계가 톱니바퀴에 의해 정해진 방식으로 작동되듯이 수리적인 물량에 의해 자동적으로 균형가격이 결정되는 방식을 '보이지 않는 손'의 작동으로 설명하는 것이다.

이렇게 이론적으로 현대경제학에 맞추어진 애덤 스미스의 이론은 시카고대학(The Univ. of Chicago)을 중심으로 활동했던 통화주의자 및 시카고학파의 해석을 통해 본격적인 논쟁의 대상이 되었다.[41] 이들이 "'보이지 않는 손'의 은유와 합리적 경제인의 명제에 매몰되어 애덤 스미스를 자유방임주의, 시장지상주의, 신자유주의의 선구자"[42]로 활용하면서부터 애덤 스미스에 대한 해석이 더욱 정형화되기 시작했다. 이들은 1970년대의 석유파동(oil shock)을 거치면서 자유방임주의와 시장지상주

"other things being equal"-has already been used in a non-technical sense by Cicero(A. Reutlinger, and G. Schurz, and A. Hüttemann, "Ceteris Paribus Laws". Stanford Encyclopedia of Philosophy, 2011, pp. 7-9).

[41] 김광수, 「애덤 스미스 경제학에 관한 소위 '역설과 모순'의 재조명: 사회과학적 방법론을 중심으로」, 『논문집(인문·사회과학편)』 59(2), 대한민국학술원, 2020, 335-380쪽; 김광수, 「현대 과학철학 및 경제철학의 흐름과 스미스의 과학방법론에 관한 연구」, 『경제학연구』 62(1), 2014, 133-170쪽.

[42] 김광수, 2020, 368쪽; 심지어 『국부론』 출간 200주년을 맞은 1976년의 학술대회에서 "스미스는 지금 시카고대학에서 건강하게 살아있다"고 발언할 정도였다(김광수, 위의 논문, 346쪽, 각주 4).

의를 주장하였으며, 이런 주장이 1980년대 미국의 레이건대통령의 경제정책(Reaganomics)과 영국 대처 수상의 정책(Thatcherism)으로 전세계적으로 확산되었다. 이런 흐름은 '신자유주의'로 불리며 경제학계에 주류학설로 자리잡았다. 이들에 의해 스미스와 『국부론』은 자유방임, 신자유주의의 기원, 부와 물질적 풍요의 강조, 보이지 않는 손을 통한 무한경쟁, 시장지상주의, 국가개입의 최소화[43] 등을 표상하는 것으로 정형화되었다. 그리고 현대경제학 교과서에서의 대부분은 이런 방식으로 애덤 스미스와 『국부론』을 설명하고 있다.[44]

V. 결론

정보통신기술의 융합이 고도화되고 대학을 둘러싼 교육환경이 급변하면서 대학교육은 커다란 전환점에 직면해 있다. 새로운 시대의 흐름에 적절한 종합적이고 창조적인 인재를 양성하기 위해 전공교육을 넘어서 교양교육의 중요성이 부각되었고, 고전을 활용한 교양교육에 많은 관심이 모아지고 있다.

그러나 기존의 교양교육에서 다루는 고전은 거의 인문학적인 범주에 제한되어 있으며, 고전 자체의 엄밀한 해석에 머물렀던 경향이 있었다. 따라서 이 글에서는 자본주의체제에 대한 최초의 본격적인 해설서

---

43   김광수, 위의 논문, 337쪽.

44   이준구·이창용, 『경제학원론』, 박영사, 2010, 23, 443쪽; N. G. Mankiw, *Principles of Economics*, Dryden Press, 1998, p. 145.

로 불리고 있는 애덤 스미스의 『국부론』이 대학교양교육의 텍스트로 올바르게 활용되기 위한 몇 가지 사항을 검토하였다.

연구 결과를 정리하면 첫째, 『국부론』은 노동력의 수준과 수량을 통해 국민이 사용할 생산물에 대해 다루는 부문(1-4편)과 국가의 수입과 지출의 다양한 형태와 방법을 다루는 부문(5편)으로 구성되어 있다.

둘째, 대학에서 교양교육을 수강하는 학생들은 이미 고등학교 교과서를 통해 애덤 스미스에 대해서는 자유방임주의와 야경국가론을 주장한 학자로, 『국부론』에 대해서는 '이기심'을 발휘하면 '보이지 않는 손'에 의해 사회의 이익이 증진된다는 내용의 저작으로 이해하고 있을 것으로 추정되었다.

셋째, 『국부론』의 핵심적인 개념인 '이기심'은 『도덕감정론』에서 '연민'과 '동정심', '동감' 등을 통해 타인에 대한 배려를 기반으로 하고 있고, 신(神)이 자신의 내부에 세운 '공정한 관찰자'가 인정하는 것을 전제로 하는 개념이었다.

넷째, '보이지 않는 손'은 17세기에 일반적으로 사용되던 용어였으며, 이를 스미스가 인식하거나 의도하지 않는 일이 벌어지는 배후에 작동하는 원리를 나타내는 메타포(metaphor)로 활용했을 뿐이다.

다섯째, 『국부론』은 현대경제학의 출발점이 되었지만 자본주의경제가 발전함에 따라 스미스의 사상과 『국부론』의 내용은 발전된 현대경제학의 체계 속에 편입되었고, 현대경제학의 흐름 속에서 자유방임, 시장과 경쟁의 우위, 부의 강조와 작은 정부 등을 상징하는 것으로 정형화되었다.

이상의 연구 결과를 기반으로 대학 교양교육에서 『국부론』을 고전 텍스트로 사용할 경우에는 다음과 같은 점에 유의해야 할 것이다.

첫째, 『국부론』을 텍스트로 사용하고 있는 수강생들은 이미 타인에 대한 배려가 없는 '이기심'과 모든 문제를 해결해주는 시장이 '보이지 않는 손'이라는 편향된 인식을 가지고 있으며, 이를 먼저 환기시킬 필요가 있다.

둘째, 스미스가 사용한 '이기심'은 'self-love'이며, 이 개념은 타인에 대한 배려를 기반으로하며, 신(神)을 염두에 두고 있는 자기 자신이 스스로 인정할 수 있는 수준의 이기심이라는 점을 이해시켜야 한다. 또한 '보이지 않는 손'도 단순하게 '시장가격기구'를 가리킨 것이 아니라 17세기 영국에서 스스로 인식하거나 의도하지 않는 일이 작동되는 원리를 가리키는 메타포 정도의 의미였다는 사실도 설명해야 한다.

셋째, 스미스의 『국부론』은 자본주의경제학의 출발점이며, 그의 '이기심'은 합리적인 개인의 제한적인 선택으로, '보이지 않는 손'은 시장의 균형을 달성하는 기계적인 원리로 현대경제학에 편입되어 있다는 점도 확인시켜야 할 것이다.

넷째, 스미스의 『국부론』은 모든 상품이 부족하던 자본주의 초기를 배경으로 하고 있지만 현재는 초과공급을 배경으로 다양한 기술혁신에 직면해 있는 후기자본주의를 배경으로 하고 있다. 따라서 스미스의 『국부론』을 통해 구체적인 사안을 설명하기보다는 시대의 문제를 해결하기 위한 지식인의 자세와 노력을 수강생들에게 이해시키는 것이 필요하다.

참고문헌

1. 저서

김종석 외, 『고등학교 경제분야 교과서 내용 검토』, KDI경제정보센터, 2005.

김주환 외, 『사회』, ㈜중앙교육진흥연구소, 2002.

김진영 외, 『경제』, 대한교과서㈜, 2020.

이준구·이창용, 『경제학원론』, 박영사, 2010.

전택수 외, 『차세대 고등학교 경제 교과서』, 프리이코노미스쿨, 2014.

아담 스미스, 김수행, 「국부론」, 동아출판사, 1992.

_____, 김광수 역, 「도덕감정론」, 『도덕감정론』, 한길사, 2016.

_____, 박세일·민경국 역, 「도덕감정론」, 『도덕감정론(개역판)』, 비봉출판사, 2018(초판은 2009년에 출간).

이먼 버틀러, 김정완 역, 『애덤 스미스의 이해』, 대영문화사, 2012.

Mankiw, N. G., *Principles of Economics*, Dryden Press, 1998.

Reutlinger, A. and G. Schurz, and A. Hüttemann, "Ceteris Paribus Laws". *Stanford Encyclopedia of Philosophy*, 2011.

Shakespeare, William., "MACBETH", *The Works of William Shakespeare*(ebook) 7, Macmillan and Company, 1865.

Smith, Adam, "History of Astronomy", *Essays on Philosophical Subjects*(ebook). 1795.

_____, *An Inquiry into the Nature and Causes of the Wealth of Nations*. 3rd., 1784, Edited by R. H. Cambell & A. S. Skinner, and W. B. Todd, Indianapolis, LibertyClassics, 1981.

2. 논문

권순구·윤승준, 「고전교육의 교육적 성과분석—역량, 효능감, 흥미 변화를 중심으로」, 『교양교육연구』 14(5), 2020, 161-173쪽.

김광수, 「애덤 스미스 경제학에 관한 소위 '역설과 모순'의 재조명: 사회과학적 방법론을 중심으로」, 『논문집(인문·사회과학편)』 59(2), 대한민국학술원, 2020, 335-380쪽.

김광수, 「현대 과학철학 및 경제철학의 흐름과 스미스의 과학방법론에 관한 연구」, 『경제학연구』 62(1), 2014, 133-170쪽.

김규태, 「제4차 산업혁명 시대에서의 대학 교육 및 운영에 관한 연구 동향과 사례」, 『디지털융복합연구』 17(8), 2019, 15-26쪽.

김용환, 「공감과 연민의 감정의 도덕적 함의」, 『철학』 76, 한국철학회, 2003, 155-180쪽.

김지원, 「아담스미스의 자연관과 뉴턴과학에 대한 이해」, 『한국과학사학회지』 32(1), 2010, 69-91쪽.

변영진, 「'아담 스미스 문제'에 대한 고찰: 공감을 중심으로」, 『도덕윤리과교육』 제69호, 2020, 209-232쪽.

신중섭, 「도덕감정과 이기심」, 『철학논총』 73, 새한철학회, 2013, 109-133쪽.

이신모, 「4차 산업혁명 사전대응태도와 대학교육 변화방향」, 『경영교육연구』 33(6), 2018, 107-131쪽.

이영재, 「스코틀랜드 도덕철학의 전통에서 본 Adam Smith 도덕감정론의 함의」, 『시민사회와 NGO』 13(2), 2015, 229-264쪽.

이황희, 「애덤 스미스의 통치론에 관한 헌법학적 연구」, 서울대 대학원 법학과 박사학위논문, 2018.

정인모, 「고전 읽기와 교양교육」, 『교양기초교육연구』 1(2), 2020, 1-24쪽.

Escalas, Jennifer Edson and Barbara B. Stern, "Sympathy and Empathy: Emotional Responses to Advertising Dramas", *Journal of Consumer Research* 29(4), 2003, pp. 566-578.

Grampp, William D., "What Did Smith Mean by the Invisible Hand?", *Journal of Political Economy*, 108(3), 2000, pp. 441-465.

Harrison, Peter, "Adam Smith and the History of the Invisible Hand", *Journal of the History of Ideas* 72(1), 2011, pp. 29-49.

Kennedy, Gavin, "Adam Smith and the Invisible Hand", *Econ Journal Watch* 6(2), 2009, pp. 239-263.

Macfie, A. L., "The Invisible Hand of Jupiter", *Journal of the History of Ideas* 32(4), 1971, pp. 595-599.

Montes, Leonidas, "Das Adam Smith Problem: Its Origins, the Stages of the Current Debate, and One Implication for Our Understanding of Sympathy", *Journal of the History of Economic Thought* 25(1), 2003, pp. 63-90.

3. 기타

김수행, 「'보이지 않는 손'은 혁명구호」, 경향신문, 2009.4.20.

한나 아렌트의『전체주의의 기원』다시 읽기*
―교육적 함의와 현재성을 중심으로

김민수

I. 서론

1951년에 출간된 한나 아렌트의『전체주의의 기원』(이하『기원』, 인용의 경우 영문 약자인 *OT*를 사용)은 오늘날까지도 기념비적인 저작으로 평가받고 있다. 그러나 기념비적인 저작이라는 평가와는 별개로 냉전이라는 정치적 조건은『기원』의 저작 의도와 문제의식을 오랫동안 왜곡시켜 왔고 이 책의 독자들 역시 이러한 사회적 맥락으로부터 자유롭지 못했다.[1] 이 저작은 스탈린주의와 나치즘 사이의 문제적 유비 때문

---

*   이 글은 다음 논문을 수정, 보완한 것이다. 김민수:『전체주의의 기원』다시 읽기―교육적 함의와 현재성을 중심으로,『역사교육연구』42, 한국역사교육학회, 2022.

1   마가렛 캐노반에 따르면『기원』은 출간 초기에는 나치즘과 스탈린주의에 대한 심오한 분석으로 칭송받았지만 냉전이 심화되면서 '냉전 프로파간다'로 치부되었다. 이러한 상황에서 독자들이 책의 내용을 편견없이 꼼꼼히 독해하고 저자의 문제의식을 도출해내는 것이 쉽지 않을뿐더러 아렌트의 서술 방식이 기존 역사학과 사회과

에 좌파로부터 거부당했고, 냉전 진영의 양극적 이데올로기에 부적절하다는 이유로 우파에게 비판받았으며, 과도하게 저널리스틱하고 문학적이며, 철학적 일반화를 한다며 실증주의 정치학자들에게 조롱당한 악명높은 20세기 정치이론의 텍스트이기도 했다.[2] 냉전이 여전히 진행중인 한국 사회에서도 사정은 마찬가지였다. 전체주의와 공산주의가 동일시되는 풍토 속에서 아렌트가 『기원』을 저술한 근본적인 이유와 문제의식은 사라지고 반공주의적 프로파간다로서의 '전체주의'라는 단어만 소비되는 경우가 대부분이었다.

그렇다면 『기원』의 문제의식을 제대로 포착하고 그 현재적 의미를 발견한다는 것은 어떻게 가능한가. 이는 역사적 저작에 대한 온전한 이해의 문제와 직결된다. 사상사 연구 방법론의 발달과 해석학의 발전으로 우리는 단순히 텍스트를 문자 그대로 독해하는 것으로 저작을 제대로 이해했다고 확신할 수 없게 되었다.[3] 역사적 저작을 온전히 이해하기 위해서는 텍스트에 대한 충실한 독해와 더불어 근본적으로는 저자가 답하려 한 당대의 문제와 퍼즐(puzzle)에 대한 이해가 필요하다.

『기원』을 통해 아렌트가 답하고자 했던 문제를 이해하는 작업을

학의 인과적 서술방식과 달라 텍스트에 대한 접근성이 떨어졌다는 점도 『기원』에 대한 제대론 된 독해를 어렵게 만들기에 충분했다. 이에 대해서는 Margaret Canovan, *Hannah Arendt: A Reinterpretation of Her Political Thought,* Cambridge University Press, 1994, p.1, p.17.

2   Seyla Benhabib, *The Reluctant Modernism of Hannah Arendt,* Rowman & Littlefield Publishers, 2003, p. xliv.

3   정치사상사 방법론의 발전에 대해서는 Tully, James, ed. *Meaning and context: Quentin Skinner and his critics,* 1988; 유종선 옮김, 『의미와 콘텍스트: 퀜틴 스키너의 정치사상사 방법론과 비판』, 아르케, 1999 참조.

진행하게 되면 우리는 뜻밖에도 아렌트의 "이해(understanding)" 개념과 마주하게 된다.[4] 아렌트는 『기원』 1판 서문에서 저술의 의도와 문제의식이 전체주의라는 전례없는 세계적 현상을 "이해"하는 것이라고 밝히고 있다. 그리고 이어서 "이해는 우리의 세기가 우리 어깨에 지운 짐을 검토하고 의식적으로 떠맡는다는 것을 의미하지 짐의 존재를 부인하거나 그 무게에 패기 없이 굴복한다는 것을 의미하지 않는다"고 설명한다.[5] 아렌트의 "이해" 개념은 단순한 지적·정신적 작용의 의미를 넘어서 실천적 의미를 포함하고 있다는 점에서 그 자체로도 매우 흥미롭지만 '우리의 세기'가 우리 어깨에 지운 짐을 의식적으로 떠맡는다는 구절은 이 저작의 저술 의도와 관련하여 중요한 의미를 지닌다. 과연 '우리 세기의 짐'은 무엇을 의미하는가.

아렌트는 "서구 사회의 저류(subterranean stream)"가 표면으로 올라와 인간다움(humanity)을 파괴하는 것이 당대의 현실이며, 이 험악한 현실에서 탈출하여 인간의 존엄성에 대한 새로운 보장자를 발견할 수 있어야 한다고 주장한다. 이는 과거로의 회귀도, 과거를 망각하고 더 나은 미래를 무모하게 낙관하는 것도 아닌 몇십 년간 인류에게 벌어진 역사

4 　아렌트의 "이해" 개념이 지니는 독특한 의미에 대한 분석은 국내에서도 이미 여러차례 진행된 바 있다. "이해"의 역사서술 방법론으로서의 의미에 대해서는 강정민, 「한나 아렌트의 역사서술과 이해의 문제」, 『담론201』 13(3), 2010, 김선욱,: 「한나 아렌트의 '이해' 개념 이해하기」, 『철학연구』 132, 2014, 교육적 방법론으로서의 의미에 대해서는 조나영, 「아렌트 '이해' 개념의 교육적 의미 고찰」, 『교육철학연구』 42(3)호, 2020 참조.

5 　*OT*. p.viii. 『기원』의 영국판 제목은 *The Burdens of Our Time*(우리 시대가 짊어져야 할 짐)이었는데 이 제목이 『기원』의 원래 저술 의도를 더 잘 드러내 주고 있다고 볼 수도 있다. 이에 대해서는 Benhabib, ibid. p. 64 참조.

적 사실을 제대로 직시하고 이해함으로써 가능해진다.[6] 즉, 아렌트에게
'시대의 짐'을 떠맡는다는 것은 전체주의 자체가 아니라 전체주의가 등
장하기까지의 복잡한 과정을 파악하고, 이를 통해 인간의 존엄성과 인
간다움을 불가능하게 만드는 역사적 현실의 등장을 인식하는 데에서
출발한다. 그리고 이는 인간의 존엄성을 보장해줄 수 있는 새로운 세계
의 정치적 원리를 발견하는 과제로까지 이어지게 된다. 아렌트는 새로
운 세계의 가능성을 "새로운 것을 시작할 수 있는 능력"을 지닌 인간에
게서 발견한다.[7] 따라서 『기원』을 통해 아렌트가 답하고자 했던 당대의
문제는 전체주의라는 개별적 사건이 아니라 인간다움과 인간 존엄성
을 파괴하는 역사적 구조의 문제였고, 이러한 구조를 넘어서 인간다움
을 보장할 수 있는 새로운 세계를 어떻게 발명할 것이냐의 문제였다고
볼 수 있다.[8]

　　"이해"라는 저술 의도를 중심으로 『기원』을 독해할 경우 우리는
『기원』이 지니는 교육적 함의에 주목할 수밖에 없게 된다. 『기원』은 단
순히 전체주의 혹은 전체주의의 원인을 설명하는 데 그 목적이 있는 것
이 아니라 인간다움을 보장할 수 없게 된 현실을 변화시키는 데 목적이
있기 때문이다. 이러한 변화는 새로운 시작 능력을 실천할 수 있는 인

6　　*OT*, p.viii-p.ix.

7　　『기원』의 마지막 장에서 아렌트는 전체주의가 남겨 놓은 폐허 속에서도 인간의 시작
　　능력에 대한 희망을 언급하고 있는데, 이 능력에 대한 구체적인 분석은 두 번째 저작
　　인 『인간의 조건』에서 이어지게 된다.

8　　『기원』 뿐 아니라 아렌트 저작 전체를 인간성과 인간 권리의 상실 문제를 중
　　심에 놓고 이해해야 한다는 입장으로는 J. Isaac(1996), Parekh(2004, 2008),
　　Birmingham(2006), Krause(2008)을 참조.

간에 의해서만 가능하다는 점에서 『기원』은 독자들로 하여금 전체주의를 초래한 역사적 구조를 함께 인식하고 이로부터 새로운 변화와 미래를 모색하도록 하는 계기를 제공해야 한다.

이러한 맥락에서 이 논문은 『기원』이라는 고전이 어떤 교육적 함의를 지닐 수 있는지를 살펴보고자 한다. 사실 아렌트는 교육에 대한 고유한 관점을 제시한 바 있었는데,[9] 본 논문은 아렌트의 교육론이 아닌 『기원』 자체의 교육적 함의에 주목하고자 한다. 이는 『기원』 자체에 담긴 교육적 의미에 주목함으로써 저작의 의도를 더 정확히 "이해"할 수 있기 때문이고, 동시에 이를 통해서 저작이 현재를 살아가는 우리의 질문 지평과 만날 수 있을 것으로 기대하기 때문이다. "이해는 현재의 해석 지평과 과거 지평의 융합"이라는 가다머의 해석학적 방법[10]이 여기에도 적용될 수 있다. 과거 사상가에 대한 이해의 과정에서 우리는 현재의 해석 지평으로부터 완전히 벗어날 수 없다. 우리는 현재의 해석 지평에서 몰두하는 문제에 대한 답을 과거 사상가의 질문과 해답으로부터 발견하고자 한다. 따라서 맥락적(contextual) 이해의 과정은 과거의 사상가가 서 있던 해석 지평 속에서 재구성된 퍼즐이 오늘날의 해석 지평 속에서도 의미를 지니는지 질문하는 과정을 수반하며, 이 의미로부

---

9   Hannah Arendt, and Jerome Kohn, *Between past and future*, Penguin, 2006; 서유경 옮김, 『과거와 미래 사이』, 푸른숲, 2005; 아렌트의 교육에 대한 고유한 관점이 오늘날의 교육철학에서 어떤 시사점을 지니는지에 대해서는 박은주, 『한나 아렌트, 교육의 위기를 말하다』, 빈빈책방, 2021 참조.

10 Hans-Georg Gadamer, *Truth And Method*, Trans. by Joel Weinsheimer and Donald G. Marshall, London: Continuum, 2004, p. 317.

터 과거 사상가의 사상을 재정식화(reformualtion)하는 것을 포함한다.[11]

따라서 『기원』을 읽는다는 것은 과거의 현상에 대한 지식의 획득에 그치는 것이 아니라 우리 시대의 근원적 문제들에 대한 성찰과 함께 어떻게 이 문제들을 넘어설 것인지에 대한 고민을 시작하는 것이기도 하다. 이는 『기원』이 현재와 미래를 살아가야 할 세대들에게도 여전히 고전으로서의 가치와 교육적 함의를 지닌다는 것을 의미한다. 실제로 아렌트는 이 세계에 새롭게 태어나는 '신참자들(newcomers)'이 지니는 정치적 중요성을 강조한 바 있다.[12] 새로운 세대는 우리 시대의 문제를 직접적으로 경험하는 당사자들이자 문제 해결 역량을 기대할 수 있는 정치적 주체이기도 하다. 『기원』이 교육적 함의를 가진다면 그 대상은 새로이 정치적 주체가 될 항상 새롭게 태어나는 새로운 세대일 것이다.

본 논문은 우선 아렌트가 『기원』을 구상했던 배경과 책의 구성방식을 간략히 살펴보고, 이러한 구상에 비추어 아렌트가 "시대의 짐"으로 특징지었던 주요 문제들을 재구성해볼 것이다. 이를 통해 『기원』이 어떤 교육적 함의를 지닐 수 있는지를 검토하고 그 속에서 『기원』이 지니는 현재적 의미를 제시해볼 것이다.

---

11 Benhabib, S., T*he Reluctant Modernism of Hannah Arendt*. Rowman & Littlefield Publishers, 2003, p. xlviii.

12 새로운 세대가 정치 공동체에 가져올 선물은 예측불가능성이다. 아렌트는 이를 인간 사회의 고유한 특징으로 간주하면서 탄생성(natality)을 인간 존재의 한 조건으로 제시한다. 새로운 세대에 의해 공동체가 어떤 방향으로 변화해갈지 모르는 것은 정치의 축복이자 가장 불안정한 측면이기도 하다. 그럼에도 불구하고 아렌트는 이 탄생성을 회피할 수 없기에 새로운 세대에 의한 정치를 인간의 조건으로 간주하면서, 오히려 이로부터 인류의 희망을 발견하고자 한다. 탄생성에 대한 자세한 설명은 아렌트의 『인간의 조건』을 참조.

Ⅱ.『전체주의의 기원』의 구상과 구성

아렌트는 2차 대전이 막을 내린 지 4년 만에 『기원』의 집필을 마무리한다. 스스로가 전체주의의 한복판에서 죽음의 공포를 경험했고, 그 공포로부터 벗어나기 위해 망명의 길을 선택했으며, 18년간 국적을 지니지 못한 무국적자의 삶을 살아야 했던 아렌트는 자신의 개인적 경험에 기반하여 전체주의라는 '전례없는' 현상을 '이해'하려 하였다. 이런 이유로 아렌트의 저작을 이해하는 데 있어서 권리상실과 국적 박탈의 문제를 중심에 두어야 한다는 주장도 종종 제기된다.[13] 인간다움의 상실 경험이 아렌트의 질문 지평에 상당한 영향을 미치고 있었던 것이다.

『기원』 1판 서문에서 아렌트는 "반유대주의, 제국주의, 전체주의가 차례로, 그리고 더 야만적으로 등장하게 된 자기 시대의 비극적인 현상을 통해 인간의 존엄성[14]이 새로운 보장자를 필요로 하며, 이 보장자는

---

13 Peg Birmingham, *Hannah Arendt and Human Rights: The Predicament of Common Responsibility*, Indiana University Press, 2006.

14 여기서 인간 존엄성(human dignity)이 어떤 의미를 지닌 지는 구체적으로 설명되지 않고 있다. 아렌트는 『기원』 전반에서 존엄성에 대한 특별한 의미규정을 하지 않은 채 여러 차례 사용하고 있다. 그러나 『기원』의 12장 후반부에서 인간 존엄성이 무엇을 의미하는지가 어렴풋하게나마 등장한다. 여기서 아렌트는 "인간의 존엄성을 존중한다는 것은 나의 동료 인간이나 우리의 이웃 민족들을 주체로서, 세계의 건설자로서, 공동 세계를 함께 건설한 사람으로서 인정한다는 것을 의미"한다고 설명하고 있다. *OT*, p. 458. 이는 『인간의 조건(*The Human Condition*)』에서 인간의 본질이나 본성에 대한 질문을 신학의 문제로 간주하면서 인간 실존의 조건들, 그 중에서도 행위능력을 가장 인간적인 특징으로 삼고자 하는 문제설정과 직접적으로 연결된다고 할 수 있다. 이렇게 볼 때, 아렌트에게 인간 존엄성은 선험적인 이상이나 가치의 문제라든가, 공동체적 삶에서 기원하는 역사적 의미를 담고 있기보다는 고유성을 지닌 다양한 인간들의 행위능력으로부터 기인하는 것이라고 할 수 있다. 따라서 인간의 존엄성을 보존

오직 새로운 정치적 원리 속에서만 발견될 수 있음"이 입증되었다고 주장한다.[15] 즉, 아렌트에게 '우리의 세기가 우리 어깨에 지운 짐'이란 과거의 비극적 현상을 반추함으로써 인간의 존엄성을 보장해줄 수 있는 새로운 정치적 원리를 발견하는 것이었다.

『기원』은 3부로 구성되어 있으며, 각각은 반유대주의, 제국주의, 전체주의를 다루고 있다. 여기서 주목할 것은 아렌트가 전체주의라는 '전례없는' 사건이 단순히 반유대주의나 제국주의 때문에 벌어진 것이 아니라는 점을 강조하고 있다는 점이다. 오히려 아렌트는 반유대주의의 결과가 전체주의가 아닌 시온주의(Zionism)였으며, 제국주의의 결과 역시도 전체주의라기보다는 인종주의(racism)였다는 점을 밝히고 있다.[16] 그렇다면 이 3부 사이의 관계는 무엇인가.

원래 『기원』 초판은 반유대주의와 제국주의 2부와 결론으로 구성되어 있었다. 1958년에 출간된 2판에 가서 결론부를 독립시켜 하나의 장으로 만들고 몇 개의 장을 덧붙여 3부 "전체주의"를 추가하여 총 3부의 구성이 완성되었다.[17] 따라서 이 책의 구상에는 애초부터 반유대주의와 제국주의가 전체주의로 귀결되는 구도가 빠져 있었다. 초판의 구성을 고려하여 1부와 2부를 살펴보면 반유대주의와 제국주의 사이에도 논리적 연관성은 존재하지 않고 오히려 근대 사회가 형성되는 입체

한다는 것은 인간의 다수성과 행위능력을 보존한다는 것을 의미하며, 이를 통해 진정한 인간다움(humanity)을 구성해나가는 것을 의미하기도 한다.

15   *OT*, p.ix.

16   *OT*, p.xv.

17   김선욱, 앞의 논문, 5-6쪽.

적 과정과 그 속의 다양한 정치적 행위자들의 상황이 복잡하게 제시되고 있을 뿐이다. 이 속에서 반유대주의와 제국주의는 정치적 해방, 사회적 평등, 계급사회의 형성, 인종주의와 관료적 순응주의의 등장과 같은 근대 사회의 특징들을 설명하기 위한 계기일 뿐 그 자체로는 특별한 의미를 지니지 않는다. 또한 3부에서 서술되고 있는 전체주의 사회의 특징에서는 이러한 근대사회의 고유한 특징과 흔적을 살펴볼 수는 있어도 반유대주의와 제국주의가 전체주의와 어떤 인과관계를 갖는지는 찾아볼 수 없다.

이는 전체주의가 어떤 특정한 요인들의 필연적 결과물이 아니라 복잡한 역사적 요인과 정치적 행위자들의 의지가 우연히 결합된 산물임을 의미한다. 아렌트가 이러한 우연성과 복잡한 역사적 맥락을 강조하는 것은 전체주의라는 시대의 비극에 인간이 개입할 수 있는 여지를 만드는 것이기도 했다.[18] 전체주의가 등장하기까지 존재했던 수많은 근대 사회의 계기들 중 어느 한 계기라도 인간의 새로운 시작 능력의 개입을 통해 변화될 수 있었다면 전체주의와 홀로코스트를 피할 수도 있었을 것이기 때문이다. 『기원』이 전체주의라는 비극적 현상에 대한 설명으로 끝나지 않고 여전히 인류에게는 정치적 가능성이 존재한다는 희망으로 끝을 맺고 있는 것도 이렇나 맥락에서 이해될 수 있을 것이다.

---

18 전체주의를 둘러싼 요인들의 인과관계에 대해서 아렌트가 단순한 인과관계나 연대기를 채택하지 않고 매우 복잡한 서사와 이야기를 제시하는 이유가 단순히 방법론적 미숙함 때문이 아니라 실증주의적 사회과학이나 필연성을 전제하는 역사서술의 방식을 뛰어넘어 새로운 대안이나 가능성을 모색할 수 있게 하기 위함이라는 주장은 주목해 볼만 하다. 이에 대해서는 강정민, 앞의 논문 참조.

이런 관점에서 『기원』을 독해하면 책 곳곳에서 인간다움을 보장하기 위해 인류가 해결해야 하는 과제, 혹은 근대가 내포하고 있는 근원적 문제들에 대한 아렌트의 지적에 주목할 수 있게 된다. 이러한 문제들은 전체주의가 다시 등장하지 않기 위해 해결되어야 하는 문제일 뿐 아니라 근대적 구조의 한계를 넘어서고자 하는 인류의 자기 성찰의 지점이라고 할 수 있다.[19] 따라서 이러한 문제들은 전체주의를 초래한 '과거'의 문제가 아니라 '미래'를 살아가야 하는 새로운 세대들이 해결해야 하는 '오늘'의 과제이자 투쟁의 대상이기도 한 것이다.[20] 『기원』이 아렌트의 다른 저작들과 비교해도 훨씬 더 풍부한 교육적 의미를 내포한다고 볼 수 있는 이유가 여기에 있다.

물론 이처럼 "이해" 개념에 충실하게 『기원』을 독해할 때 얻을 수 있는 교육적 의미는 단순한 역사적 지식의 전달 및 습득의 과정과는 거리가 멀다. 『기원』에 대한 독해를 통해 연대기적인 역사적 지식을 얻기는 매우 어렵고, 더군다나 전체주의의 직접적 원인에 대한 사회과학적

19　전체주의를 "이해"한다는 것의 의미가 우리에 대한 자기성찰의 의미를 담고 있다는 설명은 아렌트의 『이해의 에세이(Essays in Understanding)』에 수록된 "이해와 정치"(Understanding and Politics)"에서 보다 자세히 드러난다. 여기서 아렌트는 전체주의 운동이 비전체주의 세계에서 연유하는 한 전체주의에 대한 이해는 우리의 자기이해의 과정일 수밖에 없다고 주장한다. Hannah Arendt, *Essays in understanding, 1930-1954: Formation, exile, and totalitarianism*, Schocken, 2011, p. 310.

20　아렌트는 과거와 현재, 미래 사이에 항상 이러한 시간적 관계를 설정한다. 그녀에 따르면 현재는 과거와 미래라는 상반된 방향의 힘으로부터 완전히 자유로울 수 없는데, 그 속에서 현재를 살아가는 인간의 정치적 행위가 이미 정해진 것처럼 보이는 역사적 궤적을 변화시키는 것이 인간적 삶의 고유한 특징이다. Hannah Arendt, *Between Past and Future*, Penguin, 2006, p.7-8.

결론을 얻기는 거의 불가능하다.[21] 대신 『기원』은 근대를 구성하고 있는 복잡하고 모순적인 구조 속에서 인간다움과 존엄성을 보장하는 것이 생각보다 어려운 문제라는 것을 절감하게 해주며, 그럼에도 불구하고 우리의 적극적인 정치적 실천 없이는 인류의 미래를 낙관할 수 없다는 것을 깨닫게 해줌으로써 독자들 스스로 세계를 변화시키기 위해 '무엇을 할 것인지'를 고민하도록 만든다. 이러한 효과는 비록 일반적인 의미의 교육 효과와는 다르지만, 아렌트가 생각했던 교육의 의미와 정확하게 부합한다. 아렌트는 교육이 새로 태어나는 이들에게 낡은 세계를 소개함으로써 그들을 세계 속으로 인도해야 하지만, 이들이 세계에 순응하도록 하는 것이 아니라 전통적인 규정이나 법칙, 관습을 벗어나 새로운 것을 시작하고 예측할 수 없는 것을 세계에 가져올 수 있도록 보장해주는 역할을 해야 한다고 주장한 바 있다.[22] 『기원』이 수행하고 있는 전체주의의 "이해"가 세계 인식과 시대의 짐을 책임지는 행위인 한에서 그것은 아렌트가 생각했던 교육적 의미에 잘 부합하는 저작이 되는 것이다.

다음 장에서는 『기원』을 구성하고 있는 3부(반유대주의, 제국주의, 전체주의)의 핵심 내용을 통해 저작에서 드러나는 구체적인 교육적 함의를 제시해볼 것이다. 그것은 첫째로 행정적 보호의 대상인 약자들의 정

---

21 『기원』을 읽는 독자들이 독해에 어려움을 느끼는 이유도 여기에 있다. 일반적인 역사적 서술과 다른 서술 방식은 물론이고 제목과 불일치하는 저술의도가 독자들의 독서를 어렵게 만드는 주요 요인이라고 할 수 있다.

22 교육에 대한 아렌트의 관점은 『과거와 미래 사이』에 수록된 「교육의 위기」에서 찾아볼 수 있다. 아렌트의 교육론과 아렌트의 정치사상 사이의 연관성에 대한 자세한 설명은 박은주, 앞의 책 참조.

치적 주체성의 복원, 둘째로 인간 존엄성과 인권 개념의 재발견, 셋째로 사회적 원자화와 자기중심적 슬픔의 지양과 사회적 관계의 회복이 될 것이다. 이를 차례대로 살펴보도록 하자.

Ⅲ. 『전체주의의 기원』의 교육적 함의

1. 반유대주의: 보호의 대상에서 능동적 시민주체로

『기원』의 1부 제목은 "반유대주의"이다. 아렌트는 반유대주의에 대한 당대의 다양한 주장들을 검토하면서 자신이 반유대주의에 접근하는 방식을 차별화한다. 아렌트가 검토했던 기존의 주장들은 크게 반유대주의가 나치의 선동으로부터 비롯되었다는 주장, 반유대주의는 민족주의나 외국인 혐오증과 동일하다는 주장, 그리고 나치의 테러의 본보기로 유대인이 선택되었다는 희생양 이론과 유대인 혐오가 유럽에 오랫동안 존재해왔다는 영구적 반유대주의에 대한 주장이다. 아렌트는 오늘날에도 반유대주의의 원인으로 지목되는 이러한 주장들을 하나씩 반박하면서 반유대주의가 사람들의 통념과 다를 뿐 아니라 희생양 이론이나 영구적 반유대주의 이론이 유대인 혐오자나 유대인 모두를 책임으로부터 벗어나게 함으로써 반유대주의에 대한 근본적인 해결을 가로막게 된다고 주장한다.[23] 반유대주의가 민족-국가의 확산과 유대인

---

23   *OT*, pp. 4-7.

들의 동화, 정치적 해방 등과 관련한 복잡한 역사적 맥락에서 이해되어야 한다고 보는 아렌트의 주장에서 주목할만한 것은 반유대주의의 책임이 희생자인 유대인들에게도 있다는 것이다.

이른바 희생양은 이제 세상이 모든 죄를 뒤집어씌우고 그 대신 처벌을 면하고자 하는 무고한 희생자가 아니다. 세상사에 관여하는 여러 집단 중 한 집단의 사람들이 희생양이 되는 것이다. 그러나 이 집단이 세상의 불의와 잔혹함의 희생자가 되었다는 이유만으로 공동의 책임에서 벗어날 수는 없다…(중략)…희생양 이론은 반유대주의의 심각성과 유대인이 사건의 소용돌이 한가운데로 내몰렸다는 사실이 가진 중대한 의미를 회피하려는 주된 시도 중 하나에 불과하다.[24]

적어도 반유대주의 운동의 정치적 의미를 설명하려는 이 두 교리 (희생양 이론과 영구적 반유대주의)만이 유대인의 특정한 책임을 모두 부인하며, 또 특정한 역사적 관점에서 문제를 논의하는 것을 거부한다는 것은 주목할만하다. 이 두 교리는 인간 행위의 중요한 의미를 내재적으로 부정한다는 점에서 인간 활동의 가능성을 형해화시키는 근대의 통치 형태와 행위와 놀랄만큼 유사하다.[25]

유대인이 반유대주의에 일정한 책임이 있다는 이러한 주장은 1963년에 출간한 『예루살렘의 아이히만』을 통해 유대인 사회에 본격적으

---

24   *OT*, pp. 5-6.
25   *OT*, p. 8.

로 알려지면서 커다란 논쟁을 불러일으키게 된다. 그러나 피해자, 희생자에게 책임이 있다는 주장은 이처럼 이미 『기원』에서 제기된 바 있다. 그렇다면 아렌트가 이를 통해 제기하고자 했던 '시대의 짐'은 무엇일까.

여기에 대한 답은 두 번째 인용문의 '인간 활동의 가능성을 형해화시키는 근대의 통치 형태'라는 표현에 담겨있다. 아렌트는 근대의 가장 어두운 측면은 인간이 가진 고유한 행위(action)의 가능성이 노동(labor) 혹은 사회에 대한 순응(conformation)으로 대체되는 것에 있다고 보았다.[26] 인간의 행위 가능성을 부인하는 것이 근대 정치의 특징이고, 유대인을 단순히 희생양으로 간주하는 이론이 이것과 유사하다면, 이는 결국 희생양이론이나 영구적 반유대주의가 유대인의 정치적 행위의 가능성을 인정하지 않는다는 것을 의미한다. 유대인이 다른 민족이나 인종과 마찬가지로 정치적 주체로 인정되어야 함에도 불구하고 유대인을 무고한 희생자로 간주하려는 행위는 유대인의 정치적 주체의 가능성을 차단하고 동시에 유대인의 정치적 책임까지도 무시하는 결과를 초래한다.

따라서 아렌트가 반유대주의에 대한 기존의 통념으로부터 벗어나야 한다고 주장하는 것은 전체주의의 희생자였던 유대인에게 정치적

---

26 아렌트는 인간의 조건으로 행위(action), 작업(work), 노동(labor)을 검토하면서 이 중 가장 고유한 인간 활동은 정치 공동체를 통해 스스로의 삶을 결정하는 행위라고 보았다. 작업과 노동은 인간이 살아가는데 필수적인 활동이지만 그것에 인간의 고유성이 담겨있다고 보지는 않는다는 점에서 행위보다 부차적인 활동으로 이해될 수 있다. 이에 대해서는 『인간의 조건』 제1장 참조.

주체로서의 자리를 복원시켜야 한다는 의미를 담고 있다. 이는 유대인에게 비극에 대한 도덕적 책임을 묻겠다는 것이 아니라 희생자들이 단순히 통치와 보호의 대상으로 머물지 않고, 자신들의 운명에 적극적인 책임을 지는 정치적 존재로 자리매김해야 한다는 것을 강조하는 것으로 이해될 수 있다. 이러한 의미에서 희생자의 도덕적 책임과 정치적 책임을 구분하여 이해하는 것이 필요하다.[27]

정치적 주체로의 복귀는 단순히 유대인들에게만 요청되는 것이 아니다. 근대의 통치 형태는 유대인뿐 아니라 근대인들에게 정치적 주체의 자리가 아닌 노동과 순응의 자리를 요구하고 있다는 것이 아렌트의 생각이었다. 따라서 유대인들에게 희생양이 아니라 정치적 주체가 될 것을 강조하는 것은 노동하는 동물(animal laborans)로 전락한 근대인들에 대한 아렌트의 일침과 같은 맥락에서 이해될 수 있다. 공동 세계(common world)를 함께 구성하고 만들어가는 정치적 주체가 아니라 단순히 정부의 행정적 보호와 관료적 통제에 순응하는 존재가 되어버린 근대인들은 유대인들과 마찬가지의 처지에 놓여 있는 셈이다. 그들은 국가와 정부의 보호 없이는 아무것도 할 수 없었던 유대인들처럼 수동적 존재일 뿐이기 때문이다. 따라서 반유대주의와 유대인의 취약한 지위에 대한 아렌트의 분석은 근대가 초래한 정치의 쇠퇴와 관료적 지배의

---

27 번스타인의 지적처럼 아렌트가 여기서 제기하는 책임의 문제는 도덕적 책임이 아니라 정치적 책임을 의미한다. 즉, 자신을 둘러싼 환경과 구조의 문제를 정치적으로 결정할 수 있는 기회가 있었음에도 불구하고, 이를 포기함으로써 결국 희생을 운명적으로 받아들이게 하는 상황 자체를 문제 삼고 있는 것이다. 이에 대해서는 Richard Bernstein, *Hannah Arendt And The Jewish Question*, 1996, 김선욱 옮김, 『한나 아렌트와 유대인 문제』, 서울: 아모르문디, 2009, 71쪽 참조.

승리에 대한 비판이자 정치적 주체성의 복원에 대한 강력한 요청이기도 한 것이다.

그런데 문제는 아렌트가 1부의 마지막에 이르러서 정치의 무대에 등장한 '폭민(mob)'의 파괴적 성격에 주목하고 있다는 점이다. 사회의 잉여존재로 인식됨으로써 사회로부터 배제된, 조직되지 않은 다수를 의미하는 폭민은 위대한 지도자를 소리높여 외침으로써 근대의 민주적 정치 구조 자체를 파괴하고, 전체주의를 초래할 수 있는 위험을 항상 내포한다.[28] 사회적 하층계급이기도 한 이들이 정치의 무대에 등장함으로써 초래될 파괴적 결과에 대한 아렌트의 언급은 독자들을 혼란스럽게 만들기에 충분하다. 하층계급이 정치 무대에 등장하는 것이 부정적 결과를 초래한다면 하층계급이 정치적 주체성을 획득해서는 안 된다는 의미인가, 혹은 바람직한 정치는 결국 엘리트들의 정치라는 것인가.

아렌트는 이 문제에 대해 엘리트 지배로의 회귀를 단호히 거부하면서 인민(people)과 폭민을 구분할 필요를 제기한다.[29] 그리고 공동세계를 부정하고 파괴하려는 폭민이 아닌 공동세계를 보호하면서도 세계를 혁명적으로 변화시키려는 인민을 지지한다. 물론 아렌트의 이러한 입장에도 불구하고 독자들은 일종의 아포리아(aporia)를 경험하게 된다. 근대사회에서 왜소해진 정치적 주체성 복원의 필요성에 공감하다가도 정치적 주체의 확대가 가져다줄 공포를 경험하기 때문이다. 그러나 이

---

28 *OT*, p. 107.

29 *OT*, p. 112.

러한 아포리아의 경험이야말로 아렌트가 의도했던 "이해"와 교육의 핵심이 될 수 있다. '시대의 짐'에 대해 기존의 역사와 전통 속에서 답을 발견하는 것이 아니라 아포리아 속에서 고민하고 예측할 수 없는 새로운 대안을 모색할 수 있는 기회를 제공하는 것이 아렌트가 생각했던 교육의 의미이기 때문이다.

2. 제국주의: 인간 존엄성과 인권의 재발견

『기원』의 제2부 제목은 제국주의이지만, 주요 내용은 19세기 말, 20세기 초 유럽을 특징짓는 인종주의적 사고방식과 관료적 지배의 일반화를 주로 다루고 있다. 2부는 제목과 내용이 상당히 이질적이라고 볼 수 있는데, 아렌트는 유럽의 제국주의가 인종주의적 사고를 유럽 전역으로 확산시키고 경제적 이익을 최우선으로 삼는 관료들의 등장에 중요한 계기를 제공했다고 보았기 때문에 이러한 제목을 제시하고 있는 것으로 보인다.

제2부의 전개는 9장 "민족-국가의 쇠퇴: 인간 권리의 종말"에 이르러 급격한 변화를 보여준다. 제국주의 열강의 경쟁에 참여하지 못했던 중부·동부 유럽의 신생 민족국가들이 종족적 민족주의와 결합하면서 발생했던 소수민족 박해와 난민의 발생은 전체주의의 비극적 결말을 예고하고 있었다. 18세기의 인권 선언을 통해 등장한 인간의 존엄성과 보편적 권리가 민족-국가의 주권과 결합함으로써 특수한 권리로 전환된 20세기의 역사는 민족과 국민의 범주에 속하지 않는 존재들을 쓸모없는 존재로 낙인찍고 어떠한 권리도 갖지 못하도록 만들었다. 히틀러

의 홀로코스트는 이렇게 민족-국가로부터 추방당함으로써 어떤 권리도 갖지 못한 유대인들을 대상으로 했으며, 이는 인간에게 과연 '인권'이 있는가에 대한 근본적 회의를 갖도록 만들었다. 인간에게 어떠한 상황에서도 침해당할 수 없는 기본권이 존재한다면 국적을 박탈당하고 국가로부터 추방당했다는 이유만으로 인간의 존엄성을 훼손당하는 일은 발생하지 않아야 하지만 현실은 국적을 상실함으로써 어떠한 권리도 주장할 수 없게 되었기 때문이다. 아렌트는 이로부터 인간의 존엄성은 추상적으로 선언된 18세기 인권 개념이 아니라 공동체에 소속되어 공동체 성원들 상호 간에 형성되는 구체적인 권리 생성의 노력을 통해서만 보장될 수 있다는 주장을 제기한다.

(유대인을 비롯한) 수백만 명의 사람들이 권리를 가질 권리, 그리고 어떤 종류의 조직된 공동체에 속할 수 있는 권리를 잃고 다시 얻을 수 없게 되면서, 우리는 비로소 그런 권리가 존재한다는 사실을 깨닫게 되었다…(중략)…정치조직의 상실이 인간을 인류로부터 추방한다.[30]

이 새로운 상황이 의미하는 바는 이런 상황에서 '권리를 가질 권리' 또는 인류에 속할 수 있는 모든 개인의 권리가 인류 그 자체(스스로)에 의해 보장받아야 한다는 것이다.[31]

아렌트는 인간이 태어난다는 사실 자체, 즉 탄생성으로부터 인류

---

30   *OT*, p. 297.
31   *OT*, p. 298.

에, 그리고 정치조직에 속할 권리를 지니며, 이 권리를 통해 정치공동체 속에서 스스로의 권리를 만들어나가야 한다고 주장한다. 이러한 권리 생성을 위한 근본 권리 개념을 아렌트는 '권리를 가질 권리'라고 부른다. 따라서 아렌트에게 인권은 선험적으로 존재하는 개념이 아니라 구체적인 정치 공동체에서 권리를 생성하려는 실천과 행위로부터 발생한다고 볼 수 있다. 이는 '인권'을 자연적 본성이나 특성과 같은 인간의 추정적(presumptive) 속성으로부터 비롯하는 것이 아니라 한 개인이 도덕적 의식의 사회적 생산에 참여함으로써 획득되는 것으로 간주하는 것이다.[32] 마찬가지의 의미에서 아렌트는 인간의 존엄성이 단순히 추상적 인권을 통해 보호될 수 있는 것이 아니라 정치공동체 속에서 권리 주체들이 권리를 생산하고자 하는 상호 노력으로 보호될 수 있다고 본 것이다.

이렇게 보면 새로운 인권 개념의 필요성에 대한 주장은 『기원』 전체를 관통하는 아렌트의 문제의식에 대한 결론에 해당한다고 할 수 있다. 정치공동체 속에서 정치적 주체로서의 자리를 되찾고 그 안에서 스스로 자신의 권리를 만들고 보호하는 것이야말로 인간 존엄성을 보장할 수 있는 유일한 방법이다. 그러나 이 결론 역시 인류가 해결해나가야 할 시대의 짐이자 결코 해결하기 쉽지 않은 딜레마를 내포하고 있다. 인간다움을 보장하기 위해서는 추상적 인간이 아니라 구체적인 정치공동체에 소속되어야 하는데, 문제는 정치공동체의 대표적인 형태인

---

32 Frank Michelman, "Parsing 'A Right To Have Rights'", *Constellations* 3(2), 1996, p. 204.

민족-국가가 종종 인간다움을 파괴하는 가장 강력한 폭력 기구이기도 하기 때문이다. 따라서 조직된 정치공동체에 소속될 수 있는 권리를 새로운 인권 개념으로 받아들인다고 하더라도 민족-국가가 어떻게 인간 존엄성을 파괴하지 않도록 할 수 있는지에 대한 쉽지 않은 과제가 남게 된다. 이 문제에 대한 명확한 해답 역시 제시되지 않는 가운데, 아렌트는 인권이 단순히 민족-국가의 전통적인 법과 제도를 통해서 보장되는 것이 아니라 민족-국가의 형태를 변화시킬 수 있는 새로운 구성원들의 시작 능력과 적극적인 정치적 행위를 통해서만 보장될 수 있다는 점을 분명히 하고 있다. 인간 존엄성이 더 이상 전통적인 제도를 통해서가 아니라 새로운 구성원들이 만들어낼 새로운 제도와 권리체계에 의해 보장될 수 있다는 메시지는 아렌트가 생각했던 "이해"와 "교육"의 의미가 무엇인지 정확히 보여준다.

3. 전체주의: 사회적 원자화와 자기중심적 슬픔의 일반화

『기원』 3부는 전체주의가 본격적으로 등장하는 과정과 전체주의의 특징을 서술하고 있다. 아렌트는 히틀러라는 전체주의의 지도자가 전체주의가 등장하게 된 결정적 원인이라고 보는 것이 아니라 전체주의를 적극적으로 요청하고 수용했던 대중(mass)의 등장을 결정적인 계기로 설명한다. 자본주의와 근대 시민혁명을 통해 역사의 전면에 등장하게 되었던 인민(people)은 계급과 정당으로 조직되어 자신이 누구인지, 그리고 무엇을 해야 하는지 인식할 수 있었다. 그러나 계급과 정당에 의해 조직되지 못했던 이들[33]이 19세기 내내 제국주의의 열렬한 지지자들로 남아 있었고, 특히 계급 정당이 확립되지 못한 중부·동부 유럽을 중심으로 이들을 전체주의적 대중으로 조직화하려는 이들의 시도가 성공을 거두게 된다. 여기서 아렌트가 주목하는 지점은 19세기 말, 20세기 초 유럽의 계급운동과 정당이 경험했던 한계와 실패였다.

아렌트는 20세기 초 유럽의 상황을 정당과 계급 제도의 붕괴로 규정한다. 모든 개인이 특정 정당에 소속되어 공적 영역에 참여할 수 있다는 근대 정당제도의 이상은 소수의 정치인과 권력자들이 독점하는 정치로 대체되었고 대중은 공적 사안에 무관심해지고 심지어는 적대적이며, 정치문제에 중립적 태도를 고수하게 된다. 슈미트(C. Schmitt)로 대변되는 자유민주주의의 공격자들이 득세할 수 있었던 것도 이러한 사회적 분위기 덕분이었다. 이제 정당은 계급을 대변할 수 있는 기회를 상실해갔고, 새로운 젊은 세대를 당원으로 충원하지도 못했다. 그리고 계급이라는 보호장벽의 붕괴는 잠자던 다수를 조직되지도 분화되지도 않은 하나의 거대한 대중으로 만들어갔다.

더 심각한 문제는 이러한 거대한 대중의 정치적 의미를 기존 정당과 계급 운동이 제대로 이해하지 못했다는 점이었다. 기존 정당은 정치적으로 중립적이고 무관심한 대중이 별로 중요하지 않으며, 또 그들은 정말 중립적이어서 국가의 공적 사안에서 결정적인 변수가 되지 못한

---

33 아렌트는 『기원』 1부와 2부에서 실업자, 부랑자 등 정치적으로 조직되지 못하고 사회에서도 쓸모없는 존재들로 낙인찍힌 이들을 가리켜 폭민(mob)이라는 표현을 사용했는데, 조직되지 못한 인민이라는 의미로도 이해될 수 있는 이 개념은 20세기에 와서 대중(mass) 개념으로 확장된다. *OT*, p. 307-308.

다고 판단하고 있었다. 따라서 이들은 조직되지 않은 대중이 원하는 것이 무엇인지 이해하려 하지 않았고, 대중은 자신들을 대표하는 이들은 존재하지 않는다는 낙담과 정치에 대한 불신에 빠지게 된다. 이 틈을 파고든 것이 전체주의 운동 세력이었다. 이들은 의회민주주의를 경멸했음에도 선거에 참여하여 의회에 진출하는데 성공한 뒤, 의회의 다수가 실제로는 가짜 다수에 지나지 않고, 의회 민주주의 체제 안에서 형성된 다수가 결코 현실을 반영하지 않는다는 것을 일반 국민들에게 설득시키는 데 성공했다.

오늘날 전체주의의 위험을 설명할 때 자주 인용되는 이러한 전체주의 등장의 과정에서 우리는 대중의 위험성에 초점을 맞추곤 한다. 그러나 아렌트가 강조하고자 했던 것은 단순한 대중의 위험성이 아니다.[34] 아렌트는 대중이 왜 전체주의 운동과 이데올로기에 심취하게 되었는지를 설명하는데 관심이 있었다. 대중이 전체주의 이데올로기에 심취한 이유에 대한 아렌트의 분석은 다음과 같다.

계급사회가 붕괴하는 이런 분위기에서 유럽 대중의 특수한 심리가 탄생했다. 대중에게 동일한 운명이 닥쳤지만, 대중들은 개인적 실패의 관점에서 스스로를 판단하거나 특정한 불의의 관점에서 세계를 판단했다. 이런 자기 중심적 슬픔(self-centered bitterness)이 개인적 고립 속

---

34 만일 아렌트가 대중의 위험성에만 관심을 가졌다면 결코 인민이 정치를 구성하는 주체라는 주장을 제기하지 않았을 것이다. 『기원』 뿐 아니라 『인간의 조건』에서 아렌트는 복수성(plurality)을 특징으로 하는 인간의 가장 고유한 활동이 정치 참여이며, 근대 정치의 후퇴는 인민의 참여가 아니라 관료적 지배로 변질된 대의제 민주주의에 있다는 점을 강조한다.

에서 반복되었고, 그것이 개인적 차이를 소멸시키는 경향을 가졌음에도 불구하고 그것은 대중을 묶는 공통의 끈이 아니었다. 왜냐하면 그것은 경제적이든, 사회적이든, 아니면 정치적이든, 공동의 이익에 기초를 두고 있지 않기 때문이다. 따라서 이러한 자기 중심성은 자기보존 본능의 결정적 약화를 수반한다. 자신은 더이상 중요하지 않다는 의미에서의 사심없음, 즉 자신이 소모되어도 좋다는 감정은 개인적 관념론의 표현이 아니라 대중적 현상이 되었다. 가난하고 억압받는 자들이 쇠사슬 이외에는 잃을 것이 없다는 옛 격언은 더이상 대중에게 적용되지 않았다. 왜냐하면 그들이 자신의 복지에 관심을 갖지 않게 되면서 빈곤의 쇠사슬보다 더 많은 것을 상실했기 때문이다.[35]

대중이 공통으로 경험하고 있는 빈곤과 비참함을 사회의 구조적 문제로 이해하기보다 개인이 경험하는 불행으로 이해하는 자기 중심적 슬픔은 공동의 정치적 행위를 통해 사회를 변화시킬 수 있는 동기를 제거한다. 이는 자신의 처지를 개선할 수 있는 대안 모색에 대한 관심을 약화시키고 결국에는 자신의 이익을 합리적으로 추구할 수 없도록 한다. 그 결과 대중은 "자기 이익의 철저한 상실, 죽음이나 개인적 파국 앞에서의 냉소적이고 권태로운 무관심, 가장 추상적인 관념들을 향한 열정적 성향, 가장 명백한 상식의 규칙에 대한 일반적 경멸"이라는 예상치 못한 특징들을 지닌 집단으로 변해가기 시작한다.[36]

전체주의 이데올로기가 대중을 현혹시킬 수 있었던 것은 공동의

---

35 *OT*, p. 315.

36 *OT*, p. 316.

정치적 행위가 불가능해짐에 따라 나타나는 사회적 원자화와 극단적 개인화 때문이었다. 개인화와 원자화는 대중으로 하여금 일상사의 복잡하고 해결하기 어려운 문제를 붙잡고 씨름하기보다 추상적이고 관념적이며 단순한 해결책으로 도피하도록 부추긴다. 그리고 이러한 도피처를 제공하는 것이 바로 전체주의 이데올로기였다.

결국 아렌트가 제3부 전체주의를 통해 제기하고자 했던 것은 전체주의의 위험성이나 대중의 위험성이 아니라 바로 이러한 사회의 파편화와 극단적 원자화의 위험이었다고 볼 수 있다. 대중은 근대 이래로 정치의 가장 중요한 창작자이며, 우회할 수 없는 의사결정의 통로였다. 아렌트는 대중이 정치에 관여하는 것이 문제가 아니라 대중이 탈정치화되고, 개인화되면서 전혀 민주적이지 않고 합리적이지 않은 정치에 의존하는 것이 문제라고 보았다. 전체주의가 인류에게 준 교훈은 대중의 위험이 아니라 조직되지 않은 대중과 추상화된 관념의 결합이었던 것이다.

어떤 의미에서 3부는 1부에서 등장했던 정치적 주체성의 확장에 드리워진 폭민의 공포라는 아포리아에 대한 아렌트의 해법을 엿볼 수 있는 부분이다. 인민이 폭민 혹은 대중으로 변질되는 것은 인민 그 자체의 속성 때문이 아니라 인민을 둘러싼 사회·경제적 조건의 변화 때문이다. 특히 인민을 정치적으로 조직해주었던 계급 운동의 실패와 사회적 연대의 해체는 전체주의적 대중의 탄생에 직접적인 원인을 제공했다. 그렇다면 인민에게 정치적 주체의 자리를 되돌려주면서도 폭민과 대중의 등장을 걱정하지 않을 방법은 사회적 연대를 복원하는 것이다. 물론 사회적 연대가 계급 운동의 형태가 될지, 새로운 조직과 결사의 형태가 될지는 알 수 없다. 중요한 것은 『기원』을 통해 이러한 과제를 인식하는 것, 그리고 이 과제를 회피하지 않고 책임지고자 하는 정치적 주체들의 노력이다.

IV. 결론을 대신하여: 『전체주의의 기원』의 현재성

『기원』에서 발견할 수 있는 교육적 함의는 오늘날 한국 사회에서도 유효하다. 신자유주의가 사회를 구성하는 원리가 된 지난 20여 년 동안 한국 사회는 많은 변화를 경험하고 있다. 그중 가장 눈에 띄는 것은 경제적 양극화의 심화이지만, 더 중요한 변화는 양극화가 이루어지는 과정에서 발생한 사회적 연대와 공동 세계(common world)의 해체라고 할 수 있다. 신자유주의적 구조조정이 일어나는 동안 그에 저항했던 기존 사회의 정치적 조직은 수많은 패배의 경험 속에서 해체되거나 약화되었고, 이를 대신하는 새로운 정치적 조직이나 연대의 원리는 발견되지 않았다. 공동 세계를 변화시키고 대안을 모색하는 집단적 정치 행위가 부재하는 가운데 한국 사회는 사회적 원자화와 '자기중심적 슬픔'을 경험하고 있다.[37]

---

37 이러한 정치적·사회적 연대의 해체를 신자유주의의 도덕성과 비윤리성의 관점에서 접근하고 있는 연구로는 김홍중, 「육화된 신자유주의의 윤리적 해체」, 『사회와 이론』 14, 2009, 사회적 원자화를 신자유주의적 자기 계발 주체의 등장으로 접근하고 있는 연구로는 서동진, 『자유의 의지 자기계발의 의지—신자유주의 한국사회에서 자기계발하는 주체의 탄생』, 돌배게, 2009. 참조.

이 과정에서 대중은 서로를 희소한 가치의 분배를 둘러싸고 벌이는 경쟁의 상대로만 인식하는 경향이 있으며, 국가나 정부의 역할은 이러한 경쟁을 공정하게 관리하는 감독관의 역할에 한정되고 있다. 최근 몇 년간 한국 사회의 주요 화두였던 '정의'가 결국 '공정한 경쟁'이라는 제한적 의미로 귀결되고 있는 것은 이러한 현상을 방증하고 있다.[38] 이제 부의 양극화와 성장의 정체로 인해 개인들이 경험하고 있는 고통은 사회의 구조적 모순 때문이 아니라 경쟁에서 낙오한 개인의 무능함이나 경쟁을 공정하게 관리하지 못한 정부의 행정적 무능 탓으로 인식된다. 신자유주의적 자기개발의 논리는 이제 거부할 수 없는 요구로 받아들여지고 있으며, 이 요구를 충족시키지 못한 개인은 자신과 가족의 무능함과 무기력함에 좌절하거나 '자기중심적 슬픔'을 느끼고 있다. 이러한 상황에서 권리는 노력하고 성공한 개인들이 획득한 경쟁의 결과를 보호하는 것에 한정되며, 이 권리는 천부적이며, 불가침의 성격을 지니는 것으로 간주된다. 이렇게 끊임없는 경쟁에서 살아남는데 급급한 개인들은 공동체와 동료 시민들에게 무관심해지며 희소한 자원 경쟁을 더욱 가중시킬지도 모르는 이방인들에게는 지나친 경계심과 민감성을 보이고 있다.

미디어의 변화와 코로나19로 인한 비대면 접촉의 증가는 이러한

---

[38] 공정한 경쟁 과정이 곧 정의를 의미하지 않는다는 주장은 오래 전부터 제기되어 왔다. 최근에는 『정의란 무엇인가』로 우리 사회에 정의 담론을 유행시켰던 샌들(M. Sandle)에 의해 공정한 경쟁을 강조한 결과가 가져올 수 있는 능력주의(meritocracy)의 부정의함에 대한 문제제기가 이루어지고 있다. 이에 대해서는 Michael Sandel, *The Tyranny of Merit : What's Become of the Common Good?*, 2020; 함규진 옮김, 『공정하다는 착각』, 와이즈베리, 2020. 참조.

원자화와 '자기중심적 슬픔'을 가속화시키고 있다. 4차 산업혁명이 가져다줄 많은 가능성에 대한 기대에도 불구하고 현재까지 나타나고 있는 변화는 사회적 연대와 공동성의 복원 혹은 재창조와는 거리가 멀어 보인다. 비대면 접촉은 상대를 동료 인간이자 시민으로 인식하게 하기보다 가상의 공간에 존재하는 비인격체로 인식하게 하는 경향이 있으며, 이로 인한 온라인상의 폭력과 인격의 훼손은 정부의 행정적 통제와 경찰력 강화를 요구하는 흐름으로 나타나게 된다. 따라서 정부는 공정한 경쟁의 감독자이자 다양한 유형의 폭력과 인격 훼손으로부터 개인을 보호해주는 보호자의 역할을 요구받고 있다.

아렌트가 『기원』에서 분석하고 있는 19세기 말, 20세기 초의 유럽이 지금의 한국과 공유하는 유사성은 많지 않다. 한국에 반유대주의가 만연하지도 않을뿐더러 제국주의경쟁의 시대는 이미 지나갔으며, 전체주의의 핵심인 전체주의의 전위조직과 테러가 우리 사회를 지배하고 있지도 않다. 이런 의미에서 『기원』은 멀리 떨어져 있는 지역에서 과거에 벌어진 일에 대한 회고적 평가를 제공하는 데 그칠 수도 있다. 그러나 정치의 축소와 행정의 만능화, 개인적 소유의 배타성과 국민의 범주에 포함되지 않는 이들의 권리상실, 그리고 사회적 원자화와 '자기중심적 슬픔'의 일반화는 한 세기를 두고 한국 사회에서 그대로 반복되고 있다. 이는 이 문제들이 단순히 특정 시기, 특정 지역의 문제가 아니라 근대 정치와 자본주의, 그리고 민족국가라는 보편적 구조의 산물이라는 것을 보여준다. 이런 관점에서 『기원』은 오늘날 우리 사회가 직면하고 있는 특정한 문제들에 대한 역사적 성찰을 할 수 있게 해줄 뿐 아니라, 우리가 공동 세계의 일원으로서 근대성의 보편적 '짐'을 함께 해결해나가야 하는 행위 주체라는 것을 인식할 수 있게 해준다.

『기원』에 담겨있는 당대의 교육적 함의가 오늘날 우리 사회에서도 여전히 의미를 지닐 수 있는 이유가 여기에 있다. 서구 근대 사회의 모델을 따라가기에 급급했던 한국 사회는 이제 서구 근대 사회가 직면했던 위기를 비슷하게 경험하고 있으며, 신자유주의적 세계화라는 외적 충격을 경험하면서 위기를 성찰할 수 있는 기회마저 상실한 채 급속한 사회적 전환을 맞이해야만 했다. 게다가 코로나 19 팬데믹과 급격한 기술변화가 가져온 사회적 원자화의 가속화는 한국 사회가 직면해왔던 위기를 심화시킬 가능성이 높다.

이런 위기의 상황에서 정치의 역할을 관료적 지배와 행정적 보호로 축소·환원하는 것에 대한 유혹은 강렬할 수밖에 없다. 특히 오늘날 젊은 세대가 경쟁의 심화 속에서 느끼는 사회적 원자화의 경험은 사회를 변화시키기 위한 집단적 노력을 형성해나가기보다 정부가 개인적 욕구를 대리해주는 정치의 행정화로 이어지고 있으며,[39] 여기에 정치의 사법화 경향마저 강해지고 있다.

축소된 정치는 종종 정치에 대한 무관심과 혐오로 이어지게 되고, 사회적 원자화와 개인화를 증대시키는 요인으로 작용한다. 정부와 관료에게 정치의 자리를 내어준 시민 주체에게 남는 것은 개인이 이미 소유한 권리의 확인과 보장에 대한 열망이고, 타인과의 경쟁에서 불공정한 처우를 받지 않아야 한다는 강박이다. 이 경우 타인은 잠재적으로

---

39   청와대 국민 청원 제도에서 발견되는 모습은 우리 사회의 다양한 갈등과 문제의 존재이기도 하지만, 뚜렷한 정치의 행정화 경향이라고 할 수 있다.

나의 이익을 침해할 수 있는 적대적 존재이며, 그 존재가 어떤 동일성 (identity)도 공유하지 않는 이방인들인 경우 적대감은 극대화된다.[40]

시민 주체가 정치의 자리를 되찾는 것, 이를 위해 사회적 연대의 원리와 사회를 변혁할 수 있는 희망을 재발견하는 것, 이를 통해 인간의 존엄성과 근본적 권리가 원자화된 개인의 배타적 권리가 아닌 사회적 존재의 호혜적(reciprocal) 권리에 의해 보장되도록 하는 것은 우리 사회의 대안적 경로를 모색하는 데 있어서 중요한 참조점이 될 수 있다. 그리고 이러한 대안을 현실화시킬 수 있는 것은 현재의 한국 사회 구조를 만들어낸 기성 세대가 아니라 새로운 세대들일 것이다.

근대 정치와 자본주의가 잠에서 깨운 거대한 대중은 한국 사회에서도 그 힘을 수차례에 걸쳐 확인했고, 여전히 우리의 미래를 결정할 만큼 결정적 힘을 지니고 있다. 그 힘이 어떤 방향을 지향하느냐에 따라 우리가 충분히 더 나은 미래를 상상할 수도 있지만, 반대로 자기파괴적인 사회를 걱정해야 할 수도 있다.[41] 『기원』이 오늘날 우리의 현실 속에서 다시 읽힐 수 있다면 그것은 인류가 지나온 부끄러운 발자취에 대한 기록으로써가 아니라 우리가 앞으로 걸어갈 길에 대한 질문과 새

40　2019년 제주 예멘 난민 문제에 대한 우리 사회의 여론 지형은 이러한 측면을 잘 보여 준다. 단순한 무슬림 혐오를 넘어서서 국민이 아닌 존재에 대한 적대와 배제의 정서는 생존 경쟁의 심화와 무관하지 않다.

41　이러한 위험은 단순히 대중이 지닌 불확실성에만 있는 것이 아니라, 새로운 세대가 지니는 정치적 불확실성에도 내재한다. 아렌트 역시 새로운 세대가 지닌 정치적 주체로서의 역할 못지않게 그들이 기존 공동체에 가져오게 될 변화의 결과가 전혀 긍정적이지 않을 수도 있다는 점을 염두에 두고 있었다. 이에 대해서는 OT, p. 465 참조. 따라서 대중 정치가 지니는 자기파괴적 가능성 못지않게 새로운 세대가 지닌 자기파괴적 가능성을 완화시키기 위한 노력이 중요하다.

로운 세대가 짊어져야 할 우리 시대의 과제에 대한 미리보기로써일 것
이다.

참고문헌

1. 저서

박은주, 『한나 아렌트, 교육의 위기를 말하다: 학습중심의 시대, 가르침의 의미는 무엇인가』, 빈빈책방, 2021.

서동진, 『자유의 의지 자기계발의 의지—신자유주의 한국사회에서 자기계발하는 주체의 탄생』, 돌배게, 2009.

Arendt, Hannah, *The Origins Of Totalitarianism*, Houghton Mifflin Harcourt, 1973, 이진우·박미애 옮김. 『전체주의의 기원 Ⅰ·Ⅱ』, 한길사, 2006.

_____, *On Revolution*, Penguin Books, 1990, 홍원표 역, 『혁명론』, 한길사, 2005.

_____, *The Human Condition: With An Introduction By Margaret Canovan*, The University Of Chicago Press, 1998, 이진우·태정호 역, 『인간의 조건』, 한길사, 1996.

_____, *Between Past and Future*, Penguin, 2006.

_____, *Essays in understanding, 1930-1954: Formation, exile, and totalitarianism*, Schocken, 2011.

Benhabib, Seyla, *The Reluctant Modernism Of Hannah Arendt*, Rowman & Little Field Publishers, 2003.

Bernstein, Richard J., *Hannah Arendt And The Jewish Question*, Cambridge, Mit Press, 1996, 김선욱 역, 『한나 아렌트와 유대인 문제』, 아모르문디, 2009.

Birmingham, Peg, *Hannah Arendt And Human Rights: The Predicament Of Common Responsibility*, Indiana University Press, 2006.

Canovan, Margaret, Hannah Arendt: A Reinterpretation of Her Political Thought, Cambridge University Press, 1994.

Gadamer, Hans-Georg, Truth And Method, Trans. By Joel Weinsheimer And Donald G. Marshall, Continuum, 2004.

Parekh, Serena, *Hannah Arendt And The Challenge Of Modernity: A Phenomenology Of Human Rights*, R outledge, 2008.

Sandel, Michael, *The Tyranny of Merit: What's Become of the Common Good?*, 2020, 함규진 역, 『공정하다는 착각』, 와이즈베리, 2020.

Tully, James, ed. *Meaning and context: Quentin Skinner and his critics*, 1988, 유종선 역, 『의미와 콘텍스트: 퀜틴 스키너의 정치사상사 방법론과 비판』, 아르케, 1999.

Young-Bruehl, Elisabeth, *Hannah Arendt: For Love Of The World*, Yale University Press, 2004, 홍원표 역, 『한나 아렌트 전기: 세계 사랑을 위하여』, 인간사랑, 2007.

2. 논문

강정민, 「한나 아렌트의 역사서술과 이해의 문제」, 『담론201』 13(3), 2010.

김선욱, 「한나 아렌트의 '이해' 개념 이해하기」, 『철학연구』 132, 2014.

김세원, 「시민-인성 통합 교육 모색을 위한 한나 아렌트의 '소통하는 시민' 개념 연구―국내 아렌트 철학 연구 흐름을 배경으로」, 『수사학』 35, 2019.

김홍중, 「육화된 신자유주의의 윤리적 해체」, 『사회와 이론』 14, 2009.

이삼성, 「한나 아렌트의 인간학적 전체주의 개념과 냉전: 친화성과 긴장의 근거」, 『한국정치학회보』 49(5), 2015.

조나영, 「아렌트 '이해' 개념의 교육적 의미 고찰」, 『교육철학연구』 42(3), 2020.

Isaac, Jeffrey C., "A New Guarantee On Earth: Hannah Arendt On Human Dignity And The Politics Of Human Rights". *American Political Science Review*, 90(1), 1996.

Krause, Monika, "Undocumented Migrants: An Arendtian Perspective". *European Journal Of Political Theory* 7(3), 2008.

Michelman, Frank I., "Parsing 'A Right To Have Rights'", *Constellations* 3(2): 200-208, 1996.

Parekh, Serena, "A Meaningful Place In The World: Hannah Arendt On The Nature Of Human Rights", *Journal Of Human Rights* 3(1), 2004.

데카르트 철학에서 실체와 주된 속성의 구별에 대한 고찰*

백주진

I. 서론 : 실체 개념의 수정

데카르트는 중세 자연학의 질료형상 존재론을 버리고 수학과 기계론을 기반으로 하는 새로운 자연학을 확립하고자 하였다. 그러나 이 작업을 위해 그는 중세 형이상학의 개념들을 차용하여 자신이 원하는 계획에 맞게 수정해야 했다. 실체 개념이 그중의 하나인데 이 개념은 데카르트 철학 전체의 정합성을 확립하는 데 매우 중요하다. 그렇지만 그는 자신의 철학에 이 개념을 조심스럽게 도입한다. 가령 『방법서설』 4

*   이 글은 다음 논문을 수정, 보완한 것이다. 백주진: 데카르트 철학에서 실체와 주된 속성의 구별, 『가톨릭철학』 37, 한국가톨릭철학회, 2021.
이 논문은 필자의 박사학위 논문 『데카르트 철학에서 방법과 형이상학(Méthode et métaphysique chez Descartes)』의 1부 5장을 수정, 발전시킨 것이다. 2021년 8월에 서양근대철학회에서 발표하였던 본 논문의 보완해야 될 점들을 논평자로서 정확하게 짚어주셨던 박삼열 선생님(숭실대)께 이 기회를 빌려 감사드린다.

부에서 데카르트는 코기토를 사유 실체로 명명함으로써 자신의 형이
상학에서 실체 개념이 토대적인 역할을 할 것임을 예고한다. 그러나 아
직 그는 이 개념을 사용하는 데 인색하다. 1641년 『성찰』에 이르러 실
체 개념은 빈번하게 나타나게 되고 『철학원리』(1644)에서는 실체에 대
한 체계적 논의가 제시된다. 그렇다면 데카르트는 왜 실체 개념을 재도
입해야 했을까? 『정신지도규칙』(1619-1629)에서 데카르트는 객관의 구
성요소들로서 '단순본성'들을 제시하는데 이들은 자연학에서 수학의
적용 가능성을 확보하기 위해서 요구되었다.[1] 그렇기에 『규칙』은 인과
적 설명의 가능성을 충분히 다루지 못했다. 반면 『정신지도규칙』 이후
그는 자연학을 수학적 계산으로 완전히 환원하는 것이 불가능하다는
것을 깨닫고, 자연학을 미립자들의 기계적 인과작용에 대한 기술들을
중심으로 구성하고자 하였다. 그렇다면 물체들 간의 이러한 인과작용
은 어디서 기원하는가? 데카르트는 이 물음과 관련하여 여러 상반되어
보이는 말들을 하였고 주석가들은 이와 관련하여 지금까지 논쟁하고
있다. 물체들의 상호작용은 물체가 지닌 힘을 원인으로 갖는가? 아니
면 오로지 무한 실체, 즉 신만을 원인으로 갖는가? 데카르트가 자연학
을 기하학화하려 했다는 사실은 많은 주석가들에게 후자가 옳은 것처

---

[1] 『정신지도규칙』에서 데카르트는 사물을 그것이 존재한다는 관점이 아니라 인식된다
는 관점에서 단순본성으로 분석할 수 있다고 말한다. 그는 세 종류의 단순본성을 제
시한다. '사유, 인식, 의심'과 같은 지적 단순본성들이 있고, '연장, 형태, 운동'과 같은
물질적 단순본성들이 있다(데카르트, 『정신지도규칙』, 2019, 85-86쪽). 마지막으로 공통단
순본성들이 있는데, 이들은 지적인 단순본성이나 물질적 단순본성 모두와 결합되는
"존재, 지속"과 같은 단순본성들과 단순 본성들을 서로 연결하는 "제3의 항과 같은 두
항은 서로 같다"와 같은 단순본성으로 구분된다.(데카르트, 『정신지도규칙』, 2019, 86-88쪽)

럼 생각하게 하였다.[2] 기하학적 대상들이 내적 힘을 결여하듯이 물체들도 기하학적인 것이 되기 위해서는 내적 힘을 결여해야 할 것처럼 생각되기 때문이다. 우리는 이러한 해석에 반해 자연학을 기하학화하려는 데카르트의 시도가 기하학에 대한 자연학의 독립성과 특수성을 제거하지 않는다고 생각한다. 그러나 본 논문은 이러한 생각을 자연학 안에서 지지하기보다 이러한 작업의 예비적인 작업을 제시하고자 한다. 정신적이든 물질적이든 실체에게 과연 인과적 힘이 있는가? 우리는 실체에게 양태를 산출하는 힘이 있다고 생각한다. 그리고 이러한 주장을 지지하기 위해서 우리는 데카르트에게 주된 속성과 실체 사이의 구별이 어떤 의미를 지니는지 생각해볼 것이다. 그러나 그러기 전에 우리는 먼저 데카르트에게 주된 속성과 실체는 동일하다는 것, 실체는 단지 실존하는 주된 속성이라는 것을 논의하고자 한다. 다음으로 우리는 이러한 동일성에도 불구하고 실체와 주된 속성 사이에 "실재적 구별(distinctio realis)"이 있다는 것, 그리고 이러한 구별은 유한 실체를 양태의 원인으로서 확보한다는 것을 보이고자 한다. 이를 위해서 우리는 베이사드의 해석에 기반해서 유한 실체와 무한 실체 사이에 유비적 관계가 있다는 것을 살펴볼 것이다. 마지막으로 이러한 해석이 신의 창조와 관련하여

2 　데카르트는 1632년 7월 27일 「메르센에게 보낸 편지」(Descartes(1996, AT II p. 268))에서 자신의 기하학을 "정신을 훈련하는" "추상적인 기하학"과 자연학으로서의 기하학을 구별한다. "만약 그가(des Argues) 내가 소금, 눈, 그리고 무지개 등에 대해서 쓴 것을 기꺼이 고려한다면, 그는 나의 자연학이 기하학에 지나지 않는다는 것을 보게 될 것입니다." 데카르트 텍스트 라틴어 또는 불어를 인용을 할 경우, 아당 타네리 판 데카르트 전집(Œuvres de Descartes vol. 11, ed. Adam, C. & Tannery, P. Vrin, 1996.)을 참조하였다. 각주 표기는 Descartes(1996, AT 권 번호), p.00로 통일하였다.

어떻게 이해되어야 할지 짧게 언급하겠다.

II. 최종 한정가능자로서의 실체

데카르트의 실체 이론은 아리스토텔레스의 실체 이론을 계승하고 수정한다는 점에서 그것과의 비교를 통해 더 잘 이해될 수 있을 것이다. 아리스토텔레스는 실체 개념을 통해서 자연 안에서의 운동 및 변화가 객관적이고 보편적인 인식의 대상이 될 수 있음을 알려주고자 했다. 실체는 형상을 지녔기에 아리스토텔레스는 형상과 관련되는 필연적 속성들과 본질과는 관련 없는 우연적 속성들을 구별할 수 있었고, 우연적 속성들 수준에서 일어나는 변화를 필연적 속성들을 통해 설명할 수 있었다. 아리스토텔레스가 말하는 이러한 실체는 크게 다음과 같은 세 가지 특징을 지닌다.

① 실체는 형상과 질료의 합성체이다. 아리스토텔레스에게 실체는 자연 안에서 관찰할 수 있는 "이 말, 이 소, 이 돌"과 같은 개별적 사물들이며 그것들의 종(species)이 그것들의 형상이자 본질이다. 말과 소와 같은 형상은 그 자체 보편적인 것으로서 질료와의 결합을 통해 개별화된다. 그런데 이러한 개별화 안에서 실체는 다양한 종류의 속성들을 갖게 된다. 실체는 한편으로 형상과 관련되는 본질적 속성들을 갖고, 다른 한편으로 질료와 관련되는 우연적 속성들을 갖는다. 가령 소에게 뿔을 갖는다는 것은 소의 본질과 관련된 본질적 속성이라면, 그 뿔이 하얀색이라는 것은 소의 본질과 직접 관련되지 않는 우연적 속성이다. 주

목할 것은 형상을 지닌 것인 한에서 실체는 존재하기 위해 다른 실체에 의존하지 않는다는 것이다. 달리 말해, 실체는 '자족적'이다.

② 실체는 속성들의 최종적 기체이다. 아리스토텔레스는 자연 안에 존재하는 모든 것을 10개의 범주로 분류하는데, 실체 범주는 그중에서 으뜸이 되는 범주이다. 이는 모든 다른 존재들이 결국 실체의 속성들로서 실체에 의존한다는 말이다.

③ 실체는 자연에 대한 인과적 설명을 가능하게 한다. 자연 현상을 설명하기 위해서 아리스토텔레스는 우리에게 실체의 형상, 즉 사물의 종을 먼저 살펴보기를 권한다. 한 사물이 속하는 종을 알면, 우리는 그 사물이 지닌 필연적 속성과 우연적 속성을 구별할 수 있게 된다. 변화는 우연적 속성들의 수준에서 이루어지고, 필연적 속성들은 그러한 변화 안에서 어떤 규칙성을 발견할 수 있도록 해준다. 이때 주의해야 할 것은 아리스토텔레스가 말하는 규칙성은 수학적인 것은 아니라는 점이다. 실체는 통제될 수 없는 질료라는 요소를 포함한다는 점에서 자연적 변화는 예측되고 통제될 수 없는 측면을 지닌다.[3]

데카르트는 아리스토텔레스의 이러한 실체론의 많은 부분을 받아들인다. 그에게도 실체는 자족적이며, 속성의 기체인 것이다. 물론 데카르트와 아리스토텔레스 사이에는 큰 철학적 차이가 있다. 아리스토텔레스의 유, 종 존재론은 사물의 형상과 직접 관련되지 않는 우연적

---

3   Crubellier, M. et Pellegrin, P., *Aristote : Le philosophe et les savoirs*, Seuil, 2002, pp. 243-245. 크뤼벨리에와 펠르그랑에 따르면 아리스토텔레스에게 달 밑의 세계의 사물들은 달 위의 사물들과 달리 질료를 포함하고 있기에 필연적 규칙성을 가지지 못하고 오로지 '일반적 규칙성(en règle générale)'만을 가진다.

속성들을 인정해야만 했다. 반면 세계를 기하학적이고 기계론적인 것으로 이해하고자 했던 데카르트는 사물의 본질과 직접 관련되지 않는 속성들을 인정할 수 없었다. 이를 이해하기 위해서는 데카르트가 자연학의 기하학화를 어떤 방식으로 이해했는지를 생각해봐야 할 것이다. 자연학이 기하학인 것은 기하학과 자연학의 궁극적 대상이 모두 연장이기 때문이다. 그런데 유, 종 존재론은 연장으로 환원되지 않는 속성들을 우주 안에 들이기에, 자연학은 근본적으로 기하학적인 것일 수 없었다. 그렇기에 데카르트는 유, 종 개념을 통해서 사물의 본질을 이해하기를 단념하고 하나의 통일된 연장 개념을 통해서 사물의 본질을 이해해야만 했다.[4] 사물의 본질에 대한 이러한 새로운 이해는 자연학을 넘어 형이상학에까지 전파되어 데카르트는 정신의 본질을 사유라고 주장하기에 이른다.

우리는 세카다를 따라 본질과 실체에 대한 이러한 새로운 개념을 현대 철학의 한정가능자와 한정자의 개념을 통해 이해해볼 수 있을 것이다.[5] ① 한정가능자는 유 또는 종 개념과 달리 특정화되기 위해서는 다른 개념과 결합될 필요가 없는 개념이다. 가령 동물의 개념에서 사람의 개념을 얻기 위해서 우리는 동물의 개념에 합리성의 개념을 더해야 한다. 반면 파랑의 개념을 색깔 개념으로부터 얻기 위해서 우리는 색깔 개념에 무엇을 더할 필요는 없다. 파랑의 개념은 색깔의 개념을 홀로 특정화하기 때문이다. 이를 한정작용이라고 말하고 한정하는 것을 한

---

4   Garber, D., *Descartes' Metaphysical Physics*, Chicago Univ. Press, 1992, pp. 68-69.

5   Secada, J., *Cartesian Metaphysics*, Cambridge Univ. Press, 2000.

정자(determinate), 한정되는 것을 한정가능자(determinable)라고 한다. ② 한정자의 개념 안에는 한정가능자의 개념이 항상 포함된다. 가령 파랑의 개념은 자기 안에 색깔의 개념을 포함한다. 삼각형의 개념은 자기 안에 형태의 개념을 포함한다. 반면 삼각형의 개념 안에는 삼각김밥의 개념이 포함되어 있지 않다.

세카다는 한정가능자, 한정자의 짝을 통해 데카르트의 실체 이론을 다음과 같이 해석한다. 실체는 "최종의 한정가능자"이다. 한정자는 다른 한정자와 관련하여 한정가능자의 역할을 할 수 있다. 가령 빨간색은 선홍색에 의해서 한정될 수 있다. 데카르트 식으로 말하자면 양태는 다른 양태를 한정 지을 수 있다. 그렇지만 다른 것을 더 이상 한정하지 않고 한정되기만 하는 것이 있을 텐데, 그것이 바로 "최종 한정가능자"이다. 데카르트에게 실체란 바로 이러한 최종적 한정가능자라는 것이 세카다의 주장이다. 우리는 『철학원리』의 51항, 52항, 53항 그리고 60항, 61항, 62항을 분석함으로써 세카다의 이러한 해석을 재확인하고 소개하고자 한다. 우선 51항을 보자. 여기서 아리스토텔레스에게 실체가 자족적인 것이었듯이 데카르트에게도 실체는 그러하다는 것이 확인된다.

우리는 실체를 존재하기 위해서 다른 어떤 것도 필요로 하지 않는 것으로 이해할 수 있고[…].[6]

---

6   데카르트, 원석영 역, 『철학원리』, 아카넷, 2002, 43쪽. 『철학원리』 불어판은 "존재하기 위해 다른 어떤 것도 필요로 하지 않는 것"이라고 쓰는 대신에, "존재하기 위해 자기만을 필요로 하는 것"이라고 쓰고 있다.

이 구절은 실체란 "존재하기 위해서 다른 어떤 것도 필요로 하는 않는 것"이라고 말한다. 이는 실체의 '자족성'을 말하는데 51항은 바로 이어서 신과 피조물이 다른 방식으로 자족적임을 말한다.[7] 무한 실체, 즉 신은 존재하기 위해서 창조된 실체의 도움을 전혀 필요로 하지 않는다는 점에서 자족적이다. 반면 창조된 실체들은 모두 존재하기 위해 신에게 의존하지만 존재하기 위해 다른 창조된 실체들에 의존하지 않는다는 점에서 자족적이다. 이러한 실체의 자족성은 데카르트의 텍스트들에서 다양한 방식으로 표현되는데 가령 「셋째 성찰」에서 데카르트는 창조된 실체를 "존재하려는 소질을 자기를 통해 지닌 [사물]"로서,[8] 『철학원리』 64항에서는 "존속하는 사물(res subsistens)"로서 정의한다.[9] 그렇지만 실체의 자족성만으로 실체는 우리에게 인식될 수 없다. 아리스토텔레스에게 그러했듯이 데카르트에게도 실체가 인식되기 위해서 속성이 필요하다. 다시 말해 우리는 속성이 없는 실체를 인식할 수 없다. 그리하여 실체의 자족성을 논의한 후 데카르트는 곧바로 속성의 '기체'로서의 실체의 지위에 대해서 논한다. 52항은 실체의 자족성을 먼저 언급하고 곧 실체는 인식되기 위해서 속성을 가져야 한다고 언급한다.

---

7 데카르트, 앞의 책, 2002, 43쪽. "따라서 실체라는 이름은 학교에서 행해지듯이 신과 신의 도움이 없이는 존재할 수 없는 실체들에게 동일한 의미로 붙여질 수가 없다."

8 Descartes(1996, AT VII), p.44 : 데카르트, 2021, 69쪽. "[…] rem quae per se apta est existere […]". 이현복은 "스스로 현존할 수 있는 것[…]"으로 적절히 한국어로 번역하였다. 본 논문은 부자연스러움을 무릅쓰고 "per se"의 의미를 보이기 위해 "자기를 통해서"라는 번역을 제안한다.

9 Descartes(1996, AT VIII), p.31.

[…] 단순히 존재한다는 사실 때문에 실체가 가장 먼저 알려질 수 있는 것은 아니다. 왜냐하면 그것이 존재하는 것이라는 사실 그 자체가 우리를 자극하는 것은 아니기 때문이다. 그러나 〈무는 어떠한 속성(attributa)이나 고유한 성질(prorietates aut qualitates)도 가지고 있지 않다〉라는 공통개념의 도움으로 우리는 실체가 가지고 있는 임의의 속성으로부터 실체를 쉽게 인식한다.[10]

52항은 실체를 오직 "임의의 속성으로부터" 인식할 수 있다고 말한다. 실체는 속성을 가지고 있기에, 즉 속성들의 기체이기에 객관적 인식의 대상이 되는 것이다. 데카르트는 「성찰에 대한 두 번째 반박에 대한 답변」에서 역시 실체를 기체로서 정의한다.

'실체'란 우리가 지각하는 것들, 즉 고유한 성질(proprietas vel qualitas) 혹은 속성(attributum)이 직접 내재해 있는 기체(in subjecto)로서 그것들은 실체에 의해 존재할 수 있다.[11]

우리는 실체를 속성들의 기체로서 인식할 수 있을 뿐이다. 가령 물체는 특정한 크기, 특정한 모양을 가진 것으로서 인식될 수 있을 뿐이다. 데카르트는 속성(attributum)이라는 말을 양태, 속성을 아우르는 포괄적 개념으로 사용하기도 하지만 일반적으로 양태와 대비하여 사용한

---

10   데카르트, 앞의 책, 2002, 43쪽.

11   데카르트, 원석영 역, 『〈성찰〉에 대한 학자들의 반론과 데카르트의 답변』, 나남, 2012, 110쪽: Descartes(1996, AT VII), p. 161.

다. 더 정확히 말해 아리스토텔레스가 필연적 속성과 우연적 속성을 구별하면서 속성들에 위계를 설정하였듯이, 데카르트 역시 속성과 양태를 구별하면서 속성들을 위계화한다. 양태와 대비되는 속성은 실체의 보편적 성질들을 일컫는데 가령 물체의 경우 공간성, 지속성, 침투 불가능성, 분할 가능성 등이 속성에 해당하고, 정신의 경우 지속성, 분할 불가능성 등이 속성에 해당한다. 그런데 아리스토텔레스에게 종 개념이 실체의 본질을 이루고, 다른 우연적 속성들이 이 본질에 의존하였던 것처럼 데카르트에게 "주된 속성"이 실체의 본질을 이루고 이것에 다른 모든 양태들이 의존한다. 『철학원리』 53항은 주된 속성을 다음과 같이 소개한다.

> [···] 실체는 저마다 하나의 주된 고유한 성질(proprietas)을 가지고 있는데, 이것은 실체의 본성과 본질(naturam essentiamque)을 이루며 다른 모든 성질들은 그것에 연관되어 있다. 길이, 너비, 깊이로의 연장은 물체의 본성을 이루며, 사유는 사유 실체의 본성을 이룬다. 물체에 속할 수 있는 다른 모든 것은 연장을 전제로 하며, 연장 실체의 양태에 불과하다. 이는 정신에서 발견되는 모든 것들이 사고의 다양한 양태에 불과한 것과 마찬가지이다.[12]

데카르트는 여기서 실체의 속성들 사이에 의존관계를 설정하고 어떤 것에도 의존하지 않는 주된 속성들이 있다고 말한다.[13] 데카르트는

---

12   데카르트, 앞의 책, 2002, 44쪽.
13   원석영(데카르트, 2002)은 "attribut principal"을 "주된 속성"으로 번역하였다. 이재

주된 속성에 두 가지가 있다고 말하는데 하나는 사유이고 하나는 연장이다. 이로써 그는 자신의 심신 이원론을 정당화할 수 있는 발판을 마련하는 것이다.[14] 덧붙여 이 구절을 통해 데카르트가 자연학에서 어떻게 유, 종의 존재론을 타파하고 기하학적이고 기계론적 존재론을 도입하려 했는지를 알 수 있다. 이 구절에서 데카르트는 양태라는 개념을 들여오는데, 데카르트는 "물체에 속할 수 있는 다른 모든 것은 연장을 전제"한다고 말한다. 이는 달리 말해 양태는 자신의 개념 안에 주된 속성의 개념을 포함하는 속성들이라는 것이다. 세카다는 이러한 점에서 주된 속성과 양태 사이의 관계를 '한정가능자(determinable)'와 '한정자(determinate)'의 관계로 볼 수 있다고 말한다.

데카르트는 [속성의 실체에] 내재함을 [속성에 의한 실체의] 한정작용으로서 이해하였다. 그리고 실체에 귀속되는 [우연적] 성질들 혹은 양태들은 실체의 본질적 성질의 존재 방식들(ways of being)로서 이해하였다. 그는 실체를 실존하는 한정가능한 본질로서 이해했다. 그리고 실체의 본질이 아닌 실체의 실재적 성질을 이러한 본질에 가해

환(2018)은 자신의 논문에서 이에 대해 "제일속성"이라는 번역을 제안하였다. 제1속성은 attribut principal이 최종 한정가능자로서 갖는 지위를 잘 보여주는 번역이다. 그렇지만 제1속성이라는 말은 제2속성의 존재를 암시하는 측면도 있고 데카르트가 premier가 아닌 principal이라는 단어를 사용한 것에 이유가 있을 것 같아, 기존의 "주된 속성"의 번역을 따른다.

14 박삼열(2010)은 자신의 논문에서 데카르트의 실체 개념과 그것이 근대과학과 갖는 관련성에 대해서 잘 설명하고 있다. 그렇지만 본 논문의 주장은 박삼열의 주장과 차이가 나는데, 그것은 본 논문이 데카르트에게서도 신은 어떤 관점에서 세계 "내적 원인"으로 작용한다고 본다는 점이다.

지는 한정작용으로서 이해하였다.[15]

　세카다는 이렇듯 주된 속성을 최종적 한정가능자, 양태들을 한정자로서 보았다. 세카다는 나아가 데카르트에게 실체는 주된 속성과 동일한 것이라고 주장한다. 그렇기에 양태가 실체 안에 있다는 것(내속)은 양태가 실체를 한정한다는 것이다. 이러한 동일성은 『철학원리』와 다른 글들에서 데카르트가 주된 속성을 단지 실체를 "사유하는 방식"일 뿐이라고 말한다는 점에서 지지될 수 있다.[16] 이는 사물의 양태들을 단지 사물의 주된 속성의 존재방식으로 이해하고자 한 데카르트의 의도의 당연한 귀결처럼 보인다. 세카다가 분석한 것처럼 실체와 주된 속성은 동일한 것이다. 데카르트가 60항, 61항, 62항에서 제시하는 구별 이론은 세카다의 해석을 지지해준다.

15　Secada(2000), p. 14. "Descartes understood inherence as determination, and accidents or modes as ways of being of the one essential attribute of the substance to which they belong. He conceived substances as existing determinable essences, and he took their non-essential real properties to be determinable of these essences [⋯]." 역시 Garber(1992, pp. 68-69) 참조. 한정가능자와 한정자에 대해서는 스텐포드 철학 사전 참조. Wilson(2021, p.8)에 따르면 한정작용은 직접적 specification(특정화)으로서, 종차를 통한 특정화와 다르다.

16　데카르트, 앞의 책, 2002, 52쪽. "우리가 대상들에 있는 것으로 고찰하는 [대상을] 사유하는 방식들(modus)은 한편으로는 사유되는 그 대상들과, 다른 한편으로는 동일한 대상에 있어서 서로 간에 단지 이성적으로만 구분된다."

III. 실재적 구별, 양태적 구별, 이성적 구별

데카르트는 『철학원리』 51항과 52항에서 실체를, 53항에서 주된 속성을, 56항에서 양태를 설명한다. 그리고 그것들 사이의 구별을 60 항, 61항, 62항에서 설명한다. 개괄적으로 말해 실체와 실체 사이의 구별을 실재적 구별, 실체와 양태 사이의 구별을 양태적 구별, 실체와 주된 속성 사이의 구별을 이성에 의한 구별이라고 한다. 이 장에서는 이러한 구별들을 통해 데카르트가 자연현상을 기하학화했다는 것의 의미를 논의해보고자 한다. 그렇다면 차례대로 이 구별들을 살펴보자. 먼저, 데카르트는 60항에서 실재적 구별을 소개한다.

> 원래 실재적 구별은 단지 둘 이상의 실체들 간에 성립된다. 우리는 어떤 실체를 다른 실체 없이(unam absque altera) 명석 판명하게 인식할 수 있기 때문에 그 실체들이 실제로 서로 구분되어 있다는 것을 지각한다. 우리는 신이 우리가 판명하게 인식하는 것을 우리가 인식한 대로 존재하게 할 수 있다고 확신한다.[17]

실체가 다른 실체 없이 존재할 수 있다는 사실이 여기서는 실체가 다른 실체 없이 명석판명하게 인식될 수 있다는 사실로서 표현된다. 실체의 자족성은 내가 어떤 것을 관찰할 때 그 관찰되는 것이 실재하는 것임의 확실한 징표이다. 그렇다면 자족적인 실체들은 어떻게 상호작

---

17   데카르트, 『철학원리』, 49쪽.

용을 하는가? 아리스토텔레스에게 우연적 속성들의 수준에서 실체들의 상호작용이 발견되듯이, 데카르트에게 실체들의 상호작용은 양태들의 수준에서 발견된다. 그리하여 실체와 양태 사이의 구별, 그리고 양태들 사이의 구별의 문제가 대두된다. 61항은 양태적 구별을 소개한다.

> 우리는 우리가 실체와는 다르다고 하는 양태 없이도 실체를 명석하게 지각할 수는 있으나, 거꾸로 실체 없이 양태를 인식할 수는 없다. 예를 들어 형태나 운동은 그것들이 내재해 있는 물체와 양태적으로 구분되며, 긍정과 기억은 정신과 구분된다. 두 번째 구분을 우리는 다음으로부터 인식한다. 우리는 하나의 양태를 다른 양태 없이 인식할 수는 있지만 그중 어떤 것도 그것들이 내재해 있는 실체 없이는 인식할 수 없다. 예를 들어 사각형의 바위가 움직일 때, 우리는 그것의 운동 없이 그것의 형태를 확실하게 인식할 수 있으며, 거꾸로 그것의 운동을 그것의 형태 없이 인식할 수 있다.[18]

이 구절에서 눈여겨봐야 할 것은 실체와 양태 사이에 일방적 방향이 있다는 것이다. 양태 없이 실체를 판명하게 인식하는 것이 가능하나 실체 없이 양태를 판명하게 인식하는 것은 불가능하다. 여기서 우리는 인식론적 관점에서 표현된 한정가능자와 한정자의 관계를 확인할 수 있다. 한정자는 자기의 개념 안에 한정가능자를 포함하는 반면, 한정가능자는 그렇지 않다. 데카르트는 이를 '판명함'이라는 자신의 고유한 개념을 통해서 표현하고 있는 것이다. 그렇기에 실체 없이는 양태를 판

---

18   데카르트, 원석영 역, 『철학원리』, 아카넷, 2002, 50-51쪽.

명하게 인식할 수 없다는 말은, 실체가 "최종의 한정가능자"(세카다)와 동일시되고 있음을 정확히 나타낸다. 마지막으로 데카르트는 62항에서 "이성에 의한 구별"을 소개한다.[19] 이러한 구별은 실체와 속성, 또는 같은 실체의 여러 속성들 사이에서 발견된다.

> 한 실체로부터 그것의 속성을 배제한다면(attributum excludamus) 우리는 그 실체에 대해 어떠한 명석판명한 관념도 형성할 수가 없다. 그리고 한 속성을 다른 속성과 분리하면 우리는 그것들 중 어떤 것에 대한 관념도 명석하게 지각할 수가 없다.[20]

주된 속성은 자기와 등치되는 여러 속성들을 갖는데, 주된 속성이 실체와 동일하기에 이러한 속성들도 실체와 동일하다. 가령 연장과 등치되는 불가침투성, 무한불가능성 등의 속성도 연장과 같이 연장실체와 동일시된다. 그렇기에 그 중에 한 가지 속성이라도 "배제한다면" 우리는 실체에 대해 어떠한 명석판명한 인식도 가질 수 없는 것이다. 이것이 실체와 속성 사이에 두 실체 사이의 구별과는 다른 이성적 구별이 있는 이유이다. 그러나 이것은 속성과 실체 사이의 구별이 오로지 주관적인 것이고 어떤 객관성도 지니지 않는다는 의미인가? 세카다는 실체와 속성의 동일성을 정확히 지적하면서도, 동일성이 구별을 포함할 수 있다는 것을 인정하기를 망설인다. 우리는 다음 장에서 실체와 주된 속

---

19 데카르트는 『철학원리』 62항에서 『성찰』에서 이성적 구별을 양태적 구별 안에 포함시키고 다루지 않았다고 말한다.

20 데카르트, 앞의 책, 2002, 51쪽.

성의 동일성에도 불구하고 둘 사이에 의미론적 차이가 있다는 것을 보이고자 한다.

Ⅳ. 실체와 주된 속성 사이의 동일성과 의미론적 차이

주된 속성과 실체는 동일하다. 이는 주된 속성을 최종의 한정가능자라고 보는 입장의 당연한 귀결처럼 보인다. 그러나 이러한 동일성은 차이를 배제하지 않고 자기 안에 품고 있다고 보아야 할 것이다. 가령 데카르트는 다른 곳에서 둘의 구별을 형상적인(모종의 실재적 구별) 것으로 설명하는데 이 부분을 이번 장에서 살펴보고자 한다.

이번 장에서 데카르트가 주된 속성과 실체의 동일성에도 불구하고 그 안에서 어떤 의미론적 차이를 인정했다는 증거들을 살펴보고, 다음 장에서 그러한 의미론적 차이의 철학적 의미를 살펴보겠다. 먼저 데카르트가 『철학원리』 외의 다른 텍스트에서 양태적 구별을 설명하는 방식을 살펴보자. 「성찰에 대한 첫 번째 반박에 대한 답변」의 텍스트에서 데카르트는 다음과 같이 말한다.

아주 학식이 뛰어난 신학자(카테루스)가 스코투스에게서 차용한 형상적 구별과 관련해서, 저는 간단히 이렇게 주장합니다. 형상적 구별은 양태적 구별과 다르지 않으며, 그것은 내가 완전한 존재들과 엄밀하게 구분한 불완전한 존재들(entia incompleta)하고만 관련이 있을 뿐이라고 말입니다. 그것은 어떤 것을 비적합하게(inadequate) 파악하는 지성의 추상화를 통해(per abstractionem) 어느 하나를 다른 하나와는 판명하게 그리고 분리된 상태로 파악하는 데는 충분합니다. 그러나 그것은 각각의 것들을 독립적인 그리고 다른 모든 것과 상이한 존재로 인식할 정도로 판명하게 그리고 분리된 상태로 파악하는 데는 충분하지 않습니다. 이를 위해서는 전적으로 실재적 구별이 요구됩니다.[21]

이 구절에서 데카르트는 명시적으로 양태적 구별을 '추상화'를 통해서 설명하고 있다. 추상화를 통해 실체와 양태 사이에 한정가능자(determinable)와 한정자(determinate)의 관계가 있다는 것이 드러난다. 그런데 추상화는 이 구절에 따르면 "완전한 존재자들"에 가해짐으로써 "불완전한 존재자들"을 산출하는 활동으로서 묘사된다. 여기서 "완전한 존재자"라 할 때, '완전한'은 라틴어 completus를 변역한 것인데 completus는 여러 속성, 성질들을 자신 안에 포괄하고 있는 완성된 존재자를 가리킨다. 그러한 점에서 완전한 존재자는 다양한 양태들의 '혼합체'로서 추상적인 사물과 대비되는 구체적인 사물이다. 정신은 양태들을 추상화를 통해서 제거함으로써 결국 주된 속성에 이르게 된다. 우리가 주목하고자 하는 것은 양태와 주된 속성 사이에 한정자와 한정가능자만의 관계뿐만 아니라 추상활동에 저항하는 것과 저항하지 않는 것의 관계가 있다는 것이다. 가령 물체의 경우 추상화에 마지막까지 저항하는 것이 연장인 것이다. 이는 정신이 추상화 안에서 자신의 추상화에 저항하는 어떤 '힘'을 체험한다는 말이다. 그러한 점에서 주된 속성 그

---

21   데카르트, 앞의 책, 2012, 56쪽.

자체도 한정가능자로 완전히 환원되지 않는 특징을 가진다는 것을 알 수 있다. 주된 속성은 자기 안에 어떤 구별을 내포하고 있는 것이다.

다음으로 데카르트가 "이성에 의한 구별"을 일종의 실재적 구별이라고 명시적으로 말하는 구절을 살펴보자. 데카르트는 자신이 1645년 또는 1646년에 보낸 수신인 미상의 편지에서 「첫 번째 반박에 대한 답변」에서와 달리 이성에 의한 구별과 형상적 구별을 동일시한다.[22] 형상적 구별은 개념적이면서도 실재적인 구별인 만큼 이성에 의한 구별도 양태적 구별과 같이 실재적 구별인 것이다.

> 그리하여 저는 다음과 같이 말합니다. 즉 형태와 같은 양태들은 그 양태가 속한 실체와 고유하게 양태적으로 구별됩니다. 그렇지만 서로 다른 속성들 사이에 더욱 작은 구별이 있습니다. [이러한 구별은] 오로지 양태의 이름을 넓게 사용한다고 할 때, 양태적 구별이라고 불릴 수 있습니다. 저는 「첫 번째 반박에 대한 나의 답변」에서 양태적 구별이라는 말을 이렇게 넓게 사용했던 것입니다. 그렇지만 속성 사이의 이러한 구별이야말로 형상적 구별이라고 부르는 것이 나을 것입니다. 그러나 혼동을 피하기 위해서, 저는 『철학원리』의 일부, 특히 그러한 구별을 명시적으로 다룬 60항에서, 그것을 이성적 구별이라고 불렀던 것입니다[…].[23]

---

22 이 편지는 멜랑(Mesland) 신부에게 보낸 것이라고 추정된다. 이 구절의 중요성은 Skirry(2005)와 Beyssade(2001)에 의해 지적되었다.

23 Descartes(1996, AT IV), p. 349.

데카르트는 이 구절에서 「첫 번째 반박에 대한 답변」의 내용을 번복하면서 이성에 의한 구별이야말로 형상적 구별일 것이라고 말한다. 이 구절에서 데카르트는 여러 속성들 사이의 구별을 말하고 있다. 가령 침투불가능성, 분할가능성 사이에도 실재적 구별이 있는 것이다. 그 이유는 이어지는 구절에서 등장한다.

> [그리하여] 저는 오로지 세 가지 구별을 정립합니다. 두 실체 사이의 실재적 구별, 양태적 구별 그리고 형상적 구별 말입니다. 그런데 세 번째 구별, 추리된 이성에 의한 구별(distinctio rationis ratiocinatae) 즉, 형상적 구별은 추리하는 이성에 의한 구별(distinctio rationis ratiocinantis)과 대비되어 실재적 별이라고 불릴 수 있습니다. 그리고 이러한 의미에서 본질이 실존으로부터 실재적으로 구별된다고 말할 수 있을 것입니다.[24]

이 구절은 실재적 구별(실체 사이의 구별), 양태적 구별, 이성에 의한 구별 모두 일종의 '실재적 구별'이라고 명시한다. 이 구절 마지막에서 '본질'과 '실존'의 구별이 언급되는 것에서 데카르트는 속성과 속성 사이의 구별뿐만 아니라 주된 속성과 실체 사이의 구별까지 생각한다는 것을 확인할 수 있다. 달리 말해, 실체와 주된 속성 사이에는 둘의 동일성에도 불구하고 어떤 의미론적 차이가 인정되는 것이다. 그렇다면 실체와 주된 속성의 의미가 일치하지 않는 이유는 무엇인가? 이에 답하기 위해서 다음 장에서 베이사드의 논문을 살펴보고자 한다.

---

24   Descartes(1996, AT IV), p. 350.

V. 장-마리 베이사드(J.-M. Beyssade)의 해석, 인과적 힘으로서의 실체

'실존하는' 주된 속성은 양태들의 인과적 힘의 근원이라는 점에서 단순한 한정가능자와 구별된다. 실체와 주된 속성의 구별은 주된 속성의 이러한 힘을 나타낸다는 것이 우리의 주장이다. 베이사드는 실체에 관한 자신의 논문에서 데카르트가 유한 실체와 무한 실체 사이에 유비 관계를 설정함으로써 유한 실체들에게도 인과적 힘을 부여했다고 주장한다.[25] 데카르트가 과연 유한 실체와 무한 실체 사이에 유비적 관계를 인정했는지에 대해서는 논쟁이 계속돼 왔다. 『철학원리』 51항에서 데카르트는 "존재하기 위해서 다른 어떤 것도 필요로 하지 않는 것"이라는 실체에 대한 정의가 창조자인 신과 피조물에게 똑같이 적용될 수 없다고 말한다. 그렇다면 무한 실체와 유한 실체 사이에는 어떠한 유사점도 없는가? 데카르트가 종종 제시하는 무한과 유한 사이의 대립은 둘 사이의 유사점은 표면적인 것일 뿐 실제로는 존재하지 않는다는 입장을 지지하는 것처럼 보인다. 그러나 베이사드는 「크레르스리에에게 보낸 편지」를 통해 데카르트에게 유한 실체도 어떤 점에서 무한할 수 있다는 것을 지적한다.

　　무한한 실체와 관련해 나는 현실적으로 무한하고 현실적으로 광

25　「데카르트의 실체 이론(La théorie cartésienne de la substance)」 in Beyssade, J.-M., *Études sur Descartes*, Seuil, 2001, pp. 217-224.

활한 참된 실재적 완전성을 소유한 실체를 이해합니다. 무한은 실체의 관념에 첨가된 어떤 우연적 속성이 아닙니다(accidens notioni substantiae superadditum). 사람들이 실체를 절대적 의미로(absolute sumptae) 그리고 어떤 결여에 의해서 제한되지 않는 것으로서 취한다면, 무한은 실체의 본질입니다. 실체의 관점에서 이러한 결점들은 그것의 우연적 속성들입니다. 반면 무한성 또는 무한(infinitas vel infinitudo)은 우연적 속성이 아닙니다.[26]

이 구절은 데카르트가 실체를 정의상 무한을 포함한 개념으로 이해했다는 것을, 따라서 유한 실체와 무한 실체 사이에 일종의 유사성이 있다는 것을 보여준다. 『철학원리』나 『성찰』에서 데카르트가 유한 실체와 무한 실체를 뚜렷이 구별하는 만큼, 두 실체는 동일한 의미에서 실체라고 말할 수는 없다. 그러나 적어도 둘 사이에 어떤 유사성이 있는 것이다. 그렇다면 이러한 유사성이 의미하는 것은 무엇인가?

베이사드는 이러한 유사성의 귀결을 해명하기 위해서 데카르트가 「첫 번째 반박에 대한 답변」과 「네 번째 반박에 대한 답변」에서 제시하는 "자기원인"으로서의 신의 정의에 주목한다. 베이사드에 따르면 데카르트가 『성찰』 그리고 『철학원리』에서 제시하는 모든 신 존재 증명들의 공통 근거가 바로 이 자기원인으로서의 신이다. 가령 데카르트는 「첫 번째 반박에 대한 답변」에서 다음과 같이 말한다.

---

26 Descartes(1996, AT V), pp. 355-356. 「1649년 4월 23일 크레르스리에(Clerselier)에게 보낸 편지」

그러나 저는 그 안에 이루 다 소진할 수 없는 힘이 있어서, 존재하기 위해 다른 어떤 것의 도움도 필요로 하지 않았고 또한 지금 자신의 존재를 보존하기 위해 다른 어떤 것의 도움도 필요로 하지 않는, 따라서 어떤 식으로든 자기 자신의 원인인 것이 존재할 수 있다는 것을 분명히 인정합니다. 그리고 나는 신이 그런 존재라고 알고 있습니다.[27]

『철학원리』는 신이 자기원인이라는 것을 명시하지는 않지만 베이사드는 『철학원리』의 여러 표현에서 이 사실이 암시되고 있다고 본다. 가령 21항에서 데카르트는 우리의 존재가 지속한다는 사실만으로도 신의 존재를 증명하기에 충분하다고 주장하면서 다음과 같이 설명한다.

[…] 우리는 우리가 우리 자신을 보존할 수 있는 어떤 힘도 가지고 있지 않다는 것을 쉽게 알 수 있기 때문이다. 따라서 타인인 우리를 보존할 만한 힘을 가지고 있는 자는 자기 자신을 보존할 힘을 그만큼 더 가지고 있을 뿐만 아니라 다른 어떤 것의 도움도 필요로 하지 않는다. 그는 곧 신이다.[28]

이 구절을 통해서 우리는 자기원인이란 "[자기를] 보존할 수 있는 어떤 힘"을 가지고 있는 어떤 것이라고 이해할 수 있다. 그런데 "[자기 자신을 보존하기 위해] 다른 어떤 것의 도움도 필요로 하지 않는다"라

---

27   데카르트, 2012, 43쪽: Descartes(1996, AT VII.), p. 109.

28   데카르트, 2002, 23쪽.

는 표현은 51항에 나오는 "존재하기 위해서 다른 어떤 것도 필요로 하지 않는 것"이라는 표현과 정확히 공명한다. 그러한 점에서 『철학원리』의 51항은 21항의 '힘'의 문제를, 더 나아가 자기원인의 문제를 전제한다고 볼 수 있다. 베이사드에 따르면 유한 실체와 무한 실체는 '힘', '자기원인'이라는 관점에서 유사성을 갖는다.

그렇다면 이것은 실체의 내적 구조와 관련하여 어떤 의미를 지니는가? 1장에서 우리는 데카르트에게 양태의 실체에의 내속은 양태에 의한 실체의 한정을 의미한다는 것을 살펴보았다. 그러나 신과 유한 실체 사이의 유사성은 이러한 내속 또는 한정에 다른 의미를 첨가한다. 베이사드는 이 의미를 보이기 위해서 실체에 대한 데카르트의 여러 기술들 안에서 반복되는 "per se(자기를 통해/스스로)"라는 표현에 주목한다. 가령, 「셋째 성찰」에서 신은 "자기를 통해 존재할 수 있는 힘을 지닌 것"으로서 정의된다면,[29] 돌과 같은 유한한 실체는 "존재하려는 소질을 자기를 통해 가진 것(per se apta)"으로 기술된다.[30] 그런데 베이사드는 "자기를 통해서"라는 어구를 「두 번째 반박에 대한 답변」에 등장하는 "실체를 통해서 존재(res [···] per quam existit [···])"함이라는 어구와 관련시킨다.[31] 'per(통해서)'라는 라틴어 전치사가 양쪽에서 모두 발견되기 때문이다. 「두 번째 반박에 대한 답변」에서 실체는 다음과 같이 정의된다.

---

29   Descartes(1996, AT VII), p. 50.

30   Descartes(1996, AT VII), p. 44.

31   Descartes(1996, AT VII), p. 161. "Omnis res [···] per quam existit aliquid quod percipimus, [···] vocatur Substantia."

'실체'란 우리가 지각하는 것들, 즉 고유한 성질(proprietas vel qualitas) 혹은 속성(attributum)이 직접 내재해 있는 주체로서 그것들은 실체를 통해서 존재할 수 있다.[32]

이 정의에서 양태(위에서는 '속성')가 실체 안에 존재한다는 것("직접 내재")과 양태가 실체를 통해서 존재한다는 사실이 등치된다. 베이사드는 양태가 실체를 통해 존재한다는 것은 양태가 실체에 의해 인과적으로 야기되는 것이라고 해석하면서, 데카르트에게 양태의 실체에의 내재는 곧바로 인과적 함의를 지닌다고 평가한다. 그런데 이 기하학적 증명에서 제시되는 실체의 정의는 무한 실체와 유한 실체에 똑같이 적용될 수 있는 것이어야 한다. 이는 무한 실체와 유한 실체 사이에 어떤 유사성이 있어야만 가능하다. 그렇다면 이 유사성은 어떤 것인가? 신은 자신의 존재의 원인이라는 점에서 전지전능함, 무한성, 존재 등과 같은 속성의 기체이다. 반면 유한 실체를 일종의 유사 자기원인으로 볼 수 있는 것은 유한 실체가 자신의 존재의 원인은 아니지만 적어도 자신의 양태의 원인이기 때문이다.

자기를 통해서 또는 실체를 통해서라는 표현을 통해 베이사드는 인과적 힘의 문제를 실체와 속성의 정의에서 포착해낸다. 그러나 베이사드는 실체의 개념은 양태들을 산출하는 인과적 힘보다 더 근본적인 뜻을 갖고 있다는 것을 마지막으로 지적한다. 실체가 가진 이 근본적인 뜻은 베이사드가 앞에서 언급한 「크레르스리에에게 보낸 편지」에서

---

32   데카르트, 2012, 110쪽.

언급된 실체의 무한성과 관련된다. 이 편지에 따르면 유한 실체라 할지라도 자기 안에 무한성을 포함한다. 그렇다면 이 무한성이란 무엇인가? 베이사드는 유한 실체의 무한성이란 무한정한 속성들을 종합하는 능력을 의미한다고 본다. 그는 「둘째 성찰」의 밀랍조각의 예가 바로 이 사실을 보여준다고 평가한다. 베이사드는 다음 구절을 인용한다.

> 왜냐하면 나는 밀랍이 이런 종류의 무수한 변화를 받아들일 능력이 있다고 파악하지만(innumerabilium ejusmodi mutationum capacem), 내가 상상하면서 그 무수한 것들을 통람할 수도 없고, 따라서 이 파악은 상상능력에 의해 완수되지도 않기 때문이다.[33]

베이사드는 이 구절에서 실체 개념이 무한한 수의 양태들(한정자들)을 종합하는 '능력'으로서 작동하고 있다는 것을 지적한다. 다시 말해 밀랍분석은 종합능력이라는 관점에서 다시 한번 실체가 최종 한정가능자 이상의 의미를 지닌다는 것을 보여준다. 실체 개념을 통해 우리는 물체를 무한정한 양태를 지닌 '지속하는' 어떤 것으로 종합할 수 있고, 이를 바탕으로 물체를 자신의 양태의 원인으로 인식할 수 있는 것이다.

정리하자면 베이사드에 따르면 1) 무한은 실체에 우연적 속성과 같은 것으로 첨부되는 것이 아니라 실체의 정의에 이미 포함되어 있다. 이는 무한 실체와 유한 실체 사이에 유사성이 있다는 것을 시사한다. 2) 무한 실체는 자기 존재의 원인이라는 점에서 자기원인이라면 유한

---

33   데카르트, 2021, 51쪽: Descartes(1996, AT VII), p. 31.

실체는 자기 양태의 원인이라는 점에서 자기원인과 유사하다. 3) 유한 실체의 개념은 무한한 수의 양태를 종합하는 능력을 포함한다는 점에서 무한성을 포함한다.

결국, 베이사드에 따르면 실체는 주된 속성과 동일시되면서도 두 가지 측면에서 그것을 초과한다. 달리 말해 실체 개념은 두 가지 측면에서 주된 속성 안에 어떤 균열을 발생시킨다. 실체는 양태들을 산출하는 인과적 힘이자 동시에 무한한 속성들을 하나의 구체적 실재로 종합해내는 능력이다.

VI. 결론 : 자연학에서 실체 개념

이렇게 우리는 데카르트가 실체와 주된 속성의 구별을 실재적인 구별이라고 명시함으로써 실체에게 어떤 내적 힘을 인정한다는 것을 보았다.[34] 그렇다면 이러한 구별의 자연학적 함의에 대해서 살펴보고 글을 마치도록 하겠다. 먼저 데카르트가 자연학을 일종의 기하학으로 이해함으로써 의미하고자 했던 것이 무엇인지를 되짚어보자. 실체와

---

34   김상환(2018, 103쪽)은 다음과 같은 구절로 실체와 주된 속성의 동일시의 형이상학적 의미를 날카롭게 포착한다. "데카르트는 실체론에서 본질적 속성은 경험적 현상(양태)이 성립하는 어떤 형이상학적 평면과 같다. 실체는 그런 평면에 해당하는 속성과 식별 불가능한 하나로 일체화된다. 경험적 현상의 발생적 기원이자 토대를 이루는 유사 초월론적 표면으로 가능하게 되는 것이다." 우리는 주된 속성을 "현상의 발생적 기원"으로 보는 김상환의 입장에 동의하며, 실체와 주된 속성의 형상적 구별이 바로 주된 속성의 이러한 발생적 근원으로서의 지위를 표시한다고 생각한다.

주된 속성의 동일시는 서론에서 말했듯이 자연학을 기하학의 한 종류로 환원하려 했던 데카르트의 기획의 당연한 결과였다. 데카르트에게 기하학은 연장이라는 최종 한정가능자의 형태, 면적, 길이와 같은 다양한 한정자들의 관계를 연구하는 학문이었다. 기하학과 자연학을 동일시한다는 것은 자연학 역시 연장의 다양한 한정방식들(양태들) 사이의 관계를 연구하는 학문으로 간주한다는 의미였다. 그런데 많은 주석가들은 이러한 동일성을 더 밀고 나아가 기하학의 대상과 관련해 내적 힘을 말하는 것이 무의미하듯이 데카르트 자연학에서도 물체의 내적 힘을 말하는 것이 무의미하다고 해석하였다. 그렇다면 물체들 사이에서 관찰되는 인과적 힘은 어디서 오는 것인가? 이 주석가들은 물체들 간의 인과작용은 물체의 어떤 내적 힘에 의한 것이 아니라 신의 지속적 개입에 의한 것이라고 본다. 다시 말해 신은 두 물체 사이에 상호작용이 있는 것처럼 보이도록 물체들을 매순간 직접 움직인다. 이러한 점에서 오트는 데카르트를 "제한된 기회원인론자(limited occassionalism)"라고 부르는데, 이에 따르면 정신은 물체에 작용을 가하는 힘을 지니지만 물체는 다른 물체에 작용을 가하는 힘을 지니지 않는다.[35]

그러나 우리는 베이사드의 논문을 통해서 데카르트가 무한 실체와 유한 실체 사이에 유비적 관계를 설정함으로써, 물질적이든 정신적이든 유한 실체에게 양태를 산출하는 힘을 부여한다는 것을 살펴보았다. 베이사드 해석에서도 역시 자연학은 기하학과 똑같이 연장과 그 양태

---

35 Ott, W., *Causation and Laws of Nature in Early Modern Philosophy*, Oxford Univ. Press, 2009, pp. 64-70.

들을 다룬다는 점에서 기하학의 한 종류이다. 단지 자연학이 다루는 연장은 양태들에 대해 인과적 힘을 지닌 연장이라는 점에서 순수 기하학이 다루는 연장과 차이가 있다. 주된 속성으로서의 연장은 무한한 한정자들을 하나로 종합하고, 잠재적 한정자를 현실화할 수 있는 힘을 지닌다는 점에서 기하학적 연장과 구별되는 것이다.[36]

그렇다면 데카르트가 물체들에 신의 전능에서 벗어나는 자립성을 주었다고 생각해야 할까? 결국 신은 세계를 한 번 창조한 후 세계에 다시 개입할 필요가 없는 것이 아닐까? 왜냐하면 물체들은 스스로 상호작용할 힘을 가지기 때문이다. 우리는 이러한 해석에 역시 반대한다. 왜냐하면 데카르트는 「셋째 성찰」에서 신이 세계를 지속적으로 보존한다고 명시적으로 말하기 때문이다.[37] 그러므로 차라리 우리는 데카르트가 질료형상 존재론을 버리지만, 자기 식으로 중세 철학의 신의 매개적 개입론(concurrentism)을 재도입한다고 말하고자 한다. 즉 피조물들 사이의 인과작용을 통해서 신은 세계를 매순간 창조하고 보존한다고 보아야 할 것이다.

---

36   주의할 것은 그렇다고 자연학의 연장과 기하학의 연장이 두 실체가 구별되듯이 구별되는 것이 아니라는 점이다. 아마도 자연학적 연장은 기하학적 연장에 대해서 구체적인 것이 추상적인 것에 대해서 갖는 연관성을 가질 것이다.

37   데카르트, 2021, 76쪽. "[…] 보존은 개념적으로만 창조와 구별된다는 것 역시 자연의 빛에 의해 명백한 것들 가운데 하나이다."

참고문헌

1. 저서

김상환, 『근대적 세계관의 형성』, 에피파니, 2018.

데카르트, 원석영 역, 『철학원리』, 아카넷, 2002.

_____, 원석영 역, 『〈성찰〉에 대한 학자들의 반론과 데카르트의 답변 1, 2』, 나남, 2012.

_____, 이현복 역, 『성찰』, 문예출판사, 2021.

_____, 이현복 역, 『방법서설』, 문예출판사, 2019.

Beyssade, J.-M., *Études sur Descartes*, Seuil, 2001.

Crubellier, M. et Pellegrin, P., *Aristote : Le philosophe et les savoirs*, Seuil, 2002.

Descartes, R., *Œuvres de Descartes* vol.11, ed. Adam, C. & Tannery, P., Vrin, 1996.

Garber, D., *Descartes' Metaphysical Physics*, Chicago Univ. Press, 1992.

Gaukroger, S., *Descartes an Intellectual Biography*, Oxford, 2003.

Ott, W., *Causation and Laws of Nature in Early Modern Philosophy*, Oxford Univ. Press, 2009.

Secada, J., *Cartesian Metaphysics*, Cambridge Univ. Press, 2000.

Skirry, J., *Descartes and the Metaphysics of Human Nature*, Continuum, 2005.

2. 논문

박삼열, 「데카르트 실체 개념의 문제점과 후대 합리론자들의 해결방안」, 『철학논집』 20, 2010, 133-163쪽.

이재환, 「『정념론』 1항과 2항 해석의 문제 I: 신체의 작용(action)과 영혼의 정념(passion)의 동일성에 대해서」, 『근대철학』 11, 2018, 5-31쪽.

Chappell, V., "Descartes on Substance", in *A Companion to Descartes*, J. Broughton & J. Carriero(eds.), Blackwell, 2008, pp. 251-270.

Secada, J., "The Doctrine of Substance", in *Descartes' Meditations*, S. Gaukroger(ed.),

Blackwell, 2006.

3. 인터넷 자료

Wilson, J., "Determinables and Determinates", *in Stanford Encyclopedia of Philosophy*, Stanford : Stanford Univ. Press, 2021. (주소 : https://plato.stanford.edu/archives/spr2021/entries/determinate-determinables/)

『열하일기』와『담헌연기』의 문답 양상을 통해 본 중세적 앎의 경계와 포용의 의미*
―청조 문사와의 교유를 중심으로

이유진

I. 서론

　　問答은 지식을 교유하고 세계를 탐색하는 가장 오래된 體로 평가 된다. 동서양을 불문하고 고대부터 사상, 문학, 과학, 예술 등 다양한 영역에서 물음과 그 해결을 모색하는 방식으로 통용되어왔다. 일찍이 孔子는 孔文子의 諡號가 '文'인 까닭을 묻는 子貢에게 "(공문자가) 명민하면서도 배우기를 좋아하였으며 아랫사람에게 묻기를 부끄럽게 여기지 않았다"[1]고 답한 바 있다. 孔子 이래로 "不恥下問"은 지위나 나이, 학식

---

*　이 글은 다음 논문을 수정, 보완한 것이다. 이유진: 『열하일기』와 『담헌연기』의 문답 양상을 통해 본 중세적 앎(知)의 경계와 포용의 의미―청조 문사와의 교유를 중심으로, 『中國硏究』 84, 한국외국어대학교 중국연구소, 2020.

1　子貢問曰, 孔文子何以謂之文也. 子曰, 敏而好學, 不恥下問. 是以謂之文也(『論語』「公冶長」).

등의 조건에 얽매이지 않고 知 자체를 추구하는 아름다운 학문적 실천으로 여겨져 왔다.

燕巖 朴趾源은 '불치하문'을 통해 강고한 유교적 세계관의 경계를 허물고 나아간 인물로, 나이, 신분 고하, 국적을 가리지 않고 묻고 배웠던 사상가이자 문장가로 손꼽힌다. 연암에 관한 연구는 〈馬馹傳〉, 〈穢德先生傳〉, 〈廣文者傳〉 등 단편저작들이 '소설'의 범주로 논의되면서 본격화되기 시작하였다.[2] "양반에 대한 비판과 풍자"라는 측면에서 〈兩

---

2   이가원은 〈馬馹傳〉, 〈穢德先生傳〉, 〈廣文者傳〉, 〈閔翁傳〉, 〈兩班傳〉, 〈金神仙傳〉, 〈虞裳傳〉, 〈易學大盜傳〉, 〈鳳山學者傳〉, 〈虎叱〉, 〈許生〉, 〈烈女咸陽朴氏傳〉 등 10편을 대상으로 풍자성 등 문학적 성취에 대해서 폭넓게 논의한 바 있다(이가원, 「燕巖小說研究」, 성균관대학교 박사학위논문, 1665). 이가원의 연구는 魯迅의 「中國小說史略」, 김태준의 『조선소설사』의 영향으로부터 출발했으며 이후 연구들에게 연암소설의 범위와 개념, 관점을 성립하는 데 영향을 끼쳤다.(이현식, 「『燕巖小說研究』의 선행 연구 영향에 관한 고찰」, 『동방학지』 137, 연세대학교 국학연구원, 2007, 55-90쪽).

3   김영미는 "양반에 대한 비판과 풍자"라는 측면에서 〈양반전〉 대표적인 연구성과들(이강엽, 「존귀함과 고결함, 〈양반전〉의 인물 대립과 兩班像」, 『한국고전연구』 40, 한국고전연구학회, 2018, 65-95쪽; 김용철, 「〈양반전〉의 우의와 풍자」, 『동양한문학연구』 39, 동양한문학회, 2014, 87-117쪽; 정학성, 「〈호질〉과 〈양반전〉의 우언과 풍자에 대한 보론」, 『동양고전연구』 69, 동양고전학회, 2017, 179-202쪽; 이원수, 「〈양반전〉의 풍자 전략과 작품 의미」, 『배달말』 63, 배달말학회, 2018, 311-336쪽; 이주영, 「관계 분석을 통해 본 〈양반전〉의 재해석」, 『어문연구』 42, 한국어문교육연구회, 2014, 141-162쪽과 〈허생전〉의 대표적인 연구들(김문희, 「〈허생전〉의 정전화 과정과 방식 연구」, 『어문연구』 41, 한국어문교육연구회, 2013, 151-178쪽; 김수중, 「〈허생전〉의 시대정신과 현대적 적용의 문제」, 『한민족어문학』 56, 한민족어문학회, 2010, 209-236쪽; 김정호, 「박지원의 소설 〈허생전〉에 나타난 정치의식」, 『대한정치학회보』 14, 대한정치학회, 2006, 265-290쪽; 최천집, 「〈허생전〉 이상사회의 사상적 토대」, 『동방학』 24, 동방고전연구소, 2012, 111-142쪽; 차충환, 「〈허생전〉의 인물 형상과 작가의식의 표출방식」, 『한국의 민속과 문화』 7, 경희대학교 민속학연구소, 2003, 233-263쪽)을 언급하면서 조선 후기가 '자본'을 중심으로 사회가 재편된다는 측면에 주목하여 〈양반전〉과 〈허생전〉을 논의하였다. 연암의 작품 속에서 '양반'은 이 신분을 넘어, 경제자본, 문화자본, 사회자본으로 기능하는 양상들을 포착해 보고자 한 것이다(김영미, 「연암 박지원의 〈양반전〉과 〈허생전〉에 나타난 자본의 양상」, 『韓民族語文學』 85, 한민족어문학회, 2019, 117-148쪽).

班傳〉, 〈許生傳〉 등 각 작품이 해석되었으며,[4] 당대 文風의 변화를 주도한 문체적 특성[4]까지 다채로운 주제들이 심층적으로 논의되어 왔다.

　그런데 최근 들어 연암에 대한 선행연구가 텍스트 일변도로 흘러서 그의 사상적 광대함을 충분히 담아내지 못했다는 비판이 제기[5]된 바 있다. 연암이 朱子學, 陽明學, 西學 등 다채로운 사상을 배경으로 하면서,[6] "소품문학으로 시대를 흔들었다는 점"[7]에서 그의 사상과 문학을

4　안세현은 박지원의 글쓰기에 엿보이는 "장난기가 농후한 글쓰기 태도[弄作]"가 袁宏道, 金人瑞을 본받은 소품과 『左傳』, 『公羊傳』, 『史記』, 『漢書』를 비롯해서 唐代 韓愈, 柳宗元 등 고문의 영향으로부터 비롯되었다고 분석한 바 있다(「문체반정을 둘러싼 글쓰기와 문체 논쟁─정조의 문장의식을 통해 본 박지원이 이옥의 글쓰기 태도 및 문체─」, 『어문논집』 54, 민족어문학회, 2006, 137-172쪽). 정순희는 박지원 산문저작들에서 포착되는 특정한 어휘들이 다른 작품들 속에서 반복적으로 사용되는 양상을 제시하면서 주제의식의 심화, 확장되는 데 영향을 끼쳤다고 보았다(「박지원 산문의 문체적 특성 일고」, 『韓國漢文學硏究』 42, 한국한문학회, 2008, 313-332쪽).

5　김은영은 "연암을 주제로 한 박사논문은 소설과 문체의 분석, 판본과 번역에 대한 비교연구 및 연행록 분석 등 어문학 계열의 연구가 전체 연암과 관련한 박사학위 논문의 86% 이상을 차지하고 있다(「연암 박지원의 厚生 철학: 연암 性論의 사회적 확장」, 이화여자대학교 박사학위논문, 2019, 7쪽)"고 언급하면서 연암에 대한 연구가 문학적 관점으로 편중되어 있다고 주장하였다.

6　예컨대 말년 저작인 〈答任亨五論原道〉는 연암과 任亨五가 간찰을 통해 서로 問答을 주고받는 형식으로 이루어져 있다. 여기서 임형오가 연암에게 도에 이르는 과정에 대해 묻자, 연암은 "도는 큰길과 같으니, 어찌 알기 어렵겠는가?"라는 『맹자』의 구절을 들면서 도를 실현하는 방법을 설명한다. 주희가 警學贊에서 "좋거나 좋지 않다는 말이 있으면 마치 그러한 일이 눈앞에 일어난 듯 살피고, 멈추거나 간다는 말이 있으면 마치 발로 직접 가고 멈추듯이 한다(曰否曰臧 如目斯見 曰止曰行 如足斯踐)"라고 설명한 것과 같이, 연암은 '道'에서 출발해 '公', '空', '行', '止', '正', '中'을 거쳐 다시 '도 '로 돌아오는 과정을 제시하면서 주자학에 대한 사색적 접근을 시도한 바 있다(이동환, 「연암 사상의 한계에 대하여」, 『大東漢文學』 23, 대동한문학회, 2005, 10쪽).

7　전호근은 연암 사상의 근대성에 대해 다음과 같이 설명한 바 있다. "그는 文以載道 따위의 거대담론이 아니라 시시콜콜한 소품문학으로 시대를 흔들었다는 점에서 본인은 의도하지 않았을지라도 그 자체가 근대성을 내포하고 있다. 예컨대 장자의 天風賦가 하늘의 음악과 대지의 음악으로 천지자연의 변화를 자신의 글 속에 담아내는 기염을

두루 살펴야 함에도 문학 연구로 편향된 시각이 강하게 존재한다는 것이다. 이러한 비판을 곱씹어 볼 때, 연암의 사상과 문장의 본질을 치우침 없이 고루 응축하고 있는『熱河日記』를 재검토할 필요가 있지 않을까 한다.

연암은 44세 완숙한 나이에 이르러 1780년 문명적으로 전성기를 누리던 청나라의 자유로운 사상과 선진문물의 가치를 직접 경험한 바 있다. 연암에 앞서 연행을 경험한 湛軒 洪大容이 그러했듯 무엇이든 묻고 거침없이 답하며 새로운 세계와 소통할 각오와 함께, 太學館에서 만난 청조문사 尹嘉銓, 奇豊額, 王民皡 등과 事迹, 思想, 天文, 風俗 등 방대한 주제들을 두고 열띤 문답을 주고받기도 했다. 이처럼『열하일기』는 그의 문장뿐 아니라, 사상적 지평을 두루 살필 수 있는 자료라는 점에 주목해 볼 필요가 있다. 여기서 더 나아가 18세기 축적된 연행 체험을『열하일기』가 어떠한 방식으로 계승, 발전시켰는가를 확인하는 것도 흥미로운 작업이 될 듯하다. 이에 본고는『열하일기』,『담헌연기』등 연행록의 시시콜콜하고 일상적인 대화 속에 감춰져 있는 지식의 交通過程을 탐색해 나가고자 한다.

토했다면, 박지원은 시골 사람 코 고는 소리를 절묘한 필치로 묘사함으로써 천지자연의 변화보다 개개인의 삶이 얼마나 소중한지 일깨워 준다(「『열하일기』를 통해 본 박지원 사상의 근대성과 번역의 근대성 문제」,『大同哲學』49, 대동철학회, 2009, 24쪽).”

Ⅱ. 燕行을 통한 앎의 경계성 체감

『열하일기』[8]는 乾隆帝(1735-1796)의 古稀宴을 축하하기 위한 연행을 기록한 것으로, 당대 위로는 임금(정조)부터 읽었고 아래로는 문체를 변화시킬 만큼 파격적인 반향을 이끌었다고 평가된다.[9] 오늘날에는 모든 대학들의 고전선집 목록에 반드시 포함되어 있는 '고전 중의 고전'으로 여겨지고 있다.[10] 『열하일기』에 대한 초기 연구는 연암의 문학세계를 중심으로 국한되었으나, 燕行錄의 역사적 전개에 대한 관심과 함께 연구의 시야가 확장되어 갔다. 중국학계에서는 '域外漢籍'의 개념적 정의가 정립되면서, 연암을 비롯한 조선 북학파가 청조 문학을 인식하는 방식[11]이 본격적으로 분석되기 시작하였다. 최근에는 對淸意識, 韓

---

8   『열하일기』를 비롯하여 『연암집』에 수록된 내용에 관한 인용문은 한국고전번역 DB(http://db.itkc.or.kr)의 원문과 번역문을 참고하여 제시하였다.

9   어제 경연 중에 천신(南公轍)에게 하교하시며 말씀하시었다. "오늘날 문풍이 이와 같이 어지러워진 것이 이와 같은데, 그 근원을 따져보면 박모(박지원)의 죄가 아닌 것이 없다. 내가 이미 『열하일기』를 꼼꼼히 읽어보았으니, 어찌 속이고 숨길 수 있겠느냐? 이것이야말로 법망을 피해 나간 것이 크도다. 『열하일기』가 세상에 간행된 후에 문체가 이와 같이 되었으니, 스스로 마땅히 이런 일을 벌인 자가 그것을 풀어야 한다(『燕巖集』, 「答南直閣公轍書」)."

10   "(현존하는 이본의 양상과 당대 기록 등을 참고로 할 때)『열하일기』는 조선 후기 최고의 베스트셀러라고 해도 틀림이 없다"고 일컬어지며(신병주, 『조선 최고의 명저들』, 휴머니스트, 2006, 201쪽), "남북한에서 공히 높이 평가받고 있는 대표적인 사상가이자 작가 연암 박지원(반덕진, 『세상의 모든 고전—서울대 선정 동서고전 200선—』, 가람기획, 2013, 57쪽)"의 저작으로, 고전 중의 고전으로 손꼽히고 있다.

11   陳冰冰은 "그동안 중국의 학자들은 오랫동안 '域內'의 漢籍에 대해 관심을 갖느라 '域外'의 漢籍에 대해 많이 언급하지 못했다"고 분석하면서, 『열하일기』에 대한 중국학계의 대표적인 성과로 王政堯(「18 世紀朝鮮"利用厚生"學說與淸代中國」, 『淸史硏究』, 1999. 第3期), 金柄珉(「朝鮮北學派對淸代文學的批評與接受」, 『延邊大學學報』, 1991. 3, 第77期), 陳大康

中文化交流, 國際秩序 등을 비교·분석하는 연구들이 보고되고 있다.[12]

연암은 특별한 직책 없이 三從兄 朴明源의 子弟軍官으로 연행에 동행한 것으로 알려져 있다. 연암의 가문은 문인을 여럿 배출한 명문가로, 조부 朴弼均은 老論의 핵심인사로 평가된다. 이러한 가문적 배경에도 불구하고 연암은 관료로 출세하지는 못하였다. 이렇듯 연암이 관료로 출세하지 못한 까닭은 그 스스로가 "과거를 본 선비가 수만도 더 되는데, 이름이 불리는 이는 고작 스무 명뿐(昨日擧人, 不下數萬, 而唱名纔二十)"[13]인 과시의 요행에 연연하면서 혼탁한 정치생태에 결부되기를 원치 않았기 때문으로 추정된다. 정치적 이해관계에 얽매이는 대신 담

(「『熱河日記』看淸代通俗文學的傳播」, 『中韓人文精神』, 浙江大學出版社, 1998.11) 등을 언급한 바 있다(「『熱河日記』를 통해 본 18세기 中國文化의 樣相」, 성균관대학교 박사학위논문, 2008, 7쪽).

12 중국학계에서 『열하일기』가 거론되기 시작하면서 국내의 연구경향 또한 변화를 겪게 된 듯하다. 비교문학(이학당, 「『熱河日記』中의 筆談에 관한 硏究」, 성균관대학교 석사학위논문, 2000; 증사제, 「朴趾源記의 硏究」, 성균관대학교 석사학위논문, 2010; 주연, 「연암 박지원의 伯夷 형상과 그 의미」, 성균관대학교 석사학위논문, 2013; 해춘려, 「『열하일기』와 『서하객유기』 비교 연구」, 성신여자대학교 석사학위논문, 2017), 대청의식(우묘, 「18세기 조선 문인의 청나라에 대한 인식 연구 :"연행록"에 나타난 화이사상 및 북학사상을 중심으로」, 성균관대학교 석사학위논문, 2010; 최향, 「『열하일기』에 나타난 중 국인 형상 연구」, 숭실대학교 석사학위논문, 2018), 한중문화교류(김동국, 「연암 박지원의 『열하일기』를 통해서 본 한중문화교류 연구─문화커뮤니케이션을 중심으로─」, 계명대학교 박사학위논문, 2011; 임영길, 「19세기 前半 燕行錄의 특성과 朝·淸 文化 交流의 양상」, 성균관대학교 박사학위논문, 2018), 국제질서(유림, 「18세기 후반 박지원의 열하체험과 국제질서의 변화─『열하일기』를 중심으로─」, 서울대학교 국제대학원, 2010) 등이 핵심 연구주제로 떠오른 것이다.

13 凡言儌倖, 謂之萬一. 昨日擧人, 不下數萬, 而唱名纔二十. 則可謂萬分之一. 入門時, 相蹂躪, 死傷無數, 兄弟相呼喚搜索, 及相得握手, 如逢再生之人. 其去死也, 可謂十分之九. 今足下能免十九之死, 而乃得萬一之名. 僕於衆中, 未及賀萬分之一榮擢, 而暗慶其不復入十分九之危場也. 宜卽躬賀, 而僕亦十分九之餘也, 見方委臥呻楚, 容候少間(朴趾源, 『燕巖集』, 「賀北隣科」).

헌과 같은 걸출한 지식인들과 인격적으로 교류하면서 정신적 자유로
움을 택한 것이다.[14] 열하로 향할 당시 연암은 44세로, "의리에 맞지 않
으면 萬鍾의 녹을 준다 해도 불결한 것"[15]이라고 세상을 비웃었던 청년
기를 지나, 담헌과 같이 넓은 세상에 나아가 새로운 식견을 갖춘 학자
들과 교유하는 데 열망을 키워나가던 때였다.

담헌은 연암보다 15년 앞서 완숙한 청나라의 문명을 경험한 바 있
다. 1765-66(英祖41-42)년에 걸친 연행을 『湛軒燕記』[16]에 담았는데, 여기
에는 嚴誠, 潘庭筠, 陸飛 등 청조문사들과 나눈 朱陸之辯에 관한 토론[17]

---

14   박기석은 연암의 생애를 '성장기', '청년기', '은둔기', '장년기', '환로기', '노년기'로 구
     분하면서, 사대부의 전형적인 삶을 포기한 시기를 '은둔기'로 규정한 바 있다. 은둔기
     의 삶에 대해서는 다음과 설명하였다. "1771년, 35세에 연암은 마침내 과거를 폐하
     고 만다. 이후 연암은 심리적으로 다소 안정을 찾았던 것 같다. 그는 가족을 石馬의
     처가로 보내고 혼자 典醫監洞에 거처한다. 이때 담헌 홍대용, 석치 정철조, 강산 이서
     구, 무관 이덕무, 재선 박제가, 혜풍 유득공 등과 어울리게 된다.…과거에 급제하여 정
     치 관료로서 현실에 참여하는 것을 포기하고 뜻을 같이하는 재야 지식인들과 어울려
     실학을 탐구하는 것으로, 연암은 정치권 밖에서의 현실참여를 하였던 것이다.(박기석,
     「연암 박지원과 『열하일기』」, 『열하일기의 재발견』, 월인, 2006, 16쪽)."

15   이민희는 연암의 청년기 심리상태를 논의한 선행연구를 언급하면서, "우울증으로 이
     미 단정 짓고 논의한 것일 뿐, 정장 우울증으로 단정 지을 수 있는 근거나 그 이유까
     지 구체적으로 살핀 것은 아니다(이민희, 「심리 치료 측면에서 본 「민옹전」 소고」, 『古典文學
     硏究』 31, 한국고전문학회, 2007, 43쪽)"라고 지적한 바 있다. 「민옹전」에 투영된 청년기
     연암의 심리적 상태와 「민옹전」이 창작된 시기의 연암의 개인사를 구체적으로 조명
     해 보고자 하였다. 故苟非其義, 雖萬鍾之祿, 有不潔者耳. 不力而致財, 雖坲富素封, 有
     臭其名矣. 故人之大往飮珠飯玉, 明其潔也. 夫嚴行首負糞擔溷以自食, 可謂至不潔矣.
     然而其所以取食者至馨香, 其處身也至鄙汚, 而其守義也至抗高, 推其志也, 雖萬鍾可知
     也. 繇是觀之, 潔者有不潔, 而穢者不穢耳(朴趾源, 『燕巖集』, 「放璚閣外傳」).

16   『담헌연기』를 비롯하여 『담헌서』와 관련된 모든 인용문은 한국고전종합DB(http://
     db.itkc.or.kr)에 수록된 원문과 번역문을 참고하여 제시한 것이다.

17   李學堂, 于志斌은 홍대용이 북경에 있는 동안 嚴誠, 潘庭筠, 陸飛 등과 교유하면서 대
     청의식의 변화를 겪는 것은 물론이고 실학의 '대세'가 무엇인지 감지하는 계기가 되었

부터 서양문물에 관한 고찰까지 다양한 연행 경험들이 총망라되어 있다. 홍대용의 『담헌연기』는 "李德懋(正祖2), 朴齊家(正祖2), 朴趾源(正祖4) 徐浩修(正祖14), 柳得恭(純祖1) 등 이른바 '연암일파'의 연행록이 연작적으로 지어진" 일종의 시발점으로 인식되어왔다.[18] 北學派의 義理, 經濟, 詞章, 名物에 대한 인식의 토대를 마련한 저작인 까닭이다.[19]

【湛軒燕記】 을유년 겨울, 계부를 따라 燕京으로 갔다. 강을 건넌 후부터 보이기 시작한 모든 것들이 처음 보는 것들이지만, 더욱 기대하는 바는 마음이 맞는 아름다운 수재 한 사람을 만나 하고픈 이야기를 실컷 나누는 것이다. 沿路로 바삐 나아가 보았지만 길가에 사는 사람들은 대개 조그만 장사치들에 불과했다. 또 북경 동쪽으로는 문장을 제대로 아는 이가 없이 모두 평범해서 말할 바가 못 되었다. 東華門 길가에서 翰林 두 사람을 우연히 만나 이야기를 나누게 되었다. 이후 그들의 집에 찾아가 서로 술잔을 주고받아 보았으나 文學 수준이 몹시 떨어지고 중국과 외국을 구별해 미심쩍어하는 데다가 그 말본새까지 격이 낮아 왕래할 자들이 못되었다. 결국 한두 번 만난 것이 전부였다.[20]

다고 보았다(李學堂·于志斌,「湛軒 洪大容의 燕行 중 '禮'와 '儒學' 談論에 대한 일고찰」,『東方漢文學』 65, 동방한문학회. 2015, 301-441쪽).

18 김현미,「18세기 연행록의 전개와 특성 연구」, 이화여자대학교 박사학위논문, 2004, 23-24쪽.

19 유봉학,『연암일파 북학사상 연구』, 일지사, 1995, 14-18쪽.

20 乙酉冬, 余隨季父赴燕. 自渡江後所見未嘗無怵覿, 而乃其所大願則欲得一佳秀才會心人, 與之劇談. 沿路訪問甚勤, 居途傍者, 皆事刀錐之利. 且北京以東, 文風不振, 或有邂逅, 皆碌碌不足稱. 東華門路, 逢翰林二, 與之語. 其後尋往其家, 頗有酬酢, 而文學甚拙, 以中外之別, 妄生疑畏, 且其言論卑俗, 不足與之來往. 遂一再見而止(『湛軒書』外集 卷二,

436   대학 고전교육, 어떻게 할 것인가

【熱河日記】한양을 떠나 여드레 만에 드디어 黃州에 도착했다. 말을 타고 가다가도 혼자 생각하길, '이렇게 아는 것이 하나도 없이 남의 손을 빌어 중국까지 들어서게 되었는데, 장차 중국의 큰 학자를 만나게 된다면 어떤 질문을 던져 곤란하게 해볼까?' 하였다. 전에 얻어들었던 이야기들 중에 地轉說, 月世界 등에 대한 내용들이 있었던 것을 떠올려서 매일 고삐를 잡고 안장 위에서 꾸벅 졸면서도 이리저리 질문을 구상해 나가다 보니 수십만 마디의 말들이 산더미 같이 쌓이게 되었다. 그러나 아무리 기발한 생각도 자고 일어나면 흔적도 없이 사라져 버리고 말았다. 오늘 기대하지 못했던 기이한 봉우리를 만나고, 배를 따라 때때로 바뀌는 경치를 보건대 먼 여정이야말로 진정한 친구이며 멀리 유람하는 것이야말로 지극한 즐거움이다.[21]

『담헌연기』에서 홍대용은 燕京에 도착한 스스로의 모습을 어설픈 여행객으로 묘사한 바 있다. 조선으로부터 연경까지 "마음이 맞는 아름다운 수재 한 사람을 만나 하고픈 이야기를 실컷 나누고픈" 기대를 품고 먼길을 달려왔건만, 장사치나 격이 맞지 않는 한림들을 몇 명 마주쳤을 뿐이다. 만약, 홍대용이 연경에 대한 풍부한 지식을 갖추고 있었다면 규모가 작은 장사치들이 모여 있는 沿路로 무작정 향하지 않았을 것이다.

「杭傳尺牘」.

21 余離我京八日, 至黃州. 仍於馬上自念, 學識固無, 藉手入中州者, 如逢中州大儒, 將何以扣質, 以此煩冤. 遂於舊聞中, 討出地轉月世等說, 每執鞚據鞍, 和睡演繹, 累累數十萬言.…(중략)…奇思經宿, 雖未免沙蟲猿鶴. 今日望衡分外奇峰, 又復隨帆劈備疊無常, 信乎長途之良伴, 遠游之至樂(『燕巖集』卷之十四 別集, 『熱河日記』).

반면 연암은 연행에 있어 홍대용보다 한결 여유 있는 태도를 나타내고 있다. "아는 것이 하나도 없이"라고 말했지만, 이것은 일종의 겸사로 이해된다. 앞서 청나라에 다녀온 홍대용, 이덕무, 박제가 등의 경험을 전해 듣고 배운 바가 있기 때문에, "장차 중국의 큰 학자를 만나게 된다면 어떤 질문을 던져 곤란하게 만들어 볼까?"라는 고민에 빠질 수 있는 '겨를'이 존재한다. 『열하일기』에는 연암이 '地轉說'과 '月世界'라는 질문 주제를 미리 정하고, 질문을 공교하게 다듬는 과정이 섬세하게 포착되고 있다.

담헌은 연암보다 6살 연상이며, 그의 연행은 연암보다 15년 앞선 것이었다. 두 사람의 연행 사이에 존재하는 15년이라는 '시차'는 18세기 청나라 物質文明의 변화를 통해서도 이해될 수 있다. 당시 청나라는 정치적으로 전성기를 누리면서, 동아시아 문명을 선도하는 위상에 이르렀다고 평가된다. 이는 洪翰周가 기록한 『古今圖書集成』 일화를 통해서도 확인되는 바이다.[22]

---

22 楓石 徐公(徐有榘)이 일찍이 말하기를, "『圖書集成』이라는 책은 그 포괄하여 모아 엮은 것이 마치 地負海涵과 같아서 거의 신이 만든 것이지 사람의 힘으로 한 것 같지 않다"하였으니, 비단 권질이 많은 것만을 이른 말은 아니다. 대개 풍석의 아버지인 판서 徐浩修가 정조 원년(1776)에 正使로 연경에 갔는데, 그때 청나라 고종이 바야흐로 여러 신하들에게 명하여 『四庫全書』를 편찬하고 있었지만 아직 완성되지는 않았다. 상(정조)이 서호수에게 부탁하기를, 『사고전서』 편찬이 끝났거든 한 질을 사오라 하였다. 서호수가 명을 받고 가서 사려고 하니 과연 아직 완성이 되지 않았다. 마침내 別備銀 몇 천 냥을 써서 『도서집성』 한 부를 사왔는데, 類書로서 목록을 합해 5,020권이었다.…(중략)…내가 듣건대 丙申年(1776)에 사올 때 연경의 서점 사람들이 비웃으며 우리나라 사람들에게 말하기를, "이 책이 간행된 지는 거의 50년이 지났는데, 貴國은 文을 숭상한다면서 지금에야 사가나요? 일본은 長碕島에서 1부, 江戶에서 2부 등 이미 3부를 구해갔습니다" 하니, 우리나라 사람들은 부끄러워 대답을 못했다고 한다(홍

『고금도서집성』은 姜熙齊 晩年에 완성된 類書로, "성인의 입언의 뜻에 어긋나지 않는(不違于聖人立言之意)" 명성을 누린 당대 최고의 학술 성과로 평가[23]된다. 康熙年間에 초고가 완성된 이후, 重修, 校勘을 거쳐 雍正4년(1726)에 완성된 것으로 알려져 있다. 홍한주의 『智水拈筆』에 따르면 조선에서는 막 왕위에 오른 정조의 명으로 『도서고금집성』을 구입한 것으로 확인된다. 정조는 연행길에 오른 徐浩修[24]를 통해 『사고전서』를 구입하기 위한 시도를 하지만 아직 완성되지 않은 상태라는 보고를 접한다. 그리하여 『사고전서』 대신 『고금도서집성』을 거금을 들여 구입하도록 한다. 정조는 『고금도서집성』을 들여온 후 裝幀을 조선의 실정에 맞게 고치도록 하고, 奎章閣 檢書官인 이덕무, 박제가, 유득공 등으로 하여금 목차를 새로 쓰도록 해서 규장각 본채인 宙合樓에 깊숙이 간직하게 했다. 閣臣이 아니면 볼 수도 없도록 엄중히 관리하고자 한 것이다.

『고금도서집성』 일화는 지식 유통에 대해 폐쇄적인 조선의 상황을 노출한 것이 아닌가 한다. 이는 당대 지식의 총체인 『고금도서집성』에 대한 접근이 지극히 제한적이었다는 것을 보아도 알 수 있다. 유서

한주, 김윤조·진재교 역, 『19세기 견문지식의 축적과 지식의 탄생—지수염필』 상, 소명출판, 2013, 98-99쪽).

23 柳向春, 「康熙 말년의 학술과 『古今圖書集成』」, 『한국문화』 57, 서울대학교 규장각한 국학연구원, 2012, 185쪽.

24 서호수는 1790년 연행을 경험으로 『열하기유』를 집필했으며, 서호수의 집안은 증조 부때부터 대대로 청나라를 출입하며 천문역법서 등 청의 문물을 국내에 도입하는데 막대한 역할을 했다고 전한다(조창록, 「鶴山 徐浩修와 『熱河紀遊』: 18세기 서학사의 수준과 지향」, 『동방학지』 135, 연세대학교 국학연구원, 2006, 179-180쪽).

는 당대 지식정보의 집결체로, 지식이 활발히 유통되고 확산되는 데 편찬의 목적을 두고 있다. 『고금도서집성』 편찬을 명한 강희제는 算法, 天文, 地理에 특히 조예가 깊었으며, "변경 혹은 오랑캐가 사는 곳을 가리지 않고 반드시 圖籍을 자세히 살피고 방언까지 널리 조사하여 올바른 지식을 얻는 데 힘썼다(無論邊徼遐荒, 必詳考圖籍, 廣詢方言, 務得其正)"[25]고 전한다.

이와 대조적으로 조선의 정조는 거금을 들여 기껏 구입한 『고금도서집성』을 깊숙이 감추어두고 열람까지 제한하는 모습을 보인다. 동시대 청나라 황실은 四海八方의 지식을 결집하는 구심점 역할을 했음에도 불구하고, 至近에 위치한 조선의 왕실은 시대의 흐름을 제대로 따라잡지 못한 것이다. 또한 서이수가 『고금도서집성』을 구입했을 당시 연경 상인으로부터 들었다는 핀잔-"이 책이 간행된 지 거의 50년이 지났는데 귀국은 文을 숭상한다면서 지금에서야 겨우 사 가나요? 일본은 나가사키에서 1부, 에도에서 2부 등 이미 3부를 사 갔습니다."-은 조선이 국가 간 지식 경쟁에서 뒤진 상황을 알리는 것으로 이해된다. 『사고전서』, 『고금도서집성』 등 책에 대한 정보력은 당대 지식이 유통되는 방식, 감각의 지표로 여겨진 까닭이다. 이러한 상황은 지식 정보력의 측면에서 조선이 청과 일본에 밀려 고전하는 한계에 직면한 현실을 감지하게 한다.

---

25   朕於地理, 從幼留心, 凡古今山川名號, 無論邊徼遐荒, 必詳考圖籍, 廣詢方言, 務得其正(『聖祖仁皇帝聖訓』 卷52, 「康熙五十九年十一月辛巳」).

III. 問答을 통한 앎의 확장과 포용 가능성 체험

1. 燕行을 통한 앎의 확장 체험

조선에게 있어 18세기 연행은 단순한 외교적 定例가 아니라 세계 지식의 수준을 탐색할 수 있는 중대한 통로로 작용했다. 조선의 지식인들은 연행 체험이 지식의 지평을 넓히고 성장할 수 있는 기회라는 것을 체감하고 있었다. 박지원, 홍대용과 같은 인물들이 특별한 직책 없이 연행에 참여한 것도 세계적 수준의 지식을 탐색하기 위함이었다.

연행록은 연행에 참여하는 지식인들의 성격과 목적을 보다 선명하게 가려내고 있다는 측면에서 좋은 참고가 된다. 그간 18세기 연행록의 성격은 전기, 중기, 후기로 분류, 논의되어왔다. 전기의 경우, 주로 三使臣들이 공적인 업무를 수행하는 가운데 수레와 같이 일상적이고 현실적인 소재를 雜誌와 日錄의 형태로 소개했으며, 중기의 경우, 관심 주제를 심화시켜 항목별로 자세히 서술하는 경향을 나타낸다는 것이다. 후기의 경우, 북학파가 본격적으로 창작에 참여하면서 서술이 다변화되었다고 분석된 바 있다.[26]

선행연구에서 홍대용의 『담헌연기』는 '중기' 연행문학으로 분류되었다. '전기'와 같이 현실적인 문물과 소재에 집중하면서도 필담을 통해 만난 사람들, 도시, 풍속, 명승지, 의복, 무기, 기물 등에 대한 일화를

---

26   김현미는 전기, 중기 후기에 따른 저자의 역할, 색목, 형식 등을 고려해 상세히 논의한 바 있다(김현미, 앞의 논문, 8-9쪽).

표제화시켰다는 측면에서 전기와 구별되는 특성을 가진다는 것이다.

【湛軒燕記】 서쪽으로 문에 들어가니, 북쪽에 客堂이 있는데 남쪽으로 창문이 나 있고, 비단 발이 드리워 있었다. 문을 들어가 보니, 堂이 여섯 칸쯤 되어 보이는데 아래에는 벽돌을 깔았고 동쪽 벽에는 天文圖가, 서쪽에는 天下輿地圖가 그려져 있었다. …문에 들어가자 두 사람-劉松齡(Augustinus von Halberstein)·鮑友官(Antonius Gogeisl)이 아직 나와 있지 않았기에 양쪽 벽의 그림을 구경하였더니, 누각과 인물이 모두 훌륭한 채색으로 이루어져 있었다. 누각은 중간이 비었는데 뾰족하고 옴폭함이 서로 알맞았고, 인물은 마치 살아 움직이는 듯하였다.…둘러보매 실경을 연상케 하여 실지 그림이란 것을 깨닫지 못하였다. 대개 들으니, '서양 그림의 묘리는 교묘한 생각이 출중할 뿐 아니라 裁割比例法인 算術에서 나왔다.' 하였다.(…)

내가 "天文과 算數를 배우고 싶은 마음에서 자주 찾아왔으나 거절을 당할까 봐 매우 황송하였습니다. 여러분의 양해와 용서를 바랄 뿐입니다." 썼더니, 두 사람은 다만 고개를 끄덕일 뿐이었다. 또 내가, "무릇 사람이 어려서 배우고 장성해서 행함에는 임금과 어버이를 존귀하게 섬기는 것인데, 들으니 '서양 사람들은 그 존귀한 것을 버리고 따로 높이는 것이 있다.' 하는데, 그것은 어떠한 학문입니까?" 하니,

답하기를, "우리나라의 학문은 이치가 매우 기이하고 깊습니다. 선생께서는 어떠한 것을 알고자 합니까?"

이에 내가, "유교에서는 五倫을 숭상하고, 불교에서는 空寂을 숭상하고, 도교에서는 淸淨을 숭상합니다. 그런데 귀국에서는 어떤 것을 숭상하는지 듣고자 합니다." 하였더니,

답하기를, "우리나라의 학문은 사람들에게 사랑함을 가르칩니다.

하느님을 높이되 萬有의 위에 숭배하고, 남을 사랑하되 자기 몸처럼 합니다."라고 하였다.

　　내가, "사랑이란 무엇을 말합니까? 특히 그러할 사람이 있습니까?" 하니,

　　답하기를, "공자의 이른바 '郊社의 예는 上帝를 섬긴다.'란 그것이고, 도교에서 말한 '玉皇上帝'는 아닙니다."[27]

　　담헌은 1766년 정월에 天主堂을 방문해 독일계 선교사인 劉松齡 (Augustinus von Halberstein),[28] 鮑友官(Antonius Gogeisl)과 소통할 기회를 얻는다. 서양의 천문도, 세계지도, 원근법을 구현해 마치 생동하는 것 같은 聖畫를 비롯해서 파이프 오르간의 음을 짚어보는 진귀한 체험까지 경험하게 된다. 담헌은 渾天儀를 발명했으며 청나라에서 통용되는 최첨단 과학지식에 그 누구보다 열의를 가지고 있었던 인물이다. 그런 그가

27　西入門, 北有客堂, 南其戶垂錦簾. 入戶, 堂可六間, 下舖甎, 東壁畫盖天星象, 西畫天下輿地.…中入門, 二人尙未出矣, 見兩壁畫樓閣人物, 皆設眞彩. 樓閣中虛, 凹凸相參, 人物浮動如生.…環顧 然, 不覺其非眞也. 盖聞洋畫之妙, 不惟巧思過人, 有裁割比例之法, 專出於籌術也.…余先書曰, 雖緣願學象數, 頻來遭挑, 殊悚仄, 望僉位諒恕, 二人只頷之. 余曰, 凡人之幼學壯行, 以君親爲尊, 聞西人捨其所尊, 另有所尊云, 是何學也. 答曰, 我國之學, 理甚奇奧, 不知尊駕欲知何端. 余曰, 儒尙五倫, 佛尙空寂, 老尙淸淨, 願聞貴方所尙. 答曰, 我國之學, 敎人愛尊天, 萬有之上, 愛人如己. 余曰, 愛之云者, 指何耶, 抑別有其人耶. 答曰, 乃孔子所云郊社之禮, 所以事上帝也, 並非道家所講玉皇上帝(『湛軒書』外集 卷七, 「劉鮑問答」).

28　劉松齡의 행적은 대개 다음과 같이 논의된 바 있다. 오스트리아에서 1703년 태어나 1721년 예수회에 들어간 후, 마카오에서 성곽 지도를 그리다가 공적을 인정받아 청대 조정의 欽天監을 맡았으며(費賴之, 『在華耶蘇會士列傳及書目』 下, 馮承鈞 역, 中華書局, 1986), 燕行을 통해 전개된 청과 조선의 관계에서 천주교를 알리는 데 중요한 역할을 했다는 것이다(羅樂然, 「乾隆禁敎期的耶蘇會士在華活動-以劉松齡爲硏究中心-」, 『中國史硏究』 82, 중국사학회, 2013).

유송령, 포우관을 만나 던진 첫 번째 질문은 의외로 天文 혹은 算數 관한 지식이 아니었다. 담헌은 그들에게 "서양 사람들은 그 존귀한 것(임금과 어버이를 섬기는 것)을 버리고 따로 높이는 것이 있다 하는데, 그것은 어떠한 학문입니까?"라는 질문을 던졌다. "우리나라의 학문은 사람들에게 사랑함을 가르칩니다."라고 답하자, 담헌은 "사랑이란 무엇을 뜻합니까?"라고 사랑의 대상이 누가 되는지를 되묻는다.

담헌이 던진 사랑에 대한 물음은 일견 현학적인 성격을 나타내는 것처럼 보인다. 청나라 문물의 현실적 주제에 관심을 기울이다가 맥락상 엉뚱한 질문을 던진 것처럼 여겨지기도 하지만, 그가 질문한 사랑이 "서양 사람들이 높이는 것" 이상의 범주를 넘어서지 않았다는 것에 주목해 볼 필요가 있겠다. 청나라에서 목격된 서양의 발전된 문물에 어떤 학문과 사상이 작동하고 있는지 확인하는 수준에 머무른 것이다. "공자의 이른바 郊社의 예는 上帝를 섬긴다."라는 답변을 듣고 질문을 굳이 덧붙이지 않은 것도 이 때문이 아닐까 한다.

한편 『열하일기』에 등장하는 문답은 연암이 설계한 구체적인 주제의식을 구현하는 데 활용되고 있다는 측면에서 『담헌연기』와 구별된다. 산해관에서 연경까지의 여정을 기록한 「關內程史」에 삽입된 〈호질〉의 주요내용을 살펴보면 다음과 같다.

【熱河日記】북곽선생은 범에게 머리를 조아리며 앞으로 기어 나와 세 번 절하고 꿇어앉은 다음 고개를 들고 공손히 말하였다.

"범님의 덕이야말로 참 훌륭하지요. 大人은 범님의 변화를 본받고 帝王은 걸음걸이를 배우며, 아들 된 사람은 효성을 본받고, 장수는 위엄을 취한다고 했으니 그 거룩하신 이름이 神龍과 짝을 이루어 한 분은 바람을, 또 한 분은 구름을 각각 일으키시니, 저와 같이 지상 위에 사는 천한 신하는 下風일 따름입니다요."

범이 북곽선생의 아첨을 듣고 꾸짖어 말하길,

"에잇, 내 가까이 오질 말아라. 일찍이 내가 듣기로, '선비(儒)'란 것들은 '아첨하는 유(諛)'라 하더니 과연 맞구나. 네가 평소에는 세상의 온갖 악명을 망령되이 내게 더하더니, 이제 다급해져서 아첨하는 것을 누가 진실로 듣겠느냐. …(중략)…옛적 關中이 크게 가물었을 때 사람들끼리 서로 잡아먹는 것이 몇만 명이요, 그에 앞서 山東에 큰물이 났을 적에도 사람들끼리 서로 잡아먹는 것이 또한 몇만 명이었느냐. …(중략)…그러나 범은 하늘의 명을 깨닫고 순종하므로 무당 혹은 의원의 간교함에 속지 않고, 타고난 바탕을 그대로 지녀서 세속의 이해관계에 골몰하지 아니한다. 그러므로 범이 착하고도 성스러운 까닭이다.[29]

그간 〈호질〉은 양반의 허위의식을 폭로하는 날카로운 풍자와 對淸意識이 결부된 일종의 '寓言'이라는 시각에서 주로 연구되어왔다. 절개가 높은 열녀로 불리지만 실은 아들들의 성씨가 모두 다른 과부 '東里子', 청고하다는 명성과 별개로 동리자와 밀회를 즐기는 '北郭'의 이율

---

29 北郭先生頓首匍匐而前, 三拜以跪, 仰首而言曰: 虎之德其至矣乎, 大人效其變, 帝王學其步, 人子法其孝, 將帥取其威, 名並神龍, 一風一雲, 下土賤臣, 敢在下風. 虎叱曰: 毋近前, 曩也吾聞之, 儒者諛也. 果然, 汝平居集天下之惡名, 妄加諸我, 今也急而面諛, 將誰信之耶夫天下之理一也.…去年關中大旱, 民之相食者數萬, 往歲山東大水, 民之相食者數萬.…知命而處順, 故不惑於巫醫之姦, 踐形而盡性, 故不疚乎世俗之利, 此虎之所以睿聖也(『燕巖集』卷之十二 別集,「關內程史」).

배반적인 행태를 비판하는 한편, '虎'와 '胡'가 同音이라는 것에 착안해 천하를 호령하는 청나라의 모습을 범으로 빗대 그려냈다는 것이다.[30] 일견 〈호질〉은 연암이 청년기에 창작한 「馬駔傳」, 「穢德先生傳」, 「廣文者傳」, 「閔翁傳」, 「兩班傳」 등 九傳의 재기발랄한 문장을 되살린 것 같은 인상을 주기도 한다.

그런데 〈호질〉은 『열하일기』에 문학적 생기를 더하기 위한 장치로만 활용된 것은 아니다. 〈호질〉은 북곽과 범의 대화체로 이루어져 있는데, 여기서 대화를 주도하는 것은 인간이 아닌 '범'이라는 것에 주목해 볼 필요가 있겠다. 북곽은 "나이 마흔에 손수 교정한 글이 1만 권이요, 또 九經의 뜻을 敷衍해서 책을 엮은 것이 1만 5천 권"[31]이지만 범 앞에서 겨우 아첨만 떠듬거릴 구변만 지녔을 뿐이다. 반대로 범은 '儒'란 '諛'라고 꾸짖으며 북곽을 조롱한다. 뿐만 아니라 인간 전반으로 문제의식을 확장해 『漢書』 등에 기록되어 있듯 關中, 山東 난리 때 인간들이 서로 잡아먹던 야만적 역사[32]를 폭로한다. 인간은 타고난 바탕 그대

---

30 이현식은 호랑이가 청나라를 상징한 것이라는 선행연구(성현경, 「虎叱 硏究」, 『燕巖 硏究』, 계명대학 교 출판부, 1984; 김명호, 『熱河日記 硏究』, 창작과 비평사, 1990)의 시각을 이어받으면서, 호랑이가 글 전체의 주인공이 된 까닭에 대해 다음과 같이 설명한다. "호랑이를 글 전체의 주인공으로 삼은 것도 이유가 있을 것이다. 이 글이 청나라에 대한 기존의 인식을 뛰어넘어서 새로운 인식을 제시한 것이었으므로, 청나라 인식의 문제를 본격적으로 다루기 위해서는 아마도 청나라를 중심에 두는 방식이 유용했을 것이다(이현식, 「虎叱, 청나라 인식에 관한 우언」, 『韓國漢文學硏究』 35, 한국한문학회, 2005, 383쪽)."

31 北郭先生, 行年四十, 手自校書者萬卷, 敷衍九經之義, 更著書一萬五千卷(『燕巖集』 卷之十二 別集, 「關內程史」).

32 여기서 언급된 가뭄과 큰물은 특정시대를 지칭하는 것이 아니라, 『漢書』(三年春, 河水溢于平原, 大飢, 人相食『漢書』 「武帝記」) 등 사서류에서 災害 때 언급되는 "河水, 溢于平原", "關中饑, 人相食矣"의 역사를 이른 것이다.

로 살아가는 범에게 온갖 악명을 더하면서, 정작 그들이 급할 때는 인간성을 내던지고 서로 잡아먹는 모습을 짚어낸 것이다.

〈호질〉이 수록된 「關內程史」는 산해관부터 연경으로 향하는 열흘에 걸친 장대한 여정의 기록(7월 24일-8월 4일)이다. 〈호질〉의 앞뒤로 붙어있는 〈甲辰〉, 〈虎叱後識〉의 기록까지 포함하면 「關內程史」에서 절대적인 비중을 차지한다고 볼 수 있다. 이렇듯 〈호질〉의 구성과 비중을 떠올려 볼 때, 연암은 〈호질〉을 통해 '尊華攘夷'의 원리가 작용하지 않음을 드러내고자 했던 것으로 여겨진다. 연경으로 향하는 여정 중에서 세계와 지식의 중심이 청으로 쏠려 있음을 분명히 체감할 수 있었으며, '북곽'이 자랑하는 고답적인 문장이 아니라 역사와 세계를 통찰할 수 있는 넓은 시야가 필요하다는 것을 〈호질〉에 담아낸 것이다.

「關內程史」의 여정에 앞서 연암은 광대한 요동벌판(甲申日)을 지나면서 다음과 같은 체험을 고백 한 바 있다.

【熱河日記】정사와 한 가마를 타고 三流河를 건너서, 冷井에서 아침밥을 먹었다. 10리 남짓 가서 산모퉁이에 접어들자 태복이가 갑자기 몸을 굽히고 말 앞으로 달려 나와서 땅에 엎드려 큰 소리로 외쳤다.
"白塔이 보입니다."
태복은 정 진사 댁 마두이다. 아직 산모롱이에 가려 백탑은 보이지 않았다. 빨리 말을 채찍질하여 수십 보를 채 못 가서 겨우 모롱이를 벗어나자, 시야가 어른거리고 갑자기 검은 공 한 덩이가 오르락내리락했다. 나는 오늘에 이르러 인생이 본래 어떠한 의탁도 없이 하늘을 이고 땅을 밟은 채 떠돌아다니는 존재임을 깨달았다. 말을 세우고 사방을 돌아보다가 나도 모르게 손을 들어 이마에 얹고, "아, 참 좋은 울음 터로다. 가히 한 번 울 만하구나."

정 진사가, "이렇게 천지간 큰 시야를 만나 별안간 울고 싶다니, 웬 말씀입니까."라고 물었다.

"그래, 그래요, 아니, 아니지요. 천고의 英雄이 잘 울었고, 美人은 본래 눈물이 많다지요. 그렇지만 그들은 몇 줄기 소리 없는 눈물만 흘렸을 뿐이어서 소리가 천지에 가득 차서 金石이 울리는 듯한 울음은 듣지 못하였습니다. 사람이 다만 七情 중 슬플 때만 우는 줄 알고 칠정 전부에서 울 수 있다는 것은 아직 모르시는 모양입니다 그려. 기쁨이 사무쳐 울게 되고, 노여움이 사무쳐 울게 되고, 즐거움이 사무쳐 울게 되고, 사랑이 사무쳐 울게 되고, 미움이 사무쳐 울게 되고, 욕심이 사무쳐 울게 되는 것이지요. 불평과 억울함을 풀어 버리는 것에 울음소리 더 빠른 것이 없고, 울음이란 천지간에 우레 같은 존재라고 할 수 있겠지요. 지극한 情이 우러나와 이치가 들어맞는다면 울음과 웃음에 무슨 차이가 있겠습니까."[33]

여기서 연암은 번듯한 사적이 하나도 없는 망망한 요동벌판을 두

---

33 初八日甲申, 晴. 與正使同轎渡三流河, 朝飯於冷井. 行十餘里, 轉出一派山脚, 泰卜忽鞠躬, 趨過馬首, 伏地高聲曰: "白塔現身謁矣." 泰卜者, 鄭進士馬頭也. 山脚猶遮, 不見白塔. 趣鞭行不數十步, 纔脫山脚, 眼光勒勒, 忽有一團黑毯, 七升八落. 吾今日始知人生本無依附. 只得頂天踏地而行矣. 立馬四顧, 不覺舉手加額曰: "好哭場, 可以哭矣!" 鄭進士曰: "遇此天地間大眼界, 忽復思哭何也." 余曰: "唯唯否否, 千古英雄善泣, 美人多淚, 然不過數行, 無聲眼水, 轉落襟前, 未聞聲滿天地, 若出金石. 人但知七情之中, 惟哀發哭, 不知七情都可以哭? 喜極則可以哭矣, 怒極則可以哭矣, 樂極則可以哭矣, 愛極則可以哭矣, 惡極則可以哭矣, 欲極則可以哭矣. 宣暢壹鬱, 莫疾於聲, 哭在天地, 可比雷霆. 至情所發, 發能中理, 與笑何異("燕巖集』卷之十一 別集,「渡江錄」).

고 "好哭場"라고 칭한 바 있다. 연암과 같이 자제군관 자격으로 동행한 진사 鄭珏은 '大眼'을 만나 울고 싶다니 무슨 뜻이냐고 묻는다. 정진사가 말한 대안이란 요동벌판의 광대한 풍경을 뜻하기도 하지만, 이제 중원에 막 진입해 연행단이 마주하게 될 새로운 세계에 대한 기대감을 함축한 표현으로도 해석해 볼 수 있다. 새로운 세계를 향한 모험을 앞두고 마침 일기도 화창(晴)한데 울 까닭이 무엇이 있느냐고 물은 것도 이 때문이다.

정진사의 물음에 연암은 꼭 사람이 슬플 때만 우는 것이 아니라 기쁨, 노여움, 즐거움, 사랑, 욕심이 사무쳐도 울기 마련이라며, 불평과 억울함을 풀어내는 데 울음보다 효과적인 것은 없노라고 답한다. 갓난아기가 태어나 울음보를 터트리는 것은 어머니의 뱃속에서 캄캄하고 답답하게 지내다가 세상에 나아가 상쾌한 마음을 울음으로 표현한 것이라는 설명을 덧붙이기도 했다.[34]

앞으로 5개월간 이어질 연행의 초입, 요동벌판에 선 연암과 정진사 두 사람의 대화에는 연행에 대한 서로 다른 인식이 나타난다. 정진사에게 있어 연행은 새로운 경험에 대한 단순한 설렘 그 이상도 이하도 아닌 듯하다. 반면 연암은 갑갑하고 어두운 조선의 현실을 끊임없이 의식하면서 새롭게 거듭나야 하는 일종의 재탄생 과정으로 인식하고 있다. 그가 요동벌판에서 울고 싶다고 말한 것은 조선에서 겪은 불평과 억울함을 털어버리고 새로운 세계에서 다시 태어나는 기회를 얻었다는 감

---

34 兒悔其生, 先自哭吊, 此大非赤子本情. 兒胞居胎, 處蒙冥沌塞, 纏糾逼窄, 一朝迸出寥廓, 展手伸脚, 心意空闊, 如何不發出眞聲盡情一洩哉(『渡江錄』).

정을 복합적으로 표출한 것으로 해석된다.

2. 天涯知己를 통한 앎의 포용 가능성 체험

역사 속에서 지식이 교류되고 소통하는 순간들을 되짚어 보면, 문물을 교환하는 간단한 방식이 아니라 신뢰를 기반으로 하는 대화를 통해 이루어져 왔음을 알 수 있다. 益齊 李齊賢을 비롯해 고려 지식인들은 萬卷堂을 통해 元의 姚燧, 閻復, 元明善, 虞集 등과 詩書를 주고받으며 교유했다. 만권당의 교유는 단순한 閑談을 넘어 경전이나 역사, 현실문제에 대한 의론으로 자연스럽게 이어졌으며, 고려의 정치 현실을 개혁하기 위한 사례학습과 모방[35] 등 그 나름의 시대적 결실을 맺었다. 이러한 소통의 역사는 조선 후기 연행을 통해서도 확인된다.

전술하였듯 연암은 홍대용, 이덕무, 박제가의 연행 체험을 접한 이후, 뒤늦게 연행에 참여할 기회를 얻었다. 연암이 연행에서 가장 기대한 바는 청조문사와의 교유였다. 박제가가 揚州八怪의 한 사람인 羅聘을 만나 그림을 얻은 경험도 그러했겠지만, 담헌이 연행에서 엄성, 반정균, 육비 등을 만나 인격적, 학문적으로 교유한 경험을 특히 부러워했던 것으로 추정된다. 이는 연암이 『乾淨衕會友錄』에 붙인 序文을 통해서도 드러난다. 연암은 담헌이 엄성, 반정균, 육비 등과 나눈 우정에 대해 "天人과 性命의 근원이며, 朱子學과 陸王學의 차이며, 進退와 消

---

35   김인호, 「고려후기 이제현의 중국 문인과의 교류와 만권당」, 『歷史와實學』 61, 역사
     실학회, 2016, 229쪽.

長의 시기며, 出處와 榮辱의 분별 등을 한껏 토론하면서, 처음에는 서로 지기로 허여하였다가 마침내 결의하여 형제가 되었다"[36]고 평한 바 있다.

【湛軒燕記】正陽門을 나와 2리쯤 가니 乾淨衕에 이르렀다. 客店이 있는데 天陞店이라고 간판이 붙었다.… 장차 문에 들려고 할 때 두 사람이 먼저 문에 이르러 簾을 거두고 기다렸다.… 좌정하고 성명과 나이를 물었다. 嚴誠의 자는 力闇이요 호는 鐵橋이니 나이는 서른다섯이고, 潘庭均의 자는 蘭公이요 호는 秋이니 나이는 스물다섯이었다.

"우리는 李公을 통하여 聲華를 들었고 또 시험 답안을 보고 문장을 흠앙하게 되어 삼가 이공과 동지 金生과 함께 와서 찾아뵙게 되었으니 바라건대 당돌함을 용서해 주시오."

두 사람이 모두 황송하다며 사양하였다.

내가 "두 분의 고향은 浙江省 어느 고을인가요?" 물으니, 嚴生이

---

36 『연암집』에 수록된 서문의 대개는 다음과 같다. "우리나라 36都의 땅을 돌아보면 동쪽으로는 큰 바다에 임하여 바닷물이 하늘과 더불어 끝이 없고 이름난 산과 큰 멧부리들이 그 중앙에 서리어 있어, 들판은 백 리가 트이어 있는 곳이 드물고 고을은 천호가 모여 있는 곳이 없으니 그 지역 자체가 벌써 편협하다 하겠다. (…) 洪君德保가 어느 날 갑자기 한 필 말을 타고 사신을 따라 중국에 가서, 시가를 이리저리 돌아다니고 너절한 골목을 기웃거리다가 마침내 杭州에서 온 선비 세 사람을 만나게 되었다. 그래서 틈을 엿보아 旅舍에 걸음하여 마치 옛 친구나 만난 것처럼 즐겁게 이야기를 나누었다. 天人과 性命의 근원이며, 朱子學과 陸王學의 차이며, 進退와 消長의 시기며, 出處와 榮辱의 분별 등을 한껏 토론하였는데, 고증하고 증명함에 있어 의견이 일치하지 않은 적이 없었으며, 서로 충고하고 이끌어 주는 말들이 모두 지극한 정성과 염려하고 걱정하는 마음에서 우러나왔다. 그래서 처음에는 서로 지기로 허여하였다가 마침내 결의하여 형제가 되었다. 서로 그리워하고 좋아하기를 여색을 탐하듯이 하고, 서로 저버리지 말자 하기를 마치 동맹을 맺기로 서약하듯 하니 그 의기가 사람을 눈물겹게 하기에 충분하였다(『燕巖集』 卷之一, 「會友錄序」)."

"杭州 錢塘에 삽니다."라고 답하였다.

내가 "다락에서 창해에 뜬 해를 구경하고[樓觀滄海日]〈靈隱寺〉를 읊어 보이자, 엄생이 "문에서 절강의 조수를 대한다[門對浙江潮]"라고 응답해 왔다.

내가 웃으며 "여기가 그대의 고향입니까?" 하니, 엄생이 그렇다고 하였다. 潘生이 平仲의 姓을 듣고 "귀국의 金尙憲을 압니까?"라고 물었다.

내가 "김상헌은 우리나라 재상이고, 시문에 능하고 道學과 節義가 있는 분입니다만, 그대들은 팔천 리 밖에 살면서 그분을 어찌 압니까?"라고 되물었다.

엄생이 "그분의 시구가 중국 시집에 들어 있으므로 압니다."라고 하면서 곧 곁방으로 가 책자를 가져와 보였는데, 책자의 제목이 『感舊集』이었다.(…)

내가 "우연히 만나 즐겁게 담소하니 소원을 다 이룬 듯합니다. 이후로도 만나볼 수 있을까요?"라고 물었다.

난공이 "臣民 신세로 外交를 할 수 없으니 아마 이런 좋은 모임을 다시 도모하기는 어려 울 것 같습니다."라고 답하였다.

내가 "이것은 전국시대 때나 통하던 말이지요. 지금 天下가 통일되어 하나가 되었는데 어찌 피차 꺼릴 바가 있겠습니까?"라고 하였다.

난공이 기뻐하며 "天子는 천하로써 一家를 삼는데 귀국이 禮敎의 나라로서 諸國의 어른이 되는데 마땅히 이러해야 하지요, 俗人의 의논을 어찌 족히 이르겠습니까? 天涯의 知己로 애모하기가 끝이 없는데 어찌 中外로써 피차를 나누겠습니까. 혹 다른 때에 보잘것없는 벼슬이라도 얻어 東方에 奉使하면 마땅히 댁에 찾아가 인사드리겠습니다. 가슴속에 간직한 생각을 어느 날인들 잊겠습니까."…

피차가 모두 크게 웃고 서로 손을 잡고 차마 서로 놓지 못하다가 드디어 서로 이별하고 나왔다. 문에 나서매 두 사람이 급히 이르기를 조금 더 머물라 하니, 엄생이 『感舊集』 전질을 가지고 와서 선사하였다. 내가 감사의 말로서 책을 가지고 가면 남들이 무어라 할까 두렵다고 사양하니, 두 사람 모두 "샀다고 하면 그만이지 거리낄 것이 무엇이 있겠습니까."라고 하였다.[37]

앞서 홍대용은 청조문사들과 교분을 나누고픈 기대감을 가지고 沿路와 東華門 근처를 방황하다가 장사치와 수준 낮은 한림만 마주쳐서 크게 실망한 바 있다. 그러던 중 천주당에 방문했던 다음날 乾淨衕에 머물던 엄성, 반정균의 초대를 받게 된다. 동화문에서 마주친 한림들이 조선에서 온 홍대용을 낮잡아본 것에 반해, 엄성과 반정균은 조선에 대한 이해와 교우의 가능성을 활짝 열어두고 있었다.

---

37 三人同車出正陽門, 行二里許, 至乾淨衕. 有客店, 榜云天陞店. 乃二人之所居也, …將入門, 二人先至門掀簾待之.… 坐定, 問姓名及年. 嚴誠字力闇號鐵橋, 年三十五, 潘庭筠字蘭公號秋, 年二十五. 余曰: 愚因李令公, 得聞聲華, 且見硃卷, 歆仰文章, 謹仍李令與同志金生輒來請謁, 望恕唐突. 二人皆謝不敢. 余曰: 兩位尊府在浙省何縣. 嚴生曰: 同住杭州錢塘. 余因誦樓觀滄海日, 嚴生繼誦門對浙江潮. 余笑曰: 此卽貴處耶. 嚴生曰: 然. 潘生聞平仲之姓, 問曰: 君知貴國金尙憲乎. 余曰: 金是我國閣老而能詩能文又有道學節義, 尊輩居八千里外, 何由知之耶. 嚴生曰: 有詩句選入中國詩集故知之. 嚴生卽往傍炕持來一册子示之, 題云感舊集.… 余曰: 邂逅良晤, 深愜鄙願, 未知繼此而可得見耶. 蘭公曰: 人臣無外交, 恐難再圖良會. 余曰: 此戰國時語也, 今天下一統, 豈有彼此之嫌. 蘭公有喜色曰: 天子以天下爲一家, 況貴國乃禮敎之邦, 爲諸國之長, 自當如此, 俗人之議, 何足道哉, 天涯知己愛慕無窮, 寧以中外遂分彼此耶, 或他時得邀微官, 奉使東方, 當詣府叩謁, 中心藏之, 何日忘之.… 彼此皆大笑而握手不忍相捨, 遂相別而出. 出門, 兩生疾聲請少留, 嚴生持感舊集全秩而贈之. 余辭謝曰: 書册帶去, 恐有人言. 兩生曰: 言以買來, 亦何妨乎(『湛軒書』外集 卷之二, 「杭傳尺牘」).

이들은 조선의 金尙憲(1570-1652)의 존재를 알고 김상헌의 시가 수록된 『感舊集』을 소유하고 있었다. 처음 만난 자리임에도 불구하고 '中外로써 피차를 구분하는 것'이 무의미하며 天涯知己를 나누고자 한다. 홍대용과 엄성, 반정균의 문답은 필담을 통했지만, 주제는 고금의 시서와 풍경과 같은 낭만적 주제를 비롯하여 朱子・陸象山・王陽明에 관한 철학적 논변, 민간의 衣服, 時俗 등에 이르기까지 거침없이 이어졌다.

홍대용　"貴處의 학자는 어떤 도를 따르고자 합니까?"

반정균　"모두들 주자를 모십니다."

홍대용　"陽明을 추종하는 사람들도 있습니까?"

반정균　"양명은 큰 선비로 孔廟에 배향되었습니다. 특히 良知를 강하게 내세워 주자와 다르므로 학자들이 으뜸으로 치지 않고 간혹 한두 사람이 따를 뿐이며 그 勢도 분명치 않습니다."

홍대용　"양명은 間世의 호걸의 선비이며 문장사업이 前朝의 으뜸이지만, 도의 경향에 대해서는 당신(반정균) 설명이 진실로 맞습니다."

엄성　"조선에서도 陸子靜을 배척합니까?"

홍대용　"그렇습니다."

엄성　"육자정은 타고난 성품이 고매하고, 양명은 공이 천하를 덮으니, 굳이 학문을 연구 하지 않더라도 그 인물됨을 이해하는 데에 어려움이 없을 듯합니다. 주자와 육자정은 본 래 다를 바가 없었는데 학자가 스스로 분별을 만들었습니다. 길이 달라도 돌아가는 곳은 같은 셈

	이지요."
홍대용	"돌아가는 곳이 같다라는 말은 감히 순순히 받아들이지 못하겠습니다."
김재행	"공이 비록 천하를 덮으나 良知를 고안했다는 점에서 주자와 구별됩니다."
반정균	"事業은 모름지기 誠意와 正心으로부터 나오는 것이니, 양명의 格物致知가 오히려 餘憾이 있을 뿐입니다."[38]

　　담헌이 엄성, 반정균 등과 소통하면서 가장 흥미를 느낀 지점은 자신이 조선에서 강마한 지식의 정도와 편폭을 확인하는 것에 있었던 듯하다. "貴處의 학자는 어떤 도를 따르는가?"라는 질문은 청에서 성리학의 추세가 어디로 향하고 있는지 확인하는 성격을 지닌다. 청에서도 주자학이 주류라는 것을 확인하자 담헌은 다소 안도한 듯하다. 양명과 육자정에 대한 인식에 대해서 추가 질문한 것을 볼 때 그러하다. 이에 엄성은 양명과 육자정을 특별히 분별하지 않으며 "길이 달라도 돌아가는 곳은 같은 것"이라고 평한다. 담헌과 동행한 김재행은 굳이 분별하고자 하는데, 주자학과 다른 도학에 이론적 분별은 이후 서찰을 통해서 토론의 주제로 이어진다. 담헌은 연경을 떠나야 하는 일정으로, 엄성, 반정균 등과 잠시 이별하게 되지만, 이후 서찰을 통해 학문적으로 교류

38　'乾淨衕筆談'은 담헌과 엄성, 방정균 등이 나눈 필담과 서찰로 이루어져 있다. 이들이 나눈 朱子·陸象山·王陽明에 관한 철학적 논변은 이들이 본격적으로 교유하기로 뜻을 합한 2월 3일에 이루어졌다(『湛軒書』 外集 卷之二, 「杭傳尺牘」).

하며 평생에 걸친 우정을 나누게 된다.

한편 홍대용의 연행은 그가 天主堂을 직접 방문한 바 있으며, 오르
간, 천문대와 같이 청에 진출한 서양문물을 그 누구보다 열정적으로 경
험하기 위해 노력했다는 측면에서 주목을 받아왔다.[39] 특히 그가 연행
에서 접한 서양 천문학은 평면적으로 인식되던 중세적 세계관을 입체
적이면서 원형적인 감각으로 전환하는 데 막대한 역할을 했다.[40]

【毉山問答】중국과 서양은 경도차가 180도에 이른다. 중국은 중
국으로 正界를 삼고 서양으로 倒界를 삼는다. 서양은 서양으로 정계
를 삼고 중국으로 도계를 삼는다. 사실 하늘을 이고 땅을 밟고 계를
따름은 모두 이와 같다. 횡계도 없고 도계도 없으며 다 같이 정계일
뿐이다.[41]

---

39 『을병연행록』에서 홍대용은 포착되는 서양문물뿐 아니라 종교, 풍속 전반에 걸쳐 관
심사가 끝없이 넓었던 것으로 여겨진다. "담헌은 風聞이나 확인되지 않은 傳言에 대
해서는 과연 그것이 왜 사실인지, 왜 그러한지를 직접 탐문하여 확인하고자 하였다.
라마승이 아래 바지를 입지 않는다는 풍문의 사실 여부를 확인하기 위해서 라마승의
옷을 들추어보게 하기도 하였고 남녀가 유별함에도 불구하고 담헌은 만주 여인에게
首飾와 髮를 살펴볼 수 있도록 해달라고 청하기도 했으며, 구경을 하느라 여러 차례
사행 일정에 불편을 끼치기도 하였다(윤승준, 「홍대용의 중국 체험과 청조문인과의 교유: 『을
병연행록』을 중심으로」, 『동아시아고대학』 21, 동아시아고대학회, 2010, 253쪽)."

40 "본래 화이론은 공간적으로 평면성을 전제로 하는 발상이다. 화는 중(中)으로서 중심
을 차지하고 있고 이로부터 멀어질수록 더 열등한 夷가 배정된다. 중심에서 외곽을
바라보는 평면적 사고라고 할 수 있다. 그러나 지구설 등 서양 천문학이 보여주는 球
體의 이미지는 보다 입체적이면서도 원형적인 감각을 발생시킨다(김선희, 「조선의 문명
의식과 서학의 변주」, 『동방학지』 165, 연세대학교 국학연구원, 2014, 84쪽)."

41 且中國之於西洋, 經度之差, 至于一百八十, 中國之人, 以中國爲正界, 以西洋爲倒界.
西洋之人, 以西洋爲正界, 以中國爲倒界, 其實戴天履地. 隨界皆然, 無橫無倒, 均是正
界. (『湛軒書』內集 卷之四, 「毉山問答」).

『毉山問答』에서 홍대용은 특히 "지구가 둥글다는 설에 대해서는 의심할 여지가 없다(地球之說, 更無餘疑)"고 힘주어 주장한 바 있다. 중원을 세계의 霸者를 위한 공간이라 신봉하던 시대로부터 나아간 것이다. 이와 같은 홍대용의 주장은 일종의 '지적 도약'이라 평가된다. 과학의 새로운 발견, 주장 등은 의례히 그 도덕적·사회적·논리적 이용의 불일치라는 문제를 제기[42]하기 마련인데, 홍대용은 중원을 위시하는 세계관에 아무런 미련을 두지 않았다. 이후 홍대용의 우주관은 『열하일기』에서 다음과 같은 방식으로 언급된 바 있다.

연암은 태학관에서 청조문사 尹嘉銓, 奇豊額, 王民皡 등과 事迹, 思想, 天文, 風俗 등 방대한 주제들을 두고 문답을 나눌 기회를 얻는다. 연암은 호기심 어린 문인들에게 "귀국의 아름다운 점 몇 가지를 들려주시면 고맙겠습니다"라는 질문을 받기도 한다. 질문에 대해 연암은 비록 조선이 비록 바다 한쪽 구석에 자리 잡았지만 ①온 나라 풍속이 儒教를 숭상한다는 것, ②黃河처럼 큰 수해의 걱정이 없다는 것, ③고기와 소금을 다른 나라에서 빌리지 않아도 된다는 것, ④여자가 두 지아비를 섬기지 않는다는 점을 아름다운 점으로 내세운다.[43] 연암이 제시한 ①은 대국과 함께 문명을 토론할 만한 학문적 바탕을 전제로 하는 것이며, ③은 재정의 독립성을 나타내는 지표를 나타낸 것으로 볼 수

---

42 "즉각 과학은 무엇이고 무엇을 하는가의 불일치, 과학을 어떻게 보고 어떻게 이용하는가에 대한 불일치, 그리고 과학의 내용과 그 도덕적·사회적·논리적 이용의 불일치라는 문제를 제기한다(찰스 길리스피, 이필렬 역, 『객관성의 칼날(Edge of Objectivity: An Essay in the History of Scientific Ideas)』, 새물결, 2005, 188쪽)."

43 『燕巖集』卷之十四別集,「鵠汀筆談」

있다. 또한 ②와 ④는 대국에 비해 조선이 더 나아간 장점을 은근히 과시하고 있다는 점에서 주목해 볼 만하다. 앞서 〈호질〉에서 거론된 바와 같이 黃河의 범람은 사람이 사람다움을 잊을 정도로 큰 재해였으며(河水溢于平原, 大飢, 人相食),[44] 一夫從事는 교화의 증거이자 실천으로 볼 수 있으므로 조선이 앞섰다고 자랑한 것이다.[45]

연암에게 이와 같은 질문을 던진 이는 왕민호로, 『담헌연기』에 등장하는 반정균, 엄성 등과 마찬가지로 조선을 향한 호기심 교유의 가능성을 열어놓은 인물로 여겨진다.

【熱河日記】 나는 "선생은 어떤 것을 믿으십니까?"라고 반문했다.

혹정은 "전 비록 손으로 六合의 등마루를 어루만지지는 못했습니다만 자못 지구가 둥글다는 설을 믿지요"라고 답하였다.

이에 나는 "하늘이 만든 것 치고 어떤 물건이고 간에 모진 것은 없다고 생각합니다. 비록 저 모기 다리, 누에 궁둥이, 빗방울, 눈물, 침 등과 같은 것이라도 둥글지 않은 것은 없다고 보아야 하겠지요. 이제 저 산하대지와 일월성신들도 모두 하늘의 창조였으나, 우리는 아직 모난 별들을 본 적이 없은즉 지구가 둥근 것은 의심 없는 일이라 하겠습니다. 그리고 나는 비록 서양 사람들의 저서를 읽어 본 적이 없습니다만 지구가 둥근 것은 의심 없다고 생각합니다. 대체로 지구의 꼴은

44　『漢書』「武帝記」

45　대체로 여자가 一夫從事하는 법은 실로 우리 列聖朝에서 인도해 敎化한 뒤부터 비롯하였습니다. 그러므로 지금은 士族은 말할 것도 없고 民間의 천한 부녀자까지 가문과 자손을 조금이라도 생각하는 사람이라면 守節을 관례로 삼지 않는 자가 없다(蓋女子從一之法, 實肇於我列聖導化之後. 今時則無論士族, 以至閭巷賤婦, 稍爲門戶子孫計者, 無不以守志爲例(宋浚吉, 『同春堂集』卷之十六, 「諸子孫以先祖妣柳氏貞烈呈地主文」)).

둥그나 그 德인즉 모나며, 그의 事功은 動하는 것이나 그 性情은 靜한 것이니, 만일 저 허공이 땅덩이를 편안히 한 곳에 정착시켜 놓고, 움직이지도 못하며 구르지도 못한 채 우두커니 저 공중에 매달려 있기만 하게 하였다면, 이는 곧 썩은 물과 죽은 흙인 만큼 잠깐 사이에 그는 썩어 사라져 버릴지니, 어찌 저렇게 오랫동안 한 곳에 멈춰 서서 허다한 물건을 지고 싣고 있으면서도, 河·漢처럼 큰물들을 담고 새나가지 않게 하겠습니까. 지금 이 지구는 면면마다 구역이 열리고, 군데군데 발을 붙여서 그 하늘로 머리 솟고, 땅에 발을 디딤은 나와 다르지 않으리라 생각합니다. 그리고 서양 사람들이 벌써 땅덩어리를 球로 인정했는데도 불구하고 지구가 구르는 데 대해서는 말한 적이 없으니, 이는 땅덩어리가 둥근 줄은 알면서 둥근 것이 반드시 구를 수 있음은 모르는 셈입니다. 그러므로 저는 저 땅덩어리가 한 번 구르면 하루가 되고, 달이 땅덩어리를 한 바퀴 돌면 한 달이 되며, 해가 땅덩어리를 한 바퀴 돌면 한 해가 되고, 歲星이 땅덩어리를 한 바퀴 돌면 一紀(12년)가 되며, 恒星이 땅덩어리를 한 바퀴 돌면 一回(만 8백 년)가 된다고 생각했던 것입니다.(…)"라고 말했다.

그러자 혹정이 "이야말로 토끼 주둥이에 달린 건곤이요, 고양이 눈에 돌아가는 천지라고 이를 만합니다"하고는 크게 깔깔대었다.

나는 "우리나라 근세 선배에 金錫文이 처음으로 큰 공 세 개가 공중에 떠돈다는 학설을 제시했고, 저의 벗 洪大容이 또 地轉說을 창안했던 것입니다."라고 했더니, 혹정이 붓을 멈추고 지정을 향해서 무어라고 하되 마치 홍대용의 자호를 언급하는 듯하였다. 이윽고 "담헌 선생은 김석문 선생의 제자이신지요?"하고 물었다. 나는 "아뇨. 김 선생은 돌아간 지 벌써 백 년이나 되었으니 서로 師授할 사이가 못 됩니

다"라고 답했다.[46]

「혹정필담」은 깊은 밤 달을 바라보면서 혹정과 연암이 地轉說, 月世界 등 우주관에 대해 문답을 나누는 내용이 중심을 이룬다. 문답은 무려 8시간에 걸친 필담으로 진행되었지만 말을 통해 대화하듯이 매끄럽게 흘러갔다.[47] 연암은 요동벌판에 들어서기 전부터 청나라 문사들을 만나면 어떤 어려운 주제를 유려한 표현으로 펼쳐낼지 고민을 거듭했다. 그러한 의미에서 지전설과 월세계는 연암이 며칠 동안 고민 끝에 생각해 낸 話題라고 볼 수 있다.

여기서 연암은 서양 사람들의 저서를 읽어 본 적은 없지만, 하늘이 만든 것치고 둥글지 않은 것이 없으므로 지구 역시 둥글 것이라고 주장한다. 그러면서도 김석문(1658-1735)과 홍대용의 학설을 소개함으로써 주장에 단단한 근거로 삼고자 했다. 그런데 왕민호는 연암이 자세히 설

---

46 余曰: 先生則何信. 鵠汀曰: 雖未能手捫六合之背, 頗信球圓. 余曰: 天造無有方物, 雖蚊腿蚤尻雨點涕唾, 未嘗不圓. 今夫山河大地, 日月星宿, 皆天所造. 未見方宿楞星則可徵地球無疑. 鄙人雖未見西人著說, 嘗謂地球無疑. 大抵其形則圓, 其德則方, 事功則動, 性情則靜, 若使太空, 安庯此地, 不動不轉, 塊然懸空, 則乃腐水死土, 立見其朽爛潰散. 亦安能久久停住, 許多負載, 振河漢而不洩哉. 今此地球面面開界, 種種附足, 其頂天立地, 與我無不同也. 西人旣定地爲球, 而獨不言球轉, 是知之能圓而不知圓者之必轉也. 故鄙人妄意以爲地一轉爲一日, 月一匝地爲一朔, 日一匝地爲一歲, 歲星一匝地爲一紀, 星恒星一匝地爲一會(…) 志亭大笑曰: 可謂兔嘴乾坤, 貓眼天地. 余曰: 吾東近世先輩, 有金錫文, 爲三大丸浮空之說, 敝友洪大容, 又刱地轉之論. 鵠汀停筆向志亭云云, 似傳洪字與號也. 志亭問湛軒先生, 乃金錫文先生弟子否. 余曰: 金歿已百年, 非可師授. (『燕巖集』卷之十四別集, 「鵠汀筆談」).

47 김풍기, 「필담의 문화사: 조선후기 동아시아 문화 교류의 한 방법」, 『비평문학』 42, 한국비평학회, 2011, 161쪽.

명하기도 전에 이미 홍대용의 자호를 말하며 그의 존재를 이미 알고 있는 듯하다. 그간 「鵠汀筆談」은 "地球自轉說이 어떻게 하룻밤 사이에 전달되었는가를 보게 된다"[48]는 점에서, 연암의 사상과 수사력의 수준을 확인할 수 있는 자료로 이해되어왔다. 실제로, 본문의 내용을 확인해 보면 왕민호 또한 연암의 辨說이 정밀하면서 투명한 점을 칭찬하고 있는 것을 알 수 있다.

그런데 만약 왕민호가 연암이 제시한 지전설, 월세계에 대한 정보가 전무한 상태였어도 연암의 변설을 칭찬하며 수용할 수 있었을까? 연암이 제시한 지전설에 대해 왕민호는 "저는 본래부터 이런 학문에는 어두웠으나 역시 한두 가지 엿본 것이 없음은 아니었습니다."라고 언급한 바 있다. 앞서 청을 다녀간 홍대용에 대해서도 알고 있었으며, 어쩌면 엄성, 반정균, 육비와 같이 조선의 걸출한 선비들과 교유한 경험이 있는 문사들을 통해 전해 들었을지도 모른다. 이렇게 볼 때 연암과 왕민호가 나눈 문답은 단지 하룻밤의 일이 아니라, 적어도 18세기 연행 역사 전반을 통해 연속적으로 이해될 수 있었던 성격의 것으로 해석된다.

---

48 "이 대목은 우연히 달을 보고 친구 홍대용이 생각나 독백처럼 이야기하는 것으로 되어 있다. 그러나 사실 이 대목은 연암에 의해 나름대로 준비되고 연출된 일인 드라마와도 같은 것이다(서인석, 「상대적인 세계에서 하나의 중심은 없다」, 『열하일기의 재발견』, 월인, 2006, 272쪽)."

Ⅳ. 결론

연암은 『열하일기』에서 요동별판을 두고 "好哭場"이라고 부른 바 있다. 비록 불혹을 넘어선 나이였지만 갓난아이가 태어날 때 울음을 터 트리듯이 새로운 세계와 지식에 닿을 수 있게 된 감격을 표현한 것이 다. 연암은 선배 학자 담헌이 그러했듯 넓은 세상에 나아가 청의 문사 들과 인격적으로 교류하면서 정신적 자유로움을 추구하고자 했다.

담헌은 연암보다 15년 앞서 완숙한 청나라의 문명을 경험한 바 있 으며, 그가 남긴 『담헌연기』에는 엄성, 반정균, 육비 등 청조 문사들과 의 교유를 비롯해 서양문물에 관한 풍부한 고찰이 담겨 있다. 담헌의 연 행 경험은 일종의 '길잡이' 역할을 했으며, 연암을 비롯해 이덕무, 박제 가, 서호수, 유득공 등 이른바 '연암일파'에게 고스란히 전수된 바 있다.

조선에게 있어 18세기 연행은 단순한 외교적 정례가 아니라 세계 적 지식의 수준을 탐색할 수 있는 중대한 통로이자 일종의 지표였다. 연행을 통해 『고금도서집성』, 『사고전서』 등 최신 서적들이 국내에 유 입될 수 있었으며, 조선의 지식인들은 지식의 지평을 넓히고 성장하는 기회로 여겼다. 이렇듯 역사에서 지식이 교류하고 소통하는 순간들을 되짚어 보면, 신뢰를 기반으로 하는 열린 대화를 바탕으로 한다는 것을 알 수 있다. 고려 지식인들이 만권당을 통해 元과 교유한 역사 또한 마 찬가지였다. 이들의 교유는 단순한 閑談으로부터 출발했으나 현실문제 에 대한 심도 있는 주제로 이어지게 되었다. 이러한 소통의 역사는 조 선 후기 연행을 통해 재현된다. 조선과 청의 지식인들은 문답을 통해 서로의 지식을 소통하고 확장해 나갔다. 이들의 문답은 고금 문장, 풍경과 같은 낭만적 주제를 비롯하여 성리 철학적 논변, 민간의 衣服, 時俗 등에 이르기까지 무궁무진하게 이어졌다. 시시콜콜하고 가벼운 분위기속에 가려졌지만, '中外'라는 차별과 구별을 넘어선 장대한 지식의 交通이 이루어진 것이다.

참고문헌

1. 저서

김명호, 『熱河日記 硏究』, 창작과 비평사, 1990.

박기석 外, 『열하일기의 재발견』, 월인, 2006.

박종채, 박희병 역, 『나의 아버지 박지원』, 돌베개, 1998.

박지원, 『燕巖集』(한국고전번역원, 고전종합DB, http://db.itkc.or.kr)

성현경, 『燕巖 硏究』, 계명대학교 출판부, 1984.

유봉학, 『연암일파 북학사상 연구』, 일지사, 1995.

정성희 外, 『실학, 조선의 르네상스를 열다』, 사우, 2018.

홍대용, 『湛軒書』(한국고전번역원, 고전종합DB, http://db.itkc.or.kr)

홍한주, 김윤조·진재교 역, 『19세기 견문지식의 축적과 지식의 탄생—지수염필』 상, 소명출판, 2013.

班固, 『漢書』, 臺北 : 三民書局, 2013.

費賴之, 馮承鈞, 『在華耶蘇會士列傳及書目』 下, 中華書局, 1986.

찰스 길리스피, 이필렬 역, 『객관성의 칼날(Edge of Objectivity: An Essay in the History of Scientific Ideas)』, 새물결, 2005.

2. 논문

김동국, 「연암 박지원의 『열하일기』를 통해서 본 한중문화교류 연구—문화커뮤니케이션을 중심으로—」, 계명대학교 박사학위논문, 2011.

김은영, 「연암 박지원의 후생철학: 연암 性論의 사회적 확장」, 이화여자대학교 박사학위논문, 2019.

김문희, 「『허생전』의 정전화 과정과 방식 연구」, 『어문연구』 41, 한국어문교육연구회, 2013.

김선희, 「조선의 문명 의식과 서학의 변주」, 『동방학지』 165, 연세대학교 국학연구원, 2014.

김수중, 「『허생전』의 시대정신과 현대적 적용의 문제」, 『한민족어문학』 56, 한민족
　　어문학회, 2010.

김영미, 「연암 박지원의 『양반전』과 『허생전』에 나타난 자본의 양상」, 『韓民族語文
　　學』 85, 한민족어문학회, 2019.

김용철, 「『양반전』의 우의와 풍자」, 『동양한문학연구』 39, 동양한문학회, 2014.

김인호, 「고려후기 이제현의 중국 문인과의 교류와 만권당」, 『歷史와 實學』 61, 역사
　　실학회, 2016.

김정호, 「박지원의 소설 『허생전』에 나타난 정치의식」, 『대한정치학회보』 14, 대한
　　정치학회, 2006.

김현미, 「18세기 연행록의 전개와 특성 연구」, 이화여자대학교 박사학위논문, 2004.

_____, 「소재 이이명의 연행문학 일고: 18세기 전기 연행문학 창작층의 특성 찾기
　　를 중심으로」, 『이 화어문논집』 32, 이화어문학회, 2014.

노경희, 「17세기 전반 조선과 18세기 애도 문단의 明代 前後七子 詩論 수용」, 『고전
　　문학연구』 43, 한국고전문학회, 2013.

柳向春, 「康熙 말년의 학술과 『古今圖書集成』」, 『한국문화』 57, 서울대학교 규장각한
　　국학연구원, 2012.

羅樂然, 「乾隆禁敎期的耶蘇會士在華活動—以劉松齡爲硏究中心—」, 『中國史硏究』 82, 중
　　국사학회, 2013.

박영주, 「연행문학의 장르수행 방식과 그 특징」, 『구비문학연구』 7, 한국구비문학
　　회, 1998.

안세현, 「문체반정을 둘러싼 글쓰기와 문체 논쟁—정조의 문장의식을 통해 본 박
　　지원과 이옥의 글쓰 기 태도 및 문체—」, 『어문논집』 54, 민족어문학회,
　　2006.

劉琳, 「18세기 후반 박지원의 열하체험과 국제질서의 변화—『열하일기』를 중심으
　　로—」, 서울대학교 국제대학원, 2010.

윤승준, 「홍대용의 중국 체험과 청조문인과의 교유—『을병연행록』을 중심으로—」,
　　『동아시아고대학』 21, 동아시아고대학회, 2010.

이가원, 「燕巖小說硏究」, 성균관대학교 박사학위논문, 1965.

이강엽, 「존귀함과 고결함, 『양반전』의 인물 대립과 양반상」, 『한국고전연구』 40,
　　한국고전연구학회, 2018.

이동환, 「연암 사상의 한계에 대하여」, 『大東漢文學』 23, 대동한문학회, 2005.

이민희, 「심리 치료 측면에서 본 『민옹전』 소고」, 『古典文學硏究』 31, 한국고전문학회, 2007.

이원수, 「『양반전』의 풍자 전략과 작품 의미」, 『배달말』 63, 배달말학회, 2018.

이주영, 「관계 분석을 통해 본 『양반전』의 재해석」, 『어문연구』 42, 한국어문교육연구회, 2014.

이현식, 「虎叱, 청나라 인식에 관한 우언」, 『韓國漢文學硏究』 35, 한국한문학회, 2005, 「『燕巖小說硏究』의 선행 연구 영향에 관한 고찰」, 『동방학지』 137, 연세대학교 국학연구원, 2007.

李學堂, 「『熱河日記』 中 筆談에 관한 硏究」, 성균관대학교 석사학위논문, 2000.

_____·于志斌, 「湛軒 洪大容의 燕行 중 '禮'와 '儒學' 談論에 대한 일고찰」, 『東方漢文學』 65, 동방한문학회, 2015.

임영길, 「心田 朴思浩의 燕行과 韓中文學交流」, 성균관대학교 석사학위논문, 2008.

_____, 「19세기 前半 燕行錄의 특성과 朝·淸 文化 交流의 양상」, 성균관대학교 박사학위논문, 2018 于森, 「18세기 조선 문인의 청나라에 대한 인식 연구 : "연행록"에 나타난 화이사상 및 북학사상을 중심으로」, 성균관대학교 석사학위논문, 2010.

전부용, 「燕巖 朴趾源의 熱河日記 硏究 :燕行文學的 성격과 表現上 특성을 중심으로」, 전남대학교 석사학위논문, 1997.

전호근, 「『열하일기』를 통해 본 박지원 사상의 근대성과 번역의 근대성 문제」, 『大同哲學』 49, 대동 철학회, 2009.

정순희, 「박지원 산문의 문체적 특성 일고」, 『韓國漢文學硏究』 42, 한국한문학회, 2008

정학성, 「『호질』과 『양반전』의 우언과 풍자에 대한 보론」, 『동양고전연구』 69, 동양고전학회, 2017.

조동일, 「理氣哲學의 傳統과 國文學 理論의 새로운 方向」, 『한국학논집』 1, 계명대학교 한국학연구원, 1973.

조창록, 「鶴山 徐浩修와 『熱河紀遊』: 18세기 서학사의 수준과 지향」, 『동방학지』 135, 연세대학교 국학연구원, 2006.

周娟, 「연암 박지원의 伯夷형상과 그 의미」, 성균관대학교 석사학위논문, 2013

陳冰冰, 「『熱河日記』를 통해 본 18세기 中國文化의 樣相」, 성균관대학교 박사학위논문, 2008.

曾思齊, 「朴趾源 記의 研究」, 성균관대학교 석사학위논문, 2010.

차충환, 「『허생전』의 인물 형상과 작가의식의 표출방식」, 『한국의 민속과문화』 7, 경희대학교 민속학연구소, 2003.

최천집, 「『허생전』 이상사회의 사상적 토대」, 『동방학』 24, 동방고전연구소, 2012.

최향, 「『열하일기』에 나타난 중국인 형상 연구」, 숭실대학교 석사학위논문, 2018.

解春力, 「『열하일기』와 『서하객유기』 비교 연구」, 성신여자대학교 석사학위논문, 2017.

陳大康, 「『熱河日記』看淸代通俗文學的傳播」, 『中韓人文精神』, 浙江大學出版社, 1998.

金柄珉, 「朝鮮北學派對淸代文學的批評與接受」, 『延邊大學學報』, 1991. 第77期.

王政堯, 「18世紀朝鮮"利用厚生"學說與淸代中國」, 『淸史研究』, 1999. 第3期.

제4장

고전교육의 교육적 성과분석

고전교육 성과측정도구
개발 및 타당화 연구*

권순구

I. 서론

최근 4차 산업혁명에 대한 논의가 활발하게 이루어지면서 사회 전반에 걸쳐 다양하고 급속한 변화가 나타나고 있다. 지식과 정보의 양적 증가와 온라인을 통한 유통 및 확산의 속도는 이전과 비교할 수 없을 만큼 빨라졌으며, 그에 따라 사람들에게 필요한 능력이 무엇인가에 대한 인식도 변화하고 있다. 정보의 양이 이전과 비교할 수 없을 만큼 폭발적으로 증가했을 뿐만 아니라, 유통과 변화 속도 또한 빨라지면서 변화에 대응할 수 있는 능력이 중시되고 있다. 이와 관련하여 지식의 양을 강조하던 이전과 달리 현장에서 자신에게 주어진 정보를 능동적으로 활용하여 주어진 문제를 창의적으로 해결할 수 있는 역량이 중요한

---

* 이 글은 다음 논문을 수정, 보완한 것이다. 권순구: 고전교육 성과측정도구 개발 및 타당화 연구」, 『교양교육연구』14(3), 한국교양교육학회, 2020.

요소로 부각되었다.[1]

　역량의 중요성이 강조됨에 따라 국가에서는 교육정책을 통해 역량을 증진시키기 위한 다양한 노력을 기울였으며, 최근 역량기반 교육의 중요성이 더욱 강조되고 있는 것도 이와 같은 맥락에서 이해할 수 있다.[2] 이미 많은 대학에서는 고유의 역량을 설정하고 이를 측정하기 위한 척도를 개발하였으며.[3] 또한, 각 대학에서는 역량기반 교육과정을 운영하여 학생들의 체계적이고 구체적인 역량관리를 위해 노력하고 있다.

　A 대학의 경우 타 대학과 달리 교육과정에 따른 개별성과 특수성을 고려하여 교양교육과정과 비교과 교육과정에는 핵심역량을, 전공교육과정에는 전공역량을 별도로 설정하여 체계적이고 객관적인 학생들의 역량 관리를 위한 노력을 기울이고 있다. 먼저 역량기반 교육과정 운영을 통해 학생들의 실질적인 역량 증진을 위한 기반을 마련하였으며, 역량 척도를 개발하여 학생들의 역량 현황 및 변화추이를 분석함으로써 실질적인 교육의 질 관리를 위해 노력하고 있다. 이러한 역량기반 교육에 대한 비판적 입장도 존재한다.[4] 그럼에도 불구하고, 역량기반

1　이민정, 「ACE사업 참여 대학의 핵심역량 및 실천전략에서의 교육적 함의」, 『아시아교육연구』 18(2), 2017, 354쪽.

2　소경희, 「학교지식의 변화요구에 따른 대안적 교육과정 설계방향 탐색」, 『교육과정연구』 24(3), 2006, 46-49쪽.

3　고진영·정기수, 「대학생 핵심역량 척도 개발 및 타당화—H대학교 학생들을 대상으로」, 『교양교육연구』 11(2), 2017, 476-477쪽.

4　박휴용, 「핵심역량기반 교육에 대한 비판적 고찰」, 『교육사상연구』 29(4), 2015, 64-66쪽.

교육과정 운영을 통해 대학에서 이루어지고 있는 교육과정에 대한 질 관리를 위한 노력은 현실적인 대안으로서 유용한 측면에 있다고 평가할 수 있다.

교양 교육과정은 전공 교육과정과 더불어 대학 교육에 있어서 한 축을 담당하고 있는 중요한 교육과정이다. 2000년대 들어서 교양 교육과정이 갖는 본연의 교육적 기능과 중요성에 대한 인식 변화가 이루어지면서 교양교육 활성화를 위한 움직임이 나타나기 시작했다.[5] 각 대학에서는 교양교육대학이나 기초교양교육원을 설립하여 운영하고 미국 교양교육의 교육과정을 도입하여 운영하기위해 노력하고 있다. 고전읽기는 교양교육의 본연의 목적에 가장 충실한 교육과정으로 평가받고 있으며,[6] 학생들의 역량 증진에 도움이 될 수 있는 수업으로 평가되기도 한다.[7] 이미 국내 많은 대학이 고전읽기 수업을 교양수업으로 개설하고 있고, 일부 필수 교과로 운영[8]한다는 사실이 이를 뒷받침한다.

이처럼 고전읽기가 교양교육의 주요 교과 가운데 하나로 활용되고 있음에도 불구하고 그 교육적 효과를 객관적으로 뒷받침하고 있는 결과를 찾아보기란 쉽지 않다. 무엇보다 고전교육의 성과를 측정할 수 있

---

5   이황직, 「고전읽기를 통한 교양교육의 혁신—숙명여대의 "인문학 독서토론" 강좌를 중심으로」, 『독서연구』 26(26), 2011, 517-518쪽.

6   정선희, 「대학 교양교육에서 고전문학의 역할과 의의—고전소설 활용을 중심으로」, 『한국고전연구』 30, 2014, 406-407쪽.

7   손승남, 「'위대한 저서(The Great Books)' 프로그램을 토대로 본 우리나라 대학 인문고 전교육의 방향 탐색」, 『교양교육연구』 7(4), 2013, 468쪽.

8   이원봉, 「대학 교양교육에서의 고전독서교육의 문제점과 개선방향」, 『사고와 표현』 10(1), 2017, 119쪽.

는 객관적인 척도를 찾기 어렵다. 이러한 척도의 부재가 고전교육의 성과를 뒷받침하는 연구 부재의 주된 원인이라고 할 수 있을 것이다. 고전교육의 성과에 관한 이전 연구들은 주로 기초 문해력을 측정하거나 의사소통역량의 하위 영역으로 관련 내용을 측정하고 있다.[9] 그러나, 이러한 척도는 고전교육을 통해 얻을 수 있는 본연의 교육적 성과에 대한 구체적인 내용을 측정하는 데 한계가 있다. 이러한 한계를 보완하기 위해서는 고전교육의 내용과 수업특성, 그리고 교육목적을 고려한 측정도구개발이 이루어져야 할 필요가 있다.

이 연구는 고전교육의 객관적인 성과지표로 활용할 수 있는 새로운 척도를 개발하는 것을 주된 목적으로 하고 있다. 고전교육의 특성을 고려한 척도 개발은 학습자들의 관련 역량 진단과 고전교육 개선 및 보완 방안 마련에 필요한 구체적인 근거 자료로 활용될 수 있을 것이다.

II. 이론적 배경

1. 교양교육으로서 고전읽기

1900년대 초 미국대학 학부과정에서 시작된 '위대한 저서' 프로그램은 비록 성격의 변화는 있지만 현재까지 명맥을 유지하며 미국 교육

---

9   김종규·한상우·원만희, 「의사소통역량 평가를 위한 자기 진단 모형 개발」, 『수사학』 23, 2015, 401쪽; 이효숙, 「대학생의 글쓰기 기초학력진단평가의 기능과 진단평가지 개발」, 『대학작문』 21, 2017, 46-60쪽.

에 상당한 영향을 미친 것으로 평가받고 있다.[10] 우리나라의 경우 2000
년대 들어서 인문학에 대한 관심이 증가하기 시작했으며, 국가 교육정
책의 변화에 따라 2010년대 들어서 각 대학에서 교양교육을 강화하기
위한 방안으로 고전읽기가 교육과정에 반영되었다.[11] 이러한 흐름은 현
재까지도 이어지고 있으며, 대학에서 고전읽기를 강화하기 위한 다양
한 노력이 이루어지고 있다.

　　최근 대학 교육에서 역량기반교육과정이 강조됨에 따라 교양교육
으로서 고전읽기 수업에서도 역량과의 관련성에 대한 언급이 이루어
지고 있다. 정선희[12]는 고전문학이 인문교양교육에 있어서 학습자들의
역량을 증진시킬 수 있는 중요한 교과라고 주장하였다. 무엇보다 최근
강조되고 있는 융합교육이나 창의성과 관련하여 고전문학을 인문교육
에서 적극적으로 활용할 필요가 있다고 설명하였다. 연구자는 입시위
주의 수업을 통해 고전문학을 접한 중등 교육과정의 틀에서 벗어나 스
스로 당면한 사회 문제를 해결하는 데 필요한 역량을 키울 수 있는 교
양수업으로 운영되어 한다고 주장하였다.

　　손승남[13]은 미국에서 운영된 '위대한 저서' 프로그램이 인간의 이
성에 대한 교육을 중시하는 항존주의철학에 기반하고 있으며, 이는 오
늘날 인문고전 교육의 방향이 나아갈 방향을 탐색할 수 있다고 주장하
였다. 이와 관련하여 가장 주요한 교육 방법으로는 고전을 읽고 그에

10　　손승남, 앞의 논문, 451-452쪽.
11　　이황직, 앞의 논문, 518쪽.
12　　정선희, 앞의 논문, 399쪽.
13　　손승남, 앞의 논문, 452-461쪽.

대해 서로 이야기 나누고 비판적 토론을 하는 것이라고 설명하였다. 그리고 이를 통해 책을 읽고 생각하는 데 필요한 기본 지식을 습득할 수 있다고 주장하였으며, 학습자들은 주어진 문제에 대한 이해의 폭을 더욱 심화할 수 있다고 설명하였다.

이황직[14]은 고전과목 읽기를 통해 1) 전공 수업에 필요한 기초 지식 습득, 2) 학문에 대한 이해를 촉진하고 창의적 사유의 자원을 제공, 3) 인문적 소양으로서의 시민성 배양, 4) 성찰적 지식 성장을 통한 삶의 변화를 경험할 수 있다고 주장하였다. 한편, 이원봉[15]은 현재 대학에서 이루어지고 있는 고전독서교육이 인간 삶에 대한 고찰이라는 본연의 기능을 하지 못하고 수업의 수단으로 이용되고 있다는 점을 지적하였다. 연구자는 고전독서교육이 대학에서 교양수업으로 활발하게 운영되고 있는 데 반하여, 그 기능을 충분히 활용하고 있지 못하다는 점에 대해 비판하였다. 그럼에도 불구하고, 고전읽기를 활용한 수업은 여전히 여러 대학에서 주요 강좌로 활용되고 있으며([표 1]), 이는 고전읽기 수업의 중요성을 반증하는 결과라고 볼 수 있다.[16]

[표 1] 고전읽기 강좌 운영 방식에 따른 대학 분류* 이황직(2011)과 이원봉(2017) 표 재구성

운영 방식	대학명
필수교과로 운영하는 대학	경희대학교 「명저읽기」, 덕성여자대학교, 동국대학교, 동덕여자대학교, 영남대학교, 중앙대학교, 숙명여자대학교

---

14   이황직, 앞의 논문, 532-534쪽.

15   이원봉, 앞의 논문, 119쪽.

16   이황직, 앞의 논문, 530쪽.

선택교과로 운영하는 대학	건국대학교, 경희대학교(고전읽기), 서울대학교, 연세대학교
독서인증제로 운영하는 대학	강원대, 세종대, KAIST, 금오공과대학, 인천대학교, 조선대학교 등

(단, 2011년과 2017년 기준 분류이므로 현재 개별 대학의 운영 방식에는 차이가 있을 수 있음.)

2. 고전읽기의 효과에 관한 이전 연구

대학에서 고전읽기의 중요성에 대한 논의는 지속적으로 이루어졌으며, 2000년대 들어 교양교육과 관련하여 고전읽기 수업이 본격적으로 활성화되었다. 그러나 고전읽기 수업의 효과성에 대한 구체적인 연구는 찾기 어렵다. 일부 연구는 초·중학교 학생들을 대상으로 독서교육의 효과성을 분석한 연구들 가운데 인문고전을 활용한 연구들을 확인할 수 있다.

이아영[17]은 초등학교 4학년 학생을 대상으로 인문고전 독서교육과 독서력 향상의 관계에 대한 연구를 수행하였다. 이 연구에서는 실험집단과 통제집단으로 나누어 실험집단에 속한 학생들을 대상으로 고전읽기와 필사, 그리고 인문고전 독서교육 수업을 12회 실시하고, 사전-사후 검사를 실시하였다. 인문고전 독서교육 수업이 진행되는 과정에서 학생들은 인문고전을 함께 읽고, 관련된 경험이나 생각을 공유하는 시간을 가졌다. 독서교육 수업을 마치고 두 집단 간 차이를 살펴본 결

---

17   이아영, 「인문고전 독서교육이 초등학생의 독서력 향상에 미치는 영향에 관한 연구」, 『한국독서교육학회지』 1(1), 2013, 184-199쪽.

과, 인문고전 독서교육 수업에 참여한 실험집단 학생들이 통제집단 학생들에 비해 독서능력, 어휘력, 사실적 독해력, 비판적 독해력이 더 높은 것으로 나타났다. 한편, 각 집단의 사전-사후 검사 결과, 실험집단 학생들의 독서능력, 어휘력, 추론적 독해력이 통계적으로 유의한 수준에서 증가한 것으로 나타났다. 연구자는 이를 통해 인문고전 독서교육 수업이 아동의 독서력 향상에 도움이 된다고 주장하였다.

이아영과 조미아[18]는 중학생을 대상으로 인문고전 독서프로그램을 실시하고, 학생들의 인성과 역량의 변화를 살펴보았다. 연구자는 갈등조절역량, 문제해결역량, 성취동기역량, 대인관계역량, 리더십역량, 시민성역량을 주요 역량으로 설정하고 설문조사를 실시하였다. 인문고전 독서프로그램은 설문조사를 제외하고 모두 14차시에 걸쳐 시행되었으며, 수업에 참여한 학생들은 고전 텍스트를 읽고 낭송 중심의 수업에 참여하거나 인성키워드를 활용한 수업에 참여하였다. 수업의 주된 활동은 고전을 읽고 사람들과 함께 이야기를 나누고 여러 사람 앞에서 암송(낭송 중심 수업)하거나 발표(인성키워드 활용 수업)하는 것이다. 연구 결과에 따르면, 해당 프로그램에 참여한 학생들이 기존 독서활동에 참여한 학생들에 비해 인성과 역량이 모두 증진된 것으로 나타났다. 연구자들은 이를 통해 인문고전 독서프로그램이 인성 및 역량 증진에 도움이 된다고 주장하였다.

대학생을 대상으로 고전읽기의 교육적 성과에 대한 연구는 거의

---

18 이아영·조미아, 「인문고전 독서교육이 청소년의 인성과 역량 증진에 미치는 영향에 관한 연구」, 『한국도서관정보학회지』 48(1), 2017, 249-263쪽.

찾아볼 수 없는데, 유경애[19]의 연구가 유일하다고 할 수 있다. 연구자는 부산지역 대학에서 '고전읽기와 토론수업'을 듣는 학생을 대상으로 설문조사를 실시하였다. 연구 결과에 따르면, 고전읽기 수업이 학습자들의 논리적 사고력, 발표력, 표현력의 향상, 삶의 가치관 형성을 매개변인으로하여 고전수업에 대한 만족도를 높이는 것으로 나타났다. 그러나 이 연구는 부산지역 학생을 대상으로 하고 있다는 점에서 연구 결과를 일반화하는 데 제약이 따른다. 또한, 연구자의 연구모형 설정과 연구방법에서 제한점이 있기 때문에 고전읽기의 효과성을 뒷받침하는 결과로서는 부족함이 있다. 그럼에도 불구하고 대학생을 대상으로 고전읽기의 효과성을 분석하기 위한 첫 연구라는 점에서 의의가 있으며, 고전읽기 수업에 대한 대학생들의 긍정적 인식 확인을 통해 관련 교육의 필요성을 확인했다는 점에서 시사하는 바가 크다고 할 수 있다.

　고전읽기의 교육적 가치와 필요성에 대한 논의는 활발하게 이루어지고 있는 반면, 고전읽기 수업의 교육적 효과성을 객관적으로 검증한 연구는 거의 찾아볼 수 없다. 이와 관련하여 다양한 원인이 있을 것이라 예상해 볼 수 있지만, 무엇보다 고전읽기 수업을 통한 교육적 성과를 측정할 수 있는 적절한 척도가 없다는 점을 지적할 수 있다. 따라서 고전교육의 성과를 객관적으로 측정할 수 있는 척도 개발이 이루어진다면 관련 연구가 활발하게 진행될 수 있을 것이라 기대된다.

19　유경애, 「다문화사회 대학의 고전읽기 수업의 학습변인별 학습효과에 대한 실증연구」, 『언어와 문화』 14(2), 2018, 73-77쪽.

3. 독서교육과 관련한 주요 평가 항목

아직까지 고전읽기의 교육적 성과를 측정하는 데 유용한 척도 개발은 이루어지지 않은 것으로 보인다. 이로 인해 고전읽기의 중요성이 강조되고 관련 강의가 운영되고 있음에도 불구하고, 교육적 성과를 측정한 연구를 찾기 어렵다. 고전교육을 보다 활성화하고 관련 교육과정을 개선 및 보완함으로써 지속발전 가능한 교육의 질 관리를 위해서는 객관적인 척도 개발이 이루어져야 한다. 이를 위해서는 고전을 통해 증진시킬 수 있는 역량이 무엇인지 파악하고, 이를 측정하는데 고려해야 할 요소가 무엇인지에 대해 살펴볼 필요가 있다.

한래희[20]는 대학에서 고전 교육을 활성화하는데 상호텍스트성을 활성화해야 한다는 점을 강조하였다. 이와 관련하여 읽기, 토론, 쓰기를 기본 역량으로 자기주도능력과 창의성을 함께 발현할 수 있도록 해야 한다고 주장하였다. 연구자는 고전작품이 쓰여진 당시에 갖는 의미를 새로운 맥락에서 해석하고 활용해야 한다는 점을 강조하였다. 이처럼 고전을 통해 당면한 새로운 문제를 해결하기 위해 새로운 맥락적 의미를 읽어내는 것의 중요성은 고전읽기를 활용한 교육에서 공통적으로 강조하고 있는 사항이라고 할 수 있다.[21]

전은진[22]은 국내외 대학 고전 읽기 교육 프로그램에 대한 전반적인

---

20   한래희, 「대학 교양 고전 교육과 상호텍스트성의 활성화—읽기, 토론, 쓰기의 연계를 중심으로—」, 『현대문학의 연구』, 한국문학연구학회, 2013, 385-386쪽.

21   손승남, 앞의 논문, 463-465쪽.

22   전은진, 2014, 26-30쪽.

고찰을 통해 고전읽기 교육프로그램에서 '읽기-토론-쓰기'의 통합교육의 필요성을 주장하였다. 국내의 경우 기초 독서 교육이 중심을 이루고 있는데 반해, 국외의 경우 읽기와 쓰기, 그리고 토론이 주된 수업 방식으로 활용되고 있다고 보고하였다. 국내 고전 읽기 교육이 주로 미국의 영향을 받았다는 점을 고려해 볼 때, 미국의 수업 방식 또한 국내 고전읽기 교육과 관련하여 시사하는 점이 크다고 할 수 있다. 수업 방식에서 강조하고 있는 내용은 고전교육의 성과를 측정할 때 고려해야 하는 요소를 결정하는 데 시사하는 바가 크다.

손승남[23]은 미국의 '위대한 저서'를 활용한 프로그램을 통해 학습자들은 저자와 대화 나누며 사고할 기회를 가질 수 있고, 이에 기반하여 타인과 토론함으로써 비판적 사고를 키울 수 있다고 주장하였다. 더나아가 자신이 당면한 다양한 현실의 문제에 대한 이해의 폭을 심화시킬 수 있다고 주장하였다. 국내 고전읽기 수업을 통해 키울 수 있는 역량이 무엇인지를 결정하는 데 미국의 '위대한 저서'를 활용한 프로그램을 고려한다면, 문화적 차이를 반드시 고려해야 할 것이다. 다만, 고전읽기라는 본연의 활동이 갖는 효과, 예를 들어 인간에 대한 이해를 넓힐 수 있다는 점이나 글을 읽고 사고력을 증진시킨다는 점 등은 공통점이 있을 것이다. 이러한 관점에서 '위대한 저서'의 교육 목적과 기본적인 효과에 대해서는 고려하여 성과측정의 방향성을 설정하는 데 유용하게 활용될 수 있다.

지금까지 내용을 종합해 보면, 고전교육의 성과로 예상되는 주요

---

23   손승남, 앞의 논문, 456쪽.

역량은 읽기, 쓰기, 그리고 토론에 관한 내용이라고 파악된다. 따라서 이와 관련하여 유용하게 사용되고 있는 측정 도구의 특성을 파악하고, 구성 요인을 검토하는 것이 새로운 척도 개발에 도움이 될 수 있을 것이다. 먼저, 글쓰기와 관련하여 검증된 평가로 '한국실용글쓰기검정'이 있다. 이 평가에서는 쓰기와 관련하여 사고력을 주요한 항목으로 반영하고 있는데, 이를 통해 글쓰기에 요구되는 주요 역량으로서 사고력을 설정할 수 있다. 서민규[24]는 비판적 사고 교육과 관련하여 기존에 널리 쓰이고 있는 K-CESA와 비판적 사고력 인증시험 평가 문항을 대표 척도로 선정하고 구성 요소를 분석하였다. K-CESA의 경우, 종합적 사고력의 하위 영역으로 분석적 능력, 추론적 능력, 평가적 능력, 대안적 능력을 설정하고 있다. 중앙일보사 주관 비판적 사고력 평가에서는 포괄적 이해, 창조적 구성, 합리적 평가, 전략적 사고로 하위 요인을 구성하고 있다. 서민규[25]는 "비판적 사고는 논리-추론 능력에 기반을 두고 이를 응용하여 당면한 문제를 해결할 줄 아는 전략적/창조적/대안적 능력을 포괄하는 고차적 사고 역량을 다루는 것"이라고 설명하면서, 비판적 사고를 측정하는 데 있어서 고려해야 할 요소가 무엇인지 설명하였다. 고전읽기를 활용한 교육에서 맥락적 읽기를 통한 새로운 의미를 발견하는 것의 중요성을 강조하고 있다는 사실[26]을 고려해 볼 때, (비판적) 사고력은 고전교육성과 측정의 주요 요소로 반영해야 할 것이다.

---

24   서민규, 「비판적 사고 교육, 무엇을 어떻게 할 것인가」, 『교양교육연구』 4(2), 2010, 131-133쪽.

25   서민규, 앞의 논문, 136쪽.

26   손승남, 앞의 논문, 463-465쪽.

박세환과 허경호[27]는 이전 연구를 바탕으로 토론능력을 커뮤니케이션 기술능력, 비판적 사고능력, 듣기능력, 조사능력으로 나누고 그 아래 모두 9개의 하위요인을 설정하여 측정할 수 있는 척도를 개발하였다. 이 가운데 비판적 사고능력은 문제 정의 능력, 분석 능력, 판단 능력, 예측 능력 네 가지 하위 요인으로 구성하였다. 고전읽기 또한 개인의 지적성장 뿐만 아니라 사고력의 성숙, 더 나아가 글쓴이와의 대화 및 타인과의 대화(토론)를 통한 비판적 사고력 신장이라는 점에서 고전교육성과측정도구 개발에 주요 요소로 고려해야 할 것이다.

　　손승남[28]은 고전교육을 통해 자율적 인간, 공동체적 인간, 연대적 인간, 지혜로운 인간을 기를 수 있어야 한다고 주장하였다. 또한, 말과 글로 생각을 표현하는 기술 및 방법에 대해서도 다루어야 한다고 주장하였는데, 무엇보다 책 읽기에 대한 기본 소양이 갖추어져야 한다는 점을 강조하였다. 보다 구체적으로는 1) 저자의 입장을 존중하여 최대한 이해하려는 노력, 2) 다른 저술이나 견해를 찾아보기, 3) 작품에 대한 해설이나 비평 참조하기, 4) 현재적 관점에서 비판적으로 읽기, 5) 현대의 위기에 대응할 수 있는 역량 키우기, 6) 자신의 관점에서 문제 제기하기, 7) 자신만의 대안 마련하기와 같은 활동들을 구체적으로 제시하였다. 이러한 활동을 새로운 척도 개발의 기준으로 활용할 수 있을 것이다.

27　박세환, 허경호, 「토론능력의 구성개념 및 척도의 타당성 연구—대학생 참여자를 대상으로」, 『한국언론학보』 46(1), 2001, 165-169쪽.

28　손승남, 앞의 논문, 465-467쪽.

송해덕, 배상훈, 김혜정[29]은 대학 기초교양교육의 성과분석을 위해 11개의 문항을 하나의 요인으로 측정하였다. 고전읽기를 활용한 수업은 교양교육의 일부로서 개설되고 운영되고 있다는 사실을 고려해 볼 때, 고양교육의 성과분석을 위한 척도는 거시적 관점에서 시사하는 바가 있다고 할 수 있다. 문항 검토 결과 '창의적 문제해결 능력', '인성 함양', '비판적·분석적 사고 능력', '자신에 대한 이해와 가치관', '의사소통 능력(글쓰기, 말하기)'과 같은 내용이 고전교육성과평가에서 고려할 요소로서 관련성이 높은 문항으로 확인되었다. 따라서 유용한 척도 개발을 위해 이러한 요소를 고려해야 할 필요가 있다.

III. 연구 방법

이 연구는 A 대학 고유의 고전교육성과측정을 위한 도구를 개발하고 타당화하기 위한 것이다. 더 나아가 고전교육의 효과성을 평가하는 데 널리 활용 가능한 척도를 개발하는 것을 주요 목적으로 하고 있다. 새로운 척도 개발이라는 점을 고려하여 이전 문헌 고찰을 통해 측정 범주를 구성하고, 예비 문항을 개발하였다. 다음으로 예비 문항에 대한 전문가 설문을 실시하여 범주 구성 및 문항 내용에 대한 의견을 수렴하였다. 그리고 전문가 의견을 반영하여 기초 문항을 선정하고 학생설문

---

29   송해덕·배상훈·김혜정, 『대학 기초교양교육의 질과 성과분석을 위한 평가도구 개발 연구(IV)(연구보고 RR-2014-17-5830)』, 서울: 한국대학교육협의회, 2014, 17쪽.

을 실시하였다. 연구 진행 절차에 대한 전체 흐름은 [표 2]와 같다.

[표 2] 전체 연구 진행 절차

이전 문헌 고찰을 통한 측정 범주 구성

⇩

새로운 범주에 기반한 예비 문항 개발

⇩

[1차 전문가 설문] 예비 문항 범주 및 내용 타당도 검증

⇩

전문가 의견을 반영한 범주 및 문항 수정

⇩

[2차 전문가 설문] 수정된 문항 범주 및 내용 수정

⇩

예비 문항 선정

⇩

탐색적, 확인적 요인분석

⇩

최종 문항 선정

1. 연구 대상

이 연구에서는 고전을 활용한 수업에 대한 성과측정을 목표로 하고 있다는 점을 고려하여 다양한 전문가를 대상으로 문항 내용에 대한 타당도 검증을 실시하였다. 이를 통해 하위 범주의 적절성과 새로운 문항 내용에 대한 타당성을 검토하였다. 전문가 설문을 통한 타당도 검증은 2차에 걸쳐 이루어졌다. 1차 설문은 교육 분야 박사학위를 받고 척도 개발 경험이 있는 4명과 고전교육에 대한 이해가 깊은 국문학 분야 박사학위를 받은 1명, 그리고 교양교육에 대한 이해가 깊은 교양대학 소속 교수 1명을 대상으로 진행하였다. 2차 설문은 A 대학 교양기초교육연구소 연구원을 대상으로 이루어졌으며, 1차 설문을 통해 연구자가 수정 및 보완한 문항에 대해 재검토를 실시하였다. 이를 통해 실질적인 학생들의 성과측정에 유용한 척도 개발이 이루어질 수 있도록 하였다.

새롭게 개발된 고전교육성과측정도구의 구인타당도를 확인하기 위하여 A 대학 학생을 대상으로 예비설문을 실시하였다. 예비설문은 일반 교양수업을 듣는 학생을 대상으로 실시하였으며, 연구 대상에 대한 구체적인 정보는 [표 3]과 같다.

[표 3] 예비설문 참여자 정보

단위: 명

구분		탐색적 요인분석(N=135)	확인적 요인분석(N=158)
성별	남자	59	74
	여자	76	84

학년	1학년	15	8
	2학년	58	71
	3학년	36	41
	4학년 이상	26	38

2. 측정 도구

이 연구에서는 새로운 척도 개발이라는 점을 고려하여 관련 문헌연구를 통해 고전교육성과측정에 가장 부합하는 내용을 선정하고 5개 역량 범주로 구성한 총 23개 문항의 예비 문항을 개발하였다. 모든 설문은 1(전혀 적절하지 않다)부터 5(매우 적절하다)까지 응답할 수 있도록 리커트 척도로 구성하였다. 또한, 각 역량에 대한 설문 마지막에는 전문가들의 주관적인 의견을 작성할 수 있도록 하였다.

3. 분석 방법

1차 전문가 설문을 통해 문항 내용의 적절성에 대한 응답 결과를 가지고 기술통계분석을 실시하였다. 역량별 평균과 각 역량의 하위 문항별 평균값을 비교하여 문항 수정의 필요성을 검토하였다. 그리고 각 역량에 대한 전문가들의 주관식 응답 내용은 연구목적에 부합하는 의견인지 고려하여 선택적으로 반영하였다. 다만, 새로 개발하는 측정도구가 내용적인 측면에 있어서 특정 전공과 관련성이 상당히 높다는 점을 고려하여 국문학 전공자 1인의 의견은 적극 반영하기 위해 노력하였다. 1차 설문을 통해 수정 및 보완한 문항에 대해 2차 전문가 설문을 통해 범주 구성과 문항 내용에 대한 추가 설문을 실시하였다. 이를 통해 범주 구성의 적절성과 문항 내용에 대한 개선 및 보완이 이루어질 수 있도록 하여 해당 분야에서 유용하게 활용할 수 있는 척도 개발이 될 수 있도록 하였다. 이후 A 대학에서 교양 수업을 듣는 학생을 대상으로 새로운 척도에 대한 구성요인의 타당성을 확인하기 위하여 요인분석을 실시하였다. 설문조사는 G사 온라인 설문을 활용하여 이루어졌으며, 개별 학생들에게 문자를 발송하여 설문 참여를 독려하였다. 전체 설문 응답 결과는 2개 집단으로 임의 분할하여 1개 집단은 탐색적 요인분석 대상으로, 다른 1개 집단은 확인적 요인분석 대상으로 활용하였다.

탐색적 요인분석은 주축요인법(PAF)에 의한 eigenvalue 1이상을 요인추출 조건으로 지정하고, 모든 역량 사이에는 상관이 존재할 것으로 보고 promax 사각회전을 실시하였다.[30] 확인적 요인분석은 모형적합도를 확인하였으며, 모형적합도 판단기준은 SRMR≤ .08,[31] TLI≥ .90, CFI≥ .90, RMSEA≤ .08이었다.[32] 이 연구의 모든 분석 과정에는 AMOS 25.0과 SPSS 25.0을 사용하였다.

---

30   장승민, 「리커트 척도 개발을 위한 탐색적 요인분석의 사용」, 『한국심리학회지: 임상』 34, 2015, 1079-1100쪽; Henson, R. K., & Roberts, J. K., "Use of exploratory factor analysis in published research", *Educational Psychological Measurement* 66, 2006, pp. 393-416.

31   배병렬, 『Amos 17.0 구조방정식모델링—원리와 실제—(제2판)』, 서울: 청람, 2007.

32   Klein, R. B., *Principles and practice of structural equation modeling(2nd Ed.)*, NY: Guilford., 2005.

Ⅳ. 연구결과

1. 측정 범주 구성 및 주요 문항

이전 문헌 고찰 및 관련 척도를 살펴본 결과, 독서와 관련한 학생들의 역량 측정에서 주로 다루고 있는 내용은 '읽기, 쓰기, 말하기(토론)'가 주를 이루고 있는 것으로 나타났다. 읽기와 관련하여 측정하고자 하는 내용들은 주로 내용에 대한 전반적 이해, 글의 의도와 맥락 파악능력, 글의 핵심개념 파악 및 요약 능력, 비판적 읽기 능력에 대해 다루고 있는 것으로 나타났다. 쓰기와 관련하여 측정하고자 하는 내용들은 주로 글의 구성 능력, 자신의 의도를 표현하는 능력, 논리력, 일관성 및 통일성, 표현의 간결성에 대해 다루고 있는 것으로 나타났다. 마지막으로 말하기(또는 토론능력)와 관련하여 측정하고자 하는 내용들은 주로 언어적 표현력, 자신감 있는 태도, 상대주장 이해력, 창의력 사고능력 등에 대해 다루고 있는 것으로 나타났다. 각 범주에 대한 조작적 정의 및 주요 하위 요소는 [표 4]와 같다.

[표 4] 이전 문헌 고찰 및 관련 척도의 주요 측정 내용

구분	내용
읽기	글을 읽고 핵심 내용 및 세부 정보를 파악하고, 주제를 이해하는 능력
	하위 요소: 글의 전반적 이해력, (숨은)의도 및 맥락 파악능력, 핵심개념 파악 및 요약능력, 비판적 읽기 능력

쓰기	글에 대한 기본적인 이해를 바탕으로 자신의 생각을 합리적 근거에 기반하여 논리적이고 체계적으로 설득력있게 전달하는 능력
	하위 요소: 체계적 구성 능력, 의도 표현능력, 논리적 능력, 글의 일관성, 글의 통일성, 내용의 간결성
토론	주어진 사안에 대해 비판적으로 판단하고 평가할 수 있을 뿐만 아니라 더 나아가 주어진 문제를 창의적으로 해결하는 능력
	하위 요소: 언어적 표현력, 자신감 있는 태도, 상대주장 이해(파악)력, 창의적 사고능력, 의도 파악능력

이 연구에서는 고전의 범주가 동양의 작품에 한정되거나 글의 종류(문학 또는 비문학)에 한정되지 않는다는 점을 고려하여, 보다 일반적인 교육의 성과를 측정할 수 있는 척도를 개발하고자 하였다. 동시에 실질적인 능력을 측정하는 데 유용한 척도를 개발하고자 역량의 개념을 도입하여 범주를 재구성하였다. 첫 번째는 읽기역량으로 내용 이해, 중심내용 파악, 주제 파악, 맥락파악을 하위 요소들로 문항 내용에 반영할 수 있도록 하였다. 두 번째는 비판적 사고역량으로서 전개방식 파악, 주장과 근거 파악, 주장의 합리성 파악, 근거의 타당성 판단, 논리적 오류 파악, 관점의 다양성 이해를 하위 요소들로 문항 내용에 반영할 수 있도록 하였다. 세 번째는 의사소통역량으로 듣기와 말하기를 하위 요소로 관련 내용을 문항에 반영할 수 있도록 하였다. 네 번째는 문제 해결역량으로 정보 활용, 정보 조직화, 원인 분석, 관점 다양화를 하위 요소로 관련 내용을 문항에 반영할 수 있도록 하였다. 마지막 다섯 번

째는 창의역량으로 비판적 사고성향 측정도구[33]의 하위 요인으로 설정된 창의성 문항이 적절하다고 판단되어 연구 목적에 맞게 일부 내용을 수정하여 사용하였다. 이 연구에서 설정한 5개 주요 역량(읽기역량, 비판적 사고역량, 의사소통역량, 창의역량)과 그에 따른 각각의 하위 요소, 그리고 역량별 전체 문항수는 [표 5]와 같다.

[표 5] 주요 역량과 하위 반영 요소

역량구분	하위 반영 요소	문항 수
읽기역량	내용 이해, 중심내용 파악, 주제 파악, 맥락파악	7
비판적 사고역량	전개방식 파악, 주장과 근거 파악, 주장의 합리성 파악, 근거의 타당성 판단, 논리적 오류 파악, 관점의 다양성 이해	6
의사소통역량	듣기, 말하기	10
문제해결역량	정보 활용, 정보 조직화, 원인 분석, 관점 다양화	5
창의역량	-	4

2. 1차 전문가 설문 응답 결과

앞서 제시한 5가지 역량의 하위 요인에 따른 문항에 대한 전문가들의 내용타당도 설문 응답 결과를 살펴보면 다음과 같다. 먼저, 읽기역량에 대한 7개 문항별 설문 응답 평균을 살펴보면, 개별 문항 평균

---

33   권인수·이가언·김경덕·김영희·박경민·박현숙·손수경·이우숙·장금성·정복례, 「간호대학생의 비판적 사고 성향 측정도구 개발」, 『대한간호학회지』 36(6), 2006, 954쪽.

은 3.50(SD= 0.84)부터 4.67(SD= 0.52)사이에 값을 보이는 것으로 나타났다. 전체 문항 평균은 4.07(SD= 0.31)이었으며, 전체 문항 가운데 2번(M= 3.50, SD= 0.84)과 3번(M= 3.67, SD= 0.82) 문항이 평균보다 낮은 값을 보이는 것으로 나타났다.

읽기역량에 관한 전문가 의견으로는 고전교육에서 다루는 교과가 고전에만 한정되지 않는다는 점을 고려하여 문항 내용에 반영된 '고전작품'이라는 표현을 일반적인 표현으로 볼 수 있는 '책을 읽고'로 수정할 것을 제안하였다. 또한 다수의 전문가들은 3번 문항(나는 고전작품을 읽고 주요내용을 파악할 수 있다.)이 5번 문항(나는 고전작품을 읽고 주제를 파악할 수 있다.)과 유사한 내용을 다루고 있다는 점을 지적하였다.

비판적 사고역량에 대한 6개 문항별 설문 응답 평균을 살펴보면, 개별 문항 평균은 3.17(SD= 0.75)부터 4.00(SD= 1.26, SD= 0.75)사이에 값을 보이는 것으로 나타났다. 전체 문항 평균은 3.72(SD= 0.61)였으며, 전체 문항 가운데 3번(M= 3.17, SD= 0.75)과 6번(M= 3.67, SD= 1.03) 문항이 평균보다 낮은 값을 보이는 것으로 나타났다.

비판적 사고역량에 관한 전문가 의견으로는 고전교육에서 다루는 저서들이 문학작품을 포함한 다양한 갈래의 저작이라는 점을 고려하여 '주장과 근거', '논리적 전개방식'처럼 비문학 갈래에 제한된 질문 내용에 대해서는 수정 및 보완할 것을 제안하였다.

의사소통역량에 대한 10개 문항별 설문 응답 평균을 살펴보면, 개별 문항 평균은 3.33(SD= 1.03, SD= 1.33)부터 4.17(SD= 0.75)사이에 값을 보이는 것으로 나타났다. 전체 문항 평균은 3.65(SD= 0.79)였으며, 전체 문항 가운데 1번(M= 3.50, SD= 1.05), 5번(M= 3.50, SD= 0.84), 7번(M= 3.33,

SD= 1.37), 8번(M= 3.33, SD= 1.03), 9번(M= 3.50, SD= 0.84), 그리고 10번(M= 3.50, SD= 0.84) 문항이 평균보다 낮은 값을 보이는 것으로 나타났다. 유형별로 살펴보면, 듣기 관련 문항 가운데 2개 문항이, 말하기 관련 문항 가운데는 4개 문항이 평균보다 낮은 수준을 보이는 것으로 나타났다.

의사소통역량에 관한 전문가 의견으로는 예비 문항들이 일반적으로 학생들의 의사소통역량을 측정하는 데 사용되는 문항과 차이가 없다는 점을 지적하고 고전교육성과측정 문항으로 적절하지 않다는 의견을 제시하였다. 그리고 이를 고려하여 고전교육과 관련한 수업을 진행한 후 학생들의 실제 수행을 측정할 수 있는 내용을 문항 내용으로 반영할 것을 제안하였다. 그 외에도 4번 문항(나는 상대방의 말을 끝까지 듣는다.)과 5번 문항(나는 상대방의 말을 진심을 다해 경청한다.)이 유사한 내용을 묻고 있으므로 하나의 문항을 삭제할 것을 제안하였으며, 8번 문항(나는 내 생각에 대한 상대방의 이해수준을 파악하며 전달한다.)은 내용의 모호성 고려하여 문항을 개선하거나 삭제할 것을 제안하였다. 그리고 의사소통역량과 읽기역량의 문항 사이에 유사한 내용이 일부 있다는 점을 지적하고 이를 개선 및 보완할 것을 제안하였다.

문제해결역량에 대한 5개 문항별 설문 응답 평균을 살펴보면, 개별 문항 평균은 3.67(SD= 1.21)부터 4.00(SD= 0.63)사이에 값을 보이는 것으로 나타났다. 전체 문항 평균은 3.67(SD= 0.62)였으며, 전체 문항 가운데 1번(M= 3.67, SD= 1.21) 문항만 평균보다 낮은 값을 보이는 것으로 나타났다. 문제해결역량에 관한 전문가 의견으로는 의사소통역량에 관한 의견과 동일하게 예비 문항들이 일반적으로 학생들의 문제해결역량을 측정하는 데 사용되는 문항과 차이가 없다는 점을 지적하고 고전교육

성과측정 문항으로 적절하지 않다는 점을 지적하였다. 그리고 앞서 의사소통역량과 마찬가지로 수업 이후 학생들의 실제 수행에 변화를 측정할 수 있는 내용을 문항에 반영한 척도 개발을 제안하였다.

창의역량에 대한 5개 문항별 설문 응답 평균을 살펴보면, 개별 문항 평균은 3.67(*SD*= 0.82)부터 4.17(*SD*= 0.75)사이에 값을 보이는 것으로 나타났다. 전체 문항 평균은 3.88(*SD*= 0.90)이었으며, 전체 문항 가운데 1번(*M*= 3.83, *SD*= 1.17), 2번(*M*= 3.83, *SD*= 1.17), 그리고 3번(*M*= 3.67, *SD*= 0.82) 문항이 평균보다 낮은 값을 보이는 것으로 나타났다. 창의역량에 관한 전문가 의견으로는 의사소통역량 및 문제해결역량과 마찬가지의 이유로 수업 이후 학생들의 실제 수행을 측정할 수 있는 내용을 반영할 것을 제안하였다.

3. 재범주화, 문항 수정 및 보완

1차 전문가 설문을 통해 예비 문항에 대한 범주의 재구성과 그에 따른 문항 수정 및 보완이 필요하다고 판단하였다. 먼저, 기존 읽기역량과 비판적 사고역량에 대한 내용은 읽기역량 안에서 하위 영역을 세분화하여 범주를 재구성함으로써 상호 유사한 특성이 중복된 문항으로 반복 측정되는 것을 피할 수 있도록 하였다. 이를 위해 읽기역량의 하위 영역을 사실적 독해, 비판적 독해, 감상적 독해로 독서 목적에 따른 구분을 활용하여 읽기의 특성을 고려하면서 구체적인 실천 내용이 문항에 반영될 수 있도록 하였다.

사실적 독해는 지식 및 정보 획득을 목적으로 하고 있으며, 주로 사실(정보) 확인에 관한 내용이 주를 이루어 기초적인 수준의 읽기 역량을 측정하는 내용을 반영하는 데 적합하다고 판단하였다. 비판적 독해는 독서 태도 강화를 목적으로 한 독서로 사실적 독해를 통해 얻은 정보를 활용하여 평가나 심층적 이해처럼 상대적으로 심화된 수준의 읽기 역량을 측정하는 내용을 반영하는 데 적합하다고 판단하였다. 마지막으로 감상적 독해는 심미적 체험을 목적으로 한 독서로 내용 이해와 관련된 측면이 반영되어 있으며, 글의 갈래에 따라 다른 특성이 반영될 수 있도록 함으로써 비판적 독서와 다른 측면의 심화된 수준의 읽기 역량을 측정하는 내용을 반영하는 데 적합하다고 판단하였다. 이러한 과정을 통해 사실적 독해 5문항, 비판적 독해 5문항, 감상적 독해 3문항으로 총 13문항을 학생 설문을 위한 최종 문항으로 선정하였다.

의사소통역량, 문제해결역량, 창의역량은 기존의 일반적인 역량을 측정하기 위한 문항에서 보다 실천적인 태도를 측정할 수 있도록 문항 내용을 구체화하고 그에 따라 범주를 재구성하였다. 기존 의사소통역량은 하위영역을 쓰기, 듣기, 말하기로 나누고 고전교육 관련 강의를 통해 실질적인 학생들의 역량 변화를 측정하기에 유용한 문항이 될 수 있도록 수정하였다. 이러한 과정을 통해 쓰기 3문항, 듣기 3문항, 말하기 6문항으로 총 12문항을 학생 설문을 위한 최종 문항으로 선정하였다.

다음으로 문제해결역량은 고전교육 수업을 통해 실질적인 학생들의 능력 변화를 측정하기 위한 문항으로 수정하였다. 이를 위해 고전교육 수업과 관련성을 높이고 보다 직접적인 역량을 측정하기 위해 문제해결 효능감으로 명칭을 바꾸고 관련 내용을 측정할 수 있도록 문항을 수정하였다. 이를 위해 기존 문항을 효능감을 측정하는 데 적절한 표현으로 수정하였으며, 과제해결, 자료검색, 자료정리, 원인분석에 관한 내용을 반영한 각 1문항씩 총 4문항을 완성하였다.

마지막으로 창의역량은 고전교육 수업을 통해 실질적인 학생들의 창의역량 변화를 측정하기 위한 문항으로 수정하였다. 이를 위해 문항을 수업 활동 이후 창의역량 발현과 관련된 내용이 이전보다 구체적으로 반영될 수 있도록 수정하였다.

1차 전문가 설문을 통해 3개 역량(독해역량, 의사소통역량, 창의역량)과 1개 효능감(문제해결 효능감)으로 구성된 총 33개의 문항이 완성되었다. 독해역량은 사실적 독해(5문항), 비판적 독해(5문항), 감상적 독해(3문항)의 세 가지 하위영역으로 구분하였으며 총 13문항으로 구성하였다. 의사소통역량은 말하기(6문항), 쓰기(3문항), 듣기(3문항)의 세 가지 하위영역으로 구분하였다. 창의역량은 별도의 하위영역을 구분하지 않고 총 4문항으로 구성하였으며, 문제해결 효능감은 과제해결, 자료검색, 자료정리, 원인분석의 네 가지 하위영역에 각 1문항씩 총 4문항으로 구성하였다.

4. 2차 전문가 설문을 통한 문항 수정 및 보완

1차 전문가 설문을 결과를 바탕으로 수정 및 보완한 문항에 대해 2차 전문가 설문 실시하여 문항 내용 및 하위 구성 범주에 대한 타당도를 추가 검증하였다. 2차 전문가 설문 결과, 감상적 독해 영역은 그 구분이 모호하고 사실적 독해 및 비판적 독해와 유사하는 의견이 있었다. 이러한 전문가 의견을 바탕으로 독해 역량은 사실적 독해와 비판적 독해 2가지 하위 영역으로 최종결정하였다. 또한, 사실적 독해에서 1번 문항과 비판적 독해 1번 문항이 사실적 독해에 가깝고, 내용이 유사하다는 의견을 바탕으로 사실적 독해 1번 문항을 최종 삭제하였다. 그 외에 감상적 독해 2번 문항(나는 책을 읽으며 글쓴이와 다른 관점에서 글의 의미를 생각해 볼 수 있다)은 비판적 독해에 가깝다는 의견을 반영하여 하위 영역을 수정하였다. 그 결과 독해 역량은 사실적 독해 5문항, 비판적 독해 5문항으로 최종 결정하였다.

의사소통역량과 관련한 2차 설문 결과, 듣기 역량에 관한 문항이 전반적으로 그 특성을 명확히 드러내지 못하고 있다는 점을 지적하였다. 이와 관련하여 모든 문항 내용에 대해 듣기의 특성이 반영될 수 있도록 수정하였다. 예를 들어 듣기 1번 문항은 '나는 상대방 의견의 핵심을 파악할 수 있다'에서 '나는 책에 대한 상대방의 의견을 듣고 핵심을 파악할 수 있다'로 수정하였다. 그리고 말하기 1번 문항(나는 상대방에게 논리적으로 설명할 수 있다)은 2번 문항(나는 책을 읽고 나의 생각을 명확하게 말할 수 있다)과 유사하다는 의견을 반영하여 하나의 문항으로 통합(나는 책을 읽고 내 생각을 근거를 들어 말할 수 있다)하였다. 그 외에 말하기 3번과 6번 문항은 내용이 유사하고 역량 평가 내용으로 적절하지 않다는 의견이 있어 삭제하였다. 그 결과 의사소통역량은 말하기 3문항, 쓰기 3문항, 듣기 3문항으로 최종 결정하였다.

창의역량과 관련한 2차 설문 결과, 설문 문항의 질문 형식을 다른 문항과 유사하게 반영해야 한다는 의견을 고려하여 '~수 있다'의 형식으로 통일하였다. 또한, 1번 문항(나는 책을 읽고 글의 주제 이외에 다른 의미를 찾아본다.)은 2번 문항(나는 책을 읽고 글의 결말을 다르게 생각해본다.)과 유사하다는 의견을 고려하여 하나의 문항으로 통합(나는 책을 읽고 다른 결말을 생각해 볼 수 있다)하였다. 그 외에 관련 역량에 대해 전문가가 제안한 새로운 문항(나는 책을 읽고 논의되지 않은 새로운 문제를 제기할 수 있다)을 추가하여 4문항을 최종 결정하였다.

마지막으로 문제해결효능감에 대한 2차 전문가 의견으로는 특별한 수정 및 보완사항이 없었다. 2차 전문가 설문을 통해 전체 문항에 대한 수정, 삭제, 그리고 범주 재구성을 실시하였으며, 문항 내용을 다시 한 번 점검하며 역량을 명확히 드러낼 수 있도록 표현을 수정하였다. 그 결과 예비설문에 사용한 역량별 최종 문항은 [표 6]과 같다.

[표 6] 예비설문 최종문항

구분	하위영역	번호	문항내용
독해역량	사실적 독해	1	나는 책을 읽으며 중요한 내용과 중요하지 않은 내용을 구분할 수 있다.
		2	나는 책을 읽다가 모르는 내용이 나오면 관련 자료를 찾아가며 읽을 수 있다.
		3	나는 책을 읽으며 글의 전개방식과 구조를 파악할 수 있다.
		4	나는 책을 읽고 객관적 정보(주장, 근거, 인물, 사건, 배경 등)를 찾을 수 있다.
		5	나는 책을 읽고 주제를 파악할 수 있다.

		6	나는 책이 쓰인 시대적 상황이나 배경을 고려하여 글의 의미를 파악할 수 있다.
		7	나는 내가 읽은 책이 오늘의 관점에서 갖는 의미(또는 의의)를 파악할 수 있다.
	비판적 독해	8	나는 책을 읽으며 글의 전후 맥락을 추론하며 읽을 수 있다.
		9	나는 책을 읽으며 내용에 대해 논리적으로 문제를 제기할 수 있다.
		10	나는 책을 읽으며 글쓴이와 다른 관점에서 글의 의미를 생각해 볼 수 있다.
의사소통 역량		1	나는 책을 읽고 내 생각을 근거를 들어 말할 수 있다.
	말하기	2	나는 책을 읽고 내용과 관련한 문제에 대해 묻고 답할 수 있다.
		3	나는 책을 읽고 책 내용에 대해 요약해 말할 수 있다.
		4	나는 책을 읽고 주요 내용을 요약해 쓸 수 있다.
	쓰기	5	나는 책을 읽고 내 생각(의견)을 글로 표현할 수 있다.
		6	나는 책을 읽고 주제에서 파생된 논점을 잡고 글을 쓸 수 있다.
		7	나는 책에 대한 상대방의 의견을 듣고 핵심을 파악할 수 있다.
	듣기	8	나는 책에 대한 상대방의 의견을 들으며 중요한 내용과 중요하지 않은 내용을 구분할 수 있다.
		9	나는 책에 대한 상대방의 의견을 들으며 논리적인지 판단할 수 있다.

창의역량		1	나는 책을 읽고 다른 결말을 생각해 볼 수 있다.
		2	나는 책을 읽고 고정관념을 깰 수 있는 새로운 아이디어를 생각해 낼 수 있다.
		3	나는 책을 읽고 배운 내용을 다른 글(또는 상황)에 적용할 수 있다.
		4	나는 책을 읽고 논의되지 않은 새로운 문제를 제기할 수 있다.
문제해결 효능감	과제해결	1	나는 책을 읽고 관련된 문제(과제)를 해결할 자신이 있다.
	자료검색	2	나는 책을 읽고 관련된 문제(과제)를 해결하기위해 필요한 자료를 찾을 자신이 있다.
	자료정리	3	나는 책을 읽고 관련된 문제(과제)와 관련된 정보들을 체계적으로 정리할 자신이 있다.
	원인분석	4	나는 책을 읽고 관련된 문제(과제)의 발생원인을 파악할 자신이 있다.

V. 요인분석

1. 기술통계분석

탐색적 요인분석(집단 1)과 확인적 요인분석(집단 2)에 사용된 집단에 따른 예비설문문항에 대한 기술통계분석 결과는 [표 7]과 같다. 역량에 대한 정규성 가정 충족 여부를 판단하기 위하여 왜도와 첨도를 확인하였다. 그 결과 왜도는 절대값 3.0, 첨도는 절대값 10.0을 넘지 않아 정규성 가정을 충족하였다.

[표 7] 기술통계분석 결과

역량	하위구분	번호	집단 1(N=135)				집단 2(N=158)			
			평균	표준편차	왜도	첨도	평균	표준편차	왜도	첨도
독해역량	사실적 독해	1	5.29	1.06	-.564	.497	5.41	1.11	-.856	1.446
		2	5.41	1.09	-.447	-.265	5.58	1.17	-.643	.184
		3	5.17	1.16	-.486	.669	5.15	1.18	-.535	.426
		4	5.43	1.14	-.935	1.514	5.53	1.13	-.902	1.165
		5	5.44	1.07	-.503	.062	5.68	1.06	-1.108	2.325
	비판적 독해	1	5.14	1.15	-.664	1.407	5.27	1.26	-.721	.556
		2	5.04	1.02	-.377	.871	5.18	1.21	-.661	.627
		3	5.36	1.08	-.427	.747	5.30	1.24	-.820	.892
		4	4.82	1.22	-.353	-.083	4.98	1.22	-.365	-.013
		5	5.06	1.17	-.230	-.474	5.05	1.33	-.533	.029
의사소통역량	말하기	1	5.30	1.16	-.834	.919	5.51	1.14	-.768	1.028
		2	5.27	1.02	-.688	1.920	5.46	1.13	-.356	-.389
		3	5.36	1.02	-.565	.427	5.59	1.08	-.916	1.776
	쓰기	1	5.27	1.14	-.744	.862	5.58	1.08	-.970	2.171
		2	5.30	1.15	-.800	1.122	5.48	1.23	-.819	.849
		3	4.89	1.13	-.250	-.170	5.03	1.27	-.496	.359
	듣기	1	5.31	1.03	-.450	.205	5.39	1.19	-.877	1.386
		2	5.21	1.16	-.578	.230	5.41	1.19	-.913	1.429
		3	5.28	1.10	-.546	.088	5.37	1.12	-.407	.002

창의역량		1	5.27	1.22	-.838	.621	5.33	1.41	-.881	.468
		2	4.58	1.28	-.230	-.387	4.64	1.38	-.147	-.375
		3	5.13	1.19	-.478	-.213	5.18	1.22	-.656	.500
		4	4.53	1.28	-.259	-.483	4.65	1.39	-.362	-.370
문제 해결 효능 감	과제 해결	1	4.89	1.18	-.731	1.172	5.12	1.29	-.553	.264
	자료 검색	2	5.24	1.18	-.362	-.596	5.37	1.19	-.714	.453
	자료 정리	3	5.00	1.26	-.518	.194	5.14	1.26	-.515	.088
	원인 분석	4	4.90	1.21	-.489	.609	5.08	1.13	-.503	.789

2. 탐색적 요인분석

탐색적 요인분석은 하나의 요인으로 구성된 문제해결효능감을 제외한 나머지 역량에 관한 문항을 활용하여 실시하였다. 탐색적 요인분석결과, 새로운 척도는 4개 하위 요인으로 구분되는 것으로 나타났다([표 8] 참조). 의사소통역량에 관한 대부분의 문항이 첫 번째 요인을 형성하였으며, 독해력역량에 관한 문항이 의사소통역량 가운데 듣기 역량 일부 문항과 두 번째 요인을 형성하였다. 세 번째 요인은 주로 창의역량에 관한 문항을 구성되었으며, 마지막으로 독해역량에 관한 일부 문항이 네 번째 요인을 형성하는 것으로 나타났다.

일부 문항은 하나의 요인에 낮은 적재값을 보이면서 다른 역량에 .32 이상의 높은 역량을 보이는 것으로 나타났다. 가장 대표적으로 의사소통역량 가운데 듣기 1번 역량이 이러한 특성을 보이는 문항으로 파악되어 삭제하였다. 그 외에 독해역량 가운데 비판적 독해 4번과 5번 문항이 중복된 요인 적재값을 보이는 것으로 나타났다. 문항 내용 검토 결과, 두 문항은 각각 창의역량 4번 및 1번 문항과 내용이 유사한 것으로 확인되어 삭제하였다. 그리고 듣기 2번과 3번 문항은 독해역량과 혼재되어 독립적인 구인을 형성하지 못하는 것으로 판단되었으며, 2번 문항의 경우 독해역량 가운데 사실적 독해 1번과 내용도 유사하여 삭제하였다.

[표 8] 전체 문항을 활용한 탐색적 요인분석 결과

변인명	요인(N=135)			
	1	2	3	4
의사말3	**0.948**	0.077	-0.014	-0.199
의사쓰1	**0.906**	-0.081	-0.172	0.133
의사쓰2	**0.693**	-0.302	0.018	**0.410**
의사말2	**0.498**	0.228	0.088	0.011
의사쓰3	**0.496**	0.145	0.271	-0.121
의사듣1	**0.402**	0.392	0.115	-0.001
독비판2	**0.347**	0.157	0.204	0.083
독사실1	0.024	**0.778**	-0.124	0.003
의사듣2	0.079	**0.737**	0.144	-0.103
독사실2	-0.186	**0.625**	0.170	0.091
독사실3	0.058	**0.612**	-0.021	0.210
의사듣3	-0.056	**0.565**	0.265	0.069

독사실5	**0.432**	**0.521**	-0.111	0.029
창의2	0.014	-0.105	**0.886**	-0.088
창의4	-0.147	0.047	**0.754**	-0.063
창의3	0.006	0.243	**0.595**	0.050
독비판5	-0.007	-0.008	**0.496**	0.340
의사말1	**0.387**	-0.004	**0.439**	0.024
창의1	0.028	0.129	**0.436**	0.046
독비판3	0.083	0.071	-0.099	**0.800**
독사실4	-0.179	**0.402**	-0.150	**0.731**
독비판4	0.042	-0.180	**0.352**	**0.637**
독비판1	0.315	0.242	-0.149	**0.346**

주. 의사말: 의사소통역량-말하기, 의사쓰: 의사소통역량-쓰기, 의사듣: 의사소통역량-듣기, 독사실: 독해역량-사실적 독해, 독비판: 독해역량-비판적 독해, 창의: 창의역량.

탐색적 요인분석을 통해 중복된 요인적재값을 보이거나 다른 문항과 혼재되어 요인을 구성한 문항의 경우, 문항 내용을 다시 한 번 검토하여 삭제하고 탐색적 요인분석을 재실시하였다([표 9] 참조). 그 결과 비교적 동일한 문항들이 하나의 요인을 구성하는 것을 확인할 수 있었다. 일부 문항의 경우 여전히 중복된 요인적재값을 보이는 것으로 나타났으나, 문항 내용이 반영하고자 하는 바를 충분히 반영하고 있으며 표본 수가 충분하지 않다는 점을 고려하여 추가 삭제하지 않았다.

[표 9] 탐색적 요인분석 재실시 결과

변인명	요인(N=135)		
	1	2	3
독사실4	**0.959**	-0.108	-0.158
독사실3	**0.702**	-0.016	0.166
독비판3	**0.687**	0.214	-0.193
독비판1	**0.539**	0.292	-0.093
독사실1	**0.526**	0.016	0.120
독사실2	**0.519**	-0.171	0.323
독사실5	**0.454**	0.340	0.106
의사쓰1	0.007	**0.964**	-0.196
의사말3	-0.133	**0.885**	0.097
의사쓰2	0.117	**0.744**	-0.114
의사쓰3	-0.052	**0.505**	0.349
의사말2	0.208	**0.430**	0.199
독비판2	0.181	**0.328**	0.251
창의2	-0.188	0.014	**0.883**
창의4	-0.074	-0.120	**0.765**
창의3	0.241	-0.060	**0.719**
창의1	0.114	0.043	**0.454**
의사말1	-0.015	**0.397**	**0.446**

주. 의사말: 의사소통역량-말하기, 의사쓰: 의사소통역량-쓰기, 독사실: 독해역량-사실적 독해, 독비판: 독해역량-비판적 독해, 창의: 창의역량,

3. 확인적 요인분석

탐색적 요인분석 결과를 바탕으로 한 모형을 기본 모형으로 설정하고 확인적 요인분석을 실시하였다. 그러나, 탐색적 요인분석에 따른 모형은 수용되지 않는 것으로 나타났다. 따라서 탐색적 요인분석 재실시 결과에 따른 모형을 경쟁 모형으로 설정하고 확인적 요인분석을 추가로 실시하였다. 그 결과, $\chi2(132, n=158)= 447.005, p= .000$, SRMR= .08, TLI= .82, CFI= .84, RMSEA= .12로 모형적합도 지수를 만족하지 않는 것으로 나타났다. 여기서 독해역량과 의사소통역량의 상관이 .91 이상으로 나타나 두 요인이 하나의 잠재변인에 포함될 가능성이 있다고 판단하였다. 이를 확인하기 위해 두 요인에 포함되는 문항을 하나의 잠재변인에 포함되는 문항으로 설정한 모형을 또 다른 경쟁 모형으로 설정하고 확인적 요인분석을 추가로 실시하였다. 그 결과, $\chi2(134, n=158)=$ 448. 419, $p= .000$, SRMR= .08, TLI= .80, CFI= .82, RMSEA= .13으로 오히려 모형적합도 지수가 퇴보하는 것으로 나타났다. 따라서 탐색적 요인분석을 재실시한 결과를 바탕으로 한 경쟁 모형을 최종 모형으로 설정하고 수정지수 검토를 통해 모형 적합도를 개선하기위해 오차 간 공변량을 설정하였다. 단, 각 요인에 해당되는 문항 내에서 제한적으로 오차 간 공변량을 설정하였다. 최종적으로 7개의 오차 공변량을 설정하였으며, 그 결과 $\chi2(125, n=158)= 273.324, p= .000$, SRMR= .06, TLI= .91, CFI= .93, RMSEA= .09로 RMSEA를 제외한 모든 적합도를 만족하는 것으로 나타났다. RMSEA의 경우 표본수에 따라 영향을 받는 지수라는 점을 고려해 볼 때, 이 연구에 사용된 표본이 충분하지 않아 나타난 결과로 볼 수 있을 것이다.

4. 신뢰도 및 상관분석 결과

탐색적 요인분석과 확인적 요인분석을 통해 최종적으로 선정한 문항을 바탕으로 문항 내적 타당도를 확인하였다. 이를 위해 탐색적 요인분석과 확인적 요인분석에 사용된 모든 표본(N=293)을 활용하여 Cronbach's α 계수를 확인하였다. 그 결과, 모든 문항은 만족할 만한 수준의 신뢰도를 보이는 것으로 나타났다. 다음으로 상관분석 결과, 역량에 해당하는 변인들은 .57부터 .78의 정적 상관을 보이는 것으로 나타났다. 또한, 문제해결효능감은 모든 역량과 .60부터 .69의 정적 상관을 보이는 것으로 나타났다. 신뢰도 및 상관분석 결과는 [표 10]과 같다.

[표 10] 최종 문항에 대한 신뢰도 및 상관분석 결과

구분	독해역량	의사소통역량	창의역량	문제해결효능감
독해역량	.897			
의사소통역량	.783**	.894		
창의역량	.567**	.612**	.819	
문제해결효능감	.677**	.692**	.604**	.876**
평균	5.34	5.34	4.92	5.10
표준편차	.87	.92	1.05	1.04

$**p < .001$

주. 각 역량별 신뢰도는 사선에 기입하였음.

VI. 결론 및 논의

이 연구는 고전교육의 중요성이 강조되고 있음에도 불구하고 그 교육적 효과를 객관적으로 측정할 수 있는 척도의 부재로 인한 다양한 한계를 극복하고, 무엇보다 고전교육의 실질적인 교육효과를 검증하고 데이터에 기반한 고전교육과정의 개선 및 보완에 도움이 될 수 있는 고전교육 성과측정도구 개발을 위해 수행되었다. 이를 위해 이전 문헌 고찰과 독서교육에 관련된 다양한 척도를 검토하여 고전교육 성과측정에 필요한 주요 요인을 선정하고, 각 요인에 대한 하위 요인과 관련 척도를 개발하였다. 새로운 척도에 대한 범주 구성과 문항 내용에 대한 타당성 검증을 위해 전문가를 대상으로 2차에 걸쳐 설문조사를 실시하였다. 그 결과 새로운 척도에 대한 범주 구성을 3개 역량과 1개 효능감으로 설정하고, 탐색적 요인분석과 확인적 요인분석을 실시하여 최종적으로 총 22개 문항을 개발하였다([표 11] 참조).

[표 11] 고전교육성과 측정을 위한 최종 척도

구분	하위영역	번호	문항내용
독해 역량	사실적 독해	1	나는 책을 읽으며 중요한 내용과 중요하지 않은 내용을 구분할 수 있다.
		2	나는 책을 읽다가 모르는 내용이 나오면 관련 자료를 찾아가며 읽을 수 있다.
		3	나는 책을 읽으며 글의 전개방식과 구조를 파악할 수 있다.
		4	나는 책을 읽고 객관적 정보(주장, 근거, 인물, 사건, 배경 등)를 찾을 수 있다.
		5	나는 책을 읽고 주제를 파악할 수 있다.

	비판적 독해	6	나는 책이 쓰인 시대적 상황이나 배경을 고려하여 글의 의미를 파악할 수 있다.
		7	나는 내가 읽은 책이 오늘의 관점에서 갖는 의미(또는 의의)를 파악할 수 있다.
		8	나는 책을 읽으며 글의 전후 맥락을 추론하며 읽을 수 있다.
의사 소통 역량	말하기	1	나는 책을 읽고 내 생각을 근거를 들어 말할 수 있다.
		2	나는 책을 읽고 내용과 관련한 문제에 대해 묻고 답할 수 있다.
		3	나는 책을 읽고 책 내용에 대해 요약해 말할 수 있다.
	쓰기	4	나는 책을 읽고 주요 내용을 요약해 쓸 수 있다.
		5	나는 책을 읽고 내 생각(의견)을 글로 표현할 수 있다.
		6	나는 책을 읽고 주제에서 파생된 논점을 잡고 글을 쓸 수 있다.
창의역량		1	나는 책을 읽고 다른 결말을 생각해 볼 수 있다.
		2	나는 책을 읽고 고정관념을 깰 수 있는 새로운 아이디어를 생각해 낼 수 있다.
		3	나는 책을 읽고 배운 내용을 다른 글(또는 상황)에 적용할 수 있다.
		4	나는 책을 읽고 논의되지 않은 새로운 문제를 제기할 수 있다.
문제 해결 효능감	과제 해결	1	나는 책을 읽고 관련된 문제(과제)를 해결할 자신이 있다.
	자료 검색	2	나는 책을 읽고 관련된 문제(과제)를 해결하기위해 필요한 자료를 찾을 자신이 있다.
	자료 정리	3	나는 책을 읽고 관련된 문제(과제)와 관련된 정보들을 체계적으로 정리할 자신이 있다.
	원인 분석	4	나는 책을 읽고 관련된 문제(과제)의 발생원인을 파악할 자신이 있다.

이 연구에서 개발한 새로운 성과측정 도구는 무엇보다 객관적으로 고전교육의 성과를 측정할 수 있도록 함으로써 다양한 후속 연구의 기반을 마련했다는 점에서 의의가 있다. 대학 교육에서 고전교육의 중요성이 점차 강조되고 있음에도 불구하고, 이를 측정하기 위한 객관적인 척도가 부족한 상황에서 이 척도는 고유의 고전교육성과측정도구로 활용될 수 있을 것이다. 새로운 척도를 활용한 다양한 후속 연구를 통해 교육 수요자(학생) 뿐만 아니라, 교육 공급자(대학 및 교강사)들의 교수학습 계획과 개선 및 보완에 필요한 구체적인 방안을 마련할 수 있을 것이다. 고전교육을 수강한 후 학생들의 관련 역량 및 효능감을 측정하고, 결과 분석을 통해 고전교육의 긍정적 성과는 더욱 강화하고 부족한 부분은 파악하여 자료에 기반한 체계적 교수-학습 개선 방안을 마련하는 데 유용한 자료로 활용될 수 있을 것이다. 대학 차원에서는 고전교육과정을 이수한 학생들을 대상으로 이 척도를 활용한 설문을 실시하여 교육의 효과성에 대한 평가를 수행할 수 있다. 이는 고전 교육과정의 교육적 성과 평가에 도움이 될 뿐만 아니라, 보다 구체적으로는 설문 문항 구성 요인에 따른 상세한 분석을 통해 고전 교육과정의 개선 및 보완과 관련한 구체적인 방안 마련이 가능할 것이다.

이처럼 객관적인 자료를 활용한 학생들의 성과 분석과 관련 교육과정 개선 및 보완의 노력들은 자료에 기반한 객관적 교육의 질 관리를 현실화함으로써 고전교육의 본연의 교육적 효과를 더욱 강화하는 데 도움이 될 수 있을 것이다. 더 나아가 이를 통해 교양교육의 주요 교과 가운데 하나로서 고전교육의 입지를 강화하고 대학생들의 기본 소양 증진과 관련하여 고전교육의 필요성을 더욱 확산시키는 데 도움이 될 것이라 기대된다. 장기적으로는 새로운 척도를 활용한 다양한 연구 결과 누적을 통해 고전읽기를 활용한 교육과정의 강화와 확산, 그리고 체계적인 고전읽기를 활용한 교육과정을 마련하는 데 도움이 될 수 있을 것이다.

이 연구를 통해 새롭게 개발된 척도는 고유의 고전교육 성과측정 및 진단 도구로 활용될 수 있으며, 교육과정의 특성을 고려한 척도 개발이라는 점에서 문항 내용에 구체성이 충분히 확보되었다고 할 수 있을 것이다. 다시 말해, 고전교육성과를 측정하고자 하는 다른 연구자들이 활용하기에 유용한 도구라고 할 수 있을 것이다. 그러나 이 연구를 통해 개발된 척도를 일반화하여 사용하는 데 몇 가지 제한점이 따른다.

먼저 새로 개발한 척도에 대한 타당도 및 신뢰도 검증이 충분하게 이루어지지 못했다. 이 연구에서는 2차례에 걸친 전문가 설문을 통해 새로운 척도의 범주 구성과 문항 내용에 대한 타당성을 검증하였을 뿐만 아니라, 학생을 대상으로 예비설문을 실시하여 요인분석과 신뢰도 검증을 실시하였다. 그러나 타당도 검증에 필요한 충분한 표본을 확보하지 못하고, 전체 표본을 임의 분할하여 요인분석 자료로 활용하였다. 그럼에도 불구하고, 요인분석과 신뢰도 분석 결과는 비교적 만족할 만한 수준을 보이는 것으로 나타났다. 그러나 확인적 요인분석에 따른 모형적합도 지수 가운데 만족할만한 수준을 충족하지 못한 것으로 판단되는 결과를 확인할 수 있었다. 따라서 충분한 표본을 대상으로 추가 분석을 통해 다시 한 번 타당도 검증을 실시하여 결과를 보완할 필요가 있다. 이를 통해 새로운 고전교육 성과측정도구의 객관적 타당성과 신뢰성을 확보하고 유용한 척도로 활용될 수 있을 것이다.

다음으로 이 연구를 통해 개발된 척도의 범주 구성과 문항 내용이 연구 결과를 일반화하는데 제약이 따른다. 이 연구에서는 A 대학 교양 대학에서 개설된 고전교육 교과를 수강한 학생들과 소속 교수를 대상으로 설문을 실시하였다. 거시적 관점에서는 고전교육의 공통적 특성이 반영되어 고전교육 성과측정에 널리 사용될 수 있는 일반적인 척도로서 활용될 수 있으나, 구체적인 수업 내용과 구성, 그리고 운영 방식에 대한 다양성을 충분히 반영하고 있지 못하다는 점에서 한계가 있다고 할 수 있을 것이다. 따라서 이를 보완하기 위해서는 척도에 대한 타 대학 전문가와 고전교육 수업 수강생을 대상으로 한 설문조사가 이루어질 필요가 있다.

또한, 이 연구는 고전교육과 관련한 국내 논문의 연구 동향과 관련 연구 부족으로 초·중등 학생을 대상으로 한 효과성 검토를 바탕으로 새로운 척도 개발을 했다는 점에서 한계가 있다. 입시 중심의 교육과는 명확히 다른 대학교육의 특수성과 학습자들의 특성, 그리고 교과의 특수성과 교수방법을 보다 다양하게 고려하여 척도 개발에 반영할 필요가 있다. 이를 위해 고전교육이 활발하게 이루어지고 있는 국외 사례와 관련 문헌에 대한 고찰을 통해 척도에 대한 개선 및 보완이 이루어진다면 보다 유용한 고전교육 성과측정 도구로 활용할 수 있을 것이다.

참고문헌

1. 저서

배병렬, 『Amos 17.0 구조방정식모델링―원리와 실제―(제2판)』, 청람, 2007.

성은모·백혜정·진성희, 『청소년 역량지수 측정 및 국제비교 연구 I : IEA ICCS 2016―총괄보고서(연구보고 12-R20)』, 한국청소년정책연구원, 2014.

송해덕·배상훈·김혜정, 『대학 기초교양교육의 질과 성과분석을 위한 평가도구 개발연구(IV)(연구보고 RR-2014-17-5830)』, 한국대학교육협의회, 2014.

홍성연·김인후·이진희·임현정, 『교양교육 영역별 성과진단 방안 연구: 교양교육전반영역(연구보고 RR-2016-19-638)』, 한국대학교육협의회, 2016.

Henson, R. K., & Roberts, J. K., "Use of exploratory factor analysis in published research", *Educational Psychological Measurement* 66, 2006, pp. 393-416.

Klein, R. B., *Principles and practice of structural equation modeling(2nd Ed.)*, Guilford., 2005.

2. 논문

강태완·장혜순, 「토론능력 척도의 타당성 검증연구」, 『한국방송학보』 17(4), 2003, 139-185쪽.

고진영·정기수, 「대학생 핵심역량 척도 개발 및 타당화―H대학교 학생들을 대상으로」, 『교양교육연구』 11(2), 2017, 475-504쪽.

권인수·이가언·김경덕·김영희·박경민·박현숙·손수경·이우숙·장금성·정복례, 「간호대학생의 비판적 사고 성향 측정도구 개발」, 『대한간호학회지』 36(6), 2006, 950-958쪽.

김정남·조미아, 「독서교육 프로그램이 중학생의 학교폭력태도와 공감능력에 미치는 영향에 관한 연구」, 『한국비블리아학회지』 28(1), 2017, 79-95쪽.

김종규·한상우·원만희, 「의사소통역량 평가를 위한 자기 진단 모형 개발」, 『수사학』 23, 2015, 389-422쪽.

김현주, 「인문교양교육과 독서토론」, 『교양교육연구』 5(1), 2011, 229-261쪽.

노윤신·리상섭, 「대학생 역량진단 도구의 개발과 타당화 연구: D 여자대학교를 중심으로」, 『HRD 연구』 15(3), 2013, 273-305쪽.

박세환·허경호, 「토론능력의 구성개념 및 척도의 타당성 연구—대학생 참여자를 대상으로」, 『한국언론학보』 46(1), 2001, 147-193쪽.

박휴용, 「핵심역량기반 교육에 대한 비판적 고찰」, 『교육사상연구』 29(4), 2015, 49-78쪽.

서민규, 「비판적 사고 교육, 무엇을 어떻게 할 것인가」, 『교양교육연구』 4(2), 2010, 129-139쪽.

성은모·진성희·김균희, 「청소년 생애학습역량 측정 도구 개발 및 타당화 연구」, 『한국청소년연구』 27(3), 2016, 219-256쪽.

소경희, 「학교지식의 변화요구에 따른 대안적 교육과정 설계방향 탐색」, 『교육과정연구』 24(3), 2006, 39-59쪽.

손승남, 「'위대한 저서(The Great Books)' 프로그램을 토대로 본 우리나라 대학 인문고전교육의 방향 탐색」, 『교양교육연구』 7(4), 2013, 449-472쪽.

유경애, 「다문화사회 대학의 고전읽기 수업의 학습변인별 학습효과에 대한 실증연구」, 『언어와 문화』 14(2), 2018, 55-79쪽.

이미라·김누리, 「대학생 핵심역량 진단도구의 개발과 타당화 연구: M대학교를 중심으로」, 『해양환경안전학회지』 24(5), 2018, 576-582쪽.

이민정, 「ACE사업 참여 대학의 핵심역량 및 실천전략에서의 교육적 함의」, 『아시아교육연구』 18(2), 2017, 339-364쪽.

이아영, 「인문고전 독서교육이 초등학생의 독서력 향상에 미치는 영향에 관한 연구」, 『한국독서교육학회지』 1(1), 2013, 177-201쪽.

_____·조미아, 「인문고전 독서교육이 청소년의 인성과 역량 증진에 미치는 영향에 관한 연구」, 『한국도서관정보학회지』 48(1), 2017, 245-265쪽.

이애화·최명숙, 「국내 대학생 핵심역량과 그 진단도구에 대한 연구동향 분석」, 『교육공학연구』 30(4), 2014, 561-588쪽.

이원봉, 「대학 교양교육에서의 고전독서교육의 문제점과 개선방향」, 『사고와 표현』 10(1), 2017, 113-140쪽.

이하원·이화선, 「대학생용 핵심역량 진단 검사(K-CCCA)의 개발」, 『교양교육연구』 11(1), 2017, 97-127쪽.

이효숙, 「대학생의 글쓰기 기초학력진단평가의 기능과 진단평가지 개발」, 『대학작문』21, 2017, 47-67쪽.

이황직, 「고전읽기를 통한 교양교육의 혁신—숙명여대의 "인문학 독서토론" 강좌를 중심으로」, 『독서연구』26(26), 2011, 517-548쪽.

장승민, 「리커트 척도 개발을 위한 탐색적 요인분석의 사용」, 『한국심리학회지: 임상』34, 2015, 1079-1100쪽.

전보라·정상훈, 「대학생 핵심역량 척도 개발 및 타당화—P대학교 학생을 중심으로—」, 『교육혁신연구』28(4), 2018, 101-123쪽.

정선희, 「대학 교양교육에서 고전문학의 역할과 의의—고전소설 활용을 중심으로」, 『한국고전연구』30, 2014, 397-426쪽.

정인모, 「교양교육과 고전 읽기」, 『한국교양교육학회 학술대회 자료집』, 한국교양교육학회, 2007, 131-140쪽.

조민행·오병돈, 「체육계열 대학생의 역량진단 척도 개발」, 『한국체육교육학회지』19(3), 2014, 117-129쪽.

고전교육의 교육적 성과분석 연구*
―역량, 효능감, 흥미 변화를 중심으로

권순구·윤승준

Ⅰ. 서론

최근 우리나라에서는 역량 기반 교육과정에 대한 연구와 정책이 뜨거운 이슈로 등장하고 있다. 초·중등 교육과정에서는 물론이고,[1] 대학 교육에서도 역량의 중요성이 강조되면서 교양교육과정을 역량 중심 교육과정으로 재편하고자 하는 움직임이 일고 있다. 이는 핵심역량이 대학기본역량진단의 평가지표가 되었기 때문이기도 하지만, 근본적으로는 지식의 전달과 이해에 초점을 맞추어온 학문 중심 교육과정에

---

* 이 글은 다음 논문을 수정, 보완한 것이다. 권순구·윤승준: 고전교육의 교육적 성과분석 연구―역량, 효능감, 흥미 변화를 중심으로, 『교양교육연구』 14(5), 한국교양교육학회, 2020.

1 김선영, 「캐나다 역량기반 교과 교육과정의 교육내용 구성 방식이 우리나라에 주는 시사점 탐색」, 『교육과정연구』 37(2), 2019, 88-89쪽.

제4장 고전교육의 교육적 성과분석   *517*

대한 비판적 성찰에 기인한다고 할 수 있다. 지식의 단순한 전달이나 이해를 넘어 지식을 활용한 수행 능력을 중시하는 사회적 수요, 즉 교육의 책무성에 대한 요구가 그만큼 크다는 점도 고려할 필요가 있는 것이다.[2]

그에 따라 학습자들의 지식 활용 능력을 증진시킬 수 있는 방안 마련의 필요성이 대두되면서 교육의 역할이 더욱 강조되고 있다. 이와 관련하여 국가 차원에서는 물론이고 대학 차원에서도 다양한 노력을 기울이고 있다. 각 대학에서는 학생들의 체계적인 역량 증진을 돕기 위하여 핵심역량을 설정하고, 관련 척도를 개발하였다.[3] 최근에는 학생들의 역량 증진을 위한 교육과정 개선의 필요성과 역량 기반 교육과정 운영 방안에 대한 구체적인 논의들이 이루어지고 있다.[4]

역량 교육과 함께 최근 우리나라 대학의 교양교육에서 주요한 이슈 가운데 하나로 등장한 것을 손꼽으라 하면 그것은 고전교육일 것이다. 역량 교육이 정부 정책이나 사회적 수요 등 외적 요인에 떠밀려서

---

2   소경희, 「학교지식의 변화요구에 따른 대안적 교육과정 설계방향 탐색」, 『교육과정연구』 24(3), 2006, 46-47쪽; 이민정, 「ACE사업 참여 대학의 핵심역량 및 실천전략에서의 교육적 함의」, 『아시아교육연구』, 2017, 340쪽; 김대중·김소영, 「대학교육에서의 핵심역량과 역량기반 교육에 대한 이해와 쟁점」, 『핵심역량교육연구』 2(1), 2017, 23-26쪽.

3   고진영·정기수, 「대학생 핵심역량 척도 개발 및 타당화—H대학교 학생들을 대상으로」, 『교양교육연구』 11(2), 2017, 476-477쪽; 이애화, 최명숙, 「국내 대학생 핵심역량과 그 진단도구에 대한 연구동향 분석」, 『교육공학연구』 30(4), 2014, 573쪽.

4   김희주·원효헌, 「역량기반 교육과정 전환을 위한 조건 탐색」, 『수산해양교육연구』 31(1), 2019, 295-296쪽; 곽윤정, 장선영, 「역량기반 교육과정 개발 및 운용을 위한 교육체계 수립 사례연구」, 『학습자중심교과교육연구』 15(12), 2015, 574쪽.

어쩔 수 없이 받아들여야 했던 것이었다면, 고전교육은 교양교육의 본질적 필요, 즉 내적 요인에 의해서 자발적으로 부각된 것이라고 할 수 있다. 고전교육은 심화학습을 위한 기초지식을 폭넓게 제공할 뿐 아니라 학생들의 사고를 심화 확장하고, 종합적·통합적 시각과 안목을 갖추게 하며 인성을 함양하는 데에도 기여한다는 점에서 교양교육의 본질에 가장 부합하는 교과목이기 때문이다.[5]

우리나라 대학에서 고전읽기가 교양 교과목으로 편성되기 시작한 것은 2000년대 초반부터였다.[6] 고전읽기 교과목은 현재 국내 주요 대학에서는 대부분 교양선택 과목으로 개설되고 있으며, 부산대학교, 동국대학교, 단국대학교, 성균관대학교 등 일부 대학에서는 교양필수 과목으로 운영하고 있다. 대구가톨릭대학교나 한양대학교 같은 경우에는 고전읽기를 전공교육과정의 하나로 운영하고 있기도 하다. 이처럼 고전읽기 교육이 보편화되어 있음에도 불구하고, 그 교육적 성과에 대한 구체적인 연구는 많이 이루어져 있지 않다.[7]

권순구[8]는 고전교육 성과에 대한 연구가 부진한 원인이 적절한 측

---

5   정인모, 「교양교육과 고전 읽기」, 『독어교육』 39, 2007, 331-333쪽; 손승남, 「'위대한 저서(The Great Books)' 프로그램을 토대로 본 우리나라 대학 인문고전교육의 방향 탐색」, 『교양교육연구』 7(4), 2013, 451쪽; 정선희, 「대학 교양교육에서 고전문학의 역할과 의의—고전소설 활용을 중심으로」, 『한국고전연구』 30, 2014, 399-400쪽.

6   이황직. 「고전읽기를 통한 교양교육의 혁신—숙명여대의 "인문학 독서토론" 강좌를 중심으로」, 『독서연구』 26(26), 2011, 517-518쪽.

7   권순구, 「고전교육 성과측정도구 개발 및 타당화 연구」, 『교양교육연구』 14(3), 2020, 190쪽; 유경애,. 「다문화사회 대학의 고전읽기 수업의 학습변인별 학습효과에 대한 실증연구」, 『언어와 문화』 14(2), 2018, 56쪽

8   권순구, 앞의 논문 190쪽.

정 도구의 부재에 있다고 지적하면서 고전교육성과측정도구를 개발하였다. 고전읽기 수업의 교육적 성과에 대한 기존 연구가 역량 척도나 만족도와 같은 변인을 측정[9]하여 간접적으로 그 성과를 측정하였던 것과 달리, 이 연구는 고전교육의 성과 자체를 측정하기 위한 척도를 개발했다는 점에서 의의가 있으며, 활용도 또한 높다고 하겠다.

본 연구는 고전교육의 성과측정을 주요 목적으로 개발된 고전교육성과측정도구를 활용하여, A대학교 자유교양대학에서 2020학년도 1학기에 교양필수 과목으로 개설 운영된 「명저읽기」 강좌의 교육성과를 분석하는 것을 주된 목적으로 하였다. 이를 통해 고전을 활용한 교양 강좌의 교육성과를 객관적으로 분석하고, 주요 교양 교과목으로서의 입지를 더욱 확고히 하며 그 필요성을 확산하는 근거 자료로 활용될 수 있기를 기대한다.

II. 이론적 배경

1. 고전을 활용한 교육의 필요성

2000년대 들어 인문학에 대한 관심이 증가함에 따라 각 대학에서는 교양교육 강화를 위한 방안의 하나로 고전읽기와 관련한 교과목을

---

9   유경애, 앞의 논문, 64쪽; 이아영, 조미아, 「인문고전 독서교육이 청소년의 인성과 역
     량 증진에 미치는 영향에 관한 연구」, 『한국도서관정보학회지』 48(1), 2017, 257-
     260쪽.

교육과정에 편성하기 시작하였다.[10] 대학교육에서 고전읽기의 중요성이 강조되고, 교육과정으로서 활용된 사례는 1900년대 초 미국대학 학부과정의 '위대한 저서' 프로그램이 대표적이라고 할 수 있다.[11] 허친스(Robert M. Hutchins)가 주도한 '위대한 저서' 프로그램은 시간의 흐름에 따라 성격의 변화가 이루어졌으나, 현재까지 그 명맥을 유지하고 있으며 미국 대학 교육에 많은 영향을 미친 것으로 평가되고 있다.[12] 최근 고전읽기와 관련한 우리나라 대학의 변화 또한 이러한 미국 대학의 고전교육 전통과 연계되어 있는 것이기도 하다.

고전교육의 중요성과 필요성, 그리고 교육적 성과에 대한 논의는 지속적으로 이루어져 왔다.[13] 이황직[14]은 고전교육의 성과를 다양한 측면에서 설명하였다. 논자는 고전읽기 수업이 학생들로 하여금 전공 수업에 필요한 기초지식을 얻고, 학문에 대한 이해를 촉진하며 창의적 사유에 필요한 다양한 자원을 얻을 수 있게 한다고 주장하였다. 뿐만 아니라 고전 읽기가 학생들의 시민의식을 함양하는 데 도움이 되며, 지적 성장과 삶의 변화를 경험할 수 있게 하는 성찰의 기회를 제공한다고 하였다.

손승남[15]은 미국의 '위대한 저서' 프로그램을 중심으로 고전교육의

---

10   이황직. 앞의 논문, 517-518쪽.

11   손승남, 앞의 논문, 451-452쪽.

12   신득렬, 『위대한 대화』, 계명대학교출판부, 2003, 357-386쪽.

13   정선희, 「대학 교양교육에서 고전문학의 역할과 의의―고전소설 활용을 중심으로」, 『한국고전연구』 30, 2014, 401쪽.

14   이황직. 앞의 논문, 532-533쪽.

15   손승남, 앞의 논문, 452-457쪽.

교육적 효과에 대해 언급하였다. 논자는 고전 독서를 통해 사고하는 데 필요한 기본 지식을 배울 수 있을 뿐만 아니라, 다른 학생들과의 토론 과정을 통해 주어진 문제에 대한 깊이 있는 이해에 이를 수 있다고 주장하였다. 나아가 논자는 '위대한 저서'의 기반을 이루고 있는 항존주의 철학이 우리 인문교양교육이 추구해야 할 방향이라고 주장하였다.

정선희[16]는 고전문학 작품이 대학 교양교육으로서 읽기와 쓰기, 사고력, 문제해결력, 창의력과 같은 다양한 능력을 증진시키는 데 유용하게 활용될 수 있다고 주장하였다. 논자는 고전교육이 대학생들이 당면할 다양한 사회적 문제를 스스로 해결하는 데 필요한 역량을 증진시키는 데 도움이 된다고 하면서 역량뿐만 아니라 창의성 증진을 위해서도 고전을 활용한 수업을 더욱 활성화해야 한다고 주장하였다.

이원봉[17]은 고전독서교육이 가지고 있는 본연의 기능은 인간의 삶에 대한 고찰에 있다고 주장하였다. 그러나, 현재 대학에서는 이러한 본연의 기능과 달리 수업의 수단으로 이용되고 있다는 점을 비판하였다. 연구자는 많은 대학에서 고전독서교육을 활발하게 운영하고 있는 것과 달리, 본연의 기능을 충실히 수행하지 못하고 있는 점을 비판하였다. 이는 교양교육의 중요성과 필요성에 대한 인식은 널리 확산되고 있는 반면, 고전읽기 교과의 효과적 운영 여부에 대해서는 확신하기 어렵다는 것을 의미한다고 해석해 볼 수 있다.

---

16   정선희, 「대학 교양교육에서 고전문학의 역할과 의의—고전소설 활용을 중심으로」, 『한국고전연구』 30, 2014, 420-421쪽.

17   이원봉, 「대학 교양교육에서의 고전독서교육의 문제점과 개선방향」, 『사고와 표현』 10(1), 2017, 118쪽.

그럼에도 불구하고 많은 고전 읽기를 활용한 교양 강좌는 여러 대학의 필수 교양으로 자리잡아가고 있다. 그러나 고전교육의 교육적 성과를 객관적으로 보여줄 수 있는 연구가 부족하다는 사실은 고전교육의 내실 있는 운영과 지속적 확산에 제한점이 될 수 있다. 그런 점에서 고전교육의 교육적 성과를 실질적으로 뒷받침할 수 있는 구체적인 연구가 요구된다고 하겠다.

2. 고전교육 성과분석 연구

대학 교양교육과정의 주요 교과로서 고전을 활용한 강좌의 중요성과 필요성에 대한 논의는 오랜 기간 동안 이어져왔으며, 우리나라의 경우 최근 이와 관련한 논의가 비교적 활발하게 이루어졌다.[18] 그러나 이러한 활발한 논의와 달리 고전 교육의 교육적 성과에 대한 연구는 매우 부족한 실정이다.[19] 최근 일부 대학에서 고전교육의 성과 분석에 관한 연구를 수행하였으나 여전히 매우 부족한 상황이며, 일부 초·중등학생을 대상으로 한 연구를 확인할 수 있다.

그러나 초등학생 및 중학생을 대상으로 고전읽기를 활용한 독서교육은 학습자들의 교육목표가 대부분 대학입시로 일원화되어 있다는 점에서 교육내용과 방법에 있어서 대학 교육과 많은 차이가 있다.[20] 대

---

18   이황직, 앞의 논문, 517-518쪽.

19   유경애·이재득, 「외국인과 한국인 대학생의 다문화 고전 수업의 효과 비교 연구」, 『교양교육연구』 12(2), 2018, 308쪽.

20   정선희, 앞의 논문, 420쪽.

학에서 고전을 활용한 강좌 운영의 목표와 해당 강좌에 대한 교수자 및 학생들의 기대, 교육목표 등을 고려해 볼 때, 초중등 교육과정과는 차이가 크다고 예상해 볼 수 있다. 그러므로 초·중등학교 학생을 대상으로 한 연구 결과를 바탕으로 대학 고전교육의 방향을 설정하는 데 많은 제약이 있으며, 이러한 이유로 대학생을 대상으로 한 고전교육의 성과분석 연구의 필요성이 절실히 요구된다고 할 수 있다.

앞서 언급한 바 있듯, 최근 들어 대학생을 대상으로 한 고전교육 성과분석 연구를 일부 확인할 수 있다. 유경애[21]는 부산지역 대학에서 '고전읽기와 토론수업'을 수강하는 대학생을 대상으로 수업에 대한 인식을 조사하였다. 연구 결과, 학생들은 해당 강좌를 통해 논리적 사고를 확립하고 표현력과 발표력이 향상되었다고 응답하였다. 또한, 학생들은 고전 수업이 필요하다고 인식하고 있었으며, 수업에 대한 만족도도 매우 높은 것으로 나타났다. 이 외에도 이 연구에서는 논리적 사고력, 발표력, 표현력의 향상, 삶의 가치관 형성 등을 매개변인으로 고전수업에 대한 만족도가 증진된다고 보고하였다. 이 연구는 고전을 활용한 강좌 운영에 따른 학생들의 관련 성과의 변화 정도를 보여주는 연구가 아니라는 점에서 제한점이 있다. 그럼에도 불구하고 고전을 활용한 강좌 운영에 따른 교육적 성과를 학생들의 응답을 통해 객관적으로 확인하고, 매개변인으로서 논리적 사고력, 발표력, 표현력 향상이 중요한 역할을 한다는 점을 제시함으로써 고전교육의 교육적 성과를 간접적으로 지지하고 있다는 점에서 의의가 있다.

---

21   유경애, 앞의 논문, 68-77쪽.

유경애와 이재득[22]은 '고전읽기와 토론'강좌를 수강한 학생을 대상으로 한국인 학생과 외국인 학생 상호간 차이 분석을 통해 고전 수업의 성과를 확인하였다. 이 연구에서는 고전을 활용한 강좌가 외국인 학생에 비해 한국인 학생들의 논리적 사고력과 수업의 유용성에 대한 인식에 긍정적인 영향을 미쳤다고 주장하였다. 이 연구는 대학 교육에서 고전을 활용한 수업의 성과를 분석했다는 점에서 의의가 있다고 할 수 있다. 그러나 연구의 주요 목적이 한국인 학생과 외국인 학생의 차이 분석으로, 한 학기 동안 고전을 활용한 강좌 운영에 따른 인식의 변화를 보여주지 못한다는 점에서 고전교육의 객관적 성과를 보여주는 연구 결과로 보기 어렵다.

박현희[23]는 서울대 기초교육원에서 개설한 「독서세미나—고전에 길을 묻다」에 참여한 학생들을 대상으로 한 설문조사를 통해 고전읽기를 활용한 수업의 긍정적 교육적 성과를 주장하였다. 이 연구에서는 2015년과 2016년 해당 강좌 수강생을 대상으로 '수강을 통해 도움이 된 사항'에 대한 설문을 실시하였다. 설문 조사 결과, '주제와 삶의 가치에 대한 탐색과 발전'과 '고전도서의 정독을 통한 깊은 이해'에 대한 응답 빈도가 가장 높게 나타났다. 이러한 설문 결과를 바탕으로, 연구자는 고전읽기를 활용한 해당 강좌가 효과적으로 운영되고 있다고 주장하였다. 이 연구는 고전읽기를 활용한 강좌를 수강한 학생을 대상으로 한 설문을 통해 수업이 도움이 되었다는 응답 빈도가 높다는 결과를

---

22 유경애·이재득, 앞의 논문, 311-320쪽.
23 박현희, 「인성함양을 위한 고전 읽기 강좌의 운영 특성과 효과—서울대 「독서세미나—고전에 길을 묻다」 교과목을 중심으로」, 『교양교육연구』 13(5), 2019, 25-31쪽.

확인함으로써 교육적 성과를 확인했다는 점에서 의의가 있다. 그러나 이 연구의 경우 강의가 끝난 이후에 결과로서 설문 응답만을 분석하고 있다는 점에서 수업을 통한 인식의 변화를 확인할 수 없다는 점에서 한계가 있다.

이처럼 대학에서 고전을 활용한 수업의 교육적 성과에 대한 양적 연구는 찾기 어려울 뿐만 아니라, 일부 연구 결과 또한 주된 연구 대상이 초·중등 학생으로 제한되어 있다는 점에서 고등교육으로서 고전읽기를 활용한 교육의 성과를 확인하는 데 많은 어려움이 있다. 뿐만 아니라 일부 연구의 경우, 고전읽기를 활용한 교육과정 운영에 따른 성과를 확인하는 데 연구 방법론적인 면에서 결과를 일반화하는 데 제한점이 있다. 이러한 문제의 주된 원인은 앞서 언급한 것처럼 고전교육의 객관적 성과를 측정할만한 유용한 척도가 없다는 점을 지적할 수 있을 것이다. 따라서 고전교육의 성과를 객관적으로 측정할 수 있는 척도를 활용한 연구가 요구된다고 하겠다.

Ⅲ. 연구 방법

A대학은 사고력과 판단력의 함양은 물론 독서의 즐거움을 체험하면서 자신의 내적 성장을 도모하고, 타인과 세계에 대한 이해를 증진하며 자신의 생애를 주도적으로 이끌어갈 수 있는 내적 견고성을 함양을 위해 1학년 교양필수 교과목으로 「명저읽기」를 운영하고 있다. 인류의 지혜를 온축하고 있는 명저에는 전공 지식의 도구적 쓰임새로 쓸모가

가다듬어진 도구적 지식 이전의 지식과, 그 한정적 쓰임새의 지식 이후의 지식이 담겨 있다는 점에서 전통의 칸막이로 보호되지 않았던 지식의 야성과 바다를 호흡하도록 하자는 데 이 교과목을 개설한 근본 취지와 목적이 있다.[24] 인문, 사회, 자연 3개 계열로 나누어 운영하는 「명저읽기」 강좌는 분반별로 선정한 고전 텍스트를 통독하는 것을 원칙으로 하되, 읽기와 토론, 쓰기를 주된 학습방법으로 활용하도록 하고 있다. 총 57개 분반이 개설된 2021학년도 1학기에는 2,121명의 학생이 수강하였다. 죽전캠퍼스 이공계열과 천안캠퍼스 예체능계열, 의학계열 학생들이 주 수강 대상이었다([표 1] 참조).

[표 1] 2020학년도 1학기 「명저읽기」 개설·운영 현황

구분	죽전캠퍼스		천안캠퍼스		계	
	분반수	수강생수	분반수	수강생수	분반수	수강생수
「명저읽기: 인문」	20	747	15	496	35	1,243
「명저읽기: 사회」	8	324	8	311	16	635
「명저읽기: 자연」	3	123	3	120	6	243
계	31	1,194	26	927	57	2,121

---

24   김주언, 「LAC 교과목으로서 「명저읽기」 강좌의 방향 설정을 위한 모색」, 『교양교육연구 』 13(4), 2019, 238-239쪽.

1. 연구 대상

이 연구는 A대학 자유교양대학에서 2020학년도 1학기에 개설한 「명저읽기」 수업을 수강한 학생들을 대상으로 그 교육성과를 측정하였다. 온라인을 통하여 진행한 설문 조사는 연구 목적을 고려하여 사전설문(학기 초)과 사후설문(학기 말)으로 나누어 각각 1회씩 진행하였다. 사전설문은 2020년 4월 24일부터 5월 13일까지 약 3주간 G사 온라인 설문으로 이루어졌다. 설문에는 모두 1,097명이 참여하였으며, 그 가운데 설문 응답 자료 활용에 동의한 인원은 모두 1,077명이었다. 다음으로, 사후설문은 2020년 6월 12일부터 7월 11일까지 약 4주간 G사 온라인 설문으로 이루어졌다. 설문에는 모두 906명이 참여하였으며, 그 가운데 설문 응답 자료 활용에 동의한 인원은 모두 893명이었다.

이 연구의 목적을 고려하여 설문 응답 자료 활용에 동의한 인원 가운데 사전설문과 사후설문에 모두 참여한 학생 응답을 선정하여 최종 분석에 사용하였다. 모든 설문에 참여한 학생은 617명으로, 사전 또는 사후 설문 가운데 개인정보 활용에 대해 동의하지 않은 17명을 제외하고 최종적으로 600명의 응답을 최종 분석에 사용하였다. 캠퍼스에 따른 인원 구성을 살펴보면, 죽전캠퍼스 340명(56.7%), 천안캠퍼스 260명(43.3%)이었다. 성별로는 남학생이 333명(55.5%), 여학생이 267명(44.5%)으로 남학생의 비율이 더 높았다. 1학년 교양필수 과목이었기 때문에, 학년별로는 1학년 학생이 595명(99.2%)으로 절대 다수를 차지하였다. 한편, 계열별 인원 구성을 살펴보면, 이공계열이 497명(82.8%)로 가장 높은 비율을 차지하는 것으로 나타났으며, 예체능계열이 68명(11.3%),

의약계열이 34명(5.7%)으로 나타났다. 설문 참여자에 대한 구체적인 정보는 [표 2]와 같다.

[표 2] 본설문 참여자 정보

구분		인원수					
		사전설문		사후설문		전체 설문 참여자	
		명	비율	명	비율	명	비율
캠퍼스	죽전	623	57.8	476	53.3	340	56.7
	천안	454	42.2	417	46.7	260	43.3
성별	남자	602	55.9	494	55.3	333	55.5
	여자	475	44.1	399	44.7	267	44.5
학년	1학년	1067	99.1	885	99.1	595	99.2
	2학년	3	0.3	4	0.4	2	0.3
	3학년	1	0.1	-	-	-	-
	4학년	2	0.2	-	-	-	-
	결측값	4	0.4	4	0.4	3	0.5
이공계열	공과대학	394	36.58	316	35.39	243	40.50
	과학기술대학	145	13.46	163	18.25	97	16.17
	생명공학대학	144	13.37	147	16.46	86	14.33
	SW융합대학	103	9.56	67	7.50	51	8.50
	자연과학대학	33	3.06	23	2.58	20	3.33
예체능계열	음악·예술대학	136	12.63	89	9.97	50	8.33
	스포츠과학대학	54	5.01	29	3.25	18	3.00

의학계열	의과대학	25	2.32	23	2.58	17	2.83
	치과대학	37	3.44	31	3.47	17	2.83
인문사회 계열	문과대학	2	0.19	2	0.22	0	0.00
결측치		4	0.37	3	0.34	1	0.17
총인원		1077	100	893	100	600	100

각 유형에 따른 수강생 인원을 살펴보면, 인문계열 「명저읽기」 수업을 수강한 학생이 사전설문에서 708명(65.74%), 사후설문에서 593명(66.41%)으로, 전체 설문 참여자 기준으로 417명(69.50%)으로 모든 유형 수업 가운데 가장 높은 비율을 차지하였다. 다음으로 사회계열 「명저읽기」 수업 수강생이 사전설문에서 228명(21.17%), 사후설문에서 183명(20.49%), 전체 설문 참여자 기준으로 114명(19.00%)으로 두 번째로 높은 비율을 차지하였다. 마지막으로 자연계열 「명저읽기」 수강생은 모든 설문에서 가장 낮은 비율을 차지하였는데, 사전설문에서 141명(13.09%), 사후설문에서 117명(13.10%), 전체 설문 참여자 기준으로 69명(11.50%)이었다. 이는 계열별 개설 분반수 비율에 따른 불가피한 결과라고 할 수 있다. 각 유형에 따른 연구 대상 구성비는 [표 3]과 같다.

[표 3] 수업 유형에 따른 연구 대상 구성비

구분	인문		사회		자연		합계
	명	비율	명	비율	명	비율	
사전설문(1차)	708	65.74	228	21.17	141	13.09	1077

사후설문(2차)	593	66.41	183	20.49	117	13.10	893
전체 설문 참여자 (1,2차)	417	69.5	114	19.00	69	11.50	600

2. 측정 도구

이 연구에서는 대학에서 고전을 활용한 강의의 교육적 성과를 살펴본 연구가 부족하고, 그와 관련한 주된 원인의 하나로 객관적 성과를 측정할만한 유용한 척도가 없다는 점을 종합적으로 고려하여, 단국대학교 교양기초교육연구소에서 개발한 고전교육성과측정도구(권순구, 2020)를 사용하여 설문을 실시하였다. 이 척도는 기존 문헌 고찰을 통해 대학에서 고전을 활용한 강의를 통해 증진시킬 수 있는 학업적 성과를 주요 요인으로 선정하고, 전문가 설문을 통해 타당도 검증을 거쳐 새로 개발되었다. 그 결과 독해역량 8문항, 의사소통역량 8문항, 그리고 창의역량 4문항(예: '나는 책을 읽고 고정관념을 깰 수 있는 새로운 아이디어를 생각해 낼 수 있다'), 문제해결효능감 4문항(예: '나는 책을 읽고 관련된 문제(과제)를 해결할 자신이 있다')으로 구성되어 있다. 독해역량은 사실적 독해(5문항, 예: '나는 책을 읽으며 중요한 내용과 중요하지 않은 내용을 구분할 수 있다')와 비판적 독해(3문항, 예: '나는 내가 읽은 책이 오늘의 관점에서 갖는 의미(또는 의의)를 파악할 수 있다)의 두 가지 하위 영역으로, 의사소통역량은 말하기(예: '나는 책을 읽고 내 생각을 근거를 들어 말할 수 있다')와 쓰기(예: '나는 책을 읽고 주요 내용을 요약해 쓸 수 있다')의 두 가지 하위 영역으로 구성되어 있다.

이 외에도 이 연구에서는 「명저읽기」 수업을 듣는 학생을 대상으로 학업적 흥미도를 측정하였다. 흥미는 학습 상황에서 학습 태도와 학업 성취도를 예측하는 주요 변인으로, 환경적 요인에 의해 유발되는 상황적 흥미와 개인적 특성으로서 상대적으로 지속적인 학습을 유발하는 개인적 흥미로 구분된다(우연경, 2012: 1187-1188). 이 연구에서는 강좌를 수강한 학생이 「명저읽기」수업을 통해 교과에 대한 새로운 흥미를 형성하고, 이후에도 학습을 지속시키는 데 도움이 될 수 있는지 확인하기 위하여 학생동기척도 SMILES(봉미미 외, 2013)의 학업적 흥미 척도를 사용하였다. 이 척도는 초중등 학생을 대상으로 주요 대상으로 개발된 척도로서 상황적 흥미(4 문항, 예: '이번 학기 이 강의는 나의 흥미를 유발한다')와 개인적 흥미(5 문항, 예: '나는 강의시간 외에도 이 수업 내용에 대해 더 알아보고 싶다')로 구성되어 있다. 이 연구에서는 대학 교양 수업에 참여하는 대학생을 대상으로 하고 있다는 점을 고려하여 문항 내용을 수정하였다. 그리고 개인적 흥미 가운데 이 연구에 적합하지 않다고 판단한 1개 문항('나는 [과목]과 관련된 일을 하고 싶다')은 삭제하여 최종적으로 8개 문항을 사용하였다.

3. 분석 방법

이 연구에서는 각 문항 및 요인에 대한 기술통계분석과 상관분석을 실시하였으며, 「명저읽기」를 수강한 학생들의 실제 관련 역량에 유의미한 변화가 있는지 통계적으로 확인하기 위하여 사전-사후 평균 비교분석을 실시하였다. 이와 관련한 모든 분석 과정에는 AMOS 25.0과

SPSS 25.0을 사용하였다.

Ⅳ. 주요 결과

1. 기술통계분석

예비설문을 통해 최종적으로 선정한 20개 문항에 대해 사전설문을 실시하여 기술통계분석 결과를 살펴보았다. 역량에 대한 정규성 가정 충족 여부를 판단하기 위하여 왜도와 첨도를 확인하였다. 그 결과 왜도는 절대값 3.0, 첨도는 절대값 10.0을 넘지 않아 정규성 가정을 충족하였다.[25] 사전설문 각 문항에 대한 기술통계분석 결과는 [표 4]와 같다.

[표 4] 사전설문 기술통계 분석결과

역량	하위구분	번호	사전설문(N=1077)			
			평균	표준편차	왜도	첨도
독해 역량	사실적 독해	1	4.94	1.20	-0.48	0.15
		2	4.96	1.36	-0.52	-0.05
		3	4.71	1.26	-0.30	-0.09
		4	5.13	1.20	-0.58	0.34
		5	5.21	1.14	-0.67	0.67

---

25 Klein, T. J., *Psychological testing: A practical approach to design and evaluation*, CA:Sage Publication, 2005.

	비판적 독해	1	4.88	1.30	-0.47	-0.06
		2	4.81	1.30	-0.38	-0.09
		3	4.97	1.25	-0.49	-0.02
의사 소통 역량	말하기	1	5.08	1.26	-0.51	0.13
		2	5.00	1.21	-0.50	0.28
		3	5.06	1.22	-0.57	0.37
	쓰기	1	5.06	1.25	-0.58	0.31
		2	5.07	1.29	-0.55	0.20
		3	4.54	1.34	-0.25	-0.29
	듣기	1	5.01	1.21	-0.51	0.42
		2	5.02	1.23	-0.38	-0.02
창의역량		1	4.98	1.38	-0.42	-0.26
		2	4.53	1.35	-0.09	-0.36
		3	4.87	1.29	-0.41	-0.04
		4	4.59	1.35	-0.15	-0.32
문제 해결 효능감	과제해결	1	4.72	1.30	-0.38	0.02
	자료검색	2	5.04	1.24	-0.54	0.38
	자료정리	3	4.83	1.30	-0.38	0.02
	원인분석	4	4.71	1.23	-0.32	0.06
학업적 흥미	상황적 흥미	1	4.94	1.52	-0.63	-0.09
		2	4.67	1.60	-0.47	-0.39
		3	4.62	1.56	-0.46	-0.25
		4	4.43	1.59	-0.34	-0.41

	1	4.75	1.52	-0.55	-0.09
개인적 흥미	2	4.06	1.55	-0.08	-0.44
	3	4.19	1.51	-0.18	-0.25
	4	4.93	1.46	-0.63	0.18

먼저, 사후설문 각 문항에 대한 기술통계 분석결과는 [표 5]과 같다. 역량에 대한 정규성 가정 충족 여부를 판단하기 위하여 왜도와 첨도를 확인하였다. 그 결과 왜도는 절대값 3.0, 첨도는 절대값 10.0을 넘지 않아 정규성 가정을 충족하였다.[26]

[표 5] 사후설문 기술통계분석 결과

역량	하위구분	번호	사후설문(N=906)			
			평균	표준편차	왜도	첨도
독해 역량	사실적 독해	1	5.42	1.06	-0.54	0.40
		2	5.45	1.20	-0.69	0.45
		3	5.28	1.16	-0.43	0.09
		4	5.55	1.07	-0.60	0.42
		5	5.59	1.05	-0.68	0.78
	비판적 독해	1	5.38	1.14	-0.49	0.12
		2	5.40	1.14	-0.57	0.26
		3	5.45	1.14	-0.61	0.36

---

26 Klein, T. J., *Psychological testing: A practical approach to design and evaluation,* CA:Sage Publication, 2005.

의사 소통 역량	말하기	1	5.54	1.09	-0.58	0.24
		2	5.45	1.15	-0.64	0.36
		3	5.50	1.11	-0.57	0.19
	쓰기	1	5.47	1.14	-0.57	0.13
		2	5.54	1.17	-0.76	0.71
창의역량		1	5.38	1.28	-0.55	-0.14
		2	5.06	1.30	-0.30	-0.39
		3	5.32	1.19	-0.54	0.15
		4	5.07	1.31	-0.36	-0.32
문제 해결 효능감	과제해결	1	5.29	1.20	-0.51	0.09
	자료검색	2	5.49	1.17	-0.70	0.58
	자료정리	3	5.34	1.24	-0.49	-0.12
	원인분석	4	5.26	1.20	-0.38	-0.18
학업적 흥미	상황적 흥미	1	5.32	1.49	-0.88	0.40
		2	5.17	1.53	-0.69	-0.07
		3	5.10	1.55	-0.63	-0.14
		4	4.84	1.56	-0.41	-0.35
	개인적 흥미	1	5.18	1.51	-0.75	0.15
		2	4.60	1.59	-0.22	-0.54
		3	4.76	1.56	-0.37	-0.43
		4	5.34	1.45	-0.82	0.35

2. 신뢰도 및 상관분석 결과

먼저 사전설문에 대한 상관분석 결과, 각 역량은 .69부터 .82로 정적 상관을 보이는 것으로 나타났다. 문제해결효능감은 모든 역량과 .67부터 .76으로 정적 상관을 보이는 것으로 나타났다. 또한, 문제해결효능감은 상황적 흥미와 .50, 개인적 흥미와 .51의 정적 상관을 보이는 것으로 나타났다. 상황적 흥미는 모든 역량 변인과 .41부터 .48로 정적 상관을 보이는 것으로 나타났으며, 개인적 흥미는 모든 역량 변인과 .45부터 .49까지 비슷한 수준에서 정적 상관을 보이는 것으로 나타났다.

다음으로 요인분석 결과에 따라 최종적으로 선정한 문항을 바탕으로 사전설문 문항에 대한 문항 내적 타당도(Cronbach's α)를 확인하였다. 그 결과, 모든 문항은 .86 이상의 높은 신뢰도를 보이는 것으로 나타났다. 독해역량은 모두 8문항으로 α = .93, 의사소통역량은 모두 5문항으로 α = .93, 창의역량은 모두 4문항으로 신뢰도는 α = .86으로 나타났다. 문제해결효능감은 모두 4문항으로 α = .90으로 나타났으며, 상황적 흥미와 개인적 흥미의 신뢰도는 각각 α = .94 와 α = .92로 나타났다. 사전설문에 대한 구체적인 신뢰도 및 상관분석 결과는 [표 6]과 같다.

[표 6] 사전설문에 대한 신뢰도 및 상관분석 결과

구분(문항수)	독해역량	의사소통 역량	창의 역량	문제해결 효능감	상황적 흥미	개인적 흥미
독해역량(8)	.926					
의사소통역량(5)	.821**	.920				

창의역량(4)	.715**	.690**	.858			
문제해결효능감 (4)	.762**	.743**	.665**	.898		
상황적 흥미(4)	.475**	.468**	.413**	.496**	.941	
개인적 흥미(4)	.492**	.480**	.446**	.511**	.904**	.920
평균	4.95	5.06	4.74	4.82	4.67	4.48
표준편차	1.02	1.09	1.12	1.12	1.44	1.36

$**p < .001$

주. 각 변인별 신뢰도는 사선에 기입하였음.

사후설문에 대한 상관분석 결과, 각 역량은 .78부터 .86으로 정적 상관을 보이는 것으로 나타났다. 문제해결효능감은 모든 역량과 .78부터 .84로 정적 상관을 보이는 것으로 나타났다. 또한, 문제해결효능감은 상황적 흥미와 .58, 개인적 흥미와 .59의 정적 상관을 보이는 것으로 나타났다. 상황적 흥미는 모든 역량 변인과 .57부터 .59로 정적 상관을 보이는 것으로 나타났으며, 개인적 흥미는 모든 역량 변인과 .59부터 .60까지 비슷한 수준에서 정적 상관을 보이는 것으로 나타났다.

다음으로 사후설문 문항에 대한 문항 내적 타당도(Cronbach's α)를 확인하였다. 그 결과, 모든 문항은 .89 이상의 높은 신뢰도를 보이는 것으로 나타났다. 독해역량은 모두 8문항으로 α = .95, 의사소통역량은 모두 5문항으로 α = .93, 창의역량은 모두 4문항으로 신뢰도는 α = .89로 나타났다. 문제해결효능감은 모두 4문항으로 α = .93으로 나타났으며, 상황적 흥미와 개인적 흥미의 신뢰도는 각각 α = .96과 α = .94로 나타났다. 사후설문에 대한 구체적인 신뢰도 및 상관분석 결과는 [표 7]과 같다.

[표 7] 사후설문에 대한 신뢰도 및 상관분석 결과

구분(문항수)	독해역량	의사소통 역량	창의 역량	문제해결 효능감	상황적 흥미	개인적 흥미
독해역량(8)	.948					
의사소통역량(5)	.864**	.929				
창의역량(4)	.782**	.788**	.888			
문제해결효능감 (4)	.837**	.836**	.780**	.928		
상황적 흥미(4)	.582**	.594**	.569**	.581**	.960	
개인적 흥미(4)	.594**	.602**	.592**	.589**	.937**	.943
평균	5.44	5.50	5.21	5.34	5.11	4.97
표준편차	0.96	1.00	1.10	1.10	1.44	1.41

$**p < .001$

주. 각 변인별 신뢰도는 사선에 기입하였음.

3. 사전-사후 차이 분석 결과

이 연구에서는 인문, 사회, 그리고 자연의 세 가지 영역을 주제로 개설된 「명저읽기」 강좌를 수강한 학생을 대상으로 사전-사후설문을 통해 고전교육 성과의 차이 변화를 확인함으로써 고전교육성과를 확인하고자 하였다. 각 강좌를 수강한 학생 전체를 대상으로 한 사전-사후 차이 분석 결과, 모든 역량과 문제해결 효능감, 그리고 강의에 대한 학업적 흥미도가 모두 학기 초에 비해 학기 말에 통계적으로 유의미한 수준에서 높아진 것으로 나타났다.

독해역량은 사전설문 평균 5.03(SD=.98)에서 사후설문 평균

5.46(SD=.95)으로 강의를 수강한 이후 .43 높아진 것으로 나타났다. 그리고 이러한 변화는 통계적으로도 유의미(t=-13.312, p<.001)한 것으로 나타났다. 이러한 결과는 「명저읽기」 강좌가 학생들의 독해역량 증진에 도움이 된 것으로 해석해 볼 수 있다([표 8] 참조).

[표 8] 독해역량 사전-사후설문 결과

설문시기	사례수	평균	표준편차	t 통계값	유의확률
사전	600	5.03	.98	-13.312	.000***
사후		5.46	.95		

***p< .001

의사소통역량은 사전설문 평균 5.14(SD=1.06)에서 사후설문 평균 5.54(SD=.99)로 강의를 수강한 이후 .40 높아진 것으로 나타났다. 그리고 이러한 변화는 통계적으로도 유의미(t=-11.418, p<.001)한 것으로 나타났다. 이러한 결과는 「명저읽기」 강좌가 학생들의 의사소통역량 증진에 도움이 된 것으로 해석해 볼 수 있다([표 9] 참조).

[표 9] 의사소통역량 사전-사후설문 결과

설문시기	사례수	평균	표준편차	t 통계값	유의확률
사전	600	5.14	1.06	-11.418	.000***
사후		5.54	.99		

***p< .001

창의역량은 사전설문 평균 4.97(SD=1.06)에서 사후설문 평균

5.21(*SD*=1.11)로 강의를 수강한 이후 .24 높아진 것으로 나타났다. 그리고 이러한 변화는 통계적으로도 유의미(t=-6.059, p < .001)한 것으로 나타났다. 이러한 결과는 「명저읽기」 강좌가 학생들의 창의역량 증진에 도움이 된 것으로 해석해 볼 수 있다([표 10] 참조).

[표 10] 창의역량 사전-사후설문 결과

설문시기	사례수	평균	표준편차	t 통계값	유의확률
사전	600	4.97	1.06	-6.059	.000***
사후		5.21	1.11		

*** p < .001

　　문제해결 효능감은 사전설문 평균 4.79(*SD*=1.08)에서 사후설문 평균 5.38(*SD*=1.09)로 강의를 수강한 이후 .62 높아진 것으로 나타났다. 그리고 이러한 변화는 통계적으로도 유의미(t=-15.522, p < .001)한 것으로 나타났다. 이러한 결과는 「명저읽기」 강좌가 학생들의 문제해결 효능감 증진에 도움이 된 것으로 해석해 볼 수 있다([표 11] 참조).

[표 11] 문제해결 효능감 사전-사후설문 결과

설문시기	사례수	평균	표준편차	t 통계값	유의확률
사전	600	4.76	1.08	-15.522	.000***
사후		5.38	1.09		

*** p < .001

　　상황적 흥미는 사전설문 평균 4.99(*SD*=1.05)에서 사후설문 평균

5.17(*SD*=1.47)로 강의를 수강한 이후 .18 높아진 것으로 나타났다. 그리고 이러한 변화는 통계적으로도 유의미(t=-3.505, $p < .001$)한 것으로 나타났다. 이러한 결과는 「명저읽기」 강좌가 학생들의 상황적 흥미 증진에 도움이 된 것으로 해석해 볼 수 있다([표 12] 참조).

[표 12] 상황적 흥미 사전-사후설문 결과

설문시기	사례수	평균	표준편차	t 통계값	유의확률
사전	600	4.99	1.05	-3.505	.000***
사후		5.17	1.47		

***$p < .001$

개인적 흥미는 사전설문 평균 4.73(*SD*=1.44)에서 사후설문 평균 5.03(*SD*=1.43)으로 강의를 수강한 이후 .30 높아진 것으로 나타났다. 그리고 이러한 변화는 통계적으로도 유의미(t=-6.828, $p < .001$)한 것으로 나타났다. 이러한 결과는 「명저읽기」 강좌가 학생들의 개인적 흥미 증진에 도움이 된 것으로 해석해 볼 수 있다([표 13] 참조).

[표 13] 개인적 흥미 사전-사후설문 결과

설문시기	사례수	평균	표준편차	t 통계값	유의확률
사전	600	4.73	1.44	-6.828	.000***
사후		5.03	1.43		

***$p < .001$

V. 결론 및 논의

이 연구는 대학 교양교육의 새로운 이슈로 등장한 고전교육의 구체적인 교육성과를 객관적으로 검증하기 위해 수행한 연구이다. 이를 위해 단국대학교 교양기초교육연구소에서 개발한 '고전교육성과측정도구'를 활용하여 A대학의 교양필수 교과목 「명저읽기」 강좌를 수강한 학생을 대상으로 사전-사후 설문조사를 실시하여 고전교육의 성과를 확인하고자 하였다. 2020학년도 1학기 A대학 「명저읽기」를 수강한 학생들을 대상으로 한 설문조사 결과에 따르면, 수업 유형에 따른 차이는 있으나 공통적으로 학생들은 고전읽기 수업을 통해 독해역량과 의사소통역량이 증진된 것으로 인식하고 있다는 것을 확인할 수 있었다.

먼저, 「명저읽기」 강좌를 수강한 학생들은 고전읽기를 활용한 수업을 통해 독해역량이 증진된 것으로 나타났다. 이러한 결과는 초등학생을 대상으로 한 이아영[27]의 연구, 중학생을 대상으로 한 이아영과 조미아[28]의 연구와 동일한 결과이다. 뿐만 아니라, 대학생을 대상으로 이루어진 유경애(2018)의 연구를 객관적 근거자료를 통해 지지하는 결과로서 의미가 있다고 할 수 있다. 독해역량은 '나는 책을 읽으며 중요한 내용과 중요하지 않은 내용을 구분할 수 있다', '나는 책을 읽고 주제를 파악할 수 있다', '나는 내가 읽은 책이 오늘의 관점에서 갖는 의미(또는

---

27 이아영, 「인문고전 독서교육이 초등학생의 독서력 향상에 미치는 영향에 관한 연구」, 『한국독서교육학회지』 1(1), 2013, 177-201쪽.

28 이아영·조미아, 「인문고전 독서교육이 청소년의 인성과 역량 증진에 미치는 영향에 관한 연구」, 『한국도서관정보학회지』 48(1), 2017, 245-265쪽.

의의)를 파악할 수 있다', '나는 책을 읽으며 글의 전후 맥락을 추론하며 읽을 수 있다'와 같은 내용으로 구성되어 있다. 문항 내용을 고려해 볼 때, 「명저읽기」강좌가 학생들의 독해 역량을 증진시키는 데 도움이 된다는 것을 뒷받침하는 결과라고 해석해 볼 수 있다.

다음으로, 「명저읽기」 강좌는 학생들의 의사소통역량 증진에도 도움이 되는 것으로 나타났다. 이러한 결과는 고전읽기 수업이 학습자들의 다양한 역량 증진에 도움이 되었다는 이아영과 조미애[29]의 연구와 동일한 결과이다. 무엇보다 대학생을 대상으로 유의미한 결과를 확인함으로써 고전읽기를 활용한 수업 확산의 필요성과 중요성을 확인했다는 점에서 의의가 있다. 다만, 의사소통역량을 직접적 측정한 것이 아닌 자기보고식 설문을 활용했다는 점에서 차이가 있다. 그럼에도 불구하고, 고전읽기를 활용한 수업이 학습자들의 관련 역량 증진에 도움이 되었다는 연구 결과를 대학생을 대상으로 객관적인 척도로 확인한 연구라는 점에서 의미있는 연구라고 할 수 있을 것이다.

문제해결 효능감에 대학 학생들의 인식도 「명저읽기」를 수강한 이후 수업 유형과 상관없이 증진된 것으로 나타났다. 일반적으로 학업 상황에서 널리 사용되는 학업적 자기효능감은 학업성취에 직·간접적으로 영향을 미치는 주요 변인으로 알려져 있다.[30] 이 연구에서 강의를 수강한 학생들의 관련 역량이 증진되었다는 것은 고전읽기를 활용한 강좌가 독서와 관련한 문제해결 효능감을 실제로 증진시켰다는 것을 객

---

29   이아영·조미아, 앞의 논문, 245-265쪽.

30   신종호·신태섭, 「고등학생의 학업성취와 학업적 자기효능감, 지각된 교사기대, 가정 환경 요인 간의 관계 연구」, 『아동교육』 15(1), 2006, 7쪽.

관적으로 뒷받침하는 결과라고 할 수 있다. 이 연구에서 사용된 문제해결 효능감 문항은 독서를 통해 문제를 스스로 해결할 수 있는지에 대한 개인의 신념에 대한 내용을 구성되어 있다. 이를 고려해 볼 때, 대학 생활을 시작하는 학생들에게 「명저읽기」 강의가 독서역량과 더불어 스스로 책을 읽고 문제를 해결할 수 있는 효능감 증진에 도움이 된다는 점에서 고전읽기를 활용한 교육의 필요성과 중요성을 뒷받침하는 연구 결과라고 해석해 볼 수 있을 것이다. 이러한 결과를 통해 대학에서 고전읽기를 활용한 다양한 교과의 운영의 활성화 및 확산의 필요성을 확인할 수 있다.

학업적 흥미와 관련한 학생들의 인식도 「명저읽기」를 수강한 이후 높아진 것으로 나타났다. 무엇보다 통계적으로 유의미한 수준에서 개인적 흥미의 변화가 나타난 점은 주목할 만한 결과라고 할 수 있다. 흥미는 학업과 관련한 주요 동기 변인가운데 하나로서, 상황적 흥미에 비해 개인적 흥미는 내재적 동기로 외부적 요인에 따라 변화가 상대적으로 적다고 할 수 있다.[31] 다시 말해, 상황적 흥미는 교수자의 수업 운영이나 교실 환경, 그 외 동료학습자의 특성에 따라 영향을 받아 수업 이후 학습자의 관련 활동의 지속성을 보장하지 못하는 반면, 개인적 흥미는 학습의 지속성을 유지시키는 데 주요한 역할을 한다는 점에서 학습 성과를 강화하고 지속하는데 미치는 영향이 크다고 할 수 있다. 이 연구에서 「명저읽기」 강좌를 수강한 학생들의 개인적 흥미가 증진되었다

---

31 우연경, 「흥미 연구의 현재와 향후 연구 방향」, 『교육심리연구』 26(4), 2012, 1179-
1199쪽.

는 것은 고전읽기를 활용한 수업의 긍정적 교육성과를 뒷받침하는 결과일 뿐만 아니라, 읽기와 관련한 학습자의 활동을 지속시킴으로써 교육적 성과를 더욱 발전시키는 데 도움이 될 수 있다는 것을 지지하는 결과라고 해석해 볼 수 있다.

이 연구는 A대학에서 개설한 「명저읽기」 강좌 수강생을 대상으로 고전읽기를 활용한 대학 수업의 교육적 성과를 확인한 연구라는 점에서 의의를 찾을 수 있다. 지금까지 고전읽기를 활용한 대학 강좌의 교육적 성과에 대한 활발한 논의가 이루어진 것에 반해 이를 객관적 측정 도구를 활용하여 교육적 성과를 밝힌 연구는 거의 없다. 이러한 관점에서 이 연구는 고전을 활용한 강의가 대학 주요 교양과목으로서 갖는 교육적 의의와 필요성을 논의하는 데 필요한 객관적 근거를 확보했다는 점에서 의미있는 연구라고 할 수 있다. 이와 관련한 다양한 연구가 누적된다면 대학에서 고전읽기를 활용한 강좌의 교육적 성과를 널리 알리고 확산시키는 데 도움이 될 수 있을 것이라 예상된다.

이 외에도 이 연구 결과는 고전을 활용한 다양한 강좌와 관련 교육과정의 체계적 운영, 그리고 교육의 질 관리를 위한 근거 자료로 유용하게 활용될 수 있을 것이다. 교육 결과를 바탕으로 교육 수요자인 학생들의 부족한 역량이 무엇인지 파악하고, 관련한 교수-학습 계획, 개선 및 보완에 필요한 구체적인 계획을 세우는 데 활용할 수 있을 것이다. 이는 고전읽기를 활용한 교양교육을 보다 체계적으로 확립하고, 교양교육의 중요성과 교양대학의 대학 내 입지를 보다 강화하는 데 도움이 될 것이라 예상된다.

그럼에도 불구하고 이 연구의 개선 및 후속 연구를 위해 다음과 같은 한계점을 고려해야 할 필요가 있다. 첫째, 이 연구는 새롭게 개발된 고전교육성과측정도구를 활용한 첫 연구라는 점에서 의의가 있음과 동시에 후속 연구가 반드시 요구된다. 이 연구를 통해 고전교육성과측정도구[32]의 높은 신뢰도를 다시 한 번 확인하였으며, 「명저읽기」 강좌를 실제 수강한 학생을 대상으로 한 설문을 통해 관련 역량 및 동기적 측면의 긍정적 변화를 확인할 수 있었다. 다만, 연구 결과를 일반화하기 위해서는 다양한 대학의 고전읽기를 활용한 강좌를 수강한 학생으로 대상으로 한 후속 연구가 요구된다. 무엇보다 이번 설문은 A대학에서 개설한 강좌에 해당 수강생을 대상으로 설문이 이루어졌다는 점에서 연구 결과를 일반화하는 데 한계가 있다. 따라서 고전읽기 강좌를 운영하는 다른 대학의 학생을 대상으로 추가적인 연구와 비교가 이루어져야 할 것이다.

다음으로 특수한 교육상황에서 온라인 강좌로 진행된 수업에서 설문이 이루어졌다는 점에서 연구 결과를 일반화하는 데 주의가 요구된다. 이 연구는 2020학년도 1학기에 이루어졌는데, 이 시기는 전 세계적으로 코로나 19로 인해 수업 환경이 급작스럽게 온라인으로 전환되었다. 이 과정에서 교수자들은 수업 준비에 많은 어려움을 겪었을 것으로 예상되며, 이러한 어려움은 수업을 듣는 학습자들에게도 마찬가지였을 것이다. 온라인 수업 전환에 따른 교수자 및 학생들의 다양한 어려움은 학습자들의 수업 만족도를 떨어뜨리는 데 영향을 미쳤을 가능성을 배

---

32   권순구, 「고전교육 성과측정도구 개발 및 타당화 연구」, 『교양교육연구』 14(3), 2020, 189-204쪽.

제할 수 없다. 이 연구에서 1·2차 설문에 모두 참여한 학생은 600명으로 사전설문 전체 참여자 기준으로 40% 수준이다. 사후설문에 참여하지 않은 학생은 수업에 대해 어떠한 인식을 가지고 있는지 확인하기 어렵다. 다시 말해, 사후설문까지 참여한 40%의 학생들은 수업에 비교적 적극적이고 긍정적인 인식을 가진 학생들로 구성되었을 가능성을 배제할 수 없다는 것이다. 따라서 후속 연구를 통해 연구 결과에 대한 검증이 다시 한 번 요구된다.

참고문헌

1. 저서

신득렬, 『위대한 대화』, 계명대학교출판부, 2003, 1-438쪽.

Klein, R. B., *Principles and practice of structural equation modeling(2nd Ed.)*, Guilford., 2005.

Klein, T. J., *Psychological testing: A practical approach to design and evaluation*, Sage Publication, 2005.

2. 논문

고진영·정기수, 「대학생 핵심역량 척도 개발 및 타당화—H대학교 학생들을 대상으로」, 『교양교육연구』 11(2), 2017, 475-504쪽.

곽윤정·장선영, 「역량기반 교육과정 개발 및 운용을 위한 교육체계 수립 사례연구」, 『학습자중심교과교육연구』 15(12), 2015, 573-597쪽.

권순구, 「고전교육 성과측정도구 개발 및 타당화 연구」, 『교양교육연구』 14(3), 2020, 189-204쪽.

김대중·김소영, 「대학교육에서의 핵심역량과 역량기반 교육에 대한 이해와 쟁점」, 『핵심역량교육연구』 2(1), 2017, 23-45쪽.

김선영, 「캐나다 역량기반 교과 교육과정의 교육내용 구성 방식이 우리나라에 주는 시사점 탐색」, 『교육과정연구』 37(2), 2019, 83-105쪽.

김주언, 「LAC 교과목으로서 「명저읽기」 강좌의 방향 설정을 위한 모색」, 『교양교육연구』 13(4), 2019, 235-253쪽.

김희주·원효헌, 「역량기반 교육과정 전환을 위한 조건 탐색」, 『수산해양교육연구』 31(1), 2019, 287-297쪽.

박현희, 「인성함양을 위한 고전 읽기 강좌의 운영 특성과 효과—서울대 「독서세미나—고전에 길을 묻다」 교과목을 중심으로」, 『교양교육연구』 13(5), 2019, 11-37쪽.

소경희, 「학교지식의 변화요구에 따른 대안적 교육과정 설계방향 탐색」, 『교육과정연구』 24(3), 2006, 39-59쪽.

손승남, 「위대한 저서(The Great Books)' 프로그램을 토대로 본 우리나라 대학 인문고
전교육의 방향 탐색」, 『교양교육연구』 7(4), 2013, 449-472쪽.

신종호·신태섭, 「고등학생의 학업성취와 학업적 자기효능감, 지각된 교사기대, 가
정 환경 요인 간의 관계 연구」, 『아동교육』 15(1), 2006, 5-23쪽.

우연경, 「흥미 연구의 현재와 향후 연구 방향」, 『교육심리연구』 26(4), 2012, 1179-
1199쪽.

유경애, 「다문화사회 대학의 고전읽기 수업의 학습변인별 학습효과에 대한 실증연
구」, 『언어와 문화』 14(2), 2018, 55-79쪽.

_____·이재득, 「외국인과 한국인 대학생의 다문화 고전 수업의 효과 비교 연구」,
『교양교육연구』 12(2), 2018, 207-326쪽.

이민정, 「ACE사업 참여 대학의 핵심역량 및 실천전략에서의 교육적 함의」, 『아시
아교육연구』, 2017, 340쪽.

이아영, 「인문고전 독서교육이 초등학생의 독서력 향상에 미치는 영향에 관한 연
구」, 『한국독서교육학회지』 1(1), 2013, 177-201쪽.

_____·조미아, 「인문고전 독서교육이 청소년의 인성과 역량 증진에 미치는 영향
에 관한연구」, 『한국도서관정보학회지』 48(1), 2017, 245-265쪽.

이애화·최명숙, 「국내 대학생 핵심역량과 그 진단도구에 대한 연구동향 분석」, 『교
육공학연구』 30(4), 2014, 561-588쪽.

이원봉, 「대학 교양교육에서의 고전독서교육의 문제점과 개선방향」, 『사고와 표
현』 10(1), 2017, 113-140쪽.

이황직, 「고전읽기를 통한 교양교육의 혁신—숙명여대의 "인문학 독서토론" 강좌
를 중심으로」, 『독서연구』 26(26), 2011, 517-548쪽.

장승민, 「리커트 척도 개발을 위한 탐색적 요인분석의 사용」, 『한국심리학회지: 임
상』 34, 2015, 1079-1100쪽.

전보라·정상훈, 「대학생 핵심역량 척도 개발 및 타당화—P대학교 학생을 중심으로
—」, 『교육혁신연구』 28(4), 2018, 101-123쪽.

정선희, 「대학 교양교육에서 고전문학의 역할과 의의—고전소설 활용을 중심으로」,
『한국고전연구』 30, 2014, 397-426쪽.

정인모, 「교양교육과 고전 읽기」, 『독어교육』 39, 2007, 329-350쪽.

3. 인터넷 자료

봉미미·김성일·Reeve, J.·임효진·이우걸·Jiang, Y.·김진호·김혜진·노아름·노언경·백선희·송주연·신지연·안현선·우연경·원성준·이계형·이민혜·이선경·이선영·이지수·정윤경·Catherine Cho·황아름, SMILES(Student Motivation in the LearningEnvironment Scales): 학습환경에서의 학생동기척도, 미간행 척도, http://bmri.korea.ac.kr/korean/research/assessmentscales/list.html?id=assessment, 검색일: 2012년 10월 29일.

개인적 흥미 수준에 따른 고전교육의 교육적 성과분석*

권순구·윤승준

I. 서론

4차 산업혁명과 인공지능의 발달이 사회 전반에 많은 변화를 가져올 것이라는 예상과 이와 관련한 다양한 논의는 전 세계적으로 이루어지고 있다. 과학기술이 발전함에 따라 지식과 정보의 유통 속도는 더욱 가속화되었으며, 엄청나게 많은 양의 정보 속에서 우리는 살아가고 있다. 학습은 더 이상 학교라는 공간 안에서 교사를 통해 제한적으로 이루어지는 것이 아니라 언제 어디서든 학습자의 의지와 선택에 따라 이루어질 수 있다. 이러한 시대적인 변화의 흐름 속에서 개인에게 요구되는 것은 학습자의 능동적인 학습 동기와 양질의 정보를 취사선택할 수 있는 능력이라고 할 수 있다.

---

*　이 글은 다음 논문을 수정, 보완한 것이다. 권순구·윤승준: 개인적 흥미 수준에 따른 고전교육의 교육적 성과 분석 연구, 『교양교육연구』15(3), 한국교양교육학회, 2021.

이러한 시대적 변화의 흐름에 맞춰 핵심역량의 중요성이 강조되고 있으며, 교육을 통해 이러한 역량을 증진시킬 수 있는 다양한 노력이 이루어지고 있다. OECD는 DeSeCo 프로젝트를 통해 미래 사회를 살아가는 데 요구되는 주요 능력을 핵심역량으로 정의하였으며, 우리나라에서도 이를 교육에 반영하여 주요 핵심역량을 설정하고, 학생들의 역량을 증진시키기 위한 다양한 노력을 기울이고 있다.[1] 초중등 교육은 국가 주도로 핵심역량이 설정되고 학생들의 실질적인 역량 증진을 위한 역량교육과정으로 운영되고 있다. 대학 교육도 학생들의 역량 증진을 위해 대학 고유의 핵심역량을 설정하고, 역량기반 교육과정을 운영을 위한 노력이 이루어지고 있다.[2]

고전교육은 2000년대 인문학에 대한 사회적 관심 증가와 대학의 교양교육 확산에 힘입어 널리 확산되었다.[3] 대학에 따라 운영 방식에는 차이가 있으나, 이 시기를 기점으로 현재까지 많은 대학에서 고전읽기 강좌를 개설하여 운영하고 있다. 대학 교양교육에서 고전읽기가 강조되는 이유는 교양교육의 교육목적에 가장 부합하기 때문이라고 할 수 있다.[4] 대학 교양교육의 주된 목적은 지식의 비판적 수용과 활용에 필요한 창의력과 비판적 사고력 향상이며, 이는 고전교육의 주된 교육적

---

1   김선영, 「캐나다 역량기반 교과 교육과정의 교육내용 구성 방식이 우리나라에 주는 시사점 탐색」, 『교육과정연구』 37(2), 2019, 88-89쪽.

2   강지혜·이병길·권승아, 「대학 역량기반 교육과정에서 교육목표-교육과정-평가의 유기적인 연계를 위한 설계 전략의 탐색」, 『교육공학연구』 35(2), 2019, 529-530쪽.

3   이황직, 「고전읽기를 통한 교양교육의 혁신—숙명여대의 "인문학 독서토론" 강좌를 중심으로」, 『독서연구』 26(26), 2011, 517-518쪽.

4   정인모·허남영, 「고전읽기를 활용한 수업모형」, 『교양교육연구』 7(1), 2013, 47-50쪽.

효과로서 언급된다.[5] 창의력과 비판적 사고력은 고전교육에 있어서 뿐만 아니라 역량이 강조되고 있는 현대 사회에서 주요 역량으로 논의되고 있음을 확인할 수 있다.[6] 이러한 관점에서 고전교육은 대학 교양교육으로서 그 중요성이 강조될 뿐만 아니라, 미래 인재 양성을 위해서도 필요한 주요 교과라고 예상해 볼 수 있다. 따라서 고전교육의 교육성과를 객관적으로 분석하고 확인하는 것은 고전교육의 중요성을 알리고 관련 교육을 활성화하기 위해 중요하다고 할 수 있다.

그러나 대학에서 이루어지고 있는 고전교육의 교육적 성과에 대한 논의는 대부분 개념적인 수준에서 이루어졌으며, 과학적이고 실증적인 연구 결과를 찾아보기 어렵다. 권순구[7]는 이와 관련한 주된 원인 가운데 하나로 고전교육의 성과를 측정할 수 있는 객관적 척도가 없다는 점을 지적하였다. 이와 달리 초중등 교육과정에서 고전교육의 교육적 성과에 대한 연구는 일부 확인할 수 있다. 이 연구들은 주로 기초 문해력이나 의사소통역량,[8] 인성적인 측면에서 교육적 효과[9]에 대해 보고하

---

5 김현주, 「인문교양교육과 독서토론」, 『교양교육연구』 5(1), 2011, 241쪽; 손승남, 「'위대한 저서(The Great Books)' 프로그램을 토대로 본 우리나라 대학 인문고전교육의 방향 탐색」, 『교양교육연구』 7(4), 2013, 451-452쪽.

6 한국교육개발원, 「OECD '교육 2030: 미래 교육과 역량'을 위한 현황분석과 향후과제. 현안보고 OR 2016-10」, 2016.

7 권순구, 「고전교육 성과측정도구 개발 및 타당화 연구」, 『교양교육연구』 14(3), 2020, 190쪽.

8 이아영, 「인문고전 독서교육이 초등학생의 독서력 향상에 미치는 영향에 관한 연구」, 『한국독서교육학회지』 1(1) 2013, 199-200쪽.

9 이아영·조미아, 「인문고전 독서교육이 청소년의 인성과 역량 증진에 미치는 영향에 관한 연구」, 『한국도서관정보학회지』 48(1), 2017, 18-19쪽.

고 있으며 순수한 고전교육의 교육적 성과에 대한 연구 결과는 많지 않다. 또한, 고전 교육의 내용 및 수준, 그리고 방법 등 여러 가지 면에서 초중등 교육과정 대상자와 고등 교육과정 대상자 사이에는 상당한 차이가 있다고 할 수 있다. 그러므로 대학생을 대상으로 이루어지고 있는 고전읽기 강좌의 교육적 성과 분석을 위해서는 추가적인 연구가 이루어질 필요가 있다.

이러한 관점에서 이 연구에서는 2020학년도 2학기 A대학 「명저읽기」 강좌 수강생을 대상으로 설문을 실시하여, 고전교육의 교육적 성과를 확인하고자 하였다. 이를 위해 고전교육 성과측정도구와 학업적 흥미 측정도구를 활용하여 설문을 실시하고, 사전-사후 변화를 살펴보았다. 이를 통해 고전교육이 미래 사회를 살아갈 학생들의 역량 증진에 도움이 되는지 확인하고, 고전교육의 교육적 의의를 확인하고 고전교육의 발전 방안에 대해 논의하고자 한다.

II. 이론적 배경

1. 고전교육의 교육적 성과분석 연구

대학에서 교양강좌로서 고전읽기를 활용한 고전교육의 필요성과 실질적 운영에 대한 논의는 2000년대 들어서 본격적으로 이루어지기 시작했다고 볼 수 있다. 그러나 아직까지 교양강좌로서 고전교육을 어떻게 정의하고 운영할 것인지에 대해서는 여전히 논의중이며,[10] 고전교육의 실질적 교육성과 분석에 관한 연구 역시 이로 인해 찾아보기 어렵다.[11] 일부 고전읽기를 활용한 수업의 교육적 성과에 대한 연구를 찾아볼 수 있으나, 초중등 교육과정 학생을 대상으로 한 경우가 대부분이다.[12] 예를 들어 이아영[13]은 초등학생을 대상으로 인문고전 독서활동이 독서 동기와 태도에 미치는 영향에 대해 보고하였다. 이 연구에서는 초등학교 4학년을 대상으로 동양고전 위주의 읽기와 필사하기를 포함한 총 12차시로 구성된 독서교육프로그램의 교육적 성과분석을 실시하였다. 그 결과 해당 프로그램에 참여한 학생 집단이 미참여 집단에 비해 독서능력, 어휘력, 사실적 독해력과 비판적 독해력이 더 높아진 것으로 나타났다. 또한, 연구자는 이 프로그램을 통해 고전읽기가 학생들의 독서능력과 어휘력, 추론적 독해능력 향상에 도움이 된다고 주장하였다.

이아영과 조미아[14]는 인성과 역량 증진의 관점에서 인문고전 독서교육의 영향에 대해 보고하였다. 이 연구에서는 중학교 1학년 학생을

---

10 강옥희, 「창의성과 비판적인 사고능력 개발을 위한 고전읽기 수업방안 연구—문학 토론을 통한 「명저읽기」 수업사례를 중심으로」, 『교양교육연구』 10(4), 2016, 543-547쪽; 이원봉, 「대학 교양교육에서의 고전독서교육의 문제점과 개선방향」, 『사고와 표현』 10(1), 2017, 132-136쪽; 정선희, 「대학 교양교육에서 고전문학의 역할과 의의—고전소설 활용을 중심으로」, 『한국고전연구』 30, 2014, 401쪽; 정인모, 허남영, 「고전읽기를 활용한 수업모형」, 『교양교육연구』 7(1), 2013, 42-44쪽.

11 유경애·이재득, 「외국인과 한국인 대학생의 다문화 고전 수업의 효과 비교 연구」, 『교양교육연구』 12(2), 2018, 308쪽.

12 김정남·조미아, 「독서교육 프로그램이 중학생의 학교폭력태도와 공감능력에 미치는 영향에 관한 연구」, 『한국비블리아학회지』, 2017, 82-83쪽.

13 이아영, 앞의 논문, 196-199쪽, 257-260쪽.

14 이아영·조미아, 앞의 논문, 245-265쪽.

대상으로 총 16차시로 구성된 인문고전 독서프로그램을 운영하고 일반 독서활동 집단과 인성과 역량에 대한 비교분석을 실시하였다. 그 결과 인문고전 독서프로그램에 참여한 학생 집단에서만 인성과 역량이 통계적으로 유의미한 수준에서 증진된 것으로 나타났다. 또한, 해당 프로그램에 자발적으로 참여한 학생이 비자발적으로 참여한 학생에 비해 인성과 역량이 더 높아진 것으로 나타났다. 연구자들은 이 연구를 통해 인문고전을 활용한 프로그램의 긍정적 교육적 성과를 주장하였으며, 학습자의 참여의지가 높을수록 그 효과가 더 클 수 있다고 보고하였다.

최근 들어 대학에서 고전교육이 활성화됨에 따라 객관적 데이터를 통해 교육적 성과를 확인하려는 연구를 일부 확인할 수 있다. 유경애와 이재득[15]은 한국 학생과 외국 학생의 비교를 통해 고전읽기 강좌의 교육적 성과로서 수업에 대한 인식, 수업 만족도, 표현력 및 발표력 차이에 대해 비교분석하였다. 그 결과 외국 학생은 한국 학생들에 비해 고전 읽기 강좌에 대한 흥미도가 더 높은 것으로 나타났다. 그리고 고전의 중요성에 대한 학생들의 인식 수준이 높을수록 수업에 대한 만족도가 높고, 표현력과 발표력이 향상된 것으로 인식하고 있는 것으로 나타났다. 이 연구는 고전읽기 수업에 대한 한국 학생과 외국 학생의 인식의 차이에 대해 보고하고 있다는 점에서 한계가 있다. 그럼에도 불구하고 대학생을 대상으로 고전읽기 수업의 긍정적 성과에 대해 부분적으로 보고하고 있다는 점에서 의의가 있다고 할 수 있다.

---

15   유경애·이재득, 앞의 논문, 207-326쪽.

고전 교육의 교육적 성과 분석에 관한 가장 최근의 대표적인 연구로는 권순구와 윤승준[16]의 연구가 있다. 이 연구는 고전교육의 교육적 성과를 측정하기 위한 목적으로 개발된 척도[17]와 학업적 흥미[18] 척도를 사용하여 해당 강의를 수강한 학생들의 역량과 흥미도의 변화를 살펴보았다. 연구 결과 「명저읽기」 강좌를 수강한 학생들은 수강 전에 비해 독해역량, 의사소통역량, 그리고 창의역량 등 모든 역량이 향상되었으며, 문제해결 효능감과 학업적 흥미가 모두 증진된 것으로 나타났다. 연구자들은 이러한 연구 결과를 통해 고전교육이 학습자들의 관련 역량 증진에 도움이 되며, 이를 통해 대학 주요 교양과목으로서 고전교육의 중요성을 주장하였다. 연구자들은 고전교육 성과 측정을 목적으로 개발된 척도를 활용하여 고전교육의 성과를 밝혔다는 점을 강조하였으며, 수강생들의 개인적 흥미 증진을 통해 고전교육이 학생들의 지속적인 관련 역량 증진에 도움이 될 수 있다고 주장하였다. 그러나 여전히 고전교육의 성과분석 연구는 양적으로 부족하며, 지속적인 연구를 통해 연구 결과를 일반화하기 위한 노력이 이루어져야 할 필요가 있다.

---

16   권순구·윤승준, 「고전교육의 교육적 성과분석 연구 - 역량, 효능감, 흥미 변화를 중심으로」, 『교양교육연구』 14(5), 2020, 161-173쪽.

17   권순구, 「고전교육 성과측정도구 개발 및 타당화 연구」, 『교양교육연구』 14(3), 2020, 189-204쪽.

18   봉미미·김성일·Reeve, J.·임효진·이우걸·Jiang, Y.·김진호·김혜진·노아름·노언경·백선희·송주연·신지연·안현선·우연경·원성준·이계형·이민혜·이선경·이선영·이지수·정윤경·Catherine Cho·황아름, SMILES(Student Motivation in the LearningEnvironment Scales): 학습환경에서의 학생동기척도, 미간행 척도, http://bmri.korea.ac.kr/korean/research/assessmentscales/list.html?id=assessment, 검색일: 2012년 10월 29일.

2. 학업적 흥미의 교육적 효과

학업적 흥미는 학습 상황에서 중요한 심리적 구인 가운데 하나로서 학습을 지속시키고, 심도 있는 학습이 이루어지는 데 영향을 미치는 주요 동기적 변인이라고 할 수 있다.[19] 이전 연구를 통해 학업적 흥미는 인간의 내재동기를 구성하는 주요 개념으로 학습 상황에서 학습자의 행동을 설명하는 데 유용한 변인임을 확인할 수 있다.[20] 내재동기란 개인의 내부적 행동 유발 요인을 의미하는데, 특정한 행동이 유발되는 이유를 외부에서 주어지는 보상이 아닌 개인의 만족으로 본다. 이러한 특성을 고려해 볼 때, 학습자의 학업적 흥미를 높이는 것은 중요하다고 할 수 있다.

흥미는 일반적으로 상황적 흥미와 개인적 흥미로 구분된다.[21] 상황적 흥미는 특정한 환경에 의해 유발되는 것으로 오랜 시간 지속되지 않는 것이 특징적이다. 반면, 개인적 흥미는 개인이 특정 영역 혹은 주제에 대해 가지고 있는 것으로 지속적이고 안정적이며, 개인에 따라 차이가 크다는 점에서 상황적 흥미와 차이를 보인다. 학습 상황에서 상황적

---

19 Hidi, S. & K. Renninger, K. A., *The Four-Phase Model of Interest Development*, Educational Psychologist 41(2), 2006, pp. 112-113; Schiefele, U., Interest, Learning, and Motivation. Educational Psychologist 36(3 & 4), 1991, pp. 299-302.

20 김성일·윤미선·소연희, 「한국 학생의 학업에 대한 흥미 실태, 진단 및 처방」, 『한국심리학회지: 문화 및 사회문제』 14(1), 2008, 214-215쪽; 우연경, 「흥미 연구의 현재와 향후 연구 방향」, 『교육심리연구』 26(4), 2012, 1180쪽.

21 Krapp, A., *Interest, motivation and learning: An educational-psychological perspectiv,*. European Journal of Psychology of Education 14(1), 1999, p.24.

흥미는 교수 방법이나 교재 구성과 같은 외부적 요인에 의해 유발된다고 할 수 있으며, 개인적 흥미는 수업 내용에 대해 개인이 가지고 있는 관심이라고 할 수 있다. 지속적인 상황적 흥미는 개인적 흥미의 발달로 이어져 학습 동기 증진에 기여할 수 있다.[22]

학습 상황에서 흥미는 학습을 지속시키는 중요한 변인일 뿐만 아니라, 깊이 있는 사고를 가능하게 함으로써 결과적으로 높은 성취로 이어질 수 있다. 김성일[23]은 흥미와 글의 깊이 있는 이해와의 관계에 대해 보고하였다. 그는 글의 주제에 대한 높은 흥미는 내재동기를 높이고, 그 결과 내용에 대한 깊이 있는 이해가 이루어질 수 있다고 주장하였다. 윤미선과 김성일[24]은 중고등학교 학생을 대상으로 학업성취와 교과흥미와의 관계에 대해 살펴보았다. 연구 결과 교과흥미는 교과 성취를 결정하는 주요 요인으로 나타났다. 김현진과 정재학[25]은 대학생을 대상으로 흥미와 학업성취와의 관계에 대해 살펴보았다. 연구 결과 학업에 대한 흥미는 학업성취에 영향을 미치는 주요 변인이라고 보고하였다. 또한, 과목에 대한 학습자의 흥미가 높을수록 인지전략 사용 정도가 높고, 과목에 대한 만족도도 높은 것으로 나타났다.

---

22 Hidi, S. & K. Renninger, K. A., *The Four-Phase Model of Interest Development*, Educational Psychologist 41(2), 2006, pp. 111-127.

23 김성일, 「글 이해과정에서 흥미의 역할」, 『한국심리학회지: 실험 및 인지』 8(2), 1996, 279-292쪽.

24 윤미선·김성일, 「학습에 대한 흥미와 내재동기증진을 위한 학습환경디자인」, 『교육방법연구』, 2004, 175-178쪽.

25 김현진·정재학, 「지각된 교수자 특성과 대학생들의 학업적 흥미, 즐거움, 내재동기, 인지적 학습전략 사용 및 과목만족도의 관계 분석」, 『교육심리연구』 25(3), 2011, 582-586쪽.

이처럼 학업적 흥미는 학습자의 학습 참여를 위해 중요할 뿐만 아니라, 지속적이고 심도있는 학습을 유발시킬 수 있다는 점에서 매우 중요하다고 할 수 있다. 또한, 학습 상황에서 학업적 흥미는 내적 동기를 유발하고 인지전략 사용을 증진시킴으로써 결과적으로 학업 성취에도 긍정적인 영향을 미치는 것을 확인할 수 있다. 이러한 내용을 종합해 볼 때, 학업적 흥미는 개인의 역량에 영향을 미치는 주요 변인이 될 수 있다고 예상된다. 따라서 개인의 학업적 흥미 수준에 따른 차이를 살펴보는 것은 학습에 따른 교육적 성과를 분석하고, 교육 현상을 이해하는 데 도움이 될 것이다.

Ⅲ. 연구방법

1. 연구 대상

이 연구는 A대학교 자유교양대학에서 2020학년도 2학기에 개설한 「명저읽기」 수업을 수강한 학생들을 대상으로 설문을 실시하였다. 설문 조사는 G사 온라인 설문 시스템을 활용하여 진행하였으며, 해당 강의 수강에 따른 학습자들의 교육적 성과 분석이라는 연구 목적을 고려하여 학기 초(사전 설문)와 학기 말(사후 설문)에 각각 1회 진행하였다. 사전설문은 2020년 9월 11일부터 10월 2일까지 약 3주간 진행하였으며, 전체 설문 참여자 699명 가운데 응답 자료 활용에 동의한 인원은 모두 687명이었다. 다음으로, 사후설문은 2020년 11월 23일부터 12월 15일까지 약 3주간 진행하였으며, 전체 설문 참여자 654명 가운데 응답 자료 활용에 동의한 인원은 모두 641명이었다.

연구 목적을 고려하여 사전 설문과 사후 설문에 모두 참여한 학생 응답을 선정하여 최종 분석에 사용하였다. 사전 설문과 사후 설문에 모두 참여한 학생은 296명으로 나타났다. 캠퍼스에 따른 인원 구성을 살펴보면, 죽전캠퍼스 238명(80.4%), 천안캠퍼스 58명(19.6%)로 상당한 차이를 보였다. 성별에 따른 구성은 남학생 98명(33.1%), 여학생이 198명(66.9%)으로 여학생의 비율이 더 높았다. 학년별 인원 구성을 살펴보면, 1학년이 293명(99.0%)으로 나타났는데, 이는 해당 강좌가 1학년 교양 필수 교과로 개설되기 때문이다. 설문 참여자에 대한 구체적인 정보는 [표 1]과 같다.

[표 1] 본설문 참여자 정보

구분		인원수					
		사전설문		사후설문		전체 설문 참여자	
		명	비율	명	비율	명	비율
캠퍼스	죽전	429	62.4	420	65.5	238	80.4
	천안	258	37.6	221	34.5	58	19.6
성별	남자	225	32.8	218	34.0	98	33.1
	여자	462	67.2	423	66.0	198	66.9
학년	1학년	678	98.7	635	99.1	293	99.0
	2학년	5	0.7	2	0.3	1	0.3
	3학년	2	0.3	2	0.3	0	0.0
	4학년	2	0.3	2	0.3	2	0.7
총인원		687	100	641	100	296	100

이 연구에서는 해당 강좌를 수강한 학생들의 학업적 흥미 수준에 따른 교육성과의 차이를 확인하기 위하여 개인적 흥미도 설문에 대한 응답 평균 50%를 기준으로 집단을 나누어 역량의 변화에 대한 추가 분석을 실시하였다([표 2] 참조).

[표 2] 학업적 흥미 수준에 따른 집단 정보

구분		하위집단		상위집단	
		명	비율	명	비율
캠퍼스	죽전	107	74.8	44	28.8
	천안	36	25.2	109	71.2
성별	남자	54	37.8	44	28.8
	여자	89	62.2	109	71.2
학년	1학년	1	100	150	98.0
	2학년	0	0	1	0.7
	3학년	0	0	0	0.0
	4학년	0	0	2	1.3
총인원		143	100	153	100

2. 측정 도구

1) 고전교육성과측정도구

고전을 활용한 「명저읽기」 강좌의 객관적 교육성과 측정을 위해 권순구[26]의 고전교육성과측정도구를 사용하였다. 이 척도는 고전교육의 교육적 성과측정을 목적으로 개발된 척도로 독해역량 8문항, 의사소통역량 8문항, 그리고 창의역량 4문항(예: '나는 책을 읽고 고정관념을 깰 수 있는 새로운 아이디어를 생각해 낼 수 있다'), 문제해결효능감 4문항(예: '나는 책을 읽고 관련된 문제(과제)를 해결할 자신이 있다')으로 구성되어 있다. 독해역량은 사실적 독해(5문항, 예: '나는 책을 읽으며 중요한 내용과 중요하지 않은 내용을 구분할 수 있다')와 비판적 독해(3문항, 예: '나는 내가 읽은 책이 오늘의 관점에서 갖는 의미(또는 의의)를 파악할 수 있다)의 두 가지 하위 영역으로, 의사소통역량은 말하기(예: '나는 책을 읽고 내 생각을 근거를 들어 말할 수 있다')와 쓰기(예: '나는 책을 읽고 주요 내용을 요약해 쓸 수 있다')의 두 가지 하위 영역으로 구성되어 있다.

2) 학업적 흥미 척도

이 연구에서는 「명저읽기」 강좌의 교육적 성과로서 학업적 흥미도를 측정하였다. 학습자가 「명저읽기」 강좌를 듣는 과정에서 학업적 흥미를 느꼈는지, 강좌를 통해 개인적 흥미가 증진됨으로써 관련 학습활동을 지속시키는 데 도움이 되었는지 확인하기 위하여 SMILES[27]의 학

---

26 권순구, 「고전교육 성과측정도구 개발 및 타당화 연구」, 『교양교육연구』 14(3), 2020, 189-204쪽.

27 봉미미·김성일·Reeve, J.·임효진·이우걸·Jiang, Y.·김진호·김혜진·노아름·노언경·백선희·송주연·신지연·안현선·우연경·원성준·이계형·이민혜·이선경·이선영·이지수·정윤경·Catherine Cho·황아름, SMILES(Student Motivation in the LearningEnvironment Scales): 학습환경에서의 학생동기척도, 미간행 척도, http://bmri.korea.ac.kr/korean/research/assessmentscales/list.html?id=assessment,

업적 흥미 척도를 사용하였다. 이 척도는 초·중등 학생을 주요 대상으로 개발된 척도로 상황적 흥미(4 문항, 예: '이번 학기 이 강의는 나의 흥미를 유발한다.')와 개인적 흥미(5 문항, 예: '나는 강의시간 외에도 이 수업 내용에 대해 더 알아보고 싶다.')로 구성되어 있다. 이 연구는 대학 교양 필수 강좌에 대한 대학생들의 인식을 묻고 있다는 점을 고려하여, 기존 문항을 수정하여 사용하였다. 그리고 개인적 흥미 문항 가운데 강의 특성과 연구 목적에 적합하지 않다고 판단한 1개 문항('나는 [과목]과 관련된 일을 하고 싶다')은 삭제하고 최종적으로 8개 문항을 사용하였다.

3. 분석 방법

이 연구에서는 각 문항 및 요인에 대한 기술통계분석과 상관분석을 실시하였으며, 「명저읽기」를 수강한 학생들의 실제 관련 역량에 유의미한 변화가 있는지 통계적으로 확인하기 위하여 사전-사후 평균 비교분석을 실시하였다. 또한, 해당 강좌를 수강한 학생들의 학업 동기에 따른 교육적 성과의 차이를 확인하기 위하여 해당 강좌와 관련한 개인적 흥미와 문제해결 효능감 각각을 50%를 기준으로 상위집단과 하위집단으로 나누어 관련 역량의 변화를 추가분석하였다. 이 모든 연구 결과 분석에는 SPSS 25.0을 사용하였다.

검색일: 2012년 10월 29일.

Ⅳ. 연구 결과

1. 기술통계분석

이 연구에 사용된 모든 문항에 대한 기술통계분석을 실시하고, 정규성 가정 충족 여부를 판단하기 위하여 왜도와 첨도를 확인하였다. 그 결과 왜도는 절대값 3.0, 첨도는 절대값 10.0을 넘지 않아 정규성 가정을 충족하였다.[28] 사전-사후설문 각 문항에 대한 기술통계분석 결과는 다음과 같다([표 3] 참조).

[표 3] 문항별 기술통계 분석결과

역량	하위구분	번호	구분							
			평균		표준편차		왜도		첨도	
			사전	사후	사전	사후	사전	사후	사전	사후
독해 역량	사실적 독해	1	5.17	5.42	1.10	1.00	-0.56	-0.61	0.59	0.92
		2	5.25	5.39	1.26	1.20	-0.62	-0.68	0.20	0.61
		3	4.94	5.30	1.20	1.07	-0.34	-0.37	-0.10	-0.04
		4	5.37	5.53	1.09	0.99	-0.54	-0.39	0.30	-0.19
		5	5.47	5.61	1.03	0.95	-0.53	-0.49	0.45	0.19

---

28 Klein, T. J., *Psychological testing: A practical approach to design and evaluation.* CA:Sage Publications, 2005b.

	비판적 독해	1	5.19	5.38	1.16	1.11	-0.49	-0.51	0.28	0.00
		2	5.10	5.39	1.14	1.09	-0.38	-0.56	0.15	0.38
		3	5.24	5.44	1.06	1.03	-0.32	-0.47	-0.08	0.14
의사 소통 역량	말하기	1	5.28	5.47	1.12	1.09	-0.58	-0.51	0.50	0.18
		2	5.27	5.44	1.05	1.06	-0.44	-0.50	0.41	0.28
		3	5.29	5.51	1.11	1.05	-0.66	-0.58	0.51	0.40
	쓰기	1	5.30	5.49	1.11	1.11	-0.55	-0.75	0.31	0.78
		2	5.38	5.56	1.16	1.08	-0.61	-0.74	0.16	0.76
창의역량		1	5.19	5.35	1.31	1.23	-0.56	-0.59	-0.12	0.25
		2	4.63	4.91	1.37	1.33	-0.26	-0.23	-0.20	-0.32
		3	5.05	5.25	1.19	1.17	-0.47	-0.45	0.12	0.09
		4	4.59	4.92	1.25	1.31	0.02	-0.26	-0.32	-0.32
문제 해결 효능감	과제 해결	1	4.93	5.23	1.21	1.20	-0.32	-0.54	0.09	0.21
	자료 검색	2	5.18	5.44	1.19	1.14	-0.51	-0.64	0.20	0.17
	자료 정리	3	5.02	5.33	1.21	1.18	-0.48	-0.57	0.23	0.13
	원인 분석	4	4.95	5.24	1.15	1.15	-0.37	-0.42	0.20	0.01
학업적 흥미	상황적 흥미	1	5.11	5.20	1.34	1.52	-0.67	-0.79	0.42	0.18
		2	4.98	5.09	1.44	1.51	-0.63	-0.72	0.13	0.14
		3	4.93	5.01	1.42	1.55	-0.57	-0.61	0.09	-0.08
		4	4.56	4.71	1.46	1.58	-0.26	-0.38	-0.16	-0.40

개인적 흥미	1	4.99	5.08	1.41	1.49	-0.67	-0.70	0.36	0.14
	2	4.31	4.52	1.46	1.63	-0.13	-0.25	-0.23	-0.46
	3	4.55	4.71	1.46	1.56	-0.29	-0.44	-0.13	-0.13
	4	5.21	5.23	1.35	1.46	-0.76	-0.80	0.73	0.49

2. 신뢰도 및 상관분석

먼저 사전설문에 대한 상관분석 결과, 각 역량은 .68부터 .91로 정적 상관을 보이는 것으로 나타났다. 문제해결효능감은 모든 역량과 .67부터 .77로 정적 상관을 보이는 것으로 나타났으며, 상황적 흥미와 .44, 개인적 흥미와 .48의 정적 상관을 보이는 것으로 나타났다. 상황적 흥미는 모든 역량 변인과 .40부터 .46으로 정적 상관을 보이는 것으로 나타났으며, 개인적 흥미는 모든 역량 변인과 .44부터 .48까지 비슷한 수준에서 정적 상관을 보이는 것으로 나타났다.

다음으로 사전설문 문항에 대한 문항 내적 타당도(Cronbach's α)를 확인하였다. 그 결과, 모든 문항은 .86 이상의 높은 신뢰도를 보이는 것으로 나타났다. 독해역량은 모두 8문항으로 α = .87, 의사소통역량은 모두 5문항으로 α = .91, 창의역량은 모두 4문항으로 신뢰도는 α = .89으로 나타났다. 문제해결효능감은 모두 4문항으로 α = .91로 나타났으며, 상황적 흥미와 개인적 흥미의 신뢰도는 각각 α = .95 와 α = .85로 나타났다.

다음으로 사후설문에 대한 상관분석 결과, 각 역량은 .71부터 .88

로 정적 상관을 보이는 것으로 나타났다. 문제해결효능감은 모든 역량과 .66부터 .80으로 정적 상관을 보이는 것으로 나타났으며, 상황적 흥미와 .54, 개인적 흥미와 .56의 정적 상관을 보이는 것으로 나타났다. 상황적 흥미는 모든 역량 변인과 .39부터 .54로 정적 상관을 보이는 것으로 나타났으며, 개인적 흥미는 모든 역량 변인과 .44부터 .57까지 범주에서 정적 상관을 보이는 것으로 나타났다.

다음으로 사전설문 문항에 대한 문항 내적 타당도(Cronbach's α)를 확인하였다. 그 결과, 모든 문항은 .71 이상의 신뢰도를 보이는 것으로 나타났다. 독해역량은 모두 8문항으로 α = .87, 의사소통역량은 모두 5문항으로 α = .85, 창의역량은 모두 4문항으로 신뢰도는 α = .71으로 나타났다. 문제해결효능감은 모두 4문항으로 α = .92로 나타났으며, 상황적 흥미와 개인적 흥미의 신뢰도는 각각 α = .95 와 α = .89로 나타났다. 각 설문 변인별 신뢰도 및 상관분석 결과는 다음과 같다([표 4] 참조).

[표 4] 변인별 신뢰도 및 상관분석 결과

구분(문항수)	독해 역량	의사소통 역량	창의 역량	문제해결 효능감	상황적 흥미	개인적 흥미
독해역량(8)	-	.822**	.720**	.798**	.533**	.568**
의사소통역량(5)	.777**	-	.730**	.799**	.513**	.541**
창의역량(4)	.682**	.705**	-	.664**	.388**	.437**
문제해결효능감(4)	.765**	.737**	.674**	-	.533**	.560**
상황적 흥미(4)	.457**	.403**	.439**	.490**	-	.932**
개인적 흥미(4)	.475**	.437**	.477**	.491**	.907**	-

신뢰도	사전	.866	.907	.888	.914	.945	.851
	사후	.871	.846	.705	.924	.952	.892
평균	사전	5.20	5.29	4.82	5.08	5.07	4.94
	사후	5.44	5.52	5.16	5.37	5.09	5.02
표준편차	사전	0.84	0.97	1.07	1.01	1.17	1.14
	사후	0.88	0.95	1.08	1.06	1.43	1.38

$**p < .001$

주. 대각선 기준으로 하위영역은 사전설문, 상위영역은 사후설문 결과를 의미함.

3. 사전-사후 차이 분석

독해역량은 사전설문 평균 5.20(SD=.84)에서 사후설문 평균 5.44(SD=.88)로 강의를 수강한 이후 더 높아진 것으로 나타났다. 그리고 이러한 변화는 통계적으로도 유의미(t=-5.572, $p < .001$)한 것으로 나타났다. 의사소통역량은 사전설문 평균 5.29(SD=0.97)에서 사후설문 평균 5.52(SD=.95)로 강의를 수강한 이후 더 높아진 것으로 나타났다. 그리고 이러한 변화는 통계적으로도 유의미(t=-4.547, $p < .001$)한 것으로 나타났다. 창의역량은 사전설문 평균 4.82(SD=1.07)에서 사후설문 평균 5.16(SD=1.08)으로 강의를 수강한 이후 더 높아진 것으로 나타났다. 그리고 이러한 변화는 통계적으로도 유의미(t=-5.763, $p < .001$)한 것으로 나타났다.

문제해결 효능감은 사전설문 평균 5.08(SD=1.01)에서 사후설문 평균 5.37(SD=1.06)로 강의를 수강한 이후 더 높아진 것으로 나타났다. 그리고 이러한 변화는 통계적으로도 유의미(t=-5.369, $p < .001$)한 것으로 나

타났다. 상황적 흥미는 사전설문 평균 5.07(SD=1.17)에서 사후설문 평
균 5.09(SD=1.43)로 같으로 수가함 이호에도 큰 변하기 있는 간수로 나

써 긍정적 성과를 확산시킬 필요가 있다.

둘째, 고전교육 상황에서 상황적 흥미 증진을 위한 교수-학습 방안
마련을 위한 후속 연구가 요구된다. 이 연구에서 「명저읽기」 강좌가 학
생들의 상황적 흥미를 증진시키지 못하는 것으로 나타났다. 대부분의
대학생은 이미 초중등 과정에서 사교육 시장의 온라인 학습 경험이 있
을 것이며, 이에 비해 현재 대학에서 경험하고 있는 온라인 수업 방식
은 학생들의 상황적 흥미를 유발하기에 부족한 면이 많다고 할 수 있을
것이다. 상황적 흥미가 개인적 흥미로 발전할 수 있다[40]는 점을 고려해
볼 때, 고전교육의 상황적 흥미를 증진시킬 수 있는 방안이 마련된다면
교육적 성과를 더욱 증진시키는 데 도움이 될 수 있을 것이다. 다양한
교수학습 방법을 활용한 후속 연구를 통해 상황적 흥미를 증진시킬 수
있는 방안이 마련된다면 고전교육 활성화에 필요한 의미있는 결과를
도출할 수 있을 것이다.

마지막으로 수업 특성에 대한 구체적인 분석을 통해 교육성과를
보다 명확하게 확인할 수 있는 후속 연구가 요구된다. 이 연구에서는
교육성과 분석을 위한 주요 변인으로서 학업적 흥미를 측정하였다. 무
엇보다 상황적 흥미의 경우 환경적 요인에 의해 영향을 많이 받는다는
점을 고려할 때, 수업의 어떠한 요소가 흥미에 영향을 미칠 수 있는지
에 대한 연구를 통해 고전교육의 개선 및 보완을 위한 교육적 함의점을
얻을 수 있을 것이다.

---

40 Hidi, S. & K. Renninger, K. A., The Four-Phase Model of Interest Development, *Educational Psychologist 41(2)*, 2006, pp. 113-116.

참고문헌

1. 저서

한국교육개발원, 「OECD '교육 2030: 미래 교육과 역량'을 위한 현황분석과 향후과제. 현안보고 OR 2016-10」, 2016.

Bandura, A., *Self-Efficacy: The Exercise of Control*, Freeman, New York, 1997.

_____, *Self-efficacy. In V. S. Ramachaudran (Ed.)*, Encyclopedia of human behavior, Academic Press, 1994.

Klein, R. B,. *Principles and practice of structural equation modeling(2nd Ed.)*, Guilford, 2005.

Klein, T. J., *Psychological testing: A practical approach to design and evaluation*, Sage Publications, 2005.

Renninger, K. A., Hidi, S., & Krapp, A., *The role of interest in learning and developmet*, Hillsdale, Lawrence Erlbaum Associates, 1992.

2. 논문

강옥희, 「창의성과 비판적인 사고능력 개발을 위한 고전읽기 수업방안 연구—문학토론을 통한 「명저읽기」 수업사례를 중심으로」, 『교양교육연구』 10(4), 2016, 543-578쪽.

강지혜·이병길·권승아, 「대학 역량기반 교육과정에서 교육목표-교육과정-평가의 유기적인 연계를 위한 설계 전략의 탐색」, 『교육공학연구』 35(2), 2019, 527-549쪽.

고진영·정기수, 「대학생 핵심역량 척도 개발 및 타당화—H대학교 학생들을 대상으로」, 『교양교육연구』 11(2), 2017, 475-504쪽.

곽윤정·장선영, 「역량기반 교육과정 개발 및 운용을 위한 교육체계 수립 사례연구」, 『학습자중심교과교육연구』 15(12), 2015, 573-597쪽.

권순구, 「고전교육 성과측정도구 개발 및 타당화 연구」, 『교양교육연구』 14(3), 2020, 189-204쪽.

_____·윤승준, 「고전교육의 교육적 성과분석 연구 - 역량, 효능감, 흥미 변화를 중

Educational Psychologist 41(2), 2006, pp. 111-127.

Schiefele, U., Interest, Learning, and Motivation. *Educational Psychologist 36(3 & 4)*, 1991, pp. 299-323.

3. 인터넷 자료

봉미미·김성일·Reeve, J.·임효진·이우걸·Jiang, Y.·김진호·김혜진·노아름·노언경·백선희·송주연·신지연·안현선·우연경·원성준·이계형·이민혜·이선경·이선영·이지수·정윤경·Catherine Cho·황아름, SMILES(Student Motivation in the LearningEnvironment Scales): 학습환경에서의 학생동기척도, 미간행 척도, http://bmri.korea.ac.kr/korean/research/assessmentscales/list.html?id=assessment, 검색일: 2012년 10월 29일.

저자 소개

권순구

동국대학교 이주다문화통합연구소 교수.

저성취 및 학습부진 학습자의 동기를 연구하며 '교사-학생관계', '교사효능감' 등에 관심을 두고 '전공, 디지털, 다문화 역량진단도구 및 역량기반교육과정'과 '사회-정서역량 교수학습 자료' '(초중등) 언택트 다문화교육 교과서 및 교사용지도서'를 개발하고 있다.

김광식

서울대학교 기초교육원 교수.

서울대학교 철학과에서 학사와 석사를 하고, 독일 베를린대학교에서 철학박사를 받은 후 서울대학교 철학사상연구소 연구원으로 일했다. 인지과학의 성과를 철학적으로 해석하는 인지철학자이자, 여러 문화현상의 실천적 대안을 모색하는 문화철학자다. 주요 논저로는 『BTS와 철학하기』, 『김광석과 철학하기』, 『행동지식』과 「사이버네틱스와 철학」, 「인지문화철학으로 되짚어 본 언어폭력」, 「인지문화철학으로 되짚어 본 동성애 혐오」 등이 있다.

김민수

단국대학교 교양기초교육연구소 교수.

한나 아렌트의 정치사상 연구로 시작하여 근대 지성사와 사상사 전반을 현대적으로 재해석하는 데 관심을 가지고 있다. 주요 논저로는 「한나 아렌트의 인권의 정치와 환대의 윤리」, 「한나 아렌트의 '권리를 가질 권리'에 내재된 행위 개념의 의미와 곤란」, 「감정과 정동 사이: 감정의 역사화를 위한 방법론적 시론」 등이 있다.

김유미

단국대학교 자유교양대학 교수.
현대희곡을 전공하고 연극평론가로 활동하고 있다. 특히 아동청소년극에 지속적인 관심을 기울여왔다. 또한 사람들과 함께 연구하기를 좋아해서 다양한 장르의 전공자들과 대중서사연구회에서 공부했다. 주요 논저로는 『내일을 위한 오늘의 연극』, 『종합교양잡지와 연극비평지의 탄생』 등이 있다.

김주언

단국대학교 자유교양대학 교수.
소설가 김훈 연구와 세계 지성사의 교육 가능성에 관심을 갖고 있다. 주요 논저로는 『김훈을 읽는다』, 『세계의 고전을 읽는다』(공저) 등이 있다.

김주환

동아대학교 기초교양대학 교수.
조지아주립대학 사회학과에서 사회적경제 운동(정책)의 정치학을, 푸코의 통치성 논의와 포스트맑스주의의 헤게모니 이론의 관점에서 비판적으로 분석한 연구로 박사학위를 받았다. 사회학이론, 사회사상, 문화사회학, 사회정책, 정치사회학, 종교사회학 등을 전공하고 관심을 갖고 있다. 포스트구조주의의 사회이론과 규범적 사회이론 두 흐름의 장점들을 어떻게 생산적 긴장 속에서 동시에 결합시킬 수 있을지 관심을 가지고 연구 중이다. 주요 논저로는 「생명권력의 시대, 사회의 생물학적 조직화와 그 위험들」 등이 있다.

백주진

단국대학교 교양기초교육연구소 교수.

서양근대철학, 덕 윤리에 괌심을 가지고 있으며 서양근대철학에서 방법과 덕 교육의 문제를 주로 연구하고 있다. 주요 논저로는 「데카르트 철학에서 방법과 형이상학(Méthode et métaphysique chez Descartes)」, 「데카르트 〈정신지도규칙〉에서 보편 수리학과 순수 지성의 자율성」 등이 있다.

서문석

단국대학교 경제학과 교수.

주요 관심분야는 한국 현대 경제사·경영사·산업사·기업사이며 특히 해방 전후, 1950년대, 1960년대 이후의 면방직산업 발전과정을 식민지 유산과 한국 경제성장의 토대라는 측면에서 연구를 하고 있다. 주요 논저로는 「귀속 면방직공장의 설립과 변화유형에 관한 연구」, 「해방 이후 1950년대까지의 한국면방직공업에 관한 연구」, 「일제하 고급섬유기술자들의 양성과 사회진출에 관한 연구」, 「수출의 확대와 면방직업의 성장」, 「美軍政期 綿紡織産業의 發展」 등이 있다.

안숙현

단국대학교 자유교양대학 교수.

비교문학(한국문학과 러시아문학과의 비교 연구), 스토리텔링(영상 콘텐츠 스토리텔링), 교양교육(고전읽기 연구)에 관심을 갖고 있다. 주요 논저로는 『한국 연극과 안톤 체홉』, 『영상 드라마 콘텐츠, 스토리텔링과 놀이하라』 등이 있다.

윤승준

단국대학교 자유교양대학 교수.

글쓰기 교육과 고전교육을 담당하고 있으며, 한국 대학의 교양교육 현황과 정책, 역사에 관심을 가지고 연구하고 있다. 주요 논저로는 『청춘, 고전에 길을 묻다 ①』, 「한국의 고등교육 정책과 교양교육의 역사」, 「강사제도 시행이 대학 교양교육 환경에 미친 영향」, 『한국 교양교육 현황 조사 연구』 등이 있다.

이유진

단국대학교 교양기초교육연구소 교수.

단국대학교에서 고전교육을 담당하고 있으며 조선 후기부터 근대에 이르기까지 역사체험과 지식을 기록하고 유통하는 방식을 두루 연구하고 있다. 주요 논저로는 「『쇄미록』에 투영된 임진란에 대한 책무의식과 감정의 파고」, 「이순신 문학의 역사적 전기와 그 의미: 애국계몽기 「이순신전」을 중심으로」, 「『삼국지연의』의 문학적 위상의 전변」 등이 있다.

이현영

단국대학교 자유교양대학 강사.

현대소설을 전공하였으며 이청준 문학과 명저읽기 연구에 관심을 갖고 있다. 주요 논저로는 「장편 통독과 주제 토론, 글쓰기를 결합한 고전 교육 사례—도스토옙스키의 『카라마조프가의 형제들』」, 「이청준과 앙드레 지드 소설의 비교연구: 『젊은 날의 이별』을 중심으로」, 「이청준의 『零點을 그리는 사람들』에 나타난 초기 소설 모티프 고찰」, 「『신화를 삼킨 섬』에 나타난 서사전략 연구」 등이 있다.

임선숙

단국대학교 자유교양대학 교수.

현대소설을 전공했으며 '가족담론', '대학 의사소통 교과', '근대매체' 등의 분야에 관심을 가지고 있다. 최근에는 '근대 여성소설(1950-70년대)에 나타난 가족주의'와 '대학 의사소통 교과 「대학글쓰기」와 「명저읽기」의 수업 모형 설계 및 수업 사례', '근대 매체에 나타난 치유적 글쓰기의 양상' 등에 대해 연구했다. 주요 논저로는 「학습이론을 통한 대학 글쓰기의 과정과 교육방법 고찰」 등이 있다.

정인모

부산대학교 사범대학 독어교육과 교수.

독일현대 소설, 문학교수법, 교양(융복합영역)을 가르치고 있다. 주요 논저로는 『독일문학 감상』,『독일의 음악과 문학』(공저),『4차산업혁명시대 문학과 예술』(공저) 등이 있다.